中国新闻传播学
自主知识体系建设工程

| 当代中国新闻理论研究 |

新闻价值论
（新修版）

On News Values

杨保军◎著

中国人民大学出版社
·北京·

本书系中国人民大学科学研究基金项目

"当代中国新闻理论研究"

（批准号：18XNLG06）成果

总　序

2022 年 4 月 25 日，习近平总书记来到中国人民大学考察调研时指出，加快构建中国特色哲学社会科学，归根结底是建构中国自主的知识体系。没有知识体系这个内涵，三大体系就如无本之木。习总书记的这一重要论述，为中国特色新闻传播学学科体系、学术体系、话语体系建设指明了方向。当前，面向新时代的使命任务、面向新媒体的变革、面向全球化背景下人类文明交往的新形势，新闻传播学科面临转型升级的迫切要求，需要在回答中国之问、世界之问、人民之问、时代之问中实现学科的系统性重组与结构性再造，新闻传播学的知识体系也需要以此来锚定坐标、厘清内涵外延。

中国人民大学新闻学院是中国共产党亲手创办的第一所高等新闻教育机构，是新闻传播学科"双一流"建设单位，主动布局和积极开展自主知识体系建设是我们应有的使命担当。为此，学院开展了"中国新闻传播学自主知识体系建设工程"重大攻关行动，组建了十六个科研创新团队，以有组织科研的形式开展专项工作，寄望以此产生一批重大基础性、原创性系列成果，这些成果将在中国人民大学出版社的支持下陆续出版。

中国新闻传播学自主知识体系建设，首先要解决这一体系的逻辑性问题。这需要回到学科发展的历史纵深处，从元问题出发，厘清基本逻辑。在过去的一百多年中，报纸、杂志、广播、电视、通讯社等风起云涌，推动了以大众传播为主体的职业新闻传播事业的迅猛发展。这种实践层面的动向也必然会反映到理论层面，催生和促进新闻传播学的发展。如果从1918年北京大学新闻学研究会成立算起，新闻学在中国的发展逾百年，传播学全面进入中国学界的视野已超过四十年，从1997年正式成为一级学科，新闻传播学在我国的发展则有二十多年。在长期的发展过程中，新闻传播学形成了以史、论、业务三大板块为支柱的知识图谱，并在各专门领域垂直深耕，形成了蔚为壮观的学科阵列。应该说，已有的发展为构建中国新闻传播学自主知识体系提供了良好的基础，但离自主知识体系的要求尚存在不小的差距。主要表现在：长期跑马圈地扩张而以添砖加瓦方式累积形成的知识碎片如何成为有逻辑的知识图谱？主要面向大众传播而形成的知识概念何以适应新媒体时代传媒业结构性变革的新要求？多源流汇聚、面向多学科开放而形成的知识框架如何彰显本学科的主体性？马克思主义新闻观作为"中国特色"的灵魂如何全面融通进入知识体系？这些问题的解决必须超越各种表层因素，从元问题出发并以其作为逻辑起点展开整个知识体系的构建。新闻传播学的一个重要特质就是关注"对话与沟通"及由此对"共识与秩序"的促成，进而推进人类文明和文化的理解与融合。在今天的社会语境下，对于新闻传播学的这一本质意义的认识是重建学科逻辑的关键。在当今的新兴技术革命中，新闻活动从职业语境走向社会化语境，立足于职业新闻活动的新闻学也必须实现根本性转换，将目光投向更广阔的人类传播实践，将新闻学建立在作为人之存在方式、与人之生活世界紧密相连的"新闻"基础之上，建立在新闻、人、事实和生活世界之间相互交错的深厚土壤中。

中国新闻传播学自主知识体系建设，必须要处理好中国特色与世界普遍意义的关系问题。中国的历史、中国的新闻传播实践赋予知识概念以特殊含义，如何将这种"中国特色"阐述清楚，是新闻传播学理论首先要解决的问题。"中国特色"强调对中国问题、中国历史传统和现实特征的观照，但这绝不是自我封闭的目光向内，而是要处理好中国经验与世界理论的关系。建构自主的知识体系应该是一个对话的过程。马克思主义基本原理同中国具体实际相结合、同中华优秀传统文化相结合的过程，是吸收、转化、融入的过程，从学术上讲，实际上是马克思主义与中国传统对话、与中国现实对话的过程。建构自主的知识体系应该关切、关怀人类共同的问题和命运，这就要以产出中国知识、提供全球方案、彰显世界意义为目的，在古今中西的十字路口展开对照和对话。换言之，我们构建自主的知识体系不是自说自话，而是要通过知识创新彰显中国贡献，使中国的新闻传播学屹立于世界学术之林，这是一个艰难而复杂的进程。如果以此为目标做战术层面进一步细分的话，自主知识体系的构建大体可以分为三个向度：

其一，能够与世界同行开展实质有效的深层对话。

这部分主要是指那些具有特别鲜明的中国特色、短期内难以达成共识的内容，比如中国新闻学，从概念到理论逻辑均与西方学术话语有着较大的差异和分歧。对于这部分内容，我们至少在短期内可以以能够开展实质有效的对话为目标，不一定能够达成共识，但至少应努力做到和而不同。这需要我们首先建立一套系统的、在学术上能够逻辑自洽的中国新闻学理论体系。作为中国新闻学的灵魂，马克思主义新闻观不能成为被表面尊崇实则割裂的"特区""飞地"，而应"脱虚向实"，真正贯穿本学科的知识图谱。这就需要将马列关于新闻传播的经典论述与中国共产党从其领导下的百年新闻事业中不断总结提炼的新闻理论相结合，与中国历史传统特别是优秀传统文化相结合。当前，特别要立足于马克思主义新闻观与新时代中国新闻传播事业，加强对习近平文化思想、习近平关于新闻舆论工作重要论述的系统性理论阐释，全面梳理互联网环境下新闻实践的基本理念、原则、方式方法，充实和完善新闻学的本体论、认识论、方法论，构建较为系统完整的知识地图。这既是中国新闻学理论链条的最新一环，也将实现理论创新的层级跨越。

其二，能够与世界同行开展实质有效的交流合作。

这部分主要是指那些与西方学术话语有相通之处、面临共同的问题和挑战的内容，比如一直面临着基础理论创新乏力的传播学，我们可以在实质有效的合作交流中共同发展，做出中国贡献，形成中国学派。要实现这一愿景，中国的传播学必须坚持问题导向，立足中国现实问题，开展基础理论研究和应用对策研究：一方面，扎根中国大地，形成具有中国特色、世界意义的原创性理论；另一方面，面向中国实践，形成一套有解释力的观念体系。从国家加强国际传播能力建设的重大使命任务出发，当前尤其要加强国际传播基础理论建设，尽快构建中国的国际传播理论体系，推动与国际同行的学术交流和对话，加强国际学术话语权。

其三，能够为世界同行做出实质有效的独特贡献。

这部分主要是指那些新兴领域或者中国具有独特资源的领域，我们与世界同行基本处于同一起跑线，甚至有些还有一定的先发可能，要把握历史主动、抓住难得的机遇期。当前中国社会正处于转型期，呈现出大量西方社会较少见到的现象，这给中国新闻传播学研究在理论建构上做出世界贡献提供了机会。同时，要利用好中国在新媒体方面的技术优势和实践优势，提早布局、快速产生重大成果，为未来传播的新时代实现中国新闻传播学科建设的"弯道超车"创造条件。比如，目前各种人工智能技术已被广泛运用到新闻领域乃至整个传媒产业，带来了智媒化发展的大趋向，我们需要通过跨学科的视野梳理智能传播的基本架构以及知识体系，并在此基础上深入探究智能传播中的焦点问题：智能化媒体应用趋势、规律与影响，人工智能时代的算法，智能环境中的人与人机关系等。

自主知识体系建设是新闻传播学科在新的历史阶段开展"双一流"建设的重要历史机遇。如果说第一轮"双一流"建设是在筑基与蓄力，那么从第二轮"双一流"建设开始，我们的重要任务就是真正开启面向全球场域、建设世界一流，全面提升学科的国际对话能力，实现从一般性国际交往到知识创造、从理论互动到以学科的力量介入全球行动、从场景型合作到平台构建的"转向和超越"。在走出建设中国特色、世界一流大学新路的过程中，自主知识体系建设将起到至关重要的赋能作用，通过知识创新实现中国经验与世界贡献的有机融通，为中国的新闻传播学科屹立于世界学术之林夯实基础。这当然不是一所学院所能胜任的事情，需要整个学科共同体的努力。2023 年 11 月 4 日，中国人民大学新闻学院联合国内四十多所兄弟高校新闻传播学院共同发起成立"中国新闻传播学自主知识体系联盟"并发布倡议，希望以学科的集体力量和智慧推进这一重大行动，我们有理由期待未来更多高质量相关成果的推出。

新时代给新闻传播学科的发展赋予了无限动能与想象空间，这是我们的幸运，也是我们的责任。我们坚信，中国新闻传播学自主知识体系构建要锚定的基点，在于"以中国为根本，以世界为面向"，要充分了解、辩证看待世界，在广泛吸收人类文明优秀成果的基础上，回到本学科、本领域事业发展的历史和现状，回到中国的历史和优秀文化传统，以中国问题、中国现实为观照来构建自主知识体系，为推动中国更好地走向世界服务，为构建人类命运共同体做出贡献。

是为序。

2023 年 11 月 16 日

于中国人民大学明德新闻楼

写在前面的话

"新闻十论"的来龙去脉

"新闻十论"就要集纳成十卷本出版了，这对我来说，是对过去20多年来新闻学研究的一个主要总结，估计也是最重要的总结了。至于我关于其他领域一些问题的思考和研究，还得等待另外的机会进行总结。

"新闻十论"就要以新的"完整"的面貌与读者见面了，不再是过去的零散样式，想象到那像模像样的十卷，不仅感到欣慰，内心还有点兴奋和激动。对于一个研究者或思想者来说，能给社会、他人的最大贡献莫过于自己的著述了。这自然也是作为研究者、思想者精神生命中最具意义的部分。

关于"新闻十论"写作的来龙去脉，没有多少生动鲜活的故事，也没有什么摇摆不定的曲折起伏，就像一个研究者或思想者的生活一样，四季流转、朴素平淡。但毕竟是20多年才做成的一件事，总得给读者交代一下大致的过程和相关的情况。

当初写第一论《新闻事实论》时，我只是个"大龄"的博士研究生。1998年9月，我36岁，来到中国人民大学新闻学院跟随童兵教授读博士，面试时就大致确定攻读博士期间主要研究"新闻事实"问题。

2001年10月，新华出版社出版了我的博士学位论文《新闻事实论》。写作《新闻事实论》时，没想着要写那么多论，但出版后，就有了新的写作计划，当时只是想写"新闻三论"，即除了《新闻事实论》之外，再写《新闻价值论》和《新闻自由论》两论。

我的导师童兵先生在给《新闻事实论》写的序言中，做出了这样一个判断："'三部曲'搞成了，是对中国新闻传播学基础研究的一个贡献。"这大大鼓舞了我的士气，也增强了我做基础研究的信心。

写"十论"的想法产生于2001年年底，当时《新闻事实论》已经出版，我开始着手写《新闻价值论》了。写作过程中，我产生了一个想法，那就是能否在全国范围内找一些年富力强的学者，就新闻基础理论问题做个系列研究，三五年内撰写出版一批专著，为新闻理论研究做一些铺垫性的工作，也可以从根本上回击"新闻无学"的喧嚣。我当时博士毕业留到中国人民大学新闻学院任教不到一年，没有这样的组织号召能力，于是就把自己的想法告诉了童兵先生，渴望童先生通过自己的影响力组建一个团队来做这件事情（童先生当时担任国务院学位委员会新闻传播学学科评议组组长）。童先生说他先联系一下看看如何。大概过了半年多，童先生从上海来北京（童先生2001年年底从中国人民大学新闻学院调往复旦大学新闻学院工作）开会，我去看望先生，谈及前说组建写作团队一事，先生说找过一些人，但大都"面露难色"，此事不好做，随后话锋一转对我说："你若情愿，就一个人慢慢做吧。"我也没敢答应，此事就此搁浅了。

契机出现于2003年。当年，我出版了《新闻价值论》，《新闻自由论》两三万字的写作大纲也基本完成，想着再用两三年时间，写完《新闻自由论》，"三部曲"就结束了，然后再做其他问题的研究。记得是11月前后，有一天晚上快11点了（具体日子已经记不清了），有人给我家里打来电话，我拿起电话刚想问是谁，对方不紧不慢，"笑眯眯"地说（那语调、声气让人完全可以想象出来）："祝贺你，保军，你这个小老鼠掉到大米缸里啦，你的论文《新闻事实论》入围全国百篇优秀博士学位论文啦！"电话是方汉奇先生打来的。听到这样的好消息我当然高兴。老人家又鼓励了我几句，我表达了深深的感谢，并告诉方先生我自己会继续努力，好好做学问。

获得全国百篇优秀博士学位论文奖不仅名声听起来不错，而且还是件比较实惠的事情，可以申报特别科研资助基金。我申报了"新闻理论基础系列专论"研究的课题，承诺写三部专著——《新闻本体论》《新闻真实论》《新闻道德论》。这一下子等于自己把自己给逼上梁山了。但也正是从此开始，我正式规划"新闻十论"的写作。

"十论"具体写哪"十论"，其间有过精心筹划，也有过犹豫、选择和调整，现在的"十论"，与最初的设想还是不完全一致的，比如，《新闻自由论》转换成了《新闻精神论》，当初想写的《新闻文化论》也最终变成了《新闻观念论》，而想写的《新闻媒介论》最终没有写。但说老实话，转换、调整的根本原因是《新闻自由论》和《新闻文化论》太难写了，自己的积淀、功力远远不足，只好选择自己相对有能力驾驭的题目，那些难啃的硬骨头留给"铜牙铁齿"的硬汉们吧。

如果从1999年《新闻事实论》的写作算起，到2019年《新闻规律论》画上句号为止，"新闻十论"整整用了20年时间。这个时间，说长不长，说短不短，但它用去了我整个的中年时代。回头望去，就如我在《新闻规律论》后记中说的，二十多年过去了，我由青年、中年开始进入老年，黑发变成了"二毛"、白发，但当年的愿望也由头脑中的想象一步一步变成了摆在面前的文本，思想变成了可触可摸的感性事实，说实话，也是相当欣慰的。做了一件自己想做的事，并且在自己的能力、水平范围内做完了、做成了，也算给自己有个交代了。

不过，不管是起初设想的"三部曲"，还是最终写成的"十论"，这些著作只是对既往劳动心血的奖赏，一经面世，便是过去时了，对自己其实也就不那么重要了。至于这些著作对学术研究的意义和价值，对相关社会实践的作用和影响，就不是我自己能够评判的事情，只能留给他人和历史。我想做的是眼下与未来的新事情，继续自己的观察分析、读书思考、写作出版，争取对新闻学研究做出一些新的贡献。当然，我也会抽出一些时间，整理自己其他方面积累的一些文字，并争取出版面世的机会。

"新闻十论"能以十卷本聚合在一起的方式与读者见面，必须感谢中国人民大学。2018年4月，"新闻十论"以"当代中国新闻理论研究"课题方式，列入中国人民大学重大规划项目。有了项目资金的资助，出版也就可以变成现实了。

2019年，"新闻十论"的最后一论《新闻规律论》由中国人民大学出版社出版后，我便着手整理过往出版的"九论"——其中，《新闻事实论》于2001年由新华出版社出版，随后的《新闻价值论》（2003）、《新闻真实论》（2006）、《新闻活动论》（2006）、《新闻精神论》（2007）、《新闻本体论》（2008）、《新闻道德论》（2010）皆由中国人民大学出版社出版，2014年《新闻观念论》由复旦大学出版社出版，2016年《新闻主体论》由人民日报出版社出版。这些专著，除了新近出版的《新闻规律论》《新闻主体论》和《新闻观念论》，其他在市场上已经见不到了。有些朋友曾向我"索要"其中的一些书，我手头也没有。

尽管"十论"的结构方式、写作风格是统一的，大部分著作的篇幅差别不是很大，但有几本之间还是有一定差异的，比如作为博士学位论文的《新闻事实论》只有16万字左右，而2014年出版的《新闻观念论》超出70万字，面对这种情况，或增或减都是不大合适的，保留历史原貌可能是最好的办法。因而，这次集纳出版时，我并没有为了薄厚统一"好看"去做什么再加工的事情。顺其自然，薄就薄点，厚就厚些。

根据出版社编辑建议，"新闻十论"集纳出版之际，我专门撰写了《中国新闻学基础理论研究》，从一定意义上说，这本书是"十论"的"总论"，也是对"新闻十论"的总结。为了方便读者的阅读，我把原来分散在各单行本著作中的"前言"或"导论"集纳在一起，构成了该书的第二编。需要说明的是，有几本当初没有写类似"前言"或"导论"的文字，或者是写得过于简单，比如《新闻价值论》《新闻真实论》，为了形成一个比较完整的结构，我特意为这几本书补写了相当于"导论"的文字。由于是补写，就不可能回到当初的写作状态，但我尽可能以原来的文本为根据，去呈现原来著作的内容，类似于内容介绍，而不是站在现在的角度展开阐释。每一本书的"导论"，如果原来有题目，我就保留原来的，如果没有，我便从原作中找一句代表性的话作为题目；同时，为了阅读方便，我也特意提炼了各部分的小标题。总的来说，一个大原则就是尽可能完整保留原作的面貌，不用"后见"改变"前见"。

"总论"《中国新闻学基础理论研究》与"十论"合在一起，总字数超出400万字。

"新闻十论"在过往十几年中，得到了新闻学界的普遍肯定。一些学者撰写了评价文章，给予不少溢美之词；有些专著被一些新闻传播学院列为研究生、博士生必读书目或参考书目。"十论"中的多半著作获得了不同类型、层级的奖项，比如，《新闻事实论》获得了全国百篇优秀博士学位论文奖，《新闻价值论》《新闻活动论》《新闻道德论》《新闻观念论》分别获得了第四届、第五届、第六届、第八届中国高校人文社会科学研究优秀成果奖三等奖、二等奖、三等奖、一等奖，《新闻观念论》还获得了第七届吴玉章人文社会科学优秀奖，《新闻规律论》获得了北京市第十六届哲学社会科学优秀成果奖二等奖，《新闻精神论》《新闻规律论》等也曾获得中国人民大学优秀科研成果奖。但这些著作到底价值几何，获奖并不能完全说明问题，还是要交给未来的时间去说话。

伴随"新闻十论"的出版，我还撰写了数量不少的研究论文，这些论文大都是围绕"十论"主题的后续研究成果，可以说是相关主题研究的不断扩展和深化。如果借着本次出版机会把这些论文作为附录编辑在相关著作后面一起出版，也许有利于读者更好地了解我的研究进展情况，但这将使"新闻十论"显得过于庞大或"膨胀"，同时也会给编辑工作带来更多的繁重劳动。出于这些考虑，我放弃了编辑"附录"的想法，等将来有了机会，我再专门编辑出版相关研究论文。但这里需要稍微多说几句的是，"新闻十论"中的每一本著作都有其历史性，这也决定了它们对相关主题的研究成果不可能完全反映当下的实际情况。尽管"新闻十论"专注于基础问题，所得出的研究结论具有一定的稳定性和长久性，但对日新月异的新闻领域来说，这些著作中的一些见解、观点、看法还是需要补充、调整和修正的，我们需要根据新的现象、新的事实、新的发展做出持续的探索。新闻研究的本体对象在持续变化，新闻认识论、价值论、方法论等当然也要跟着变化。

由于"新闻十论"的写作前前后后长达约20年，每一本书的写作，都有当时的时代背景、环境特点，都是当时自己认识水平、思想水平和学术水平、表达水平的产物。因而，本次集纳出版时，出于对历史的尊重，也是对自己的尊重，更重要的是对读者的尊重，基本保持了每本书当年出版时的文字原貌。但在这次集纳出版时，按照中国人民大学出版社最新出版编辑规范的要求，调整、订正了注释方式以及参考文献的排列方式，对发现了的写作上或编辑上的个别明显问题，当然都做了必要的修正。

还需要特别说明的是，尽管"新闻十论"的每一论都是围绕某一个核心问题（范畴、概念、观念）展开论述，但这些核心问题之间有着内在的关系，自然也会存在共同的或交叉性的问题。因而，在论述过程中，一些内容就难免必要的重复。在"十论"集纳出版时，如果把这样的文字删掉，可能会影响相关论述的完整性。因此，为了使每一论都能自成体系、保持完整，我保留了各本著作出版时的原貌。

"新闻十论"不是一次性规划的作品，而是在研究、写作中逐步构想、形成的一个具有内在统一性的系列。"十论"中的每一论都是对一个新闻理论基础概念、基本观念的成体系的研究，完全可以独立成篇。而它们组合在一起，就初步形成了对新闻理论基础概念、基本观念的系统化研究。可以说，"新闻十论"为整体的新闻理论体系构建做出了初步的但确实重要的铺垫工作。

正是因为"新闻十论"不是先做整体策划，之后逐步写作，而是写了几本后才有的规划，因而，"十论"之间并没有形成明晰的先后或历史逻辑关系。但现在要集纳在一起出版，为了方便读者阅读，我把作为"总论"的《中国新闻学基础理论研究》一并纳入考虑，主要依据内容构成特点，将"总论"与"十论"分成几个单元，并按照内容之间大致的逻辑关系做了个排序：

（1）《中国新闻学基础理论研究》（总论）

（2）《新闻活动论》

（3）《新闻主体论》，《新闻本体论》《新闻事实论》

（4）《新闻精神论》《新闻道德论》《新闻观念论》，《新闻真实论》《新闻价值论》

（5）《新闻规律论》

这五个单元之间的关系，图示如下：

这五个单元之间的关系，可以大致这样理解：第一，《中国新闻学基础理论研究》是"新闻十论"提纲挈领的总介绍，具有统领的也是"导论"性质的地位与作用。第二，《新闻活动论》是"新闻十论"逻辑上的一个总纲，设定了"新闻十论"的宏观范围或问题领域。第三，新闻活动是人的活动，是人与人之间以交流新闻信息为主、为基础的活动，因而，人与新闻的关系问题是新闻活动的总关系，也是新闻学的总问题，这样，《新闻活动论》大致就可分为《新闻主体论》与《新闻事实论》《新闻本体论》两个单元：《新闻主体论》重点讨论的是新闻活动中的"人"的问题

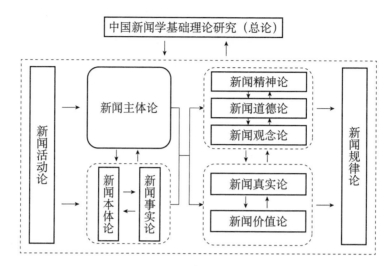

或"新闻活动主体"的问题；《新闻事实论》《新闻本体论》重点讨论的是
"事实"问题、"新闻"问题，而"事实与新闻的关系问题"构成了新闻理
论的基本问题。第四个单元可以看作第三单元的逻辑延伸：《新闻精神论》
《新闻道德论》《新闻观念论》主要是关于"新闻活动主体""精神世界"
的讨论，《新闻真实论》《新闻价值论》是在新闻认识论、新闻价值论视野
中关于新闻与事实、新闻与主体价值关系的讨论。这两个小单元之间的关
系，依然可以看作关于"人与新闻关系总问题"的进一步延伸。第五个单
元是在规律层面上对新闻活动内在关系的揭示，也可以看作在前述各个单
元基础上的总结。

　　需要再次说明的是，上面关于"新闻十论"逻辑关系的梳理，只是写
作完成后对"十论"内在基本关系的一个反思性认识，并不是一开始的
"顶层设计"。事实上，要建构比较完整的新闻基础理论研究大厦，不是这
"十论"能够完成的，诸如关于新闻媒介、新闻语言（符号）、新闻技术、
新闻制度、新闻文化等都需要以专论的方式展开系统深入的研究，这自然
是一个长期的过程，也不是某一个人或几个人可以完成的任务，而是需要
整个新闻学界展开持续的研究和探索。

致　谢

对于一个读书人、教书人、写书人来说，出版几本书是分内的事情，也是生命、生活过程的自然呈现，没有什么过多值得说的东西，但在自己的背后，却有许许多多要感谢的人，要感谢的单位，也有许许多多想说的事。这里不可能大篇幅展开叙说，但有些话还是要留下历史性文字的，一定要让它们成为美好的记忆。

读书、思考、研究、写作需要时间，需要安宁、清净，但自己有了时间，有了安宁、清净，有些人就得为你忙起来、跑起来。人们容易看到台前的人，很难看见幕后的人，但没有幕后人的辛劳，台前的人是表演不好的。

我从 1998 年读博开始，应该说正式步入了自己独立自主的思想探索、学术人生。经过几十年的慢慢前行，现在有一些被称作"成果"的文字放在那里。回头去看，这一路走来，在自己成长的道路上，需要感谢的人实在太多。我在已经出版的每一本著作的后记中，都有真真切切的记录，也一再表达了自己真诚的感谢，我愿在"新闻十论"出版之际，再次表达对他们的深深谢意。

感谢我的硕士生导师郭云鹏、赵馥洁、王陆元、伍步云诸位先生，是他们将我带进了学术的殿堂，让我初步懂得了学问的真谛、思想的珍贵，给我涂抹上了学术人生的底色。他们中有的已经驾鹤西去，但影响却深深留在了我的身上和心里。

感谢我的博士生导师童兵先生，是他指点我、引导我迈上了学术的台阶，开始了真正的攀登。如今他虽已年过八十，但依然与时俱进、笔耕不辍，活跃在中国新闻研究、新闻教育教学的前沿阵地，是我学习的榜样。感谢我的师母林涵教授，她敏锐智慧、性格耿直，无论在学术上还是在生活中都给我以特别的启示。导师和师母塑造了传奇式的"林中童话"，成为我们晚辈经常阅读、传说、交流的美好故事。

感谢我的博士后合作导师曹璐教授，她是那种充满母爱式的导师，温和宽容，不管是学术指导还是生活交流，总是一副慈祥的样子，让人感到放松和温暖。在跟从曹老师的学习过程中，我不仅得到了学术的滋养，也学到和体会到了一些如何与学生、与晚辈、与他人交往的真经。

感谢我的著作的出版者、编辑者，我的论文的审阅者、刊发者，是他们把我一步步扶上了学术的阶梯，帮助我不断向上攀爬，能够看到更高、更远的风景。感谢新华出版社的王纪林女士，中国人民大学出版社的司马兰女士、陈泽春女士、李学伟先生、王宏霞女士，复旦大学出版社的姜华先生，人民日报出版社的梁雪云女士，还有众多学术刊物的编辑们。他们中的一些人可能已经不在原出版单位工作了，但不管他们是退休了，还是另有高就，我都会一直记得他们，感谢他们。

感谢新闻传播学界的前辈学者刘建明教授、罗以澄教授、董广安教授、杨秀国教授、白贵教授……他们在我的学术道路上，以各种方式关注过我、帮助过我、提携过我，对我的学术工作、研究成果予以鼓励和肯定；感谢所有关心过我、帮助过我的同行朋友们，恕我不再一一列名。

感谢所有帮助过我、支持过我的朋友们。我要特别感谢樊九龄、朱达仁、李东升、栾肇东、党朝晖、郑瑜、杨武、李刚、刘吉发、任莉娟、贾玉峰……你们在我人生道路的一些关键节点上给予我不同方式的重要帮助，使我充满信心，克服了各种各样的困难，向着自己的目标前进。

感谢我所有的学生，包括我教过的中学生、本科生、研究生、博士生，是你们与我一起塑造、构建了我人生的主要场景，描绘了我人生的主要画面。与和你们一起成长相比，"新闻十论"不过是"副产品"，当然也是我与你们一起学习、共同进步的"正产品"。你们中的每个人，都以各自的方式在为社会服务的同时展开自己的生活、成就自己的人生，很多人都已成长为不同领域的佼佼者，这使我感到相当欣慰。你们中的一些人也常常与我联系、交谈，这使我获得了另一种特别美好的感受。

一个人的人生，不是一个人单独行走的过程，更不是独自默默绽开，而是所有相关者共同绘制、编织的结果。记得马克思说过这样的话，一个人的发展取决于和他直接或间接交往的其他一切人的发展。是的，我们是交往、交流中的存在，所有交往、交流中的人都是我们得以成长的不同助力者。在我们的人生道路上，会不断得到"贵人"相助，这是幸运的事、快乐的事、幸福的事。凡是以各种方式帮助过、支持过我的人，都会永远留在我美好的记忆之中，会成为我不时"念叨"的人……

感谢我的母校渭南师范学院（原来的渭南师专），我在那里读的是大专，学的是物理专业，但正是在那里，我阅读了大量的文学艺术作品和人文社会科学著作，奠定了后来成长的基础。

感谢我的母校西北政法大学（原来的西北政法学院），我在那里读的是硕士研究生，学的是哲学专业，方向是哲学认识论。正是在那里，我开始真正研读哲学史上、思想史上的一些经典著作，真正开始以学术的方式、独立自主的方式思考一些有意义、有价值的问题。

感谢我的母校中国人民大学，我在这里读的是博士研究生，学的是新闻学专业，专注于新闻基础理论研究，2001年毕业后留校任教。正是从步入中国人民大学新闻学院开始，我进入了新闻专业研究领域，开启了具有自身特点和风格的学术研究活动，并逐步形成了自己对研究领域比较系统成型的看法，"新闻十论"便是我在中国人民大学新闻学院 20 多年来学习、教学、科研工作成绩的重要组成部分。

感谢中国人民大学新闻学院的所有同事，我们一起创造了一个学术环境宽松、人际关系和谐的学院，在这里我感到了难得的温暖和美好。20 多年来，我得到了前辈老师们学术上的指点、扶持和提携，感谢甘惜分先生、方汉奇先生、郑兴东先生、何梓华先生……。20 多年来，我在这里得到了更多老师在教学、科研、生活方面的关心和关照，感谢涂光晋老师、陈力丹老师、张征老师、倪宁老师、郭庆光老师、喻国明老师……。我还要特别感谢在我遇到特殊困难时安慰我帮助我的陈绚老师（她不幸英年早逝）、钟新老师、彭兰老师、赵永华老师、王润泽老师、赵云泽老师……

感谢我曾经工作过的陕西省耀县（今铜川市耀州区）柳林中学（它坐落在深山里，背靠大山，面临小河，如今它已不在了，变成了山中一座像模像样的宾馆），感谢我曾经工作过的西安市第六十六中学，感谢我曾经工作过的陕西日报社。在这些不同的地方、不同的工作岗位上，我能以不同的视野、不同的方式并在不同层次上经验中国社会、了解中国社会、理解中国社会。特别是在陕西日报社近八年的新闻工作中，我真正开始了解中国新闻、经验中国新闻、实践中国新闻、理解中国新闻，并初步思考和研究中国新闻。陕西日报社的工作经历，是我最终走上新闻研究之路的"动力源"。我看到的事实、我亲历的实践、我遇到的问题与困惑，促使我踏上了新闻研究的征程，从一个新闻一线的工作者转变成了一个新闻理论研究者。

在"新闻十论"出版之际，我要再次特别感谢我所在的中国人民大学，正是学校经费的支持，才使"新闻十论"以这样"风光"的形式与读者见面。在此，我要特意感谢中国人民大学科研处的侯新立老师，他不仅为"新闻十论"的出版协调各种关系，还对我如何安排"新闻十论"的结构提出了很好的建议。我要特别感谢我所在的新闻学院前任执行院长胡百精教授（现在为团中央书记处书记），现任院长周勇教授，主管科研工作的副院长王润泽教授。他们为了"新闻十论"的出版，专门与我商谈并在不同场合推介"新闻十论"以扩大它的影响，让我感到特别的欣慰。

我要特别感谢中国人民大学出版社，特别感谢人文分社，感谢人文分社的总编辑翟江虹女士，为了"新闻十论"的顺利出版，她上下左右协调各种关系，不辞劳苦、到处奔波，不厌其烦地回答我的各种问题，耐心细致地指导我如何按照相关规范修订、编辑书稿，组织编辑力量保证出版工作顺利进行。我要特别感谢"新闻十论"的责任编辑田淑香、李颜、汤慧芸、黄超、徐德霞、陈希。

我要特别感谢中国人民大学新闻学院十多位博士研究生，他们组成了一个工作团队，帮助我解决书稿编辑中的技术问题，他们是樊攀（他是这个博士生团队的组织者、协调者）、杜辉、王敏、刘泽溪、孙新、潘璐、张博、曾林浩、刘少白、余跃宏、李静、吴洁等，感谢他们帮助我调整、订正注释和参考文献的编排方式，感谢他们帮我查阅一些文献的新版表述，有些文献经斟酌还要保留旧版表述，这都是琐细繁杂、劳心费力又很费时的工作，要是没有他们的倾力相助，"新闻十论"的出版速度就会大大放慢。需要特别感谢的是我的博士生樊攀和刘泽溪两位，在校订书稿的过程中，他们随时都在帮助我解决遇到的各种技术问题。

"新闻十论"的出版，让我再次深切感受到一个学者的成长，一个研究者和思想者的学术成果的传播，绝不仅仅是一个学者、研究者、思想者自己可以单打独斗的事情，而是需要各种组织、机构的支持，需要个人的努力和别人的帮助。其实，所有的精神产品都不可能是某一个人独立的产品，而是一些组织、一些机构、一些人共同努力的结果。

最后，我要特别感谢自己的亲人们。感谢我的父母、岳父母，老人家们其实并不完全知道我整天为什么要读那么多书、要写那么多文字，但他们似乎都知道我在做"大事"。因而，每每与他们通话或见面时，总是要我做好自己的事，不要太挂念他们。天底下的父母，最爱的就是他们的孩子，孩子们好了，他们就觉得一切都好了。感谢我的兄弟姐妹，他们大都在父母身边或离得比较近，在赡养、关照父母的事情上付出了更多的辛劳。每次通电话，他们也总是让我放心，老人们有他们照顾。其实，我总感问心有愧，没有抽出更多的时间看望父母、陪伴父母。

对于她来说，"感谢"一词就过于轻淡了，即使给前面加上各种各样的修饰词，也增加不了任何分量。语言的能量其实太有限了，只能表达能表达的，却表达不了不能表达的，而那些不能表达的、难以表达的，才往往是最深沉的东西。

我从学物理转到学哲学，从学哲学转到学法律，再转到学新闻，这一转再转，需要读书，需要思考，需要时间，需要安静……我从这个学校的中学老师转成那个学校的中学老师，又从中学老师转成硕士研究生，又从硕士研究生转成新闻工作者，又从新闻工作者转成博士研究生，又从博士研究生转成大学教师，这一转再转，越来越需要时间，越来越需要读书、思考、写作，越来越需要更多比较安静的时间……

给我时间的，让我安心的，有许多人，但所有的其他人，都不能胜过她，所有的其他人，都不能代替她，因为所有的其他人，都不是她。她是唯一的。她就是那个平凡得不能再平凡、朴素得不能再朴素的人——我的爱人——成茹。不需要说她为我、为父母、为孩子、为兄弟姐妹、为亲朋好友、为我的老师、为我的学生做了什么，因为太多、太琐细、太婆婆妈妈，我说不完，更说不过来，但所有这一切却是我行走的背景，而没有背景又哪来的前景呢？谢谢你，成茹，辛苦了！

杨保军

2023 年 10 月 9 日

于北京世纪城

目　录

前　言

新闻价值是一种创造性的结果

一

《新闻价值论》试图充分运用多学科的知识和方法，在多维视野中展开对新闻价值的研究，直接目的是从学术层面构建全面、系统的新闻价值理论，而间接目的则是为新闻实践如何展开新闻价值创造、较好实现新闻价值提供理论支持。

《新闻价值论》主要由八章构成，分别是新闻价值的本质、新闻价值的构成、新闻价值主体、新闻价值客体、新闻价值中介、新闻价值的创造、新闻价值的评价、新闻价值的实现。像《新闻事实论》一样，《新闻价值论》除了期望在既有成果基础上构建起系统的新闻价值理论体系之外，还欲求在关于新闻价值的相关重要问题上提出一些有新意、有启发的观点和看法。

这主要表现在两大方面：一是，《新闻价值论》超越了传统新闻价值理论（如新闻价值要素学说）主要针对新闻传播环节展开研究的局限性，将"新闻价值"与"新闻的价值"统一起来，初步建构了贯穿整个新闻活动全过程的系统化的新闻价值论体系。二是，《新闻价值论》针对新闻价值领域一些主要问题，诸如新闻价值本质、新闻价值构成、新闻价值主客体构成及其关系、新闻价值中介等，特别是关于新闻价值的创造、新闻价值的评价和新闻价值的实现，提出了一些不同以往研究成果的新见解。

二

价值论的核心概念是"价值"，价值范畴是价值哲学的基石。价值作为价值哲学的逻辑出发点，"决定着价值哲学理论的全部推论"，"对价值本质的不同理解，就有不同的价值哲学"①。同样，新闻价值论的核心概念自然是"新闻价值"，它是整个新闻价值理论的第一概念。所有与新闻价值论相关的问题都可以从这一具有"基因"性质的概念中生发或演变出来。要构建较为系统的新闻价值理论，首先必须揭示新闻价值的本质。也就是说，对"什么是新闻价值"的回答将从根本上决定着我们所建构的新闻价值理论的样式。

在考察了价值、新闻价值的众多界定之后，《新闻价值论》提出，新闻价值是新闻客体对新闻主体的效应。新闻价值具有一般价值的基本特征，比如价值的客观性、价值的主体性、价值的社会性、价值的相对性等，但要真正把握新闻价值丰富的内涵，必须探讨并把握新闻价值的个性特征。新闻价值的个性特征体现在新闻传播活动的过程之中，依赖于新闻传播活动与其他传播活动相比较而显示出的个性特征，依赖于传受主体在新闻价值关系与其他价值关系相比较中而表现出的个性特征。新闻价值的个性特征主要包括：其一，从价值存在的基本类型看，新闻价值从总体上说是一种"真"的价值。其二，由于新闻本质上是一种事实性信息，所以

---

① 张书琛.西方价值哲学思想简史［M］.北京：当代中国出版社，1998：11.

新闻价值在本质上具有信息价值的特征。其三，新闻价值具有认识自由价值的特点。人们接受新闻的目的之一就在于在获取真实信息的基础上，解除一些既有的束缚和制约，扩大自己认识与行动自由的领域，达到合规律性与合目的性的统一。其四，新闻价值本身既有质的规定性，也有量的大小和多少。质与量的统一共同确立了新闻价值客体对于一定主体的新闻价值的具体性。

新闻价值具有自身的结构方式：在静态视野中，新闻传播活动中包含着多种多样的相互关联的价值关系；在动态视野中，新闻价值主体、客体及主客体构成的各种价值关系，又都会随着新闻传播活动的展开而发生许多变换；而新闻价值本身也是一个以新闻价值为主的多项价值结构系统，新闻价值是一个多层次的价值系统。

在价值世界的两大支柱物质价值和精神价值中，新闻价值属于精神价值。在文化学特别是文化传播学视野中，新闻价值主要是一种文化传播价值；从信息论的角度看，新闻价值主要是一种信息价值；在舆论学视野中，新闻价值是一种舆论价值；在政治学视野中，新闻价值体现为对政治的价值；在宣传学视野中，新闻价值表现为宣传价值；在美学视野中，新闻价值表现为审美价值。如此等等，可以说在不同的视野中人们可以发现新闻的不同价值，这更加证明了新闻价值的广泛性和对人类各种活动的重要性。

我们还可以按照新闻对主体价值的效应性质、效应类别、效应时间长短、效应层次等对新闻价值进行分类，以更加细致地认识新闻价值的构成。总之，分类的标准是多种多样的，我们可以根据具体的研究需要从不同的侧面和角度对新闻价值进行分类。

三

新闻价值关系表现为三大要素组成的三元结构：新闻价值主体、新闻价值客体和新闻价值中介。要想比较完整地理解新闻价值问题，就得全面认知三大要素及其相互关系。

主体是个十分重要的哲学范畴。主体是指现实的人，从事各种实践、认识和价值活动的人，处在纷繁复杂社会关系中的活生生的人，在严格意义上，是指具有主体性的人。主体范畴是相对客体范畴而言的，脱离这种对应关系谈论二者是无实际意义的。当我们谈论主体问题时，客体始终是现实的或隐在的参照对象。价值哲学所研究的价值主体，指称的都是具有主体性的人，处于一定价值关系中的人。"价值主体是价值活动中主动地作用于对象的人，包括社会、群体和个人。"① 在新闻价值论中，应该说，所有参与新闻活动的主体都是新闻价值主体，但就新闻活动的实际展开情况看，新闻价值主体主要指的是新闻传播过程中的双重主体——传播主体和接受主体，就是从事新闻传播活动和新闻接受活动的现实的人，是处于新闻价值关系中主动作用于新闻价值客体的人，是新闻价值活动的发动者和行为者。新闻传播主体通常处于新闻传收过程的前半程，因而可以定位为"前在主体"，而新闻接受主体通常处于新闻传收过程的后半程，因而可以定位为"后在主体"。前在主体与后在主体共同构成新闻价值主体的"双重主体"。它们之间的关系，不是主客体之间的关系，而是主体间关系。

价值本质上是一个关系范畴，反映的是客体属性与主体需要之间的一种效应关系。因此，我们在谈论新闻价值时，是不能离开主客体任何一方的。与主体概念一样，客体概念也是一个用来揭示人与自然、社会以及人自身关系的重要范畴。客体是指作为主体的人的活动对象。自在的存在并不就是客体，但一切存在物都是潜在的客体，它一旦与人发生某种实践、认识和价值关系，便转化为现实的客体。价值客体是相对价值主体而言

---

① 王玉樑. 价值哲学新探［M］. 西安：陕西人民教育出版社，1993：51.

的，它是价值主体的价值活动对象。只有与主体建立起某种价值关系的对象才能称之为价值客体。在新闻传播活动中，只有与传播主体或接受主体确立了价值关系的新闻事实或新闻文本才能成为现实的新闻价值客体。新闻价值客体是同新闻价值主体相对应的新闻价值关系中不可缺少的一极。新闻事实是传播主体面对的主要新闻价值客体，新闻文本是接受主体面对的主要新闻价值客体。新闻事实与新闻文本一起构成双重新闻价值客体。新闻文本是对新闻事实的反映和呈现。

"主体与客体相互作用的价值活动，一般都需要借助于一定的工具或手段来进行。价值主体与价值客体之间相互作用的工具或手段就是价值中介。"① 同样，新闻价值主体新闻需要的满足，有赖于新闻价值客体具备的新闻价值要素或价值属性，但不管是对传播主体还是对接受主体，要想从各自新闻价值活动的对象新闻价值客体中获得潜在的新闻价值，就必须依赖和运用一定的中介手段。新闻价值中介是新闻价值的重要根据之一，没有一定的价值中介，新闻价值客体与新闻价值主体之间就不可能发生相互作用，新闻价值也就无以产生。新闻价值中介系统以桥梁或纽带的作用方式，将新闻价值主客体结构为统一的新闻价值系统。新闻价值中介作为新闻价值结构的重要因素，有其自身的系统构成。新闻价值活动贯穿于新闻认识活动与新闻实践活动之中，因而新闻价值中介并不是独立于新闻认识中介、新闻实践中介之外的独立中介，它们实质上是一套统一的中介系统。新闻传播活动、新闻价值活动的真正实施，是传播主体和接受主体针对各自活动对象使用工具中介的过程。这种中介由两大系统构成：一是物质工具，我们可以称之为"硬中介"；二是精神工具，我们可以称之为"软中介"。不管是宏观的、总体的新闻活动，还是具体的、某一次新闻报

① 王玉樑．价值哲学新探 [M]．西安：陕西人民教育出版社，1993：60．

道或新闻接收、接受行为，都是主体运用这两大中介系统来进行的。新闻价值中介是发现新闻价值客体、创造新闻价值和实现新闻价值的手段。

四

"价值不是一种自然生成物，也不是人脑主观想象的产物，而是在人类的实践活动中生成的。因此，从实质而言，价值是一种创造性的结果，是体现着人类本质力量的实践活动所创造出来的目的性结果。"[①] 同样，新闻价值也不是纯粹自然生成的，而是主体新闻价值活动的产物。由于新闻活动在本质上是人类的一种信息交流活动、精神交往活动，是人类对客观世界的一种认识方式，因此新闻价值的创造主要是一种精神价值创造活动。

新闻价值活动过程从根本上说是新闻价值逐步实现的过程，而新闻价值的实现必须以新闻价值的创造为基础和前提，所以，研究新闻价值的创造不仅具有理论意义，更具有重要的实践意义。新闻价值的创造不是在某一传播环节完成的，而是贯穿于整个新闻传播过程之中。新闻传播每一个环节的创造性劳动，都会或多或少地影响到新闻价值的质量。创造新闻价值的主体也是多元的，既有传播主体，也有接受主体，还有其他可能的新闻活动主体，包括新闻事实的创造者。

在新闻价值创造活动中，首先要确立价值创造对象（新闻事实），而确立价值创造对象的过程离不开新闻价值认知与评价；在新闻价值的实现活动中，必须认知新闻价值客体（新闻文本）的新闻价值，同样离不开新闻价值认知与评价。可见，价值认知与评价是新闻价值创造和新闻价值实

① 敏泽，党圣元. 文学价值论 [M]. 2版. 北京：社会科学文献出版社，1999：299.

现不可缺少的重要手段，贯穿于整个新闻价值活动中。因此，新闻价值的评价问题是新闻价值论的重要组成部分。新闻价值评价活动是新闻主体运用一定评价标准对新闻价值客体与自身价值关系进行评定的过程。在新闻价值活动中，由于活动主体是多重的，他们进行新闻价值活动的对象也有所不同，因而，新闻价值评价活动是由多种具体的评价活动构成的。新闻价值评价主体的多元性决定了新闻价值评价标准的多元性、评价方式的多样性，新闻价值评价活动会受到各种可能因素的影响，所有这些问题都是新闻价值评价需要讨论的内容。

　　价值实现活动是价值活动的归宿。价值创造与价值评价的目的在于"消费"价值产品，满足人们的物质需要和精神需要。"价值实现是价值运动的一个周期终点。"① "产品在消费中才得到最后完成。一条铁路，如果没有通车、不被磨损、不被消费，它只是可能性的铁路，不是现实的铁路。……一件衣服由于穿的行为才现实地成为衣服；一间房屋无人居住，事实上就不成其为现实的房屋"②。同样，新闻价值只有在新闻文本成为接受主体"精神消费"的真正对象时才能现实地实现出来，对主体发挥实际的作用和影响。一般说来，新闻价值的实现要经过接收新闻文本、理解新闻文本和接受文本信息几个主要环节，并具有不同的层次。有些只是对事态信息的感知，属于表层新闻价值；有些可能深入情态信息的体验，属于内层新闻价值；还有的则是对意态信息的理知，属于深层新闻价值。

---

①　袁贵仁. 价值学引论 [M]. 北京：北京师范大学出版社，1991：4.
②　马克思恩格斯文集：第 8 卷 [M]. 北京：人民出版社，2009：15.

第一章　新闻价值的本质

价值论的核心概念是"价值"，价值范畴是价值哲学的基石。价值，作为价值哲学的逻辑出发点，"决定着价值哲学理论的全部推论"，"对价值本质的不同理解，就有不同的价值哲学"①。同样，新闻价值论的核心概念自然是"新闻价值"，它是整个新闻价值理论的第一概念，所有与新闻价值论相关的问题都可以从这一具有"基因"性质的概念中生发或演变出来。要构建较为系统的新闻价值理论，首先必须揭示新闻价值的本质，对"什么是新闻价值"的回答将从根本上决定着我们所建构的新闻价值理论的样式。而要顺利完成这一任务，还得从哲学价值论出发，讨论一般价值的本质和一些相关的基本问题。

一、一般价值

研究新闻价值，我们碰到的第一个大问题是：什么是"价值"？它是

---

① 张书琛. 西方价值哲学思想简史 [M]. 北京：当代中国出版社，1998：11.

回答新闻价值的逻辑前提。要揭示价值的本质，必须诉求于构成整个哲学大厦重要部分的哲学价值论或价值学（Axilogy）①。哲学价值论关于价值本质的见解丰富多彩、众说纷纭，我们不可能也没有必要在此一一列举并加以探讨。这里讨论的内容，其主要目的是为研究新闻价值的本质作一些必要的铺垫。

（一）价值活动是特殊的人类文化现象

价值现象是人类社会特有的文化现象，价值活动是人类特有的文化活动，是人类为了满足自己需要而进行的对象性活动。在一般的物物之间、动物之间、动物与物之间是谈不上价值问题的。

价值是对人而言的，离开人的世界，无所谓价值问题。"凡有人、有人类生活的地方，就有价值现象"②，而且"只有在人的世界，在人的文化创造中，才能看到价值"③。将物对物的"价值"包含在价值论中，实质上是价值主体的泛化，也是价值论的泛化。物与物之间的关系，只能是相互作用、相互影响的关系，也仅仅是一种物与物之间的对象性关系，这种对象性关系并不是主客体之间的价值关系。

价值和价值关系是人类产生之后的社会文化现象，人来源于自然又高于自然，人类是自然界发展到高级阶段的产物，是自然的"骄子"。人类出现前的世界是纯粹的自然世界，人类诞生后，才有了与自然世界在本质上相统一的属人世界、价值世界。相对自然世界的存在来说，价值世界、

---

① 价值哲学界的不少学者认为，对"价值学"与"价值论"应该加以区分。我以为这两种名称没有本质的区别，所以本书是在同等意义上使用这两个概念的。

② 王玉樑. 价值哲学新探 [M]. 西安：陕西人民教育出版社，1993：1.

③ 李连科. 价值哲学引论 [M]. 北京：商务印书馆，1999：148.

价值存在"是一种高级存在"①，它标志着自然世界发展到了高级阶段，发展到了可以"自我"意识的阶段。

价值产生于主客体的关系之中，产生于主客体的价值关系之中。价值的产生必然意味着主客体在统一的物质世界中的相对分离，意味着主体在自己的意识观念中对自身与对象的区别，即自我意识与对象意识的产生。

人只有脱离了主客体混沌不分的原始状态，有了比较明确的主客体意识，进入文明状态，有了自己独立的文化之后，与对象之间才谈得上真正具有价值关系。物始终与自然处于混一的状态，动物始终未能从自然的混沌中将自己分离出来，直到现在还不能意识自己的存在，还不能区别对象与自身的差别，所以对物和动物是谈不上价值问题的。

价值意识的产生是自觉的价值活动产生的前提，自在价值现象的存在尽管未被人类自觉把握，是一种潜在的价值存在，但它的存在仍然是以人的存在为前提的。从逻辑上说，凡是自在的、潜在的价值现象和价值关系，都会被人类意识到。人类作为文化动物的本质，从一开始便决定了价值现象的文化意义和文化本质。

价值问题作为人与对象之间的一种特殊文化关系，它以主体自觉的需要意识为前提。如果需要仅仅停留在无自觉意识的状态，那么它与对象所建立的关系并不是我们所说的价值关系。人的一切活动的根本动机是满足自己的各种需要，人类的一切活动都是围绕如何满足自己的需要进行的，而人不同于动物的最大之处就在于人能不断地创造新的需要，创造自己的文化。

需要是人类发展的内在动力，人类的文化不断发展、文明程度持续提高，一个重要标志就是其需要的对象在历史长河中不断更新。从一般意义

① 王玉樑. 价值哲学新探 [M]. 西安：陕西人民教育出版社，1993：109.

上说，"人的活动在本质上就是为了解决人的需要与需要对象之间的矛盾而出现的"①，因而价值活动始终是人类活动的核心。人类生活在自然世界之中，同时也生活在自己创造的价值世界之中。人类的文化史在一定意义上说就是需要发展变化的历史、价值活动的历史。

人类的认识活动、实践活动开辟着人类文化、文明发展的道路，而贯穿于这两大活动之中的始终是人类的价值活动。认识活动与实践活动的动力来源于价值的追求，根本目的则始终在于实现一定的价值目标，即追求人类自身物质的和精神的利益和需要的满足。离开价值活动，人类的存在是不可思议的、不可想象的。人类之所以被称为文化动物或文化存在物，最根本的一点就是因为人类是地球上唯一能够进行价值活动的动物。反过来说，价值活动是一种人类特有的文化现象。

价值观念是人类文化的核心，蕴藏于器物文化与制度文化之中，是一个国家、一个民族、一个集团、一个人赖以存在的精神支柱。失去价值观念传承的民族，是没有历史的民族，是没有记忆的民族。缺失价值观念的主体，是无灵魂的"主体"，是无真正家园的"主体"。

价值观念来源于主体的实践活动，形成于主体的实践交往、精神交往之中，体现在主体活动的一切领域，制导着主体所有自觉活动的方向，演变更新于主体无限发展的过程。

作为社会文化现象，价值活动的领域不断开辟，价值问题的内涵不断丰富，价值意识的能动不断增强。

价值意识是人类特有的意识，对价值活动的反思，才产生了关于价值问题的深层讨论；对价值问题的自由探求，才形成了各种各样的价值学说，直到价值哲学的诞生，直到人们对价值本质的反复设问……

---

① 张玉堂. 利益论：关于利益冲突与协调问题的研究 [M]. 武汉：武汉大学出版社，2001：58.

自哲学价值论在 19 世纪末诞生以来[①]，人们对价值的本质提出了各种各样的看法，但至今仍没有达成共识。"在思想史或哲学史上，有关各种问题的学说，没有比有关价值问题的学说更为众说纷纭、莫衷一是的了。然而，越是如此，就越是引起人们关注价值问题的兴趣"[②]，越是如此，就越是展开探索价值问题的长幅画卷……

（二）价值关系是主客体间的特殊关系

在什么是价值的问题上，自从哲学价值论诞生以来，中外学者就未取得完全一致的看法。简括地说，就有需要说、意义说、属性说、关系说等等具体的价值界定方法。在价值的本质问题上，亦有各种各样的理论和观点，诸如主观价值论、客体价值论、第三世界论、主客体作用论等。[③] 这诸多学说和理论，从不同的侧面和层次，对价值的本质进行了各种各样的探讨和研究。不同的价值本质说，意味着互有侧重、互有差别的价值理论摆在我们面前。那么，价值的本质到底如何，这里从国内价值哲学界达成的基本共识以及我个人对价值本质的理解出发，作一些简要的阐述。

在人与自然、社会和自身的基本关系中，有一种特殊的关系——价值关系。这种关系建立在主客体的实践关系与认识关系基础之上。所谓实践关系，是指主体现实地掌握和改造客体以及客体被主体现实地掌握和改造的关系；所谓认识关系，是指主体在观念上掌握和反映客体以及客体在观念上被主体掌握和反映的关系。这种价值关系贯穿于实践和认识的整个过

---

① 在西方，哲学意义上的价值论研究是 19 世纪末德国哲学家鲁道夫·赫尔曼·洛采（Rudolf H. Lotze, 1817—1881）和尼采（F. Nietzsche, 1844—1900）首先提出来的。20 世纪五六十年代，苏联开始从事价值理论的研究。20 世纪 70 年代末 80 年代初，中国开始出现价值论研究的热潮。

② 夏甄陶. 序 [M] // 袁贵仁. 价值学引论. 北京：北京师范大学出版社，1991：1.

③ 王玉樑. 价值哲学新探 [M]. 西安：陕西人民教育出版社，1993.

程之中，"存在或渗透于实践、认识关系之中，同时又具有相对的独立性，对认识与实践发生巨大的反作用"①。这种价值关系"制导着实践过程，制约着实践对象的选择与方法的抉择，制约并调节着人们的行动"②。这种主客体之间的价值关系就是"主体作用于客体与客体作用于主体的双向过程"③。

在主客体之间的关系中理解价值、揭示价值的本质，是用建立在实践基础上的主客体关系方法论对价值问题的解释。关系论反对把价值简单地归结为客体对象固有的属性和特征，也反对把价值仅仅看作主体人的欲望、兴趣、意愿或需要，而是认为应该在主体与客体的关系中来理解只对人类社会才有意义的价值现象和价值的本质。马克思指出，一物之所以有使用价值，对人来说是财富的要素，就是由于物本身的属性。"如果去掉使葡萄成为葡萄的那些属性，那么它作为葡萄对人的使用价值就消失了"④，同时，价值也离不开人和人的需要，物的价值"表示物的对人有用或使人愉快等等的属性"⑤。

在主客体的价值关系中来确立价值概念，意味着价值离不开主体，即脱离主体谈论价值是没有意义的。进而言之，离开主体谈论客体的有用性和价值也是没有意义的。同样，价值也离不开客体，离开客体就无从谈起客体对主体的价值。客体本身的属性和功能虽然并不就是价值，但脱离客体的属性和功能来谈论价值，价值就成了无源之水、无本之木。可见，在价值关系中，主客体是共生的，是相互依存的对应概念。由此也说明，价值在本质上是一个关系范畴而非实体性范畴，它反映的是主体与客体之间

① 袁贵仁. 价值学引论 [M]. 北京：北京师范大学出版社，1991：44.
② 王玉樑. 价值哲学新探 [M]. 西安：陕西人民教育出版社，1993：34.
③ 同②.
④ 马克思恩格斯全集：第 35 卷 [M]. 2 版. 北京：人民出版社，2013：138.
⑤ 同④277.

的一种特殊关系，这也是中国价值哲学界已经达成的基本共识。

尽管在主客体的价值关系中主体和客体是共生共存的、不可分离的，但主体处于主动和主导的地位。作为主体的人的一切活动都是有目的的活动，正如恩格斯所说："在社会历史领域内进行活动的，是具有意识的、经过思虑或凭激情行动的、追求某种目的的人；任何事情的发生都不是没有自觉的意图，没有预期的目的的。"① 主体依据自己的目的和需要主动地去认识世界、改造世界，获取和创造能够实现自己目的与满足自己需要的对象。当然，在主客体的价值关系中，主体的主动性和自由度也要受到客体的限制和约束。主体对活动对象的选择必须以对象的存在为前提，主体根据自己的目的向对象提出的要求必须以对象的属性或功能为客观根据，只有这样，才有可能建立起现实的、合理的价值关系。

（三）价值是客体对主体的特殊效应

作为主体与客体间的一种特殊关系，价值关系的内涵到底是什么呢？只有清楚地回答这一问题，我们才能真正理解价值的本质意义。

"价值与价值关系不同：价值关系是主体与客体之间的功效或功能关系，这是主体作用于客体和客体作用于主体的双向关系，是主客体的功效或功能上的相互关系；价值则是客体对主体的效应。"② 这就是说，价值关系指的是主体与客体之间的双向作用关系，而价值指的是在一定的价值关系中客体对主体的价值，即客体对主体的影响和作用。价值的产生离不开价值关系，价值关系是价值得以产生的基础和前提条件，但价值关系并不就是价值。

---

① 马克思恩格斯文集：第 4 卷 [M]. 北京：人民出版社，2009：302.
② 王玉樑. 价值哲学新探 [M]. 西安：陕西人民教育出版社，1993：34.

价值关系就是主客体之间的一种效应关系，"价值是客体对主体的意义，也就是客体对主体的作用、效用。我们说某事、某物对人有或者没有价值，也就是说它有或者没有作用、效用。价值的大小也就是作用、效用的大小"①；"价值关系是价值产生的基础，而价值则是主客体关系的一种特定效应，或者说是客体属性与功能满足主体需要的效应"②；价值"是主客体价值关系的一种结果，一种现实效应。价值是价值关系的一种特定效应，是客体对主体的功效"③；价值"是同人类生活相关的客体的固有属性与评价它的主体相互作用时产生的功能"④；价值"是在实践基础上形成的主体与客体双向建构、相互制约、相互对待的效应关系"⑤。

上述各种价值定义，都把价值归结为客体对主体的效应。有些定义中使用了"意义"或"效用"的概念，尽管在含义上与"效应"概念有一定的差别，但基本含义还是"效应"，因为所谓有意义、有效用，实质上就是产生了效应，效应概念所包含的范围更广、更大。

将价值的本质理解为主客体之间的一种效应关系，要求首先对"效应"做出界定。"效应"指对象与对象之间的相互作用和影响，主客体价值关系中的效应特指客体属性或功能对主体需要的作用和影响。效应"是客体对主体的功效、实效"，是客体对主体的"作用和影响"⑥。

用"效应"定义价值，有利于区分价值的性质。客体对主体的效应是有性质区分的。实践经验告诉人们，凡是效应大致可以分为三类：正面效应、负面效应和零效应。与此相应，客体对主体的价值也可以简单地划分

① 袁贵仁. 价值学引论 [M]. 北京：北京师范大学出版社，1991：49.
② 王玉樑. 价值哲学 [M]. 西安：陕西人民出版社，1989：3.
③ 同②93.
④ 牧口常三郎. 价值哲学 [M]. 马俊峰，江畅，译. 北京：中国人民大学出版社，1989：20.
⑤ 李福海，雷咏雪. 主体论 [M]. 西安：陕西人民教育出版社，1990：210.
⑥ 王玉樑. 价值哲学新探 [M]. 西安：陕西人民教育出版社，1993：141.

为三种类型：与正面效应相对应的正价值、与负面效应相对应的负价值和与零效应相对应的零价值。当然，我们可以通过各种各样的标准对价值做出不同的分类。本书不是专门的价值学论著，对此不作详尽的罗列。但我们将在后文中对新闻价值的类型进行细致的研究。

需要指出的是，我们一般所说的价值是指正价值。这样，就可进一步将价值界定如下：所谓客体的价值，是指客体属性、功能对主体发展、完善的效应。我国著名的价值哲学研究者王玉樑先生经过多年的艰苦探索和研究后提出："价值是客体对主体的效应，主要是对主体的发展、完善的效应，从根本上说是对社会主体发展和完善的效应。客体对主体的效应包括对主体生存、发展、完善的效应。客体对主体生存的效应，是价值的初级本质；客体对主体发展、完善的效应，是价值较深层次的本质。在客体对主体（包括个体主体、群体主体、社会主体）发展、完善的效应中，客体对社会主体的发展、完善的效应，是价值更深层次的本质，也是价值之所以为价值的根本点。客体对社会主体发展、完善的效应，是评价客体价值的最高标准。"① 对王玉樑先生的这一概括，我是完全赞成的。② 我在这本关于新闻价值的论著中，就是以"效应价值论"作为理论基础的。

（四）价值的特征

价值的特征是由价值的本质决定的，价值特征是价值本质多侧面、多向度的表现，同时也是对价值本质内涵的进一步阐明。价值的特征是众多的，这里只是拿来几个主要的方面加以分析说明，以为我们论述新闻价值

---

① 王玉樑. 价值哲学新探 [M]. 西安：陕西人民教育出版社，1993：158–159.
② 事实上，1989—1991年我在西北政法学院攻读哲学硕士学位期间，也曾与一位学兄一起撰写过一篇论文，题目就是《价值效应论》，文中表达的观点与王玉樑先生对价值本质的看法基本相似，但我们的论文投寄出去后没有得到发表。

的特征作些必要的准备。

价值的社会性。价值的社会性，顾名思义，就是指价值受到社会影响和制约的特性。其实，生活在文明社会中的人的一切活动都有社会性。价值作为人类社会的特有文化现象，其社会性应该是不言自明的。

价值的社会性可以从多方面加以说明。首先，作为价值关系一极的价值主体——人——是社会性动物，本质是社会关系的总和。人的价值活动必然要受到各种社会条件、社会环境的影响和制约。实际上，价值主体本身各方面的规定性的获得，就是主体不断社会化的产物。如果失去社会性，人便不再是人，更何谈主体，何谈价值主体？

其次，作为价值关系另一极的客体，大的方面可以分为自然性客体（如自然物）和社会性客体（如各种物质活动、精神活动及其产品，还有作为客体对象的人等）。社会性客体的社会性是不言而喻的。有些自然性客体与人的关系是一种自然关系，但绝大多数情况下，自然性客体已是人化自然的存在物，已经打上了社会性的烙印。对现代文明社会来说，人与自然之间本属于纯粹自然关系的关系，比如人与空气、阳光、风雨等的关系，也在社会文明的进程中烙上了深深的社会痕迹。有人呼吸的空气是被污染了或净化了的空气，有人享受的阳光是缺乏臭氧层保护的阳光……人们面对的自然，已非本然的自然物了。

再次，价值中介，不管是作为"硬中介"的物化工具，还是作为"软中介"的语言、思维方式、方法，以及各种各样的理论观念、实践观念等，都是社会性的产物。

又次，价值活动本身就是社会性活动。社会主体、群体主体的价值活动的社会性自不必说，就是个体主体的价值活动，在本质上也离不开社会提供的条件和环境，逃脱不了社会条件、社会环境的各种影响和制约。价值活动的结果就是客体属性、功能对主体产生的实际的效应。这种效应发生在社会性的人身上，自然是社会性效应，实现的价值也当然是具有社会性的价值。

最后，价值作为人类社会特有的现象，在不同的价值领域表现着不同的社会特征，在历史的演变中呈现着不同的社会特点，不同主体（民族主体、阶级主体、社会主体、群体主体、个体主体）的价值观念会在纵横发展的社会中展现不同的特色，构成价值世界的所有要素都会在社会历史的进程中呈现出不同的景象。所有这些，都是价值社会性的表现。

价值的客观性。价值的客观性是价值所有规定性中最为重要的特性，它直接决定着价值理论的科学性和价值理论存在的合理性问题。

客观性概念本身就是一个含义复杂的概念，与主观性相对，在不同的理论范围有着不同的意义，基本上可以归结为三种：一是指本体论意义的物质存在；二是指认识论意义的、不以主观意志为转移的东西，它既可以是物质性的存在，也可以是精神性的存在；三是指主体之外的一切存在，生活中人们更多的就是在这一意义上使用客观性的概念。

说价值是客观的，是说价值的存在不以价值认识主体或价值评价主体的意志为转移，不能说价值认识或评价主体认为价值存在，价值就存在，认为不存在就不存在，即价值存在是外在于、独立于价值认识主体或价值评价主体的。这是在认识论意义上对价值客观性的说明。但要注意，不能说价值的存在外在于或独立于价值主体，因为价值讲的就是客体对主体的价值效应，它当然不能外在于或独立于价值主体了。这里应该特别注意的问题是区分价值主体与价值认识主体或价值评价主体的不同。对价值认识主体或价值评价主体来说，价值或价值关系是其认识或评价对象，作为认识对象的存在，自然外在于认识主体，这是认识论的基本常识。在价值主体与价值认识主体或价值评价主体处于同一的情况下，价值认识主体或价值评价主体至少应该在观念上将两种主体的不同身份加以区分。在认识论中，主体将自身作为认识对象时，实质上就是在思想观念上将主体的"我"和对象的"我"区别开来的。价值之所以能够外在于价值认识主体或价值评价主体，是因为价值主体、价值客体、价值中介、价值活动等价值根据都外在于价值认识主体或价值评价主体，是客观存在的。

价值不是实体范畴，而是属性范畴、关系范畴，但这并不意味着价值没有实存性和客观性。事实上，价值的存在是实际的存在、真实的存在，人们可以感受到它的存在，体验到它的存在，认识到它的存在。这正是价值客观性的又一层含义。价值主体需要的客观性、价值客体属性的客观性、价值中介的客观性、价值活动的实在性，都毫无例外地可以证明价值的客观性，因为价值就是在这一系列客观存在物的相互关系中实现的。构成这个世界的三大要素物质、能量、信息对人的价值、对社会发展的价值都是可感的、可见的。存在于人类社会中的物质价值、精神价值、人的价值，更是人人都可享受的，是能够实际感受到的。我们可以通过不同的途径和手段证明价值的客观性。能够实际感受到的东西必然是客观上存在的东西，至于虚无的东西，人们是感受不到它的存在的，也就无从谈起它的客观性。

说价值是客观的，是因为价值的有无和大小从原则上说是可以通过一定的方法进行验证的。不能证明其存在的东西，人们很难相信它的客观性。物质价值的可证明性是显而易见的。对精神价值的检验，尽管很难做出具体的量的衡量，比如对文学艺术作品价值的衡量，对某种精神的价值的衡量，但精神价值的存在是可以通过人们的历史实践和实践的历史证明的。所以，价值确实是客观存在的。

价值的主体性。主体性是价值的另一突出特征。所谓价值的主体性，是指客体价值的质（价值的有无，价值的正负）与量（价值的多少，价值的大小）要受到价值主体各种因素的制约和影响。

价值的主体性，一般讲，具体体现在这样几个主要的方面：

其一，在主客体价值关系中，主体处于并发挥着主动的、自主的地位和作用。价值关系主要是主体依据自己的利益和需要与一定的客体建立起来的；价值的产生，是主体在客体提供的属性、功能基础上主动利用、开发、创造的结果，客体被主体当作满足自己需要的对象，处于被动的地位。当然，客体的属性、功能也会对主体的主动选择构成某种约束和限制，但这不是这里要讨论的问题。

其二，在价值的创造和实现活动中，主体可以充分发挥自己的实践能动性与意识能动性，认识客体、改造客体、超越客体的某些限制，提高主体自身的能力，创造新的价值客体，以满足自己的价值需求，实现自己的价值目标。

其三，价值的主体性表现为价值的主观性。任何价值主体都既有客观的规定性，也有主观的规定性，这就决定了价值在主体性的表现上既有客观性也有主观性，是客观性与主观性的统一。在主体的价值活动中，离不开主体的主观性，主观性本身也是一种客观的存在。价值主体的认识图式、知识结构、各种能力、情感意志、性格个性、兴趣爱好、信仰理想等，都会或多或少地体现在价值之中。

价值的相对性。价值的相对性相对价值的其他特性来说，是一个比较好理解的特性。价值是一定客体对一定主体的效应，当客体不变，主体变化，或者客体变化，主体不变，价值都会发生变化，即价值效应的确定性是具体的、有条件的。因此，价值是相对的。价值的相对性突出体现在这样几个方面：

一是，价值总是对主体的价值，是相对一定主体而言的。因此，同一客体对不同主体的价值不同，对处于不同层次主体的价值不同，对不同类型主体的价值不同，对处于不同状态的同一主体的价值也不相同。

二是，从价值客体角度看，价值总是相对于一定客体和一定客体的属性、功能而言的。对于同一主体来说，不同的客体具有不同的价值。同一客体的不同属性、功能可以与主体建立起不同的价值关系，从而对同一主体产生不同的作用和影响。因此，对客体属性、功能的不断认识和开发，就意味着客体对主体可以产生新的价值。此外，客体既有的价值则可能在时间的流逝中慢慢地失去，或发生价值类型的转变，这也恰好说明客体对主体价值的历史性和相对性。

三是，价值总是生成于一定的主客观环境之中，因此，当环境发生改变，同一客体对同一主体的价值也会发生变化。在一种环境下有价值的东西，在另一种环境下则可能变得毫无价值。

顺便应当指出的是，价值在具有相对性的同时，也具有绝对性，是相对性和绝对性的统一。价值绝对性"就是价值作为客体对主体的效应存在着普遍性、无条件性、恒常性、客观性"[①]。

无论价值具有怎样的相对性，总是客体对主体的价值。只要有价值关系、价值活动存在，就有价值，而价值活动是人类基本的活动、普遍的活动，所以价值是普遍的、绝对的。人类作为同类的存在，必然有其共同的需要，有其共同的价值目标、价值追求对象。尽管这种需要的内涵会随着类的发展而变化，但在类的共同性上是不变的，因而是绝对的。在确定的主客体价值关系中，价值也是确定的，因而也是绝对的。另外，在人类的价值活动中，有些价值客体具有恒久的价值，自然对人类的价值也是恒久的、绝对的。人类自己创造的诸多价值客体也具有恒久的价值。价值的恒久性说明了价值相对性中的不变性，即绝对性，而最能说明价值绝对性的根据就是价值的客观性。客观性超越了主体价值评价的相对性，从根本上确保了价值的绝对性。

---

① 王玉樑. 价值哲学新探 [M]. 西安：陕西人民教育出版社，1993：202.

二、新闻价值

相对哲学价值概念来说，新闻价值是一个"种"概念，是价值这个"属"概念中的一个子系统。对新闻价值本质的理解，有赖于对一般价值之本质的界定。这也正是我们用一定篇幅首先讨论一般价值的意义之所在。

如果以新闻眼光观照整个价值世界，则可以把价值从宏观上非常粗略地分为两类：一是新闻价值，一是非新闻价值。如前所述，价值一般描述的是客体之属性、功能对主体的效应，即客体属性、功能对主体的实际作用和影响。按照哲学价值论的逻辑，新闻价值就是指客体的新闻要素、属性和功能对新闻主体所产生的实际效应，即对新闻主体的作用和影响。这只是在最一般的意义上给新闻价值一个初步的描述，要确切地反映新闻价值的内涵，把握这一概念指称的具体对象，还需要澄清与新闻价值相关的诸多概念的含义，不同概念之间的相互关系，以及各个概念使用中的习惯意义与差别。

（一）新闻价值的指称对象

在主体与客体的价值关系中，客体属性的多样性、主体需要的丰富性以及客体属性与主体需要的历时变动性与共时差异性等，从根本上决定了主客体之间价值关系的多维性、多元性和不断发展变化等等特点。价值论对主客体间不同的价值关系用不同的分类价值概念进行反映和描述，从而形成庞大的价值关系系统，形成不同领域、不同学科具体的价值理论，如经济价值论、政治价值论、法律价值论、文化价值论、技术价值论、文学价值论、艺术价值论、信息价值论等。如果把哲学价值论看作整个哲学体系的一个分支的话，那么在价值学的体系内，它便是处于元层次的价值理论，而如上所说的不同具体领域、具体学科范围的价值理论，仅是相对哲学价值论的应用价值学。这样一来，新闻价值论就是建立在新闻传播现象、新闻传播活动之中有关价值现象、价值活动的客观基础之上的，即新闻传播现象、新闻传播活动之中的价值现象、价值活动是新闻价值理论研究的直接对象。而相对整个理论新闻学体系来说，新闻价值理论只是它的一个有机构成部分。不过这一部分有着特殊的地位，它所研究的对象贯穿于整个新闻传播活动之中，它和新闻事实论一样，可以看作在一个向度上对整个新闻传播活动的审视，是在一个向度上建构的新闻理论。

在如此分析的基础之上，大家就可以看得十分清楚：新闻价值概念是用来指称主客体间所构成的新闻价值关系中实现的价值，即新闻价值客体对新闻价值主体的作用和影响。

在新闻价值论中，我们讨论的当然是"新闻"的价值，正如在法律价值论中讨论的是"法律"的价值，在文学价值论中讨论的是"文学"的价值一样，但问题并非如此简单。也像人们对法律、文学等等的理解有所不同一样，人们对"新闻"的理解远未达到完全的一致。这种现状对各种价值理论的研究既带来了困难，也提出了必须首先解决的问题。

价值是在价值关系中实现的，讲的是客体对主体的价值。在新闻价值关系中，直接看来，"新闻"居于价值客体的地位，新闻价值因而讨论的就应该是"新闻"对主体的价值，也即新闻的价值。至此，如何界定"新闻"便成了关键问题。弄清了"新闻"的含义，才能真正明确新闻价值理论研究的具体对象问题。对于"新闻"的不同界定，自然会造成对新闻价值关系内涵的不同理解。因此，在论述新闻价值问题时，对"新闻"做出明确的界定具有前提性的意义，对于新闻价值理论的逻辑一致性和体系的完整性更是至关重要。

"新闻"是个含义非常广泛的概念，人们在不同的语言环境中赋予它不同的意义，但从新闻理论与实践方面看，主要的用法大致可分为这样几种情况：一是指"新闻事实"或表征新闻事实的"新闻信息"[①]；二是指"新闻作品"或"新闻报道"；三是指"新闻事业"或"新闻手段"[②]。

由于"新闻"概念意义的广泛性，人们在理解新闻价值时常常从多种角度出发，做出侧重不同的论述。造成的直接后果是，理论研究话语混乱，缺乏比较统一的概念、范畴体系，大家各弹各的琴、各唱各的调，很大程度上失去了理论研究对话、交流的基础，这对建立相对统一、稳定的新闻价值理论框架是不利的，对新闻价值理论研究的深入开展自然也不会带来多少好处。比如，在新闻价值理论中，如果把"新闻"理解为新闻事实或新闻信息，那么新闻价值指的就是新闻事实和新闻信息的属性、功能对主体的价值；如果把"新闻"理解为新闻报道、新闻作品或统一称之为新闻文本，那么新闻价值指的就是新闻文本对主体的价值；如果把新闻更为广义地理解为新闻事业，那么新闻价值实质上指的就是新闻事业诸多功能对主体的价值。

由于新闻文本的内容就是主观化了的新闻事实或新闻信息，而新闻事业又是以传播新闻信息为主的舆论机构，十分明显，新闻事实、新闻文本、新闻事业之间有着密切的内在联系。因此，讨论其中任何一个的价值，都离不开对其他二者的讨论。这是一种内在的客观关系，任何人如果以主观的方式将其割裂开来，一定会在理论上造成某种缺陷，或者各执一词，走向片面和极端。但作为理论研究，又必须对研究对象做出明确的界

---

① 信息与其来源对象的可分离性，使人们可以通过对客体对象发出的信息而把握对象，这是一切认识得以实现的基础，也是新闻报道得以实现的基础。

② "新闻手段"本身的含义是很广泛的，这里主要在新闻传播媒介的意义上加以使用，不包含"用事实说话"和"新闻报道体裁"的意义。

定，只有这样，我们的研究才能顺利展开。

从理论新闻学的概念体系出发，我们以为"新闻"是指客观存在的新闻事实，或更准确地说，是表征新闻事实的信息（即新闻信息）以及与客观存在的"新闻事实"相对应的"新闻作品"或"新闻报道"①。客观存在的新闻事实（新闻信息）可以说是本体论意义上的新闻，是不以人的意志为转移的，即不管人们是否报道或接受它都是客观存在的；新闻文本所包含的新闻是认识论意义上的新闻，是人们对客观存在的新闻事实或新闻信息认识、反映之后的新闻。对现实的人来说，当然只有认识论意义上的新闻才是有意义的新闻，因为不被人们认识的新闻就无所谓新闻。但千万不要忘记：没有本体论意义的新闻存在，认识论意义上的新闻便成了无源之水、无本之木。

新闻就是新近发生的事实的报道，陆定一在 1943 年提出的这一简明扼要的新闻定义，至今仍被我国新闻界普遍认定为最为权威的定义。这一定义把事实作为新闻的本源，把新闻界定为对事实的报道，从辩证唯物主义的立场出发，很好地阐明了本体论意义上的新闻与认识论意义上的新闻的关系。因此，作为理论新闻学基本概念的新闻，它的本体是"新闻事实"或客观存在的"新闻信息"，它在认识论中存在的形态是"新闻文本"或"新闻讯息"②。有了以上基本设定，我们关于新闻价值的讨论主要围绕这样的核心问题而展开：新闻事实与新闻价值；新闻文本与新闻价值（其实质讲的就是不同形态的新闻信息与新闻价值的关系）。这两大问题贯穿于整个新闻传播过程之中，新闻传播主体与新闻接受主体的基本新闻价值活动可以说就是围绕这两大问题展开的。对于以传播新闻信息为主的任

---

① 新闻作品和新闻报道都可看作"新闻文本"，其核心内容当然是主观化了的新闻事实或新闻信息。

② 新闻讯息是对客观存在的新闻信息的主观整理或符号再现，新闻界已经习惯于用新闻信息表达新闻讯息，我以为在语境明晰的情况下是完全可以的。

何现代意义上的新闻事业，这两大问题也是它新闻价值活动的轴心。

关于新闻价值客体——新闻事实和新闻文本——的具体内涵，我们将在后文中设专章进行细致的论述。这里只是指出在新闻价值关系中，新闻主要指的是新闻事实（新闻信息）和相应的新闻文本。因此，所谓新闻价值就是指新闻事实和相应作品或新闻文本的属性、功能对新闻传播主体和新闻接受主体的效应或者作用和影响，其核心就是指新闻信息（新闻讯息）对新闻主体的作用和影响。

在新闻价值关系的另一端是新闻价值主体，这是更为复杂的问题。它的实质在于回答，新闻价值中所讲的价值到底是对"谁"的价值，是对"什么人"的价值。对此，新闻界的看法并不一致，可以说有一个历史的变化过程，现在人们普遍认为新闻价值主体应该主要是新闻传播受众，过去则有不少人认为应该主要是新闻传播主体。而我本人认为新闻价值主体应该从新闻传播过程价值主体的构成及"主要角色"的转化去作详细、具体的考察，既要研究新闻接受主体，也要研究新闻传播主体，还应该特别注意研究两种主体在新闻价值活动中的相互关系。但在此处，只是宽泛地使用这一概念，并不准备对其做出明确的说明，因为我将在后文中用专门章节对新闻价值主体进行深入的研究。

（二）与新闻价值相关的几个概念

新闻价值是价值之一种，只要客体具备某种新闻价值的要素、属性和功能，就成为新闻价值客体，就可以对主体产生某种影响和作用。尽管新闻价值概念对现在的新闻界已经成为常识性的概念，但关于新闻价值的概念并不只有"新闻价值"一个，而是有不少相关的概念，诸如新闻价值、新闻的价值、新闻传播的价值、新闻事业的价值等等。要想说明新闻价值的具体含义，就有必要进一步对这些相关概念的意义做出说明和必要的界定。这里，我只选取几个重要的概念加以论述，并在此基础上进一步界定本书使用的新闻价值的具体、确切的含义。

1. 新闻价值

在价值系统中，新闻价值不过是描述一类价值的一个概念。对一个具体的客体对象来说，新闻价值描述的不过是对象对一定主体诸多价值项中的一项价值，因为同一价值对象会有多种多样的价值属性和功能，会有不同层次的价值属性和功能，所有这些属性和功能都有可能与主体不同的需求之间确立起相应的价值关系，实现价值客体对主体的不同价值。新闻价值是对主体的一种价值，是客体的新闻价值属性、功能对主体的价值。所以，新闻价值描述的既不是主体的新闻需要，也不是新闻客体的新闻价值属性，而是对象的新闻价值属性、功能对主体的效应，对主体的作用和影响。

在既有的新闻价值理论中，学者们根据各自对新闻价值的理解，用"新闻价值"这一概念指称着不同的对象，从而形成了仁者见仁、智者见智，丰富多彩又不免五花八门的新闻价值定义。比如，仅在国内新闻界，典型的新闻价值定义就可罗列一大串：

"新闻价值是新闻记者衡量和选择事实是否可以成为新闻的标准。"[①]

"新闻价值是指一个事实所包含的足以构成新闻的特殊素质或各种素质的总和。"[②]

"新闻价值是选择和衡量新闻事实的客观标准，即事实本身所具有的足以构成新闻的特殊素质的总和。素质的级数越丰富越高，价值就越大。"[③]

---

① 王泽华. 新闻价值规律与市场经济 [J]. 河北学刊，1995（3）：105-109.
② 同①.
③ 余家宏，宁树藩，徐培汀，等. 新闻学词典 [M]. 杭州：浙江人民出版社，1988：62.

"一则新闻所产生的社会效应。社会效应强烈的新闻，其新闻价值较大；社会效应小，其新闻价值就小。"①

"新闻价值就是新闻机构发布的新闻在群众中受到重视的程度。"②

"新闻价值是某些事实所具有的在满足受众新闻需要方面所具有的显在和潜在的作用。"③

"新闻价值是一关系范畴，是指新闻事实（客体）的素质对受众（主体）的需要的满足。"④

"所谓新闻价值，就是新闻信息在传播过程中激发出来的适应社会创新需要的能量。"⑤

…………

这许许多多的新闻价值定义从不同的角度、不同的侧面、不同的层次揭示了新闻价值概念包含的各种意义，也给所有探讨新闻价值问题的后来者提供了诸多的启示。

有人把这众多的定义分门别类，归结为标准说、属性说、效果说、作用说、关系说、素质说、能量说等等，为人们理解新闻价值问题作了进一步厘清思路的工作。所以，我就不再对这些定义进行一一的分析，不辞劳苦地罗列它们的短长了。

但是，要真正比较准确、科学地揭示新闻价值的合理内涵，在方法论上必须注意这样几点：其一，认真学习哲学价值论关于一般价值研究的既有成果，从中吸收真理性的认识，特别注意汲取思考价值问题的方法。其二，注意从其他学科的价值理论研究中吸纳有益的东西，比如从文学价值

① 甘惜分. 新闻学大辞典 [M]. 郑州：河南人民出版社，1993：9-10.
② 王泽华. 新闻价值规律与市场经济 [J]. 河北学刊，1995（3）：105-109.
③ 丁柏铨. 论新闻的双重价值标准 [J]. 新闻界，2000（4）：28-29.
④ 钱燕妮. 新闻价值及其量化分析 [J]. 新闻世界，2000（6）：7-8.
⑤ 梅松武. 从新闻创新看新闻价值 [J]. 新闻界，2001（5）：11-13.

论、艺术价值论、科学价值论等价值理论中学习、发现对我们有借鉴意义的东西。这些学科的价值理论与新闻价值论处于大致同等的学科层次，因此在价值理论的框架建构上具有更强的相似性可资参考。其三，也是更为重要的一点，必须从新闻传播的实际出发，紧紧抓住本学科的特殊性来探讨价值理论。就目前的新闻价值研究来看（根据已经出版的有关著作和已经发表的有关论文），明显欠缺的是对价值哲学研究成果的学习和应用。说实话，如果不能在价值哲学的层面上理解价值，关于新闻价值的探讨就只能停留在一般的经验层次上，给出的新闻价值定义也不过是对一般经验的总结和概括。

新闻价值概念是用来揭示新闻传播全过程中主体价值活动的概念，不能把新闻价值概念限制在传播的某一阶段或某一环节，也不能把新闻价值活动限制为某一类主体的活动。

有些定义要么把新闻价值客体限定为新闻事实，要么限定为新闻报道、新闻作品意义上的新闻，这样给定的新闻价值内涵必然是不全面的，因为这类定义在一开始就给新闻价值概念所要揭示的对象作了不符合新闻传播实际情况的限制，可以说没有彻底搞清楚新闻价值活动的对象。

有些定义要么把传播主体作为唯一的新闻价值主体，要么把新闻受众作为唯一的新闻价值主体，这样给定的新闻价值内涵必然是不合理的，因为在新闻传播实际过程中主体是双重的，传播主体和接受主体都是新闻价值活动中的价值主体。从理论上讲，他们处在完全平等的地位，他们之间的关系是一种主体间的关系，他们在整个新闻传播过程中既有共同的价值目的，也有各自特殊的价值追求，需要研究者做的工作是探讨清楚两类价值主体之间的关系，通过保留一方、排除另一方的做法赋予新闻价值的含义必然是"残缺"的。

有些定义单纯从新闻价值客体出发定义新闻价值，有些定义则反其道而行之，单纯从新闻价值主体的需要出发界定新闻价值，这两种定义方法在价值思维模式上并没有什么本质的区别，是从一个极端走向了另一个极端，缺乏对价值概念的辩证把握，没有真正理解价值的实质是主客体之间的一种关系，没有把价值概念作为一个关系概念去把握，因而不大可能给出合理的新闻价值定义。

有的定义注意到了价值的关系特征，在主客体的关系中把握价值，将新闻价值定义为新闻价值客体满足主体新闻需要的一种关系。这种定义方式抓住了新闻价值的关系本质，认为新闻价值存在于新闻价值主体与客体的关系之中，这无疑是正确的。新闻价值必须在新闻价值关系中实现，离开新闻价值关系谈论新闻价值是没有意义的。但将新闻价值定义为主客体之间的一种东西，容易使人误认为新闻价值是能够独立于主客体之外的第三者。而事实上，新闻价值总是一定的新闻客体对一定的新闻主体的价值，不可能离开主客体而存在。另外，这种定义方式往往使人觉得它把"新闻价值"等同于"新闻价值关系"，这显然是有问题的。尽管新闻价值的实现离不开新闻价值关系，但新闻价值必定不是新闻价值关系，这其中的道理是显而易见的。

价值现象和价值活动是人类特有的社会文化现象，凡是价值都是对人而言的，是对人的价值活动而言的，凡是价值讲的都是客体属性、功能对人的价值，对主体的价值。定义新闻价值，首先要理解价值的本质。价值是客体属性和功能对主体的效应，即对主体的作用和影响。这一对一般价值本质的揭示提醒我们：在界定新闻价值时，必须明确新闻价值的主体是谁，新闻价值的客体又是什么，然后再确立二者之间的具体关系。

有了这些思考，我们就可以给新闻价值下这样一个定义：新闻价值就是新闻客体的属性、功能对新闻主体的效应。如果新闻客体的属性、功能对新闻主体的效应有利于主体的发展和完善，我们就说新闻价值是正新闻价值，在通常的理论研究和新闻实践中，人们所说的新闻价值就是指正新闻价值。相反，如果新闻客体的属性、功能对新闻主体的效应不利于主体的发展、完善，我们就说新闻价值是负新闻价值。从理论上说，如果新闻客体的属性、功能对新闻主体的发展和完善没有利与不利的效应，我们就说新闻价值是零价值。

在此还需要特别指出的是，人们在新闻实践中习惯于用"新闻价值"指称新闻事实的新闻属性和功能，也就是说，新闻价值概念依托的主要对象是新闻事实，而不是"新闻报道"或"新闻作品"。与此相应，人们把新闻价值主要和新闻传播主体的新闻选择联系在一起，原因也在于与"新闻事实"打交道的主要是新闻传播主体，而不是新闻接受主体。也正是在这一基础上，有人早就提出，我们应该用两个核心概念来反映新闻价值问题，即用"新闻价值"专门指称新闻事实的新闻属性、功能对主体（主要是新闻传播主体）的价值；用"新闻的价值"专门指称"新闻文本（新闻报道或新闻作品）"对主体（主要是新闻接受主体）的价值。这种做法比较符合新闻传播的实际，也易于一般人对新闻价值的理解和把握，具有一定的合理性。但对系统的新闻价值理论来说，应该用贯穿始终的统一概念来反映新闻价值，何况，"新闻价值"与"新闻的价值"在本质上是不可分离的，因为新闻文本是对新闻事实的反映，新闻文本的价值有赖于新闻事实的新闻价值。事实上，新闻价值所针对的价值客体、价值主体本来就不是单一的，在新闻传播过程中，价值客体的存在方式在转变，价值主体的核心角色也在变换，我们只有系统把握新闻传播过程，才能真正理解新闻价值。因此，我们会针对新闻传播过程的不同阶段，对新闻价值在不同阶段的具体体现及其相互关系做出必要的说明和阐述。

2. 新闻的价值

新闻的价值，是一个相对较好理解的概念，这里的"新闻"指的就是

"新闻报道""新闻作品"，即新闻文本（严格说，应该是指新闻文本中的新闻信息，而不是其他的信息）。因而，新闻的价值，就是指报道出来的新闻对主体的效应，对主体的作用和影响。在此，新闻文本就是新闻价值客体。这种作用和影响同样具有正负之分，即新闻的价值也包括正价值和负价值。

享用新闻的价值（也即新闻文本的价值）最为直接的主体、最为重要的主体是新闻传播的接受主体，这是大家公认的。但我以为将新闻的价值的主体限制在接受主体的范围内是不全面的，实质上是缺乏对整个新闻传播活动的系统考量。新闻的价值主体还应该包括传播主体，可以说，传播主体的价值追求和价值目标正是通过满足接受主体的需要来实现的。如果接受主体能够像传播主体预先期待的那样解读接受新闻，就意味着传播主体的价值目的实现了。由此看来，接受主体新闻需要的满足是传播主体价值需求实现的中介。同样，接受主体新闻需要的满足，是以传播主体新闻需要的先在满足为条件的。有关新闻传播过程中两种主体的关系、两种需要的关系，不是三言两语就可说清楚的，我们将在第三章进行详细的阐述。

在"新闻的价值"中，价值所依托的存在对象是"新闻文本"。新闻文本作为价值客体，在本质上是一种精神性的存在，是精神客体，是传播主体对客观存在的新闻事实符号再现的结果，它既包含着新闻事实本身的诸多内容，同时还包含着传播主体精神劳动创造的诸多内容，这与"新闻事实"作为价值客体对象自然会有一定的不同。关于两种客体的特点、价值内涵的同异及其相互的关系，我们将在第四章中进行阐述。

新闻的价值最主要的自然是新闻价值，新闻文本首先满足的是主体的新闻需要。但新闻文本的价值不只是新闻价值，它还具有大量其他方面的价值。新闻价值是新闻的狭义价值，即新闻消除人们认识或心理不确定性的信息价值，从广义上看，新闻的价值不限于新闻价值，还有其他方面的价值。因此，新闻的价值是一个价值系统。在这个价值系统中，新闻价值是核心价值，其他价值依赖于新闻价值的存在。如果一个文本不再具有新闻文本的特性，就根本谈不上新闻价值的问题。[①] 我们谈论新闻的价值系统的前提是，文本本身是新闻文本。只有在这种前提之下，文本的其他价值，比如宣传价值、知识价值、舆论价值、审美价值等等，才能归入新闻的价值系统之中，共同构成新闻的价值。也就是说，只有在这一前提之下，文本的其他价值才能名正言顺地称之为新闻的宣传价值、新闻的舆论价值、新闻的知识价值、新闻的审美价值等。这些价值如同狭义的新闻价值一样，也只能在新闻的传播中得到实现，所以有人将其称之为新闻的传播价值。[②]

对于把"真实"报道作为生命的新闻来说，对于把"真实"传播作为存在根据的新闻传播来说，新闻文本的价值与新闻事实的价值是紧密相关的。文本的价值来源于事实的价值，事实的价值决定文本的价值，文本价值的大小有赖于对事实价值资源的开发。文本的新闻价值是对事实新闻价值的直接反映，文本的其他价值则以事实诸多潜在的价值为基础。事实的价值属性从客观上规定着文本价值的可能范围，但文本的价值不只是新闻事实的价值，果真如此，新闻传播也就失去它存在的意义了。文本的价值中蕴含着传播主体的价值创造成果，包含着传播主体进行事实报道、信息传播的价值倾向和价值追求。文本的价值是对事实价值的传播，是对事实价值的升华，是对事实价值的增值。

从新闻事实客体到新闻文本客体的转换，从传播主体到接受主体的角色变更，是新闻价值从开发到传播、从传播到实现的必然历程。

---

① 关于新闻文本的特性，我们将在"新闻价值客体"一章中进行阐述，读者也可参阅拙著《新闻事实论》中的相关内容。

② 童兵. 理论新闻传播学导论 [M]. 北京：中国人民大学出版社，2000：50-53.

当我们用新闻态度对待新闻事实、新闻文本时，它们具有的价值就都是新闻价值或新闻价值的延伸；当我们以新闻角度、新闻眼光审视新闻事实、新闻文本时，开掘、享用的价值就都是新闻价值和新闻价值的扩散。因此，我以"新闻价值"概念来包含"新闻的价值"，也就是把新闻事实和新闻文本具有的"新闻价值"（即狭义的新闻价值）以外的其他价值看作"新闻价值的价值"，即新闻价值之外的其他价值，比如新闻的宣传价值、新闻的教育价值、新闻的文化价值、新闻的舆论价值、新闻的审美价值等等都是建立在新闻价值基础上的价值，它们与狭义的新闻价值一起构筑了新闻事实和新闻文本的价值系统。

3. 新闻事业的价值

新闻传播现象和新闻传播活动伴随着人类发展的整个过程。但新闻传播活动真正转化成为一种专门的新闻事业，那还是最近几百年的事情。随着资本主义生产方式和市场经济的发展，采用大众传播方式的近代新闻事业才逐步形成，才有了专业化的新闻传播机构和专门化的新闻从业人员，才有了具有广泛新闻需求的受众即广阔的新闻市场，才有了规模较大的和持续不断的新闻传播活动。

生产社会化程度的提高带来了社会对信息需求的增长，也给新闻事业注入了活力，成为新闻事业发展的根本动力；随着技术进步、政治民主和文化发达的程度不断提高，新闻事业的发展规模和生产水平也在不断地扩大和提高，新闻事业在整个人类社会发展过程中的地位和作用也越来越重要，新闻传播作为传播之一种，不只是为政治、经济、文化等等服务的工具，而且"有其独立存在的理由和价值"[1]。特别是在如今人类从整体上

---

[1]　WILLIAMS. Communications [M]. Revised edition & Kindle edition. Vintage Digital，2016：13.

向知识社会和信息社会进发的大历史背景下，新闻事业更是日益成为每个社会系统不可缺少的重要组成部分，甚至是最为重要的组成部分之一。新闻事业对人类社会整体、各个民族和国家、各种社会团体以及亿万个人的作用已经变得谁都不能否认，谁都不可忽视。以不同层次存在和发展的主体，已经离不开新闻传播事业。"我们都深深地依赖于大众传播。无论是社会还是个人都有这种依赖性"①，"我们今天对整个世界的认识，对全国以至全球政治、经济形势的观察，对周围社会的复写，主要是新闻报道这种意识形态反映给我们的，我们从这面镜子里看到了人类自身发展的一切"②。事实上，"世世代代的人们主要是用他们从报纸上（近代以来还从收音机、电影、电视及新闻杂志中）学来的东西组成了自己对外部世界的概念"③。"世界越来越小，也越来越近。世界成了一按键钮就招之即来挥之即去的东西，成了几十个频道间跳来跳去的景观。"④ 总之，"现代工业和技术的高度发展已经改变了人类的生存方式，大众传媒无孔不入，成了改造现实的巨大力量"⑤，成为人们已经不能拒绝的"伙伴"。

新闻事业给不同层次的主体——社会主体、群体主体、个人主体的存在和发展所带来的巨大的影响和作用，如果从价值论的视角观察和审视，其实就是新闻事业的价值，就是新闻事业对不同主体产生的效应。因此，如果要给新闻事业的价值下一个简单的定义，我们就可以说，新闻事业的价值是指新闻事业所具有的属性、功能对社会和人们产生的效应。新闻事业具有的各种属性都会对不同层次的主体产生影响和作用；新闻事业的多

---

① 德弗勒，丹尼斯．大众传播通论［M］．颜建军，王怡红，张跃宏，等译．北京：华夏出版社，1989：4.
② 刘建明．宏观新闻学［M］．北京：中国人民大学出版社，1991：28.
③ 施拉姆．大众传播媒介与社会发展［M］．金燕宁，蒋千红，朱剑红，译．北京：华夏出版社，1990：134.
④ 张锦力．自序［M］//解密中国电视．北京：中国城市出版社，1999：5.
⑤ 王华之．媒体与今日之现实［J］．读书，1999（8）：103－106.

种功能，比如报道新闻、沟通情况，反映舆情、引导舆论，监督社会、维护正义，倡导科学、介绍知识，提供娱乐、丰富生活，刊播广告、促进经济等，都会对社会生活的各个领域、人们的各种活动产生影响和作用。

新闻事业的价值是对整个社会发展与完善的效应，这是新闻事业社会性的突出表现。新闻事业不可否认的阶级性、政治性、集团利益性又使不同社会形态下的新闻事业，不同阶级、政党、集团控制下的新闻事业表现出不同的价值，甚至是对立的价值。即使在同一社会形态下的新闻事业中，不同新闻机构亦会表现出不同的价值取向，从而对社会产生不同的作用和影响。即使在同一性质的新闻事业系统内部，新闻事业的资产所有者、新闻事业的管理者、新闻事业业务活动的直接操作者、新闻事业服务的社会对象，他们之间会由于各种纷繁复杂的关系，使新闻事业对他们表现出不同的价值。

新闻事业的价值是通过具体的传播活动实现的。新闻事业的传播活动不限于新闻信息的传播，但理想的新闻事业总是以传播新闻信息为主，所以新闻事业的价值应该说主要是新闻价值，它所具有的其他价值从总体上说是建立在新闻价值基础之上的。

当然，我们不能用新闻价值取代新闻事业对社会和人们产生的其他价值，也不能否认其他价值的独立性。对于现代新闻事业来说，它所具有的价值已经几乎体现在社会领域、社会生活的所有方面，新闻事业既有一般行业的性质，同时又具有特别明显的思想上层建筑意识形态的特殊性质。在马克思主义者看来，新闻事业的深层本质正是它的上层建筑性质。这就使新闻事业在政治、经济、文化、科教、技术、思想、道德等等领域发挥着极其重要的作用。进而言之，新闻事业本身就有巨大的政治价值、经济价值、文化价值、教育价值……事实上，新闻事业的所有价值，共同构建成为一个巨大的价值系统，时时刻刻都作用于社会，作用在每个人的身上。在信息社会、信息时代，无论你是否意识到，新闻传播事业在客观上都已经成为人们不能缺失的东西，新闻事业通过它的种种属性和功能所塑造的环境已经是人们"不可逃离"的生存与发展环境。

在信息时代已经降临的现代社会，人们在科学技术带来的巨大自由中，又深深感到现代社会越来越巨大化、复杂化，无论如何已无法凭借丰富的直接经验去把握这个世界、理解这个世界。我们完全有理由说，这个世界从空间上说的确是越来越小，人与人的交往也变得越来越方便简单，新闻事业也使今天的社会变得越来越透明。但信息的自由流通、海量奔泻同样使这个世界在复杂程度上越来越高，似乎把"地球村"也变得越来越大。人们的交往并不像想象的那样越来越容易，科学技术的进步同时也在人们之间造成某种新的鸿沟。新闻事业在为人们带来无限好处的同时，也带来了许许多多值得注意的不良后果。这就是说，我们不能仅仅看到新闻事业的正价值，还要看到它的负价值。这是理性的人必须面对的现实和必须进行反思的课题。人们应当确立全面的、发展的、辩证的价值思维方式，去认识和评价我们的每一个价值对象。

以往我们更多的是以乐观的态度去张扬和发挥新闻事业的正价值，这当然是没有什么过错的。但我们千万不能忽视新闻事业可能产生的负价值。人们常说我们生活在两个世界之中，一个是真真切切的现实世界，另一个是由大众媒介创造的媒介世界。这个媒介世界主要是由新闻传播媒介塑造的。有人把前者称之为"第一经验环境"，将后者称之为"第二经验环境"。① 还有人把后者称之为"拟态环境""信息环境""拷贝世界""虚拟环境"等等。新闻媒介对现实世界的认识和反映是全方位的、立体的，手段也是不断更新、丰富多彩的，如果新闻传播媒介对事实世界变动信息

---

① 崔文华. 全能语言的文化时代：电视文化研究 [M]. 北京：北京师范大学出版社，1998：121.

的报道是真实的、客观的、全面的和公正的，它就可能为人们提供一幅比较健全的世界图景，为人们提供比较正确的信息引导作用，从而为社会的健康发展，为主体的生存、发展和完善起到正面效应，实现正面的价值影响。相反，新闻事业如果通过它强大的新闻手段塑造一个虚假的世界景象，那无疑会对人们产生极大的负面影响，给社会带来巨大的负面效应。这一点在中外新闻发展史上都有过深刻的经验教训。至于新闻事业在一些相对较小的问题上所造成的不良影响，那是人们在生活中可以直接感知的，我们没有必要在此详细地描述。

新闻事业在现代社会中有着不可替代的地位和作用，对社会发展有着不可估量的影响，对人们的生存、发展与完善有着多方面、多层次的效应。它是政治生活的前后舞台，它是经济活动重要的信息桥梁，它是引导社会舆论的号笛，它是反映公众意见的渠道，它是文化传播最直接、最迅速的载体，它是进行科学教育的有效工具，它是社会交往的便利通道，它是人们精神交流的纽带……它的诸多作用、诸多价值提醒人们必须慎重驾驭它、运用它，使它在合规律性与合目的性的统一中充分发挥正面效应、正面价值。

对新闻事业的价值的探讨与阐述，还需置于社会大系统中进行细致的考察，还需从新闻事业的历史发展与横向展示中探究它与社会其他子系统的相互作用和相互影响。这是一项比较庞大的"工程"，需要以专门的著作进行研究和论述，不是我们在此能够很好地完成的。这里所做的工作只是从新闻价值论的基本概念体系出发，对新闻事业的价值的内涵意义作一些初步的说明。

（三）新闻价值的特征

前面，我们简要地阐述了价值的特征，这是理解新闻价值特征的基础。新闻价值作为价值大系统中的一种价值，一般价值具有的基本特征它都具备。比如价值的客观性、价值的主体性、价值的社会性、价值的相对性等，新闻价值也应有尽有。但是，如果要真正把握新闻价值丰富的内涵，停留在一般价值特点的层次上是难以真正达到目的的。探讨并把握新闻价值的个性特征，是深入理解新闻价值本质所必需的，也是新闻价值理论应该解决的基本问题之一。

新闻价值的个性特征体现在新闻传播价值活动的过程之中，依赖于新闻传播活动与其他传播活动相比较而显示出的个性特征，依赖于传受主体在新闻价值关系与其他价值关系相比较中表现出的个性特征，这是我们思考新闻价值特征的客观出发点，也是我们探讨新闻价值个性特点的方法论基础。

首先，从价值存在的基本类型看，新闻价值从总体上说是一种"真"的价值，而非利的、善的、美的价值。[①] 这也是从哲学层次上对新闻价值的基本认定。

众所周知，新闻传播的基本使命和中心任务就是真实迅速地反映自然、社会最新变动中重要的情况，真实是新闻的生命。真实就是新闻报道要与客观事实相符合。新闻传播的基本使命和中心任务决定了新闻价值在性质上是一种精神价值，新闻传播的根本要求则决定了新闻对人们的核心价值是"真"的价值。

新闻价值的这一最大、最根本的个性特征，又从根本上决定了新闻价值主要是一种认知价值、信息价值，即新闻价值的核心就是为主体的生存、发展和完善，为社会的存在、发展和完善提供最新的、真实的信息服务。新闻传播正是通过提供信息的方式对人和社会产生实际的作用和影

---

① 但这不是否认新闻有利的、善的、美的价值，而是说"真"的价值是新闻价值突出的个性特点，对此，本书在其他地方还会有相关的论述。

响，产生价值效应。

作为"真"的价值，新闻价值的"真"与文学价值的"真"、科学价值的"真"有共同之处，比如它们都可以为人和社会提供认知价值。但它们在提供"真"的价值的方法上、角度上、层次上是有很大差别的。文学价值的"真"，是以想象的方法、形象塑造的方法为人们提供认识自身、认识社会的途径；科学价值（包括自然科学、社会科学）则是从规律的层次上为人们提供认识自然、认识社会及认识人自身的"真理"，具有高度的普遍性。新闻价值，在体现"真"之价值上，则以快捷见长，及时、迅速是它"最突出的方法原则"①。文学与科学在为人和社会提供"真"之价值的时效上，更是与新闻有着明显的区别，这一点易于理解，没有必要赘述。

作为"真"的价值，新闻价值主要体现在这样几个方面：为人和社会提供真实有效的信息资源服务，从而提高活动行为的成功率；为人和社会提供认识世界的真理性信息，从而增加人和社会的精神能力。

其次，由于新闻本质上是一种事实性信息，因此新闻价值在本质上具有信息价值的特征，而新闻传播的新鲜性、及时性、公开性特点又使新闻价值在作为信息价值的表现上具有自己的个性。

第一，作为信息价值的新闻价值有着迅速的价值消长性。消长性是说新闻价值的信息内涵特征使得新闻价值在新闻传播过程中有可能得到迅速的"膨胀"、放大，出现大幅度的增值。比如，一条重要新闻播出后能够迅速在时空中扩散，形成巨大的新闻信息场，接（收）受的人越多，它实现出来的价值就越大。同时，作为信息价值的特征也可能使新闻在消除了人们认知的不确定性、心理的不确定性后迅速消失，使新闻价值得不到较

---

① 杨保军．新闻事实论［M］．北京：新华出版社，2001：90．

长时间的保留，不会给人们留下长久的价值记忆。新闻消费的快餐特点与新闻价值效应的短暂滞留性是相统一的。

第二，作为信息价值的新闻价值像一般的信息价值一样，对不同主体在一定的时限内具有同享性和重复利用性。一定量的物质价值或能量价值只能满足一定量的主体的需要，如果想满足更多主体的同等价值量的需要，就必须增加物质价值或能量价值的价值量。但对新闻价值来说，一定的价值量可以被所有同在的主体同时等量享用，而无须增加价值量。说简单点，就是同一条新闻可以供所有愿意和能够接触它的主体同时享用或消费，而无须给每人生产供应一条同样的新闻。一个苹果再大，若被几个人分享，大家就只能尝尝味道。一条新闻信息量再小，从理论上说，可供所有的人完全地享受。

第三，作为信息价值的新闻价值，它的另一个特点是对主体长期影响的潜在性和难以计量性。新闻价值本质上的精神性，使它对人们的作用和影响具有一定的隐蔽性和可能的长期性，那些在当下没有对一定主体形成显在价值效应的新闻有可能以潜在的方式在主体的精神深处留存下来，在日后的活动中影响主体的认识或实践。因此，要实际测量新闻价值对不同主体的性质和大小，确实是非常困难的，甚至可以说在实践上是不可能的，这一点我们在下面还要专门论及。

再次，新闻价值具有自由价值的特点。如前所述，新闻价值是典型的真的价值，而在认识论意义上，真意味着对必然的正确认识和把握。有了对必然的正确认识，主体就有支配活动对象的能力，就可以使自己的行为合乎规律性，从而在认识论的层次上达到自由。事实上，人们接受新闻的目的之一就在于在获取真实信息的基础上，解除一些既有的束缚和制约，扩大自己认识与行动自由的领域。

需要顺便指出的是，只有自由的新闻才有自由价值。我把真实的新闻称之为自由的新闻或合理的新闻，因为它反映了必然的真实面目。自由的新闻与新闻的自由是两个不同的概念。新闻的自由主要是个社会学和政治学的范畴，讲的是新闻传播与新闻接受活动不受限制的特性和程度，是传播主体和接受主体的社会权利和政治权利。自由的新闻是从认识论与价值论出发对新闻的要求，即新闻必须是合理的新闻，达到合规律性与合目的性的统一。

还有，新闻价值在质与量的表现上具有独特的个性特征。新闻价值本身既有质的规定性，也有量的大小和多少。质与量的统一共同确立了新闻价值客体对于一定主体的新闻价值的具体性。

所谓新闻价值质的规定性，主要包含两方面的意思：一是指一个客体有无新闻价值；二是指新闻价值的具体性质是什么，即新闻价值是正价值还是负价值。只有对新闻主体产生正面效应的价值，才是真正的价值、真实的价值①；如果新闻客体对新闻主体的效应是负面的，它对主体的价值就是负价值或虚假的价值②。新闻价值质的规定性必须在新闻价值关系中具体确定。价值客体和价值主体任何一方或双方的变化，都会引起新闻价值质的规定性的变化，因为新闻价值既离不开客体，也离不开主体，它是在主体与客体的价值关系中实现的。

有了质的规定性，才能进一步讨论新闻价值的量的问题。新闻价值量和新闻信息量一样，是一种抽象的量，不能像长、宽、高、面积、体积、重量、速度等用物理手段就可以测量。但这不是说新闻价值量不能

---

① 所谓真实的价值，在通常的意义上是指客体对主体生存、发展、完善真正产生了积极的或良好的效应，使主体收到良好效益。参见王玉樑.价值哲学新探［M］.西安：陕西人民教育出版社，1993：118。

② 所谓虚假的价值，通常是指虚假的正价值，即表面上客体对主体有价值，实际上对主体生存、发展、完善产生负效应，产生消极的有害的作用和影响，即表面上有价值，实际上无价值或有负价值。参见王玉樑.价值哲学新探［M］.西安：陕西人民教育出版社，1993：118。

测量。

新闻价值量的大小或多少，从理论上讲，是可以进行实证的度量的，即可以通过数学公式进行具体的量化计算。但我以为，对新闻传播来说，这只是一种理想。新闻传播必定不同于通信理论中所讲的信息传播。新闻传播所使用的媒介符号系统包含着更多的模糊性和不确定性。对新闻价值量来说，由于新闻价值本身的主体性特征，价值量针对不同主体具有变化无穷的相对性。这些特性一方面说明新闻价值量计算的复杂性和不现实性，另一方面则说明这种计算在实际应用中基本是无意义的。李元授先生在他所著的《新闻语言学》中写道："对新闻作品信息量进行定量分析，有两种度量方法：一种是精确分析方法，即严格按照对数的公式或函数的公式来进行精确运算。这种方法对自然科学的通讯领域或许是适用的，而对社会科学领域的新闻作品则未必适用。因为探讨新闻作品的信息量，主要是度量其语义信息和审美信息，这类信息怎么能够用数学的公式来计算呢？"[①] 王玉樑先生在他的《价值哲学新探》中也曾写道："文化领域中的社会科学，道德、文学、艺术等的价值的验证，无法用仪器进行分析，很难作实证的证明。"[②]

新闻价值量计算的复杂性和不可行性，并不影响我们对价值量客观性的认定。同时我认为，新闻价值量的测量、计算等，凭借人们在新闻传播活动中形成的实际经验进行判断就大致可以做到了，或者利用李元授先生所讲的另一种方法——模糊分析法，"即是用模糊概念、模糊判断、模糊推理以及模糊学的方法来衡量"[③]。当然，如果有些新闻价值主体根据自己某种特殊的需要或某种特别的爱好，针对自己面对的价值对象，要用新

① 李元授，白丁. 新闻语言学 [M]. 北京：新华出版社，2001：361.

② 王玉樑. 价值哲学新探 [M]. 西安：陕西人民教育出版社，1993：100.

③ 同①361-362.

闻价值量计算的公式（比如信息量的计算公式就可拿来应用）准确计量一下，也未尝不可。这是任何人都有的权利。但在新闻传播实践中，我想这样的"好事者"或认真较劲的人，恐怕是非常稀有的。

另外，新闻作为一种特殊的精神产品（或者说是一种特殊的商品），其新闻价值量的大小与经济学中所讲的一般商品的价值量有所不同。我们知道，一般商品的使用价值由其物理性质决定，其交换价值由生产它所消耗的社会必要劳动时间来决定，消耗的社会必要劳动时间越多其价值就越高，相反则越小。但对新闻生产来说，新闻价值量的大小与生产一定新闻所消耗的社会必要劳动时间之间没有必然的正负比例关系。即消耗社会必要劳动时间多的新闻，其新闻价值量并不一定就大；而消耗社会必要劳动时间少的新闻，其新闻价值量未必就小。这说明，新闻生产与新闻价值的创造有它自身的特殊性，对此，我们将在"新闻价值的创造"一章中再加论述。在供求关系上，一般说来，新闻价值的大小不会随新闻产品的供求状况而变化。一条新闻的价值不会因为报纸发行量的大小而变化，但千万要注意，一条新闻价值的实现程度与报纸的发行量、广播的收听率和电视的收视率之间是有关系的，而且一般说来是正比例关系。

第二章　新闻价值的构成

　　新闻价值是新闻客体对新闻主体的效应。在新闻主体寻求新闻客体属性、功能满足自身利益、需要、兴趣、爱好等等的过程中，需要一定的物化工具和观念性中介，这就使新闻价值表现为三大要素的三元结构：新闻价值主体、新闻价值客体和新闻价值中介。[①] 但问题并非如此简单，新闻客体、新闻主体的复杂性使新闻价值结构表现出诸多不同的具体样式，要把握新闻价值各个要素之间的内部关系，就需要对主要样式进行一一的说明和阐述。比如，在静态视野中，新闻传播活动中包含着多种多样的相互关联的价值关系；在动态视野中，新闻价值主体、客体及主客体构成的各种价值关系，又都会随着新闻传播活动的展开而发生许多变换；而新闻价值本身也是一个以新闻价值为主的多项价值结构系统，只有对这一系统从不同角度和不同层面进行观察和分析，才能真正理解新闻价值的价值内涵。我们还可以在不同的标准之下，将新闻价值分为不同的类型，进一步深化对新闻价值的具体研究。

---

　　① 对此三大要素，我们将分章加以讨论。

一、新闻价值关系的构成

主体与客体对象可以在主体不同的目的主导下，确立起不同的关系。认识关系和实践关系是最基本的，而作为动力源泉和目标归宿的则是贯穿于二者之中的价值关系。价值关系就是客体属性、功能对主体的效应关系。新闻价值关系指的是新闻价值客体之属性、功能对新闻价值主体的效应关系。在新闻传播活动中，进行传播活动的主体不是唯一的，而是双重的。不同主体在寻求满足自己新闻需求以及建立在新闻需求基础上的其他需求的过程中，与不同的客体对象会形成不同的价值关系，这些不同的价值关系之间又有着各种各样的关系，它们一起构成了新闻价值关系系统。从不同角度厘清这些价值关系，是我们深入讨论新闻价值关系构成的前提，也是把握新闻价值活动机制的前提。

（一）静态视野中新闻价值关系的构成

如果把一个完整的新闻传播过程（也是新闻传播的价值活动过程）以静态的形式展现出来，就可以大致地看到新闻价值主体与不同新闻价值客体在新闻传播过程的不同环节构成的各种价值关系。双重新闻主体间的差别性决定了传受主体与同一新闻客体的价值关系具有不同的内涵，双重主体间的共同性又使传受主体与同一新闻客体的价值关系具有某些相同的内涵。价值内涵的同异构成了新闻主体价值活动的内在矛盾和动力，促成了新闻价值活动的展开。

1. 传播主体与价值活动对象间的价值关系

在静态的新闻价值关系结构图中，传播主体在新闻传播的不同环节与其新闻价值活动不同对象确立的主要价值关系有三种：

其一，传播主体与新闻事实间的价值关系。

其二，传播主体与新闻文本间的价值关系。

其三，传播主体与传播效果间的价值关系。

在第一种价值关系中，具有新闻性事实的客观存在是传播主体主动确立新闻价值关系的客观基础，而传播主体的传播利益与需要是确立这一价值关系的根本动力。

传播主体与新闻事实之间的价值关系，主要不是一种物质性价值关系，而是一种精神性价值关系。传播主体将新闻事实作为价值客体对象，主要目的不在于让客观实存的新闻事实属性和功能满足自己某种实际的功利需求，而在于运用反映事实属性和功能的信息（客体发出的信息，可以表征客体的成分、结构、功能、行为、演变趋势等特性）实现自己的新闻价值追求，实现自己以新闻价值追求为基础的传播目标。

在确立与事实的价值关系过程中，传播主体担当的角色不是单一的，而是多重的。首先，传播主体类似于"本色"演员，以自己的利益、需要、兴趣、爱好、信念、信仰、理想等为基本尺度，发现、选择、确立价值活动对象；其次，为了实现本色角色的目标，传播主体还要以设身处地的方式扮演接受主体的角色，以接受主体的利益和需求等为尺度确立自己的价值对象，这与一些大众传播学者描述的情景是非常相似的，"当传播者在制作其讯息时，他的脑海里总有一幅接收者的图像，即使后者并不是具体出现在面前"①。传播主体之所以在确立价值对象上必须这样做，是因为在正常的新闻传播活动中，接受主体对传播媒体的选择直接决定着传播主体生存和发展的命运。因而，在新闻传播的实际过程中，新闻事实的

---

① 麦奎尔，温德尔. 大众传播模式论［M］. 祝建华，武伟，译. 上海：上海译文出版社，1997：55-56.

确立，从新闻传播主体角度看，就是在这两种角色利益、需求等尺度的矛盾对立统一中确定的。

从客体方向上看，传播主体之所以能够与一定的事实确立起新闻价值关系，是因为该事实自身有着与一般事实不同的属性和功能，这种属性和功能构成了它自身的信息冲击力或吸引力，激发或吸引传播主体通过直接的或间接的途径与其确立新闻价值关系。无数新闻传播实践经验告诉我们，新近或正在发生的重要事态，不管是自然界的还是社会领域中的，只要能进入人们的视野，就会"以其固有的价值（严格说，应该是价值属性——引者注）震撼和影响周围人的生活，有关它的传闻会以难以封锁的势头自发向四周扩散"①。客观世界的量变与质变，造成了事物之间的信息含量差别，形成了信息自然传播的势能，因此，它永远是促成新闻传播不可替代的重要动力，它以客观尺度的方式制约着传播主体与一定对象之间新闻价值关系的确立。

在静态的新闻价值关系结构图中，传播主体与新闻事实之间的价值关系是整个新闻价值关系的基础和源头，是新闻传播过程中所有价值关系螺旋结构中的第一螺旋。

在第二种价值关系中，新闻文本是传播主体根据新闻事实信息创制的价值客体，它包含着传播主体对新闻事实的事实认识和价值认知与评价的结果，包含着传播主体对事实信息从内容到形式的各种加工和"包装"，以及对传载符号系统和媒介的选择与运用，是传播主体精神劳动（包括一定的为精神劳动创造条件的物质劳动）的产品。

传播主体与自己创制的新闻文本之间的价值关系是比较特殊的。新闻文本的内容与形式对传播主体当然是已知的，谈不上狭义的新闻价值。因

---

① 项德生，郑保卫. 新闻学概论 [M]. 武汉：武汉大学出版社，2000：70.

此，思考这一价值关系应该从"传播主体为什么要创制新闻文本"的设问开始。答案很简单：为了新闻传播。

新闻文本对传播主体的价值，就是它能够使传播主体的新闻传播得以进行下去。有了新闻文本，新闻传播才得以实现；没有新闻文本，新闻传播就无从谈起。可见，新闻文本对传播主体来说，其价值的核心是中介价值或手段价值。新闻文本质量的高低对传播主体来说，直接影响着传播价值的质量。

目前关于新闻价值的讨论，不少是停留在事实与新闻传播主体的价值关系上的，比如把新闻价值仅仅看作记者选择新闻事实的标准，就是典型的表现之一。价值不等于价值标准，尽管它们之间有着十分密切的联系，但这是两个不同的概念。价值是客体属性、功能对主体的效应，是客体对主体产生的实际作用和影响，有作用和影响就有价值，没有作用和影响就没有价值；对主体的作用和影响是积极的，就是正价值，对主体的作用和影响是消极的，就是负价值；作用和影响大，价值就大，作用和影响小，价值就小。价值标准则是衡量这种效应质与量的尺度，而且衡量这种价值效应的尺度不是唯一的，是由多方面尺度（比如内在或主体尺度、客体尺度、一般价值尺度等）构成的尺度系统或"尺度丛"。对此，我们将在"新闻价值的评价"一章中再作相关论述。

明白了传播主体与新闻文本价值关系的"中介价值"内涵，我们才能深刻理解为什么在新闻传播过程中传播主体总是想方设法创制高质量的新闻文本，我们才能真正理解新闻语言学、新闻文体学、新闻编辑学、新闻美学等等存在的意义。这些学科的基本任务，就是指导人们特别是指导新闻传播主体，在新闻采访（核心是与一定事实确立价值关系）的基础上，从新闻文体、新闻语言、新闻编辑、新闻审美等不同角度、不同方面去创制高质量的新闻文本。

新闻文本是传播主体进行传播的手段，也是提供给接受主体的解读对象，正是在与新闻文本的价值关系中，新闻传播的双重主体实现了真正的价值交流。新闻传播主体实现了新闻价值向接受主体的传递，为接受主体在新闻视听中新的价值创造提供了可能，为新闻价值的全面增值构建了有效的桥梁。

接受主体解读新闻文本之后，其观念、态度、行为等方面的变与不变、变化的方向、变化的程度对传播主体乃是至关重要的事情，这实质上就是传播的效果问题。

新闻传播效果是客观存在的东西，就是指接受主体在接收和接受新闻传播之后，在情感、态度、观念、思维、行为等方面所发生的变化。作为客体，效果与传播主体之间存在着不可轻视的价值关系。效果虽然发生在接受主体的身上，却是传播主体最为关心的东西。效果总是相对传播主体期望和目的的效果，在传播活动中，一般地说，传播主体远比接受主体更关心效果问题，效果的性质与程度对传播主体有着直接的作用和影响，即有直接的价值效应。它对既有的传播做出了实证性的评价，使传播主体明白了传播行为的实际效应；更为重要的是，传播行为中的优点和缺陷在效果中会尽显出来，它为传播主体的后继传播活动提出了有效而宝贵的反馈信息。效果对传播主体的价值姑且称之为"反馈价值"，任何其他反馈手段都不可替代实际效果对传播主体的作用和影响。反馈价值能够调整传播主体以后的传播行为，特别是在新闻传播由单向传播方式向双向传播方式整体转移的时代大背景下，传播主体与传播效果之间能否建立起有效的反馈渠道，建立起价值关系，已经远不是单纯的理论问题，而是关系到传媒的生存与发展的大问题，它最为明显地标示着传播主体的传播行为是不是真正的自觉行为。

2. 接受主体与价值活动对象间的价值关系

在静态视野中，接受主体在新闻传播过程中与其主要的价值活动对象确立的价值关系也有三种：

其一，接受主体与新闻事实间的价值关系。

其二，接受主体与新闻文本间的价值关系。

其三，接受主体与接受效果间的价值关系。

在第一种价值关系中，首先应该区分两种情况：一是新闻事实作为客观事实对一定人群的实际作用和影响；二是新闻事实所含的新闻信息对更广范围的人的信息作用和影响。尽管第二种作用与影响根源于第一种，但这里是在第二种意义上，即从新闻传播角度来讨论新闻事实与接受主体间的关系的。[①]

如果说传播主体与新闻事实之间的价值关系是直接的、现实的，那么可以说，接受主体与新闻事实之间的关系是潜在的、预设的。新闻事实呈现的信息直接满足了传播主体的新闻需要和传播需求，但与接受主体的新闻价值关系却以潜在的、可能的方式存在着。这种潜在关系的现实化有赖于各种渠道的信息传播，在现代社会里，自然特别依赖于专门的新闻传播机构的新闻传播活动。

正因为新闻事实与接受主体间的价值关系具有潜在性特征，人们多是从传播主体的角度出发讨论新闻事实与新闻传播的关系。比如，直到目前，尽管从理论界到实证界都在高喊要树立"受众本位"的新闻传播观念，但还有不少人把新闻价值理论的涵盖范围主要框定在对新闻事实的考量上，把目光主要投放在传播主体与新闻事实的价值关系上，而不大关注

---

① 如果一定的事实对其周围的人们没有突出的实际利害作用和影响，它就不可能成为新闻事实。

接受主体的新闻价值活动，更不用说接受主体与新闻事实间的价值关系，这实质上是把传播主体当成了唯一的新闻传播活动主体，当成了唯一的新闻价值活动主体。就新闻价值理论而言，不包括接受主体价值活动的价值理论是"半截子"理论，说过火点，是不讲新闻价值的"新闻价值理论"，因为新闻价值的真正效应必须体现在接受主体的身上，新闻价值最终的大面积实现必须依赖于接受主体的价值活动。

为了在新闻传播的起始环节就确立起接受主体与传播主体之间应有的平等地位，必须从理论上在起始环节引入接受主体与新闻事实的各种关系，其中最为重要的是新闻价值关系。如果在起始环节不内含接受主体与新闻事实的关系，那么随后的理论建构便没有了根基。范长江曾经把新闻定义为"广大群众欲知、应知而未知的重要事实"[①]，这实质上已经提醒人们，在新闻报道或新闻理论的源头上，就应从接受主体的利益、需要、兴趣等出发，去确立接受主体与新闻事实之间的认识关系和价值关系。

如果再深究一步，我们就会发现，在传统的"事实-传播者-接受者"这一线性传播模式中，存在的问题不只是人们常说的缺乏反馈环节的"单向性"，还有一个更大的问题，即这一模式用传播主体把新闻事实与接受主体在"连接"中又"隔离"开来了，使接受主体对新闻事实的价值需求不能包含在传播的起始环节之中。这样，接受主体所能把握到的新闻世界完全是由传播主体选择的、塑造的、描绘的，传播主体因而成了真正的接受主体的把关人，接受主体则失去了选择新闻事实的权利，这就从源头上排除了受众，在传播后继的其他环节上无论如何强调受众的地位和作用，其实基本上是空话。因此，对新闻传播中三大要素关系线性模式的改造应该是全方位的，应该从源头上把接受主体与新闻事实的价值关系蕴含进

---

① 范长江. 通讯与论文 [M]. 北京：新华出版社，1981：317.

去，建立起新的三要素模式，如图 2-1 所示。

图 2-1　新闻传播三要素

这个环状模式主要是为传播主体提供一种应有的思维方式，运用这种思维方式指导新闻传播，在实际操作中即使以线性的方式展开，也会考虑到新闻事实与接受主体间的价值关系。

接受主体与新闻文本之间的价值关系，是接受主体在新闻传播过程中与所有价值活动对象确立的最为重要的价值关系。新闻文本是接受主体直接面对的价值客体，其对接受主体的作用和影响是新闻价值实现过程中最重要的环节。新闻文本的属性和功能将从价值客体方面直接决定接受主体能够获得什么样的新闻价值效应。

如前所述，传播主体与接受主体的价值交流，主要就凝结在这一价值关系中。传播主体在新闻文本创制过程中所发现的价值、创造的价值能否在这一价值关系中显现出来，传播主体对接受主体的诸多期待和接受主体对传播主体的诸多希望能否在这一价值关系中得到现实化，都直接决定着整个新闻传播的成败。可以说，在整个新闻价值关系的结构系统中，新闻文本与接受主体之间的价值关系居于核心地位。

接受主体对新闻文本的解读过程，就是新闻文本所有价值属性、功能不断对接受主体产生作用和影响的过程，是新闻文本对接受主体价值一步一步实现的过程，是新闻价值被接受主体内化的过程。新闻文本中蕴藏的新闻价值及以其为基础的其他价值能否得到最大限度的实现，关键就看新闻文本与接受主体间价值关系的强弱程度、有效程度。在新闻传播中，传播主体为什么要费尽心机、殚精竭虑地用各种方法、技巧"包装"新闻文本，最主要的用意就在于吸引接受主体的眼球，使其注意到新闻文本的存在，进而确立价值关系，使新闻传播真正达到由传而通而用的目的。其实，新闻传播媒体的权威性和信任度、品牌形象与社会影响力等，主要是通过自己创制的新闻文本塑造出来的。反过来，接受主体为什么要以选择性接触、选择性理解、选择性记忆的方式去对待媒介，对待媒介传播的内容和形式，主要就是因为不同的媒介以不同的方式为接受主体提供了不同的新闻文本，而不同的新闻文本又为接受主体提供了不同的新闻传播内容和形式，从而为接受主体在新闻传播范围内的自由选择行为提供了客观的条件。

接受主体与传播效果间的价值关系相对较为复杂，因为在这一价值关系中，价值客体与价值主体具有一定的同一性。新闻传播效果就体现在接受主体自己的情感、思想、观念、态度和行为的变化上。这种变化也是新闻价值效应的体现和表征。对传播主体来说，传播效果是以外在的方式存在的，但对接受主体来说，传播效果是以内在的方式存在的。当然，由于接受主体的多元性与多层次性，传播效果的内在性也具有相对性的特征，即对一定接受主体是内在的东西，对另一些接受主体来说就是外在的。这里我们是在总体意义上来说接受主体的，所以传播效果对其是内在的。

发生在接受主体身上的变化与接受主体自身之间亦可建立起价值关系，即这种变化对接受主体可以产生进一步的作用和影响。变化本身成了客体对象，而发生这些变化的主体又是价值主体，在这种情况下，主客体的区分不是实体性的，而是发生在主体观念中的，即主体把自身的某一方面作为自己的价值对象。所以，这样的价值关系也可称之为自我价值关系。

接受主体如果能够感觉到、体验到、认识到新闻接受活动给自己带来的好处，就有可能进一步强化他的新闻接受行为；相反，如果接受主体以往的新闻接受没有给他带来预期的好处，则可能弱化其接受新闻的行为。事实上，只有接受主体自觉到接受新闻对自己产生的价值效应，他才有可能自觉地改变一些新闻观念，改变对新闻传播的看法，改变接受（收）新闻传播的方式。

（二）动态视野中新闻价值关系的构成

在现实的新闻传播活动中，新闻主客体间的价值关系是变化、运动、发展的。如果让一个完整的新闻传播过程以动态的形式一步一步地展开，我们就能看到两条主要的"风景线"：第一，传播主体、接受主体与其各自价值活动对象的价值关系在不断地改变；第二，新闻价值客体的形态在不断地演变，新闻价值主体的主要角色在新闻传播过程中发生了变换，从而使主要的新闻价值关系也发生了改变。

首先，传播主体与价值活动对象的价值关系由起初与新闻事实的价值关系发展为与新闻文本的价值关系，再到与传播效果的价值关系。而传播效果对传播主体发生的价值效应，使传播主体以新的姿态进入新一轮新闻价值活动之中。新闻传播主体的价值活动与其新闻传播活动一起，周而复始而又日日常新。

在与新闻事实的价值关系中，事实信息成为满足传播主体传播需要的"价值物"（即具有传播价值）；在与新闻文本的价值关系中，文本成为传播主体实现传播目的的"中介物"（即具有中介价值）；在与传播效果的价值关系中，效果成为评价与调整传播主体传播行为的"反馈物"（即具有反馈价值）。

由"价值物-中介物-反馈物"或由"传播价值-中介价值-反馈价值"的活动链条，形象地描绘了传播主体价值活动的动态过程。看得出，在这一链条中，前后相继性是一种稳定的结构，每一后继环节都是前一环节展开的结果，每一后继环节的内容都是对前一环节内容的升华。但传播主体与新闻事实的价值关系是源头性的，也是最为重要的，它决定着其他两个环节的核心内容。传播主体与新闻文本的价值关系则把传播主体的价值活动推向了高潮，使传播主体与新闻事实间价值关系的结果以新闻文本的形式再现于接受主体的面前，架起了"新闻价值"传播的桥梁。传播主体与传播效果的价值关系使传播主体在价值意识中自觉到新闻价值传递的结果，这样，既完成了一次新闻价值活动的周期，又开启了新的新闻价值活动步伐。

其次，接受主体与价值活动对象确立的价值关系，在逻辑上也始于与新闻事实的价值关系，然后到与新闻文本的价值关系，再发展到与接受效果的价值关系。这里之所以说在逻辑上始于与新闻事实的价值关系，是因为在直接的现实性上看，接受主体最先是与新闻文本构建认识关系、价值关系的，然后才在观念中追溯还原，与原本的新闻事实确立可能的价值关系。但由于新闻传播的基本使命在于为接受主体提供最新事态的信息服务，因此必须在传播的起始环节就确立起事实与受众的价值关系。对此，前面已作过论述，此处不再重复。

接受主体与新闻事实的价值关系，在新闻传播的第一环节（即选择新闻事实的环节）中是以潜在方式存在的，是传播主体以"受众本位"的新闻传播观念确立的，接受主体与新闻事实的价值关系通过新闻市场这只"无形之手"影响甚至驾驭传播主体的选择，新闻事实对接受主体的价值在这一环节也是以潜在方式存在的。接受主体与新闻文本的价值关系，如我们在静态分析中所说，是接受主体在一般新闻传播活动中最重要的环节，也是整个新闻传播过程的核心环节。在这一价值关系中，新闻事实对接受主体的潜在价值转换为新闻文本对接受主体的现实价值。当新闻文本被接受主体在认知与评价中以观念方式把握之后，它就内化为接受主体的某种精神力量。如果接受主体能够自觉到这种精神力量的存在，它便与传播效果建立起了自觉的价值关系，他也就成为真正的接受"主体"，成为自觉的新闻价值活动主体。

由与新闻事实潜在的价值关系到与新闻文本的现实价值关系，再到与传播效果的自觉价值关系，是接受主体在新闻传播动态过程中与不同价值对象间价值关系的演变主线。这一主线充分说明接受主体并不是被动地存在于新闻传播过程之中，而是与传播主体一样，从始至终都是新闻价值活动的主体。

最后，从新闻传播的完整过程来看，新闻客体（在新闻价值理论的视野中，就是新闻价值客体）由事实到文本，再由文本到接受主体大脑中的观念化存在，经历了不同形态的演变；新闻主体（在新闻价值理论的视野中，就是新闻价值主体）则主要由新闻文本创制前的传播主体变换为解读文本后的接受主体，也使新闻价值主体的核心角色发生了变换，从而使新闻价值关系由主要是传播主体与新闻事实的价值关系转化为接受主体与新闻文本的价值关系，新闻价值活动也由主要是传播主体发现、创造新闻价值的环节过渡到接受主体分享和实现新闻价值的环节。最终使新闻价值活动在新闻主客体的角色转移变换中得到周期性的完成。

对新闻传播过程双重主体与其各自活动对象价值关系进行动态考察和分析后，我们看到：双重主体的新闻价值活动贯穿于新闻传播活动的始终，这些价值关系实质上反映了传播主体与接受主体之主体间的价值关系，新闻事实、新闻文本、传播效果不过是体现主体间价值关系的活动对象，正是通过这些共同的价值活动对象，他们互相联系在一起，组成一个完整的新闻价值关系系统。他们之间互为主客体，是目的与手段相统一的关系。传播主体只有通过为接受主体提供新闻价值才能实现自己的利益追求和价值目标，接受主体只有通过传播主体的价值创造才能满足自己的新闻需求，而传播主体的利益追求、价值目标就是更好地满足接受主体健康合理的新闻需求。因此，二者之间的利益和价值目标实质上是统一的，他们实质上是新闻传播过程统一的主体。

二、新闻价值的构成

研究新闻价值的结构与构成，目的在于探讨新闻价值系统中各种具体新闻价值的地位和作用，在于探讨各种具体新闻价值之间的相互关系。如前所述，新闻价值是个内涵十分丰富的概念，它既指狭义的新闻价值，即客体具有能够消除人们认知不确定性的信息价值，同时又指新闻客体的其他价值，即建立在新闻客体属性、功能基础之上的对主体的其他价值，诸如新闻的宣传价值、政治价值、舆论价值、知识价值、文化价值、经济价值、审美价值等。它们共同构成新闻价值完整的、多项的、多层次的系统，从而使我们能够从不同的角度、不同的层面对新闻价值进行研究，也为新闻传播活动从不同方面发现价值、创造价值、分享价值、实现价值增值提供一些思路。

（一）新闻价值是多项价值构成的统一价值系统

新闻价值不是单一的价值存在，而是由多项价值构成的统一价值系统。在这个统一的价值系统中，各项价值的地位和作用并不是等同的，而是有主次之分的。值得注意的是，在新闻价值系统中，多项价值的区分既有客观的根据，同时也会随着新闻价值主体与新闻价值客体的具体关系发生一定的变换，因为正如我们反复强调的那样，价值的本质不是由客体或主体一方单独决定的，而是由客体对主体的实际效应决定的。

1. 单一新闻价值客体的价值构成

所谓单一新闻价值客体，是指一个个具体的、独立的新闻价值客体，即一个具体的新闻事实、一条具体的新闻信息或一则具体的新闻报道（新闻文本）。单一新闻价值客体对主体的价值构成，是指单一新闻价值客体相对一定主体具有一些什么样的价值，这些不同价值之间的基本关系是什么。

新闻价值是新闻客体对新闻主体的效应，对于单一的新闻价值客体来说，它对新闻价值主体的效应有可能是单一的，即只有一种价值，也有可能是多项的，即具有多种价值。或者说，新闻客体对主体的价值有可能是单项的，也有可能是多项的。就新闻价值客体对主体的价值构成而言，它有可能是单项的，也有可能是多项价值的统一体。这一方面要看新闻客体本身的属性特征，另一方面要看新闻主体对待新闻客体的态度，要看新闻价值主体与客体之间确立的具体的新闻价值关系。

在最普遍、最一般的意义上说，任何一个新闻价值客体，它首先必须具备对新闻价值主体的狭义的新闻价值，不然就不成其为新闻价值客体。但价值的相对性告诉人们，同一新闻价值客体对不同主体或处于不同状态的同一主体的价值是不同的。这就意味着同一新闻价值客体在不同的新闻价值关系中，对主体的价值构成是不同的。即同样一个新闻事实、一条新闻信息或一则新闻报道，对不同的新闻价值主体具有不同的价值构成。绝对的、对所有人都能在同一时间成为新闻价值客体的事物几乎是不存在的。新闻信息的自然扩散与人为传播的过程性决定了世界上几乎不存在绝对的新闻价值客体，当然也不存在绝对的新闻。

从新闻价值客体的属性构成看，它往往不是单一的，而是多属性的。比如，一个新闻事实在客观上既可能是政治性的新闻事实，又可能是经济性的新闻事实，还可能是国际关系性的新闻事实；一个新闻事实既可能是文化性的新闻事实，又可能是趣味性的新闻事实，还可能是教育性的新闻事实。如此种种，例子俯拾即是。新闻事实的这种多属性特征，从新闻价值客体方面决定了它对主体潜在的新闻价值是多项的。同样，由对新闻事实反映而形成的新闻文本，也包含多种多样的价值属性，对新闻价值主体的潜在价值也是多项的。换一种说法，就是新闻价值客体对主体的新闻价值构成是多项的。这些多项价值统一存在于单一的新闻价值客体对主体的新闻价值效应之中，所以又必然是相互联系的统一体，是多项价值的统一体。

在新闻价值客体的多种属性之中，各种具体属性一般说来并不是等同的，对新闻价值主体的价值和意义并不是等量齐观的。不同属性反映着新闻价值客体的不同侧面、不同层次的特征，有些属性决定着新闻价值客体的本质，处于多种属性的核心地位。尽管价值客体的主要属性一般说来对主体的新闻价值最大，但地位重要的客体属性并不必然比一些次要属性对主体的新闻价值大，因为新闻价值是客体属性对主体的作用和影响，不是由客体属性单方面决定的，新闻价值客体对主体的价值大小必须在主客体的关系中予以具体的考察，新闻价值客体某一属性对主体价值的大小同样必须在一定的价值关系中来具体确定。

对具体的新闻价值客体来说，它的属性总是有限的，所以任何具体的新闻价值客体对主体的价值子项是有限的，新闻价值客体对主体的潜在价值也是有限的，这就从客体方面对主体的新闻价值创造活动提出了合规律性的要求，要遵循新闻价值客体的尺度，不能超越新闻价值客体的属性去任意赋予客体以某种价值。新闻必须真实的认识论要求在新闻价值活动中的根本体现，就是必须为人们提供真实的价值，而非虚假的价值。一切不顾新闻价值客体属性的新闻价值"创造"活动，必然是制造新闻、不正当策划新闻或恶性炒作新闻的活动，完全违背了新闻价值的形成规律。①

从新闻价值主体角度看，由于主体的新闻需求既是多方面、多层次的，又是不断发展变化的，同时不同的主体既有共同的新闻需要，又有多样化的、不同的新闻需要，因此新闻价值的构成更显示出多样性。

第一，单一的、多属性的新闻价值客体，其价值属性对主体的价值到底是单一的还是多项的，即价值客体的多项潜在价值能否现实化，关键要看具体主体的需要、兴趣和能力等主体要素。如果新闻价值主体只对客体的某一价值属性感兴趣或只认识到客体的某一价值属性，而对其他价值属性视而不见或根本就没有认识到，该新闻价值客体对他的价值就是单项式的；如果新闻价值主体对客体的多种属性感兴趣且都有一定的需要，该新闻价值客体对他的价值就是多项式的。

第二，由于主体新闻需要的差别性，同一新闻价值客体对不同主体表现出子项不同的价值。面对包含多种价值属性的同一新闻价值客体，不同主体既可能追求同一价值属性，也可能追求不同的价值属性。在前一种情况下，新闻价值客体对他们表现出质量大致相同的新闻价值；但在后一种情况下，新闻价值客体对他们的价值就有很大的不同。比如，对同一重大新闻事件，不同群体主体常常会关注不同的侧面，这样就形成同一新闻事件对不同群体主体具有不同的新闻价值，有时甚至是对立的新闻价值。这在国际新闻事件中表现尤其明显，而在政治立场、经济利益对立的群体主体间就更为一目了然。再如，对同一条文化活动方面的新闻，有些人关注的是这条新闻的教育特性，有些人则关注这条新闻的趣味性特征，结果同一条新闻对他们产生的实际价值是不大相同的。

第三，主体新闻需要、新闻兴趣以及各方面能力、素质等等的不同，

---

① 对此，我们将在"新闻价值的创造"一章中再做论述。

使单一的新闻价值客体对有些主体显示出多项价值，而对另一些主体的价值却是单一的。比如，面对同样的新闻事实，传播主体之间的各种差别使他们从中观察、发现、开掘出的新闻资源会有一定的差别，有时甚至会出现重大的不同：有些传播主体能从新闻事实中发现诸多满足自己传播需要的信息，从而得到传播价值；而有些传播主体却看不到什么有价值的信息，从而空手而归。又如，面对同样的新闻文本，有些接受主体得到的不仅仅是一般的信息价值，还有包含在信息价值之中的知识价值、教育价值、审美价值等等，而有些接受主体得到的仅仅是信息价值。

总之，单一新闻价值客体对主体价值的性质和大小、单项或多项，是由新闻价值的主客体两方面共同决定的，这又一次充分说明了价值的关系本质和客体对主体的效应特征。就单一新闻价值客体对主体的价值来说，在价值的潜在性上是多项价值的统一体，但在现实性上是单一价值还是多项价值，要视具体情况而定。

单一新闻价值客体对主体的具体价值构成，除了狭义的新闻价值外，还有建立在新闻价值基础上的其他价值。这些其他价值是什么，要针对具体新闻价值客体与一定主体的新闻价值关系而定。

2. 总体新闻价值客体的价值构成

所谓总体新闻价值客体，是指所有的新闻价值客体，即所有进入主体视野的新闻事实和新闻文本，是所有单一新闻价值客体的总和。所谓总体新闻价值客体的价值构成，是指所有新闻价值客体对主体的价值是由哪些基本价值构成的，这些基本价值间的关系又是怎样的。

新闻价值客体存在于自然、社会的一切领域，新闻文本可以反映客观存在的新闻事实或新闻信息，按照新闻传播的内在要求，二者的内容应该是一致的，只是在存在形态上不同，其核心都是新闻信息。

不同新闻价值客体自然具有不同内容的新闻价值，但在抽象的层次上又都是新闻价值。如前所述，任何新闻价值客体的属性都是多项的，对主体具有潜在的多项价值。人们传播新闻的目的不只在于报道纯粹的新闻信息，也在于通过新闻传播的方式达到传播其他思想观念、精神价值的目的，这就是新闻界通常所说的，新闻不仅在于报道事实信息，还要用新近的事实"说话"，发表意见，表达倾向；同样，人们接受新闻的目的不只是获知有关的新闻信息，也在于透过新闻信息获知更深、更多的东西。新闻价值主客体的这种特征共同决定了主客体之间的新闻价值关系必然是多种多样的，新闻价值客体对主体的价值必然是多项的。

构成总体新闻价值客体的是一个个单一的具体的新闻事实和新闻文本。如上所述，单一新闻价值客体本身对主体的潜在价值就是多项的，那么，由互相之间具有一定差别的单一新闻价值客体构成的总体新闻价值客体对主体的价值必然是多项的。

在总体新闻价值客体的价值构成中，最重要的是狭义的新闻价值或信息价值，因为总体新闻价值客体实质上构成了新闻传播的全部内容，而新闻传播的主要内容就是告知新闻信息。新闻的其他价值，诸如新闻的舆论价值、文化价值、知识价值、娱乐价值，以及体现在各个领域的具体价值如新闻的政治价值、经济价值、教育价值等等，都是以狭义的新闻价值为依托的，都首先是通过新闻传播实现的。如果脱离新闻价值客体和新闻价值客体对主体的新闻价值来谈论新闻的其他价值，则显然缺乏合理的逻辑基础。因此，我们可以说，在新闻价值的多项价值构成中，信息价值乃是系统的核心，是构成系统的不可替代的中心元素。反过来说，只有这样的价值系统，才能称得上是新闻价值系统。

如果说单一新闻价值客体对主体的价值并不必然是多项价值的统一体，那么对总体新闻价值客体来说，由于它包括了所有可能的新闻价值客体，因此，在逻辑上它对各个层次的主体的价值必然是多项价值的统一体。任何主体分享到的价值都是多项的，甚或是完整的、系统的。但对不同主体，新闻价值系统的结构会有一定的差别，构成新闻价值系统的价值子项的多少及各个子项之间的关系会有一定的不同。这主要取决于主体的需求性质、层次和水平，取决于主体各方面的素质，诸如对新闻传播的价值态度、认知评价能力等。

构成总体新闻价值客体的每一客体的具体价值，整合构成了统一的新闻价值系统。在这一统一的价值系统中，从一般意义上说，像单一的新闻价值客体的价值构成一样，信息价值仍然是核心，其他价值都在一定程度上依赖于信息价值或通过信息价值来实现。

统一的新闻价值系统与人类社会的其他价值系统一起，共同构成了人类社会的价值大系统。在这一宏观的价值系统中，新闻价值系统具有特殊的价值，它是其他价值系统新鲜价值得以传播的重要媒介或载体，也是其他价值系统获得相关信息价值的重要渠道。新闻价值系统就像整个价值系统的神经系统，对人类价值系统的正常运转有着不可低估的作用和影响，这在现代信息社会已经成为明显的、不可否认的事实。传播技术的迅猛发展已经开启了"网络时代"，新闻传播渗透到了人类活动的一切领域，几乎对人类所有的重要活动都构成了直接的作用和影响。离开新闻价值系统的正常运转，我们的世界会立即变得"像缺少神经系统与大脑的躯体一样"①。可见，新闻价值的价值也是一个非常值得研究的问题。

（二）新闻价值是多层次的价值系统

新闻价值的构成不仅是多项的，而且是多层次的，这是由构成新闻价

---

① 李衍达．信息世界漫谈［M］．北京：清华大学出版社，2000：9.

值关系的各要素本身的层次性决定的。新闻价值客体属性、功能的多层次性，新闻价值主体的多层次性，必然会形成主客体之间多种不同的价值效应方式，使新闻价值在结构上呈现出丰富的层次性。

1. 新闻价值客体的层次性与新闻价值的层次性

新闻价值客体的层次性并不是简单的物理层次概念，而是抽象的层次概念，主要是指新闻价值客体的信息结构层次。不同的层次包含着不同的价值属性和价值功能，因而在与主体的价值关系中就会对主体产生不同层次的作用和影响，构成新闻价值的不同层次。

一般来说，新闻价值客体的信息构成分为两个基本层次：一是事实信息层面，通常由构成新闻客体要素中的显在要素来体现，比如何人、何时、何地、何事四个要素是"显在"的，可以看得见或感觉得到，属于感性层面，而"怎么样"和"为什么"这两个要素有的是可感的，有的则是需要理性分析的，这些感性因素所表现的就是新闻客体的信息层面，从整体上反映着新闻是什么的问题[①]；二是意义信息层面，即新闻客体对主体可能的或潜在的客观意义，"意义"信息是"隐在"的，人们不能像对事实信息那样直接地感知它的存在，需要通过理性认识的分析、判断和推理，并且只有在一定的主客体关系中意义信息才能现实地对主体呈现出来。

新闻客体的事实信息层次与意义信息层次在客观表现（不管对新闻事实还是新闻文本）上是不可分离的，我们只能在思维中将二者加以区分。实际上，人们能够看到、感知到的更多是事实信息层次的东西，而意义信息层次的东西就被包含、蕴藏在事实信息层面之中。

对于普通新闻客体，传播主体的报道基本保持在事实信息层面，就是

---

① 杨保军. 新闻事实论［M］. 北京：新华出版社，2001：26-41.

人们平常所说的纯新闻；接受主体对相应新闻文本的解读也基本停留在事实信息层面。但对那些相对比较重要的新闻客体来说，传播主体在报道中一般不会停留在客观中立的事实信息层次，而会在传播信息的同时充分运用自己的理性思维，挖掘现象背后的本质和意义；不会停留在对事实信息各要素进行简单罗列组合的报道上，而会运用各种认识方式深刻把握它们的内在联系，揭示事实信息的意义所在。事实上，新闻报道的难度不在于描述"显在"的要素，不在于陈述事实信息层次的具体内容，而在于揭示事实信息中"隐在"的意义信息，在于揭示各要素之间或隐或显的各种关系对主体的意义。如果在叙述事实信息的同时能够表达出、体现出事实信息对主体的意义，那无疑是较高层次的写作。传播主体正是在这种写作中，根据自己对价值客体意义信息的认识与理解来表达自己的意见倾向或情感态度。接受主体对相应的新闻文本的解读，也会在获知基本信息的基础上进一步探究新闻客体的意义问题。新闻客体的其他价值（即狭义价值之外的价值）往往就是通过意义信息的价值来实现的。[①]

新闻客体所含信息的层次性结构，对传播主体来说，从客观方面要求以不同的新闻报道方式对待不同的新闻客体。这样就形成了"新闻与专稿"[②] 或"消息与通讯"[③] 的基本区别。不同的报道体裁或样式恰好说明

[①]　关于新闻文本的意义理解与价值实现问题，我们将在"新闻价值的实现"一章中进行深入的分析。

[②]　西方新闻界将新闻文体一般分为两大类：一类是新闻，或称纯新闻；另一类是专稿，或称新闻专稿、特稿，包括解释性新闻、调查性新闻、服务性新闻、趣味性新闻、背景专稿等。两者的区别，一是承担的任务不同。新闻报道新近发生的事实，只回答五个 W，不多做解释，不延伸背景，十分注重时效；专稿是配合新闻发表的后一步报道，承担了深化报道的任务。二是写法与风格不同。新闻严格遵循客观原则；专稿可以糅进作者的情感和想法，允许采用讲故事的方法。参见彭菊华. 时代的艺术：新闻作品研究 [M]. 长沙：湖南文艺出版社，1998：157。

[③]　在中国新闻界，新闻报道大体分为两大类：一个大类是消息；另一个大类是通讯。在两者之中，消息是地地道道的"报道"体。它重在提供信息，着重于社会现实的概貌；概括地反映新闻事实，以叙述为主要表达方式。通讯是"书信"式的新闻纪实。它兼顾提供信息和思想，综合运用叙述、描写、议论、抒情等表达方式。参见彭菊华. 时代的艺术：新闻作品研究 [M]. 长沙：湖南文艺出版社，1998：159。

新闻事实对传播主体的价值是在不同的层次上展开的。比如，一般的新闻或消息对主体的价值基本上是事实信息的价值，对主体的主要作用和影响首先是消除他们对周围环境在认识上和心理上的不确定性，然后才有可能进一步改变主体的态度甚至行为，使信息价值继续延伸下去；而专稿或通讯（比如解释性报道、深度报道等）对主体的价值除了信息价值之外，更重要的是它为主体提供了新闻价值客体各种意义信息的可能价值，使主体有可能在新闻接受活动中得到更大的价值效应。当然，每一种新闻文体都可以反映多层次的信息，实现多层次的价值。到底哪个层次的信息对主体的价值更大，这并不是绝对的，要根据具体主体的具体利益、需要、兴趣、能力、情感、信念等等因素而定。

价值客体信息结构的层次性，从客体方面说明了新闻价值的层次性，从而提醒新闻主体：在针对不同客体对象获取新闻信息时，要自觉注意到信息的层次性，这样才能在创制新闻文本或解读新闻文本的精神活动中把有价值的各种信息蕴含在文本中或从文本中解读出来，从而使价值客体的潜在新闻价值得到较为完美的实现。

2. 新闻价值主体的层次性与新闻价值的层次性

我们知道，主体就是具有主体性的人，价值主体是指处于价值关系中的主体，新闻价值主体是指处于新闻价值关系中的主体。主体在社会中的具体存在方式是多种多样的，是有层次的。哲学上通常将主体分为这样几个层次：社会主体、群体主体、个人主体等。我们可以按此将新闻价值主体分为社会主体、群体主体、个人主体。

新闻价值主体存在的层次性，使同一新闻价值客体对主体的价值表现出不同的层次：对个人主体的价值，对群体主体的价值，对社会主体的价值。新闻价值的整体实现程度依赖于对各个层次主体具体价值的实现程度，最终则落实在对每个个体主体的价值上，因为任何群体主体、社会主体都是由个体主体组成的。

同一价值客体对不同层次主体的价值性质、价值大小会不会相同、会不会矛盾和对立要作具体分析，不能一概而论。

有些新闻客体对不同层次主体的价值具有同一性。价值的同一性主要指价值性质的同一性，同一价值客体对不同层次主体实现的价值量的等同情况几乎是不存在的。价值性质的同一性既取决于新闻客体的特征，同时又取决于价值主体的特征。只有当个体主体与群体主体、社会主体的利益、需求基本一致或在一定的方面一致时，能够满足他们共同利益和需求的价值客体对他们的价值在性质上才有可能是同一的。比如，作为群体主体最高层次的人类主体，由于作为类的存在有着不可否认的共同利益，诸如环境保护、可持续发展、疾病防治等，因此关于这一方面的新闻报道对整个人类都有正面价值，而不只是对某一民族主体、政党主体等有价值，不只是对某一层次的主体有价值。当然，我们必须承认，即使在具有共同价值的情况下，对不同主体的价值量仍然是有一定差别的，这是由主体之间存在的客观差异决定的。同一新闻价值客体对不同层次主体价值的同一性，在同一民族国家范围内更好理解。比如，中国主流媒体传播的绝大多数新闻，它们作为新闻价值客体，对整个中国社会，对存在于中国社会的各种群体主体，对生存、发展于中国社会中的绝大多数个人主体，其新闻价值的性质基本上是同一的。反过来，社会实际生活中表现出的价值同一性有力地说明不同层次的主体有着共同的新闻价值需求，作为新闻传播媒体必须注意发现这些共同的需求对象，这样才能把一定的媒体塑造成为有广泛影响力的媒体。

有些新闻客体对不同层次主体的价值不仅具有不一致性，甚至具有矛盾性和对立性。新闻事业的基本原理告诉我们，新闻业不只是社会舆论机构，不只是具有一般行业的性质，不只是传播新闻信息的大众传播媒介，它还是一定社会上层建筑意识形态的重要构成部分，它有着不可否认的阶级性和政治性，有着不可否认的集团（如政治集团或经济利益集团等）利益性，这就决定了新闻机构不只是传播那些具有普遍社会性的新闻，还必然会传播打上自己价值观念烙印的新闻。毫无疑问，这样的新闻作为新闻价值客体，当然不会对所有层次的主体产生同一性质的价值效应。无论是在新闻传播史上，还是面对新闻传播现实，我们都能轻而易举地发现大量这样的例子。

处于同一层次的主体，其具体存在方式是多种多样的，还有本层次内部的层次性。比如：社会主体就有作为整体的人类社会，作为人类社会主体不同存在方式的资本主义社会和社会主义社会；群体主体的具体存在方式更是种类繁多，如阶级主体、阶层主体、政党主体、各种各样的团体等等；个体主体的存在方式就更为丰富多彩了。在这样一种状况下，新闻客体对主体价值的层次性确实是一个十分繁杂的问题。在任何一个层次内部，同一价值客体对不同主体的价值都有可能是同一性的，更有可能是不同性质的。比如，同样一宗重要的政治事态及相应的新闻报道，对不同的社会主体，对不同的阶级、不同的政党、不同的个人，其作为新闻客体的价值会有诸多的差别和对立。

总之，新闻价值主体的层次性从主体方面决定了新闻价值结构的层次性，同一新闻价值客体对不同层次主体形成的价值层次，向我们提出了一个问题：应该以哪个层次的价值为最高价值？在通常情况下，一个新闻客体到底价值如何，最终是以它对社会主体的实际效应来衡量的，是否有利于社会主体的完善和发展是评价客体价值的根本标准。[①]

---

① 关于这一问题，我们将在"新闻价值的评价"一章中再做深入的讨论。

三、新闻价值的类型

分类研究对象的目的在于深入地、具体地把握对象，这就像任何一门学科的建立与发展一样，起初的研究对象往往是模糊的、不大确定的，但随着研究的深入，对象就越来越明确，问题也会越来越具体。对新闻价值的分类研究，目的就在于把握不同类型新闻价值的具体特点，从而使关于新闻价值的理论探讨能够为现实的新闻传播活动提供一些实际的指导作用。在分类研究方法上，我准备首先在多维视野中对新闻价值做出分析，实质上就是将新闻价值归入不同类别的价值视野中进行审视，以便从不同的价值角度揭示新闻价值的特性，从不同的领域把握新闻价值的表现，从而全面认识新闻价值的意义。然后将按照惯常的做法，在不同的标准下对新闻价值进行具体的分类。

（一）多维视野中的新闻价值

面对现代文明社会，在人类所有的精神交往活动中，新闻传播的领域是最为广阔的。人类的视野就是新闻传播的视野，人类脉搏跳动的频率就是新闻传播的频率，人类运动的步伐就是新闻传播的步伐，人类注意的事物就是新闻传播注意的事物……可以毫不夸张地说，在知识社会、信息时代的今天，新闻传播已经全面渗透到人类社会的一切领域，影响着人类社会的方方面面，作用于人类社会的每一个成员……新闻传播，是政治斗争的前沿阵地；新闻传播，是经济发展的信息杠杆；新闻传播，是文化传播的有效载体；新闻传播，是向导人民的路标；新闻传播，是监督社会的镜鉴……这一切都表明：新闻价值不只是狭义的信息价值，更是一个庞大的广义的价值系统，在不同的视野中，新闻就会有不同的价值，新闻本身具有的多种属性和功能与主体对新闻的多种使用，使它展现出数不尽的具体价值。这里，我们只是从几个主要的视角来审视一下新闻价值的构成。

第一，在价值世界的两大支柱物质价值和精神价值中，新闻价值属于精神价值，主要是人类精神活动的产物。在人类基本价值利、真、善、美、自由等范畴中，新闻主要价值属于真的价值范畴。这是新闻价值在哲学层次上的分类归属，也是新闻价值在哲学层次上的基本特点。[①] 作为真的价值，新闻价值客体可以为人类致利、致善、致美，可以直接为人类"最高的也是最起码的价值：自由"[②] 贡献力量，并且它本身就是自由价值的有机构成部分。

第二，在文化学特别是文化传播学的视野中，新闻价值主要是一种文化传播价值，即新闻价值客体对人类的文化传播、交流、发展和继承等都发挥着极其重要的作用和影响，新闻客体在新闻传播中对社会发挥着重要的监视作用和影响，对人的社会化、对一切文明成果的传承有着重要的作用和影响。新闻传播以它特有的真实性、客观性、全面性、公正性、公开性、迅捷性，通过新闻价值客体新闻文本（新闻作品）——"新闻文化的主要标志"[③]，成为人类文化发展历程的记录者，具有巨大的文化记忆功能和文化传递价值。所有的新闻文本构成一个巨大的新闻文本，它们从纵横两个向度共同描绘着新闻文化的画卷，而透过这幅绵延不断的画卷，我们看到了整个社会发展的文化轨迹。美国学者马丁·沃克就曾说过："一家报纸就是一个国家的文化的一部日记。"[④] 那么，对于整个人类的新闻

---

① 可参见第一章中"新闻价值的特征"部分。

② 李连科. 价值哲学引论 [M]. 北京：商务印书馆，1999：180.

③ 童兵. 理论新闻传播学导论 [M]. 北京：中国人民大学出版社，2000：111.

④ 沃克. 报纸的力量：世界十二家大报 [M]. 苏潼均，诠申，译. 北京：新华出版社，1987：33.

传播事业来说，新闻就成为人类物质文化和精神文化演化发展的日记。因而在历史学的眼光里，新闻又有着不可替代的历史价值，"今天的新闻就是明天的历史"已经成为人们评说新闻与历史关系的"名言警句"。有学者说，"新闻永远是历史的初稿，也是历史的源头。新闻记者只要抱住'记'而不'议'的原则，消息盛衰，一事多言，据实报道，当是明天的《日知录》"①。英国著名的近代史大师霍布斯鲍姆在其名著《极端的年代》中写道："随着时间愈接近现在，20世纪的史家的工作愈得求助于两项资料来源：一是报刊，一是统计调查报告。前者指每天的日报或定期的刊物……"② 新闻价值的文化传播特性，使它成为文化的文化，使它成为文化的价值宝库、文化的百科全书。

在文化视野中，新闻价值的另一突出特点是它以大众文化的有机构成部分影响和作用于主体的生存与发展，以连续不断的"快餐文化"方式影响着人们实际生活的方方面面、社会系统的角角落落。一位报刊史学家早在1899年就曾写道："报纸作为世界历史的逐日记录，它是对群众进行启蒙的主要媒介，也是学者、哲人和科学家的通用论坛。"③ 在当今这样一个大众传播的时代，媒介通过各种内容、形式的传播特别是新闻传播，"提供并选择性地建构了'社会知识'、社会影像，透过这些知识与影像我们才对于'种种世界'、'种种人们曾经生活过的实体'，产生认知，透过这些，我们也才通过想象建构他们的及我们的生活，使之合并为可资理解的'整体的世界'"④。有人把新闻对社会、人生的各种作用和影响进行了仔细的整理和归纳，罗列出几十种具体的价值项目，充分说明了新闻对整

---

①　董桥.新闻是历史的初稿 [M].沈阳：辽宁教育出版社，1999：39.
②　霍布斯鲍姆.极端的年代 [M].郑明萱，译.2版.南京：江苏人民出版社，1999：4-5.
③　切特罗姆.传播媒介与美国人的思想：从莫尔斯到麦克卢汉 [M].曹静生，黄艾禾，译.北京：中国广播电视出版社，1991：17.
④　汤林森.文化帝国主义 [M].冯建三，译.上海：上海人民出版社，1999：119.

个大众社会作用和影响的广泛性、"平民化"（其实就是大众化）和现实性等特征，这些特征正好表明新闻价值作为大众文化价值的特点。① 当然，新闻价值在文化视野中还有其他许许多多的特点，比如：在商业文化中表现出的交易性，寻求"卖点"早已成为新闻传播中的时髦语汇；在政治文化中表现出的强烈的倾向性，以至新闻常常成为进行各种政治斗争的"思想武器"。对此，我们不做详细论述了。

第三，由于新闻价值主要是一种真的价值，因此它在认识论上有着特别的意义。真的价值就是认识价值，或者从信息论的角度看，就是信息价值，新闻的其他价值也多基于新闻价值作为认识价值或信息价值的根本特点。新闻作为一种手段时，本质上是人们认识世界的一种方式，所以传播新闻的基本目的就在于为人们提供认识世界、认识周围环境的信息。作为认识价值的新闻价值与哲学价值、科学（包括自然科学与社会科学）价值、文学艺术价值的认识意义有所不同。哲学的认识价值核心在于为人们提供世界观的东西，提供思考世界事物的方式；科学的认识价值核心在于为人们提供直接把握客观世界和人类社会运行规律的知识；文学艺术的认识价值核心则在于以其特有的想象和虚构手段为人们提供典型形象，以"帮助人们认识社会、认识历史、了解人生、净化灵魂、陶冶情操，获得美的享受"②；新闻价值的认识意义核心在于它以新闻手段（报道事实信息与评价新闻事实）将现实世界最新的发展变化信息呈现在人们的面前，为人们提供认识世界的事实信息与各种建议。对于新闻作为认识世界手段的价值大小，即新闻价值作为认识价值的大小，人们的看法并不一致。有人非常乐观，高度评价新闻价值的认识论意义，特别是在"网络时代"和"电视直播时代"到来的今天，在媒介全球化进程加快步伐的宏观背景下，

---

① 方延明. 新闻文化外延论 [M]. 南京：南京大学出版社，1997：31.
② 王玉樑. 价值哲学新探 [M]. 西安：陕西人民教育出版社，1993：359.

认为"透过全球化媒介认知社会和人类自身，将成为人类认识史上的一场变革……知识的激增及全球化媒体的传播，形成了多维性信息的强势，真理自然显露出来。电视网络全方位的实境传播，把人们带到世界的每个场合，社会的一切秘密掀掉了掩体"①，"传媒能把真理挖掘出来，使一切人认识世界、认识他人和自己，甚至认识人类历史的走向"②。有人则并不怎么乐观，对新闻价值的认识论意义持有怀疑的态度，美国人沃尔特·李普曼早在20世纪20年代就说，大众传播媒介营造的是一个"拟态环境"或者说是"假环境""准环境"。美国著名哲学家杜威甚至说："报纸和无线电是灌输群众偏见的两种最有力的手段。"③ 美国当代著名传播学者帕梅拉·休梅克认为，媒介内容并不完全是对社会的真实反映，媒介在积极建构现实（包括扭曲现实）。传播学者居延安也说："我们看不到世界本身，看到的是被大众媒介有意选择和解释过的世界。"④ 有学者更是不无过激地说："我们是一个媒介社会，在这个社会中，没有什么事物不是和媒介发生联系的——一些事物或是由媒介发起，或是受媒介的影响，或是被媒介强加了，或者由媒介居间联系。没有在媒介中报道的事物，等于社会中根本不存在。"⑤ 法兰克福学派的学者们更是针对西方新闻媒介商业目的与经济逻辑的性质批评大众媒介是一种麻醉剂，造成了愚钝的一致。法国先锋派社会学家皮埃尔·布尔迪厄在其《关于电视》和《自由交谈》二书中认为，现代的新闻媒介已经成了精神活动与公众之间的一道屏障或一个过滤器，所谓的名牌主持人和大牌记者以一种肤浅的思想模式和弱智

① 刘建明. 媒介全球化的价值宝库 [J]. 国际新闻界，2001 (6)：53-58.

② 同①.

③ 杜威. 人的问题 [M]. 傅统先，邱椿，译. 上海：上海人民出版社，1965：64.

④ 《复旦学报》（社会科学版）编辑部. 断裂与继承：青年学者论传统文化与现代化 [M]. 上海：上海人民出版社，1987：192.

⑤ 胡钰. 新闻传播导论 [M]. 北京：中国广播电视出版社，1997：引言5.

的时髦语言冒充精神生活的全能智者，他们以哗众取宠的"直击报道"和不负责任的"热点评述"而自诩为"社会观察家"和"评论家"，他们是文化假象和思想假象的最大制造者。① 美国前总统尼克松在尝过了大众媒介传播的酸甜苦辣后这样说道："它像一种洗脑剂，实际上它也确实就是洗脑剂。它歪曲了人们对现实的认识。……事实和幻想的界线已经被混淆到不易被人觉察的地步。"② 我个人认为：作为认识价值的新闻价值是有一定限度的，新闻价值的认识论意义基本上应该认定在新闻传播的主要对象——新闻事实或新闻世界的范围之内，新闻作为人类认识客观世界的手段之一，不可能完全把握世界的真相，它对世界的真实反映是有限度的，是在一定范围内的真实，是在一定价值取向下的真实，是在一定意识形态下的真实。③ 即使通过新闻的有机运动，它所达到的真实仍然是新闻范围内、新闻层次上的真实，所以对新闻价值的认识论意义不能估计得过高。当然，我也不赞成悲观的看法，新闻价值的认识论意义已是有目共睹的事实，是谁也否认不了的。从理论上说，实践唯物主义的认识理论告诉我们，人们可以用不同的认识手段在不同的范围内认识不同的事物，人类则可以运用自己所有的认识手段认识整个客观世界。

新闻价值作为一种认识价值或信息价值，天然地包含着广义的知识价值和教育价值，而以不同内容和形式构成的新闻文本还会有审美价值、娱乐价值等。

第四，在舆论学视野中，新闻价值又是一种舆论价值，即新闻客体对主体的作用体现为反映舆论、表达舆论和引导舆论。众所周知，通过传播新闻信息的方式表达舆论、引导舆论，是任何性质的新闻事业的共同属

① 唐绪军. 报业经济与报业经营 ［M］. 北京：新华出版社，1999：179.
② 尼克松. 领导者 ［M］. 尤勰，施燕华，等译. 北京：世界知识出版社，1983：397-398.
③ 杨保军. 新闻事实论 ［M］. 北京：新华出版社，2001：176-182.

性。马克思有过一个著名的论断："报纸是作为社会舆论的纸币流通的"①。当然，舆论可以通过各种各样的渠道形成，可以通过各种各样的方式表达和引导。但舆论实践表明，在现代意义的大众传播媒介报纸、广播、电视等形成并普及之后，加上新近蓬勃发展的"第四媒体"，新闻手段已经成为最有效的舆论工具，特别是"较大范围内舆论的产生和消失往往是大众媒介信息传播和引导公众的结果"②。作为大众媒介的新闻媒介，通过对新闻价值客体新闻文本的传播，可以用"设置议程"的方式、引发"沉默的螺旋"的方式等来达到预期的舆论引导目的。③ 作为舆论价值的新闻价值，在社会文明不断进步、政治民主化程度不断提高、人们自由权利越来越大的历史进程中，一定会体现得越来越明显和重要。

第五，在政治学视野中，新闻价值体现为对政治的价值，即新闻客体对政治活动的作用和影响。我们之所以特意关注政治视野中的新闻价值，主要不是因为政治学是新闻学的母体学科，而是因为新闻活动与政治活动在整个新闻史上有着千丝万缕的关系。"政治是特定的集团和个人，为了自身的利益，围绕国家政治权力而进行的活动和产生的关系。"④ 为了自己的利益，为了稳固自己的政权，"新闻传媒历来都是政治家们驾驭形势、统筹全局的得力工具"⑤。事实上，新闻事业作为思想上层建筑的一个子系统，作为一种思想力量、一种精神武器，与哲学、宗教、文学艺术等等相比，离政治最近，政治性最强。不仅在中外历史上，就是在今天，很多新闻活动直接就是政治活动或是政治活动的重要组成部分。在当代社会的

---

① 马克思恩格斯选集：第1卷 [M]. 3版. 北京：人民出版社，2012：544.

② 陈力丹. 舆论学：舆论导向研究 [M]. 北京：中国广播电视出版社，1999：59.

③ 郭庆光. 传播学教程 [M]. 北京：中国人民大学出版社，1999：213-229. 另参见陈力丹. 舆论学：舆论导向研究 [M]. 北京：中国广播电视出版社，1999：78-79。

④ 石永义，刘玉蓉，张瑾. 现代政治学原理 [M]. 北京：中国人民大学出版社，2000：4.

⑤ 项德生，郑保卫. 新闻学概论 [M]. 武汉：武汉大学出版社，2000：117.

政治活动中，不管是国内政治活动还是国际政治活动，新闻的作用和影响都是巨大的，这是显而易见也是屡见不鲜的事实，没有必要举例去做多余的证明。对政治不闻不问的新闻媒体是不存在的，恩格斯在一百多年前就精辟地指出："绝对放弃政治是不可能的；因为主张放弃政治的一切报纸都在从事政治。问题只在于怎样从事政治和从事什么样的政治。"① 而新闻事业要实现对政治的作用和影响，最直接、最有力的手段就是新闻手段，就是以向社会提供新闻文本的形式影响人们的政治观念、政治态度和政治行为。新闻价值的政治性就是在这样的过程中得到实现的。

第六，在宣传学视野中，新闻价值表现为宣传价值。新闻的宣传价值是有目共睹的事实。宣传就是通过传递一定的信息以影响人们的意识和行为②；"宣传是有目的地传播某种事理以影响他人意识和行为的一种社会活动"③；"宣传是运用各种有意义的符号传播一定的观念，以影响人们的思想、引导人们的行为的一种社会行为"④。可见，宣传重在通过各种方式和手段传播某种观念、看法和事理，以影响人们的意识和行为，而要达到这一目的，用事实"说话"是最见成效的方法之一，这正是新闻传播的"拿手好戏"。我国著名新闻学者郑兴东先生在他的著作《受众心理与传媒引导》中写道："以传播事实信息的方式向受众暗示某种态度、某种观点"，是"大众传媒最得心应手的方法"⑤。这确实是符合新闻传播规律和信息接受心理规律的。对于以传播客观事实信息的新闻媒介来说，其"天然"的手段当然是将宣传意图负载于新闻事实信息之上，以"暗示"而非"明示"的方式进行传播。由于一般说来，"对记者的观点读者并无兴趣，读

① 马克思恩格斯选集：第 3 卷 [M]. 3 版. 北京：人民出版社，2012：169.
② 郑保卫. 新闻学导论 [M]. 北京：新华出版社，1990：121.
③ 同②122.
④ 李良荣，高冠钢，裘正义. 宣传学导论 [M]. 福州：福建人民出版社，1989：14.
⑤ 郑兴东. 受众心理与传媒引导 [M]. 北京：新华出版社，1999：283.

者自己会替自己做出判断和决定"，因此"记者必须尽最大努力用事实本身来说话"①。"用事实'说话'，它所表达的，常常是一种无形的意见……它能够使受众在获知事实的信息的同时，不知不觉地接受报道者的观点和意见，因而具有特殊的潜移默化的力量。"② 用事实说话，"从心理角度看，就是一种暗示"③，它把观点、态度、意见、情感等因素寓于新闻事实的逻辑之中，以间接、含蓄的方法对受众进行说服和引导，"受众不易产生类似警觉、防范等预期反应，比较容易不自觉地接受说服者的引导"④。因此，作为宣传价值的新闻价值是得天独厚的。

第七，在美学视野中，新闻价值表现为审美价值，即新闻客体对主体具有审美的意义。审美价值是指审美客体对审美主体的作用和影响，由于新闻客体具有一定的审美客体的属性，所以它能够与主体建立一定的审美价值关系。"从新闻信息（新闻客体的核心——引者注）的社会性看，它与审美形态中的社会美相通，具有肯定性、理想性、内容性、阶级性的特点；从新闻信息的艺术性看，它与审美形态中的艺术美接近，具有形象性、典型性、情感性特征和形式美、结构美、意蕴美的结构层次；从新闻信息的审美功能看，新闻信息的新奇性，能满足人们求新求异的审美心理"⑤，而新闻客体的丰富性涵盖了整个自然、社会生活的各个角落和领域，从而使新闻价值的美学表现丰富多彩，能够满足人们多样化和多层次的审美需求。"从审美效果看，新闻信息能使读者达到审美超越，阅读不同地域的新闻，能使读者超越时空的局限；阅读不同学科领域的新闻，能使读者超越学科领域的限制；特别是阅读有关新人新事、好人好事的新

① 童兵. 理论新闻传播学导论［M］. 北京：中国人民大学出版社，2000：85.

② 甘惜分. 新闻学大辞典［M］. 郑州：河南人民出版社，1993：4.

③ 郑兴东. 受众心理与传媒引导［M］. 北京：新华出版社，1999：283.

④ 同③.

⑤ 季水河. 新闻美学［M］. 北京：新华出版社，2001：7.

闻，能使人灵魂得到净化，人格得到完善，超越旧我而达到新的境界。"①

在不同的视野中，人们可以发现新闻的不同价值，这更加证明了新闻价值的广泛性和对人类各种活动的重要性。这里我们只是选择几个相对重要的、与新闻传播关系较为紧密的视角进行了简要的阐述。要全面地、深入地论述新闻对整个社会的作用和影响，还得从诸多学科（比如经济学、社会学、心理学、公共关系学等等）出发进行探讨。

（二）不同标准下的具体分类

在一般价值论的类型研究中，通常是按价值客体的类型进行分类的，比如，价值客体一般分为物质客体、精神客体和作为客体的人，于是价值就有物质价值、精神价值和人的价值。对于新闻价值，由于新闻信息和新闻文本的具体内容本质上都是信息，对主体的直接作用和影响首先是精神性的，因此，新闻价值在本质上和大的分类上是一种精神价值，我们只能在精神价值范围内用不同的参照系（即不同的标准）对新闻价值进行具体的分类。这里，我们主要根据价值客体对主体的价值效应的性质、类别、层次等做出分类。

1. 根据对主体价值效应性质的分类

在第一章我们曾经指出，客体对主体的价值效应或对主体的作用和影响是有性质区别的，即客体对主体的价值是有正负或积极与消极之分的。同样，对新闻价值来说，新闻客体对新闻主体的效应也是有正负之分的。这样，在新闻价值对主体的性质上，就可以将新闻价值分为三种：一是正

---

① 季水河. 新闻美学 [M]. 北京：新华出版社，2001：8.

面新闻价值。当新闻客体对主体的作用和影响在客观上有利于主体的发展和完善，具体说即有利于新闻主体满足自己合理健康的新闻需要时，我们就说新闻客体对主体的价值是正价值，对主体的作用和影响是积极的（主体的需要并不都是健康的，并不是必然合理的）。① 张岱年先生早就指出："需要也有高下之分。"② 袁贵仁先生在他的《价值学引论》中也说："需要有正当的需要和不正当的需要"，"满足不正当的需要是没有价值的"③。二是负面新闻价值。当新闻客体对主体的作用和影响在客观上不利于主体的发展和完善，即不利于新闻主体满足自己合理健康的新闻需要时，我们就说新闻客体对主体的价值是负价值，对主体的作用和影响是消极的。三是零价值。当新闻客体对主体的作用和影响在客观上没有形成明显的有利于或不利于其发展和完善的效应，即新闻客体对主体的观念、态度和行为都未产生实际的作用和影响时，我们就说它对主体的价值是零价值或无价值。④

2. 根据对主体价值效应类别的分类

不同的新闻客体由于本身属性和功能的差别，对主体会产生不同的价值；新闻价值的相对性表明同样的新闻客体对不同的主体也会具有不同的价值，这种不同既可能是同一类别下价值量的不同，也可能是价值类别本身的不同。因此可以根据新闻价值客体对主体价值效应的不同类别对新闻价值进行分类。

---

① 注意，不是以主体的主观评价为标准。关于新闻的价值评价问题，将在第七章进行讨论。

② 张岱年. 论价值的层次［J］. 中国社会科学，1990（3）：3-10.

③ 袁贵仁. 价值学引论［M］. 北京：北京师范大学出版社，1991：54-55.

④ 关于零价值效应，有人认为在实际的新闻价值关系中是很难存在的，只要人们接触新闻价值客体，不管以何种方式接触，客体总会对主体实现一定的价值效应。因此，新闻价值一般分为正价值和负价值就可以了，没有必要引入零价值的概念。但在实际的新闻传受活动中，经常可以听到人们说"这条新闻没什么价值"，所以我认为零价值概念的引入仍然是有理论和实际意义的。

郑兴东先生曾经在一篇文章中把新闻事件的"意义"，实际上就是指新闻事件的"价值"①，即新闻事件对主体的作用和影响分为两个方面。他说："意义是指人的需要在事物上所打下的需要的烙印。……新闻事件的意义主要包含两个方面：一是有用，二是有趣。新闻价值所包含的因素大体都可以纳入这两个方面。""有用和有趣代表了受众对新闻传播的两个基本需求。"② 借鉴这一分类方法提供的思路，我将新闻价值分为三个不同的类别："用"的价值、"趣"的价值和"用"与"趣"相统一的义的价值。当然我所指的新闻价值客体不只是本原意义上的新闻事实（事件），还有更为重要的新闻文本。

"用"的价值。"用"主要是指新闻客体对主体的实际作用。新闻客体本质上是信息客体，因此用的价值主要体现在新闻信息价值的各种具体表现中。比如认知价值，人们获取新闻信息主要的、直接的目的在于了解、把握自然、社会环境的最新变动情况。"人为了自身的安全、生存和发展，需要及时感知客观世界的变动，以便进行自我调适，适应变化的外部环境。新闻信息传播的使命正是向受众报道新近发生的事实的变动的信息。"③ 客观世界处在生生不息的运动变化之中，时时刻刻都在产生着无尽的新生事物，生发着缕缕相继的新鲜信息，可以源源不断地满足受众的认知需求。又如知识价值，有些新闻价值客体本身的内容就是新知识、新技术、新发现、新理论、新观念等，有些新闻价值客体则能引发人们的思考，从而产生知识价值。再如教育价值、舆论价值等等，我们就不一一展

---

① 意义与价值本身就是两个具有某种共同意义的概念，意义实际上指的就是客体对主体的作用和影响。但意义概念的含义更加广泛，在符号学、解释学等学科中运用得十分广泛。可参见王玉樑.价值哲学新探［M］.西安：陕西人民教育出版社，1993：141，还可参见符号学和解释学方面的著述。

② 郑兴东.新闻传播的客体属性与传播心理［M］//中国人民大学新闻学院.新闻传播学术报告会论文集.北京：中国人民大学出版社，1997：118-119.

③ 童兵.理论新闻传播学导论［M］.北京：中国人民大学出版社，2000：150.

开论述了。

"趣"的价值。能够激发人们"兴趣"的东西才会引起人们的关注，新闻客体正是这样的事物，因此从兴趣角度可以说新闻客体就是兴趣客体。人们的兴趣根源于人们的需要，兴趣本身就是价值意向的明显表达方式，追求兴趣的满足是人们进行各种活动的重要动力。新闻客体往往能够满足人们各种各样的兴趣需求，诸如求真的兴趣、求善的兴趣、求美的兴趣、求新的兴趣、求异的兴趣等等。

"义"的价值。新闻客体为主体提供的不只是"用"的价值和"趣"的价值，而且在"用"和"趣"的基础上为主体提供"义"的价值，即人们在接收事实信息之后不光知道世界发生了什么、出现了怎样的最新变动，这样的事实信息对我有什么实际的效用，不只感到好奇有趣，得到了情感或心理上的满足，而且能够在感知、体验、使用新闻客体的基础上分析、判断、体悟出一定的道理，内化为主体的精神力量。可见，"义"的价值是新闻价值的深层表现。

3. 根据对主体价值效应时间长短的分类

由于不同新闻价值客体具有不同的价值属性，由于新闻价值主体存在方式的多样性和多层次性以及新闻传播内外环境的不断变迁和演化，新闻价值在时间性上表现出一定的差异，对主体的作用和影响具有明显的时间差别。如果以新闻价值在时间上的不同表现为参照，我们可以将新闻价值分为：

即时性价值。对主体来说，任何狭义的新闻价值（即纯粹的信息价值）都是一次性的，同一新闻客体对同一新闻主体而言，第一次接触是新闻客体，第二次接触就不是新闻客体了。在平常的新闻传播中，涉及的新闻价值客体大都是只具有即时信息价值的客体，即这种新闻价值客体对主体的作用和影响是即时的、短暂的，在人们获知相关的信息之后，新闻价值客体的存在也就失去了意义。因此，一般说来，新闻价值主要是一种即时价值，新闻客体也是一次性的"价值消费品"，这与新闻总是"易碎品"的特征是相一致的。

持续性价值。有些新闻价值客体对主体的价值不仅是即时的，而且还会持续一定的时期，可称之为"持续性新闻价值"。一个新闻价值客体有无持续性新闻价值，既要看新闻价值客体的属性特征，还要看新闻价值主体的具体需求情况。比如，有些具有普遍意义的、比较重要的新闻事实信息对人们的作用和影响不会很快消亡，而会成为人们在一定时期内不断谈论的重要话题，甚至对人们一段时间的观念和行为造成某种影响，从而形成持续性的价值效应。由于主体的差异性（包括不同层次主体之间的差异性），同样的新闻价值客体对有些主体的价值是即时的，但对有些主体则不仅是即时的，而且是持续的。

长久性价值。有些新闻价值客体对主体具有长久性的价值效应，能够对不同层次的主体产生长久的作用和影响。新闻的长久性价值大致包括两方面的含义：第一，是指狭义新闻价值对一定主体的作用和影响是长久的，有些新闻价值客体对个体主体的价值效应有可能是终身的，正是由于某一条新闻的作用和影响，可能某一主体的人生历程会发生重大的转变。有些新闻价值客体对一定的群体主体和社会主体也会产生长久的价值。第二，新闻价值不是单一的价值，除了具有即时价值效应的新闻信息价值外，还有大量以信息价值为基础的其他价值，诸如我们反复提到过的认识价值、知识价值、舆论价值等等，这些价值大都是持续性价值，而其中一些具有长久性甚至是永久性的价值。比如，有些具有特殊时代意义的新闻事件，正是由于新闻传播的记录才使它们永远留驻在人们的记忆中，传递在历史的长河中，从而产生长久性的社会价值或历史价值，这也可以说是新闻价值的社会表现与历史体现。

4. 根据对主体价值效应层次的分类

新闻价值客体的层次性和新闻价值客体对主体价值效应的层次性，决定了新闻价值是有层次区别的，因此，相应地可以将新闻价值分为不同层次的价值。这里主要针对新闻价值客体对主体的价值效应层次进行分类。一般说来，新闻对主体的作用和影响分为三个层次：信息层次、态度层次和行为层次。因而，新闻价值就可以分为信息层次的新闻价值、态度层次的新闻价值和行为层次的新闻价值。

信息层次的新闻价值。所谓信息层次的新闻价值，是指新闻价值客体对主体的作用和影响处于信息层面，只是丰富了主体的信息库，使主体对新近或正在发生的重要事态有所知晓和了解。处于信息层次的价值效应不会改变主体原有的态度，更不会导致主体行为的改变。信息层次的新闻价值是新闻客体对主体新闻价值最常见的现象。但需要说明的是，信息层次的新闻价值会以潜移默化的价值效应方式把各种新闻信息灌注在主体的思维之中，成为价值客体对主体态度层次新闻价值、行为层次新闻价值实现的前提。

态度层次的新闻价值。态度是人对待一定对象的评价和行为倾向。当新闻客体对主体的作用和影响达到改变主体态度的层次，新闻客体所实现的价值就是态度层次的新闻价值。如何使主体在接收信息的同时进而改变态度，始终是大众传播研究的重要课题，也是传播实践中最被关注的问题。因为能够改变受众态度的传播才被看作更有意义的传播、更有效的传播，即更有价值的传播。新闻客体对主体在态度层面的价值效应具有多方面的表现：它既可在量度上改变即强化或减弱原有的态度，也可能在质上改变主体原有态度的方向。"而在具体的态度改变中，又会呈现出丰富多彩的形式，既可能是即时性的改变，也可能是持久性的改变；既可能是突然性的改变，亦可能是渐进性的改变。"①

　　行为层次的新闻价值。当新闻价值客体对主体的作用和影响达到改变主体行为的层次时，新闻客体对主体所实现的新闻价值就是行为层次的新闻价值。比如，当新闻事实对传播主体的作用和影响致使传播主体对其进行报道，就可以说新闻事实对主体的新闻价值达到了行为层次；同样，当新闻文本对接受主体的作用和影响致使接受主体做出某种行为上的改变，新闻文本对接受主体的新闻价值就达到了行为层次。

　　除了上述几种分类方法，我们还可以根据新闻价值客体对新闻传播过程中不同新闻主体的价值效应进行分类。新闻主体是双重主体——传播主体和接受主体，因而可以将新闻价值分为对传播主体的价值、对接受主体的价值和对统一主体（即把传播主体和接受主体看作共同的主体）的价值。

　　对传受主体的价值，是指新闻传播过程中不同新闻价值客体对传受主体的作用和影响。对统一主体的价值，是指将传受主体看作无传受之分的主体时，新闻客体对他们的共同价值。

　　可以根据新闻价值客体对社会不同领域具有的不同价值进行分类。新闻传播覆盖了社会活动的所有领域，不同领域的新闻价值客体具有不同的价值，同样的新闻价值客体也可能在不同的领域产生不同的价值。根据前者，可以将新闻价值分为政治新闻的价值、经济新闻的价值、科技新闻的价值、社会新闻的价值等；还可以将新闻价值分为硬新闻的价值和软新闻的价值等。根据后者，则可以将新闻价值分为新闻的政治价值、新闻的经济价值、新闻的科技价值、新闻的审美价值、新闻的文化价值、新闻的教

---

　　① 杨保军．新闻事实论［M］．北京：新华出版社，2001：136．

育价值、新闻的娱乐价值等等。

可以根据新闻价值客体本身的不同对新闻价值进行分类。在新闻传播过程中，存在着两种最主要的新闻价值客体——新闻事实（或客观存在的新闻信息）和新闻文本。因此，可以根据价值客体的不同，将新闻价值分为新闻事实的新闻价值、新闻文本的新闻价值。

可以根据新闻主客体的具体存在方式对新闻价值进行分类。一是从新闻价值客体方面看，可以将新闻价值分为单一新闻价值客体的新闻价值和总体新闻价值客体的新闻价值，有关它们的具体内容前文已作过阐述。二是从新闻价值主体方面看，可以将新闻价值分为相对不同层次主体的价值：对个体主体的新闻价值、对群体主体的新闻价值、对社会主体的新闻价值。

总之，分类的标准是多种多样的，我们可以根据具体的研究需要从不同的侧面和角度对新闻价值进行分类。

第三章 新闻价值主体

　　主体是个十分重要的哲学范畴。主体是指现实的人，从事各种实践、认识和价值活动的人，处在纷繁复杂社会关系中的活生生的人，在严格意义上，是指具有主体性的人。主体范畴是相对客体范畴而言的，脱离这种对应关系谈论二者是无实际意义的。当我们谈论主体问题时，客体始终是现实的或隐在的参照对象。价值哲学所研究的价值主体，指称的都是具有主体性的人，处于一定价值关系中的人。"价值主体是价值活动中主动地作用于对象的人，包括社会、群体和个人。"[①] 在新闻价值论中，新闻价值主体指的就是新闻传播过程中的双重主体——传播主体和接受主体，就是从事新闻传播和新闻接受活动的现实的人，是处于新闻价值关系中主动作用于新闻价值客体的人，是新闻价值活动的发动者和行为者。本章中，我们首先将传播主体和接受主体作为具有同一性的统一主体进行讨论，然后根据新闻传播的过程性对双重主体分别论述。

---

　　① 王玉樑. 价值哲学新探 ［M］. 西安：陕西人民教育出版社，1993：51.

一、统一主体——新闻主体

在新闻传播现象和新闻传播活动中，存在两类主体——传播主体和接受主体，他们也是当然的新闻价值活动主体。这两类主体其实都生活于一定的社会之中，他们都要在一定的社会中生存、发展和完善，都有着基本的共同的利益和需要。同样，在新闻传播活动中，他们作为价值主体，也具有同一性，具有共同的新闻需求。因此，我们首先将传播主体和接受主体作为具有同一性的统一新闻价值主体进行研究，探讨他们在新闻传播活动中共同的特点。

（一）统一主体的含义及特征

新闻价值活动作为过程，是由传播主体和接受主体共同完成的，离开任何一方都不能构成完整的新闻传播活动、价值活动，他们是新闻活动共同的主体——统一主体。因此，首先阐明统一主体的含义与共同的普遍特征是我们深入讨论其他问题的基础。

1. 统一主体的含义

引入"统一主体"概念，目的在于比较明确地将传播主体和接受主体统一起来，作为具有同一性的新闻主体进行讨论。我们之所以不直接用"新闻主体"指称传播主体和接受主体，是因为在人们的习惯中，新闻主体通常是指传播主体，并不包括接受主体。①

---

① 本书中的新闻主体都是在统一主体的意义上使用的。

统一主体，首先是说，传播主体和接受主体都是新闻价值活动的主体，他们在新闻价值活动中具有平等的地位，离开任何一方，新闻价值活动都是不能顺利进行的，新闻价值的创造、评价和实现是传播主体和接受主体共同活动的结果。他们之间的关系是一种主体间的平等关系，他们在新闻传播活动中的地位是同等重要的，抬高接受主体的地位与抬高传播主体的地位同样是不恰当的。以"传播者本位"为主导的传播模式是短缺传播时代的产物，是把接受主体当作被动受传者的传播观念的产物，这种传播观念没有把接受主体置于它应有的主体地位，而是作为传播主体的客体对象，自然不会取得良好的传播效果。以"受众本位"为主导的传播模式把受众的需求作为新闻传播的出发点，以受众的需要来决定传播内容和传播方式，这是时代的进步；但我以为，在现实的新闻传播活动中并不存在纯粹的"受众本位"传播，任何传播者总是要把满足受众需求与达到自己的传播目的结合起来的。只满足受众需求、只从接受主体需求出发的新闻传播，不注重实现传播主体目的的传播是难以持久的。只有二者的利益和需求达到"双赢"，一种传播才能延续下去。因此，新闻传播的理想观念从主体角度看乃是"统一主体本位"的模式。

统一主体，其次是说，我们可以把传播主体与接受主体不加区分，将他们看作无差别的社会主体。其实，传播主体与接受主体都是社会主体的构成分子，他们作为生活在共同社会中的主体，具有基本的、共同的新闻需求。无论是传播主体还是接受主体都会通过各种渠道获取新闻信息，满足自己的新闻需要，他们所处的客观环境和信息环境在本质上没有多大的区别，他们处于共同的传播环境和接受环境之中。

统一主体，再次是说，传播主体与接受主体之间并无绝对的角色界限，传播与接受之间也没有绝对的界限，而是具有一定的相对性。在现实社会中，可以说人人都是传播主体，人人都是接受主体，人人都是双重角色，这一点在以网络为代表的新型媒体兴起之后表现得更加突出，人们之间的传播与接受关系实质上正在成为一种平等的交流关系、对话关系。在网络新闻传播环境中，每个人都集传播者与接受者双重角色于一身，人们在互动对话、交流中成为网络新闻传播的共同主人，成为与网络同在的统一主体。传统的、专门的新闻传播机构也会在社会的不断发展过程中日益成为真正的、社会共同拥有的、供人们进行交流对话的平台，成为真正的社会平台。因此，传播主体和接受主体既有各自独立的一面，也有统一的一面，而且这种统一性会越来越明显。

当然，承认传播主体与接受主体的同一性和相对性，并不是否认他们之间具有差异性和区别的绝对性，我们不能"混淆了传、受双方所具有的明确界限。在新闻传播成为一种组织化、专门化、体制化活动的今天，认识这一点尤为重要"①，不然就没有必要对传播主体和接受主体进行区分了。关于双重主体各自的特点及相关问题我们将在本章的后文中作重点的讨论。

2. 统一主体的特征

统一主体具有共同的主体特性。统一主体首先是新闻传播活动中的共同主体，也是新闻价值活动的共同主体，作为主体，他们有共同的主体特性。

其一，作为新闻价值活动的主体，传播主体和接受主体拥有共同的主体根据或主体构成要素，即他们都是具有一定生理素质的人，都是追求一定利益的人，具有一定需要的人，拥有一定知识结构、认识图式、认知能力和实践能力的人，具有一定情感、意志、理想、信念、信仰的人。

---

① 黄旦. 新闻传播学 [M]. 杭州：杭州大学出版社，1997：223.

其二，在新闻价值活动中，他们都是积极的、主动的，在新闻价值关系中处于主导地位。新闻价值客体不会自动与主体建立价值关系，新闻价值关系是在主体的主动活动中建立的，是主体为了满足自己的需要、实现自己的利益确定的。建立什么样的具体的价值关系，新闻价值客体对主体的价值实现到什么样的程度，一般说来，主要依赖于价值主体各方面的素质。

其三，在新闻价值活动中，他们都是具有创造性的主体。传播主体的新闻价值创造活动集中体现在发现新闻事实、选择新闻事实和创制新闻文本、传播新闻文本的活动中，其创造成果集中凝结在提供给接受主体的新闻产品中。接受主体的新闻价值创造活动集中表现在新闻价值的实现活动中，即体现在新闻解读与接受活动中，体现在为传播主体积极提供反馈信息的活动中。

其四，统一主体会受到新闻价值客体的制约。价值是客体属性和功能对主体的作用和影响，这就决定了价值是不能离开价值客体的。因此，新闻价值主体的所有价值活动必然要受到价值客体的制约作用，价值主体面对价值客体的主动性、主导性、创造性等都要以尊重价值客体的实际存在为前提，都要以充分认识和把握价值客体的属性、功能为前提。

统一主体具有共同的新闻需求。生存、发展于共同大环境之中的新闻主体，处于基本相同的新闻信息环境之中，因而具有大致相同的新闻需要。新闻需要的基本一致性使传播主体和接受主体拥有共同的新闻价值目标和新闻价值标准，使传播主体的新闻选择活动与接受主体的新闻选择活动形成基本协调一致的步调，从而使新闻传播在新闻价值的供需活动中顺利、稳定地持续进行。如果缺乏共同的新闻需要，传播主体和接受主体就会形成某种矛盾和冲突，使正常的新闻传播活动难以维系下去，这种现象我们在中外新闻传播史上和新闻传播的现实中都能看到。

统一主体具有共同的新闻价值活动环境。新闻价值活动环境实质上就是新闻传播环境，新闻传播环境是新闻传播活动所处的整体的社会环境、自然环境和社会心理环境，这些环境营造出统一的新闻传播活动条件和氛围。传播主体的传播活动、接受主体的接受活动都是在这个统一的大环境、大氛围中进行的。[①] 正是因为具有这种统一的大环境，传播主体和接受主体的新闻价值活动才会具有可能的协调性，才会具有大致相同或相互认可的新闻价值观念，才使他们拥有基本相同的理解新闻客体的方法和模式，才使编码系统与解码系统能够形成可以相互贯通的意义空间，从而使新闻价值传播得以顺利地进行。

（二）统一主体新闻需要的构成

价值是客体属性或功能对主体产生的实际效应，而实际效应就是看客体的属性是否满足了主体的需要，满足了主体什么样的需要，以及在多大程度上满足了主体的需要。显而易见，主体的需要是价值得以产生的重要根源，"价值创造的主体根据，首先在于他的特殊需要"[②]，主体的需要因而成为价值理论的核心问题之一。"正确认识人的需要是直接关系正确认识人的利益、价值、权利、自由、交往、信仰、理想、目的以及如何提高人的素质，如何实现人的全面发展等等一系列问题的一个基本理论前提。"[③] 因此，在系统的哲学价值论著作中，都会花很大的篇幅研究主体的需要问题。对于新闻价值论来说，同样需要对新闻价值主体的新闻需要进行认真的分析，它是新闻价值论的核心问题之一，也是我们理解新闻价

---

① 童兵. 理论新闻传播学导论 [M]. 北京：中国人民大学出版社，2000：168-169.
② 门忠民. 论价值创造的本质 [M] //王玉樑，岩崎允胤. 中日价值哲学新论. 西安：陕西人民教育出版社，1994：315.
③ 陈志尚，张维祥. 关于人的需要的几个问题 [J]. 人文杂志，1998 (1)：20-26.

值主体的根本所在。

1. 需要与新闻需要

"在最一般的意义上说，需要是一切生物体的共同特征，是生物区别于非生物的一个标志，人的需要是人对其生存、享受和发展的客观条件的依赖和需求，它反映的是人在现实生活中的匮乏状态，可以理解为人反映现实的一种特殊形式，积极行动的内在动因。"① 如果从需要的角度观察人类的发展过程，人类漫长的历史岁月无疑可以看作需要的演变史、进化史和发展史，需要是人类发展最为原始、最为根本的动力。可以说，人类的一切活动都是为了满足人类的不同需要而进行的，人类活动领域的不断扩展，意味着人类需要领域的不断扩展、人类需要层次的不断提高，意味着人类文明的不断进步。

人们根据不同的标准对人类的需要做出了不同的类型划分。比如按需要的起源分，有自然需要和社会需要；按需要的对象分，有物质需要和精神需要；按需要的主体分，有个体需要、群体需要和社会需要；按需要的性质分，有生活的需要、劳动的需要、知识的需要、交往的需要、信息的需要等等。在日常生活中，人们按照生活的实际构成情况将具体需求分为吃、穿、住、行、乐，分为生活、工作、学习、休息、娱乐的需要等等。研究者们还常常从各自的关注领域出发，从不同的学科出发，对人类的不同需要做出深入细致的分析和探求。

人的需要不仅具有种类的不同，也有层次的差别。比如，人们熟知的美国人本主义心理学家马斯洛认为，人的需要是分层次的。他在《动机与人格》一书中把人的需要分为"不断上升"的五个层次：生理需要（如

---

① 袁贵仁. 价值学引论 [M]. 北京：北京师范大学出版社，1991：51.

衣、食、住、行等）→安全需要（如人身安全、职业安全等）→社交需要（如友谊、情感、归属等）→心理需要（如自尊、尊重、权威、地位等）→自我实现需要（如胜利感、成就感等）。我国一些学者则根据历史唯物主义基本原理，结合人类需要的发展历史和现实提出新的需要层次论，主张将人的需要分为生存需要、情感需要、服务需要、社会生活需要、享受需要、发展需要等六个层次。① 我们也可以将这些层次的需要大致概括为三个大的方面或三个基本的层次：生存需要、享受需要和发展需要。

从需要对人的实际效应看，需要本身在质的规定性上也有区别，有些需要是合理的、健康的需要，有些需要是不合理的、有害的需要。

看得出，人的需要是一个复杂的系统，人有多种多样的需要。所有的需要从不同的侧面、不同的角度、不同的层次反映着人所处的生存、生活和发展状态，反映着人的本性、人的本质。可以说，人有什么样的需要，就能表明他是什么样的人；有什么样性质的需要、什么样层次的需要，就基本上能反映出他的本性和层次，反映出他所处的物质状况与精神状态。

新闻需要是人的一种普遍需要。"对新闻信息的需求，是人们的基本需要之一"②，也是特别重要的一种需要，它渗透在不同种类、不同层次的需要之中。人类要生存、享受、发展，要生活、工作、学习，对各种不同类型的信息的需要是须臾不可缺少的，其中就包含着对新闻信息的需要。

尽管近现代意义上的新闻传播事业不过是几百年的事情，但自从人类诞生以来，新闻传播现象和新闻传播活动就一直伴随着人类的演进过程。新闻需要本身就是人类生存与发展中对信息需求的产物。"生存与发展是人类交流即新闻传播行为发生的本质动因"③，新闻需要成为其他诸多需

---

① 陈志尚，张维祥. 关于人的需要的几个问题 [J]. 人文杂志，1998（1）：20-26.

② 童兵. 理论新闻传播学导论 [M]. 北京：中国人民大学出版社，2000：150.

③ 同②19.

要得以实现的"中介"条件，亦渗透在其他诸多需要之中，是其他需要得以实现的纽带和桥梁。马克思在一百多年前就曾说过，报纸是工人的必要生活资料，实质在一般意义上指出了信息传播、新闻传播与人们基本生活的关系。① 童兵先生在其《理论新闻传播学导论》中写道："从新闻传播的角度考察人的不同层次的需要，无论是较低层次的生理需要，还是较高层次的自我实现需要，都离不开交往活动，离不开新闻的传播和接受活动。"② 而按照信息科学描绘的世界图景，客观世界是由质料、能量、信息三者构成的，并且随着人类社会的发展，"信息在这个科学世界的图景中所占的地位将越来越重要"③，在信息系统中自然少不了新闻信息。中国科学院院士李衍达先生说，人类的生存、发展除了与外界有物质的交换、能量的交换，还必须要有信息的交换。"如果没有信息的交换，人脑就不会发达，人类的文明也就不会存在。信息之于人，有时比物质和能量更显重要"④，而在信息系统中，普通人接触最多的媒介信息中恐怕就包括新闻信息，对人们日常生活构成经常性影响的，也包含着大量的新闻信息。而新闻信息对于群体主体、社会主体的作用和影响就更是举足轻重了。今天，新闻信息的传播已经直接影响到一个政党、一个集团、一个民族、一个国家和整个人类方方面面的问题，新闻对主体（不同层次的主体）的作用和影响已经是立体化的、全方位的，人们不能不对新闻信息、新闻传播给予充分足够的重视，这也正是我们从理论层面研究新闻价值问题的实际根据之所在、实际意义之所在。

新闻需要从需要对象上看是主体的一种精神需要，直接满足的是人们

---

① 原话为"报纸就包括在英国城市工人的必要生活资料之内"，参见马克思恩格斯全集：第38卷［M］. 2版. 北京：人民出版社，2019：118。

② 童兵. 理论新闻传播学导论［M］. 北京：中国人民大学出版社，2000：14 - 15.

③ 苗东升. 系统科学辩证法［M］. 济南：山东教育出版社，1998：67.

④ 李衍达. 信息世界漫谈［M］. 北京：清华大学出版社，2000：2.

的信息需要，而非物质需要。它是通过改变人们的观念、态度和行为的方式来实际满足人们的需要的。新闻需要的满足效应当然不会限于精神范围，它会以信息中介的方式使主体达到满足物质需要的诸多具体目的。其实，人们接触新闻媒介的目的始终是双重的，因为人从本质上是物质与精神的统一体。

新闻需要同人的其他需要一样，是主体的客观需要，是主体生存与发展过程中的必然性要求。新闻需要的对象是客观存在的，不管是新闻事实还是新闻文本所包含的新闻信息，本身是客观的，不是人主观创造的（否则，就不是新闻信息了），需要对象的这种客观性从根本上决定了需要的客观性。主体的新闻需要源于主体生存与发展的实际需求，不是主体主观上愿意不愿意接受新闻信息的问题。只要主体还想生存发展下去，他就必须诉求一定的新闻信息，这是人作为社会存在的必然行为。因此，从主体方面看，新闻需要也是一种客观的需要。

新闻需要是社会性的需要。人是社会性动物，人的本质的核心在于他的社会性。人的社会性决定了新闻需要的社会性。新闻需要是主体自觉追求的一种需要，人之所以为人，主体之所以被称为主体，其中最为根本的一个原因就是人的行为从本质上说是自觉的或自主的，人是目的性的存在物。新闻价值活动本身就是人类的自觉活动，对新闻的需求自然是人们的一种自觉追求。

新闻需要具有普遍性，也具有特殊性。作为类的存在，人们有着作为人的共同需要，都需要新闻信息；但不同的人的存在方式是具体的、互不相同的，具有各自的特殊性；因而人们的新闻需要必然具有千变万化的特殊性，表现为新闻需要是一种多样性的需要，不同地位、阶层、素质的主体有不同的新闻需要，具有基本相同地位、阶层、素质的主体也会有不同的新闻需求；表现为新闻需要是一种多层次性的需要，不同层次的主体

（个体主体、群体主体、社会主体等）具有不同的新闻需要，而相同层次的主体也会有不同层次的新闻需求。

人的需要有合理与不合理的性质区别，新闻需要作为人的需要系统中的一种，同样也有合理与不合理的区别，这充分说明了新闻需要的复杂性。在人们的新闻价值观念中，只有满足了正当的、合理的新闻需要的新闻客体才是有正面价值的新闻客体。在新闻传播竞争日趋激烈的情况下，新闻需要的合理性问题已经引起人们越来越多的关注。能否满足主体合理的新闻需要，将成为衡量新闻传播机构社会影响力的重要标准。

新闻需要和人们的其他需要一样，是一种不断发展变化的需要，不同历史时代、历史时期人们的新闻需要是有很大不同的，其主流新闻需要也是不同的。比如：20 世纪 70 年代末 80 年代初的中国人关注更多的是政治新闻，就是说当时中国人的新闻需要主要指向那些政治新闻；到了 80 年代中期之后，中国人除了一如既往地关心政治新闻外，更多关注的是经济新闻；而到了 90 年代以后，中国人的新闻需求是全方位的、立体化的，人们关注自然、社会、国际、国内各个方面、各个领域的最新变化。

就个体主体来说，其新闻需要也是不断发展变化的，这是因为：首先，人在本质上是创造性的主体，他的各种价值需求总是一个不断发展的过程，不会停留在某种状态而止步不前。人总是"贪心不足"，总是在原来新闻需要得到满足之后提出新的需要，以充分实现自己的知情权，尽可能消除自己在周围环境认识上和心理上的不确定性，从而使自己行为的成效性具有信息上的保证。其次，从总体上说，不同主体的素质在社会的总体发展中都处于不断提高的过程，当主体的知识水平、认识能力、价值活动能力等得到提高，就必然意味着需要范围的扩大和质量的提高，这其中自然少不了新闻需要的更新和发展。再次，从新闻传播活动本身来说，它是一个日新月异的领域，几乎每时每刻都在为人们创造丰富多彩的新闻价值，这必然促成人们新闻需求"水涨船高"式的不断发展。可以说，新闻传播本身也在创造着而不只是满足着人们的新闻需求。最后，从新闻价值的消费角度看，新闻价值消费可以说是最快的价值消费，它内在地要求主体必须快速地更新自己的需要，不然就不再成为新闻需要。总而言之，新闻需要是与社会政治、经济、文化以及技术发展等诸多因素紧密相关的需要，是与社会同步发展的需要，社会政治民主化程度的不断提高，社会经济的迅速发展，人们实际文化知识水平的提高，新闻传播技术的不断更新，全球性新闻传播环境的快速形成等，都会使主体新闻需要的质与量得到"与时俱进"式的变化。而主体自身本质力量的展开过程，构成了新闻需要不断发展变化的、内在的根本力量。

2. 新闻需要的基本类型和层次

上面我们对统一主体新闻需要的一些总体特性进行了阐述，为了比较深入地把握主体新闻需要的构成，这里将对新闻需要的基本类型和基本层次做出进一步的说明。

新闻需要的基本类型。谈论主体的新闻需要，实质上就是谈论主体需要什么样的新闻，因此从逻辑上说，有什么样的新闻需要就有什么样的新闻，有什么样的新闻就有什么样的新闻需要，新闻的分类和新闻需要的分类在本质上应该是一致的。因此，不管是对新闻类型的划分还是对新闻需要的划分，都既要从新闻自身的属性出发，也要从主体新闻需要的特征出发，以不同的参照系进行划分。

第一，根据主体新闻需要的是否合理的特征，可以将新闻需要分为合理的新闻需要和不合理的新闻需要，这也是从需要性质上对新闻需要的划分。评价新闻需要合理性，不能以主体的主观判断为唯一的、根本的标准，关键要看他的新闻需要能够给他带来什么样的实际作用和影响。如果他的新闻需要在客观上确实对他的健康发展（包括身心两个方面）起到了积极的、肯定的作用和影响，我们就说他的新闻需要是合理的；相反，如果他的新闻需要在客观上对他的健康发展起到的是消极的、否定的作用和影响，我们就说他的新闻需要是不合理的。

第二，根据主体利、真、善、美、自由的价值追求总体目标，可以把新闻需要分为求利性新闻需要、求真性新闻需要、求善性新闻需要、求美性新闻需要和求自由性新闻需要。求利性新闻需要主要指向那些能够给主体带来直接利益效应的新闻，比如可能直接影响主体当下行为的实用性新闻报道，能够对主体行为形成直接的指导作用；求真性新闻需要主要指向那些报道最新事态变化的新闻，以便了解主体周围环境的新近变动情况，这是主体新闻需要系统的核心；求善性新闻需要主要指向那些报道社会生活中"好人好事"的新闻；求美性新闻需要主要指向那些内容美、报道形式也美的新闻；求自由性新闻需要就是通过获取新闻的方式达到认识上的自由，特别是达到社会权利、政治权利上的实现，因为新闻既能为主体提供认识世界真实面目的信息，同时又能为主体提供实现参政议政所需要的知情信息。

我们还可以根据主体新闻需要的目的性标准，将新闻需要笼而统之地分为实用性新闻需要与趣味性新闻需要。实用性新闻需要主要指向那些能够满足主体某种实际活动目的的新闻客体。比如，求知性新闻需要就是"人为了自身的安全、生存和发展，及时感知客观世界的变动，以便进行自我调适，适应变化的外部环境"[①] 的需要。又如，求同性新闻需要主要目的就在于通过接触新闻、视听新闻，追求与社会的认同、与他人的认同，以便能够顺利地进行社会交往和人际交往。因此，我们在新闻传播实

---

① 童兵. 理论新闻传播学导论 [M]. 北京：中国人民大学出版社，2000：150.

践中常常看到人们"对于报道同自己相似或相同的社会角色的新闻表示出强烈的兴趣，对于报道同自己生活经验相类似的新闻感到有味道，对于同自己观点相仿、情感上能引起沟通的报道会产生共鸣"①。趣味性新闻需要主要指向那些能够满足主体趣味心理和好奇心理或求异心理的新闻客体。好奇之心人皆有之。人们接触新闻传播除了实用目的，有时就是为了"找乐"，就是想通过视听有趣的新闻、奇异的新闻获得心理上的某种愉悦、刺激和消遣。人们对于幽默风趣的表现、奇怪罕见的事物、一反常态的东西、出乎意料的事态、超出常理的现象等，往往会表现出强烈的兴趣，因此趣味性新闻需要是新闻需要系统中不可缺少的组成部分。

第三，根据主体新闻需要指向或关注的空间地域范围，可以将新闻需要分为对国际新闻的需要、对国内新闻的需要和对地区性新闻（或本地新闻）的需要。经济全球化的势不可当，传播技术的突飞猛进，新闻观念的交流认同，特别是中国的改革开放战略，已经使新闻传播开始进入全球化的时代，人们对新闻的关注范围与以往相比发生了巨大的变化，他们的眼界不再囿于狭小的地域，也不再限于对本国新闻的了解，"家事、国事、天下事"都已成为人们的关注对象，新闻的接近性在心理上、空间上和利益上都在不断地扩张。有调查表明，对国际新闻感兴趣的人们在中国已经由知识分子群体迅速延伸扩大至很多农村的民众。②可见，以人们新闻需要针对的空间范围划分新闻需要的类型具有坚实的客观根据。

第四，根据主体对新闻传播总体社会功能的心理期待，可以将新闻需要分为解闷性新闻需要、解气性新闻需要和解惑性新闻需要。早在20世纪90年代，国内就有学者根据中国社会改革过程中人们心理的变化特点，认为中国新闻传播媒介的主要功能历时性地表现为解闷作用、解气作用和

---

① 童兵. 理论新闻传播学导论 [M]. 北京：中国人民大学出版社，2000：150.
② 李良荣. 新闻学导论 [M]. 北京：高等教育出版社，1999：118.

解惑作用。[①] 其实，仅就"新闻"而言，在共时性上，人们对新闻媒介的期待同样包括这"三解"，即人们在共时性上希望新闻媒介不仅能够提供"解闷"性的娱乐新闻、趣味新闻，而且能够提供揭露丑恶、抨击腐败、批评不良社会现象的"解气"性新闻，还能够提供消除和减轻他们思想疑虑、心理困惑的"解惑"性新闻，因为在任何剧烈的社会转型过程中，困惑都会成为人们面临的最大问题之一。当然，这三种类型的新闻需要在主体的共时性新闻需要结构中的地位是不同的，在主体新闻需要的历时性表现中也会形成不同的中心需要。

第五，根据主体新闻需要指向对象地位的差别，或者说根据一定时期主体关注的主要新闻，可以将新闻需要分为主流性新闻需要和非主流性新闻需要。主流性新闻需要就是人们在一定时期关注的热点新闻，比如在申请奥运会主办权期间，关于申办情况的报道就成为人们的主流性新闻需要，而在中国即将加入世界贸易组织期间，有关报道就成为人们在一定时期的主流性新闻需要。如前所述，不同历史时代人们有不同的主流性新闻需要，不同历史时期同样也有不同的主流性新闻需要，不同的主体在同一历史时代或历史时期既有可能具有相同的主流性新闻需要，也有可能具有不同的主流性新闻需要，但主流性新闻需要一般说来应当是社会多数人所关注的新闻。非主流性新闻需要是相对主流性新闻需要而言的，是指人们次关心的新闻或少数人具有的新闻需要。当然，人们的主流性新闻需要正像客观世界一样，处于永恒的发展变化之中，而且，主流性新闻需要与非主流性新闻需要在一定的条件下完全有可能发生地位上的转变。

第六，根据新闻需要对象的不同内容特征，可以将新闻需要划分为政

---

① 20世纪90年代初期，民众对媒体的主流需求是解闷（因此有了晚会热、综艺热、周末热）；90年代中期，民众对媒体的主流需求是解气（因此有了新闻热、焦点热、曝光热）；而90年代末21世纪初，民众对媒体的主流需求应该是解惑。参见张锦力.解密中国电视［M］.北京：中国城市出版社，1999：136。

治类新闻需要、经济类新闻需要、文化类新闻需要、科学技术类新闻需要、社会新闻类新闻需要等等。这些针对不同领域的新闻需要指向不同的新闻客体。比如，政治类新闻需要指向的主要是有关国际、国内政治事态的新闻，经济类新闻需要主要指向那些事关国计民生的经济报道，文化类新闻需要主要指向那些关于文化艺术活动的最新信息，等等。

我们还可以在不同的参照系下对主体的新闻需要做出多种多样的划分，每一种划分方式都能够对我们理解主体的新闻需要提供一个有益的角度，都能够为新闻传播活动的有效进行提供某种思路，都能够为新闻市场的细分提供一些科学的依据，因为从需要的角度看，细分市场就是对主体新闻需要的细分，目标受众研究的核心就是确定特定群体有什么样具体的新闻需要，因此认真研究主体新闻需要的具体构成是非常有意义的。

由于任何分类都是从一定对象不同的特征（或与主体的不同关系）出发的，但对象本身还是同一的，因此，根据不同参照标准划分出的类型总有互相包含、重叠、交叉的一面，即类型划分除了具有绝对性的一面外，还总是具有相对的意义。同时，有些类型划分只是为了研究问题的方便，有些类型划分则是为了从不同的侧面对同一对象进行深入的研究，具有更多的理论意义，在实际中不同类型的内容事实上是交融在一起的。比如，根据主体总体价值目标利、真、善、美和自由对新闻需要的划分，具有更多的逻辑意义，因为好的新闻价值客体总是能够满足主体多方面的新闻需要，总是能够在利、真、善、美和自由诸多方面使主体得到不同程度的满足，总是对主体既有实用的价值又有趣味的价值。又如，针对不同领域的需要划分，有时也只具有相对的意义和理论的意义，因为有些重要事件、重要新闻本身就是各种事件的统一体，跨越了诸多领域，具有多方面的新闻价值，可以满足主体多方面的新闻需求。主体的新闻需要更多的时候是复合式的需要，而非单一性的需要，新闻客体对主体的新闻价值更多时候是整体性的，而非理论研究所解剖的那样"条条块块"的。

新闻需要的基本层次。新闻需要的层次主要包含两个方面的意思：

一方面是指不同层次的主体（指个体主体、群体主体、社会主体）具有不同的新闻需要，从而形成新闻需要宏观上的层次性。比如，作为一个正常发展中的社会主体，其新闻需要主要指向那些有利于宣传社会理想、维护社会稳定和促进社会发展的新闻，而对于一定的利益集团（群体主体的一种）主体来说，它的新闻需要就有可能主要指向与本集团利益紧密相关的新闻，对个体主体来说，他的新闻需要则可能主要指向那些与自己利益需求、兴趣需求和其他需求相关的新闻。当然，不同层次主体的新闻需要是既有差别性也有共同性的，差别性使主体的新闻需要纷繁复杂而又丰富多彩，共同性则使主体的新闻需要有着共同的对象，意味着不同层次的主体有着共同的利益和相似的新闻价值观念，新闻传播的多样性和统一性正是新闻需要的差异性与共同性所决定的。

新闻需要层次性更为重要的一个方面是指新闻需要本身是有层次区别的，这种层次区别包括两个基本的方面：其一是指有些新闻需要是纯粹的事实信息层次的新闻需要，这种新闻需要的目的比较单纯，就是想了解自然、社会中发生了或正在发生着什么样的最新事实；有些新闻需要则在事实信息的基础上进一步寻求新闻事实的意义信息，这种新闻需要的目的在于了解新闻事实可能包含的各种意义，可能对人们和社会带来的作用和影响，因而是较深层次的新闻需要。其二是指不同主体的新闻需要的具体内容有着品质上的差别，有着层次上的不同，比如有些人的新闻需要主要指向"硬新闻"，即指向那些"题材较为严肃，着重于思想性、指导性和知识性的政治、经济、科技新闻"[①]，而有些人的新闻需要主要指向"软新

---

① 甘惜分.新闻学大辞典［M］.郑州：河南人民出版社，1993：11.

闻"，即指向那些"人情味较浓，写得较轻松活泼，易于引起受众感官刺激和阅读、视听兴趣"① 的新闻。有些人的新闻需要主要指向那些反映自然、社会最新事态变化的信息，指向那些与人们的工作、学习、生活、发展、完善紧密相关的新闻；而有些人的新闻需要却主要指向那些娱乐化的新闻、低级趣味的新闻，甚至主要指向那些黄色新闻（yellow journalism）。可见，新闻需要的层次性是与主体整体素质的层次性紧密相关的。一般说来，低素质的主体寻求的是低层次的新闻，而高素质的主体追求的是高层次的新闻。但人的多面性提醒我们不能对这一点作绝对化的理解，即不能仅以主体新闻需要对象的层次性来判定主体作为人的品质的层次性。

主体新闻需要的层次性是客观存在的，它构成了新闻传播内容层次性要求的主体根据，而新闻客体具有的客观的层次性则从客体方面制约着主体新闻需要不同层次性的满足方式和程度。

二、"前在"主体——传播主体

在上文中，我们对统一主体的特征和新闻需要进行了分析和阐述，即在不分传播主体与接受主体的前提下，审视了主体在新闻传播活动中表现出的普遍性和同一性的特征。但在实际的新闻传播活动包括新闻价值活动中，由于社会分工的不同，统一主体又一分为二，处于不同的新闻传播环节，担当着不同的角色，发挥着不同的作用。因此，根据新闻传播的实际过程，分别讨论两种主体的具体构成情况、表现特征及他们在新闻价值活动中的地位和作用就是非常必要的。

---

① 甘惜分. 新闻学大辞典［M］. 郑州：河南人民出版社，1993：11.

对于新闻传播活动过程中存在的双重主体——传播主体和接受主体，人们已经习惯于将传播主体称之为"第一主体"，而将"接受主体"称之为"第二主体"。这里的"第一""第二"本来没有谁重要或谁不重要的含义，但给人的感觉是传播主体比接受主体更重要。当然，我们也得承认，"第一主体""第二主体"的叫法确实与传统的以"传播主体"为本位的新闻传播观念有关。在"受众主体"本位观念日益兴盛的今天，"第一""第二"的传统观念显然显得有些不合时宜。但需要再次指出的是，我个人认为，无论以哪个主体为"本位"的观念都是值得商榷的。传播主体与接受主体在新闻传播过程中应该是平等的，是新闻传播活动中共存共生的主体，在客观上不存在以谁为本位的特殊根据，在实践上，新闻传播也很难仅以某一主体为本位而顺利进行。我们应该在"主体间性"中把握传播主体与接受主体的关系，确立统一主体共同为本的传播观念。

这里，我引入"前在主体"和"后在主体"两个概念，特指新闻传播过程中的"传播主体"和"接受主体"。我之所以使用"前在"主体和"后在"主体的概念，一是为了避免"第一""第二"这种带有明显"地位"特色的不当，二是根据新闻传播的实际运作过程来"起名"。但这种"先""后"定位仍然具有相对性，因为在新闻传播的双向交流日益成为现实的情况下，特别是在网络新闻传播逐渐成为大众传播的情况下，传播的交互性越来越强，传播主体与接受主体的界限也越来越模糊，前与后的区别也显得不那么确定。但就普遍的现实来看，传播主体与接受主体的区别仍然是明显的，特别是在新闻传播机构存在的情况下，双重主体之间的界限是不可否认的，二者在新闻传播中的作用也有明显的不同，就具体的新闻传播活动来说，也总是始于传播主体而结束于接受主体。这样，我们把传播主体、接受主体分别叫作"前在"主体和"后在"主体还是比较合理的。

（一）传播主体的构成

在通常的新闻传播主体概念中，人们所说的传播主体是指直接从事新闻传播活动的人，即以采编人员为主的新闻业务工作者。但在现实的新闻传播活动中，人们看到，新闻机构的所有权和经营权（即新闻资产的所有权和经营权）往往是分离的，这种分离导致传播主体本身的双重化——所有者主体和经营主体，而且新闻传播机构的传播活动总要接受一定新闻传播管理机构的管理，这样也形成了传播主体的双重化——管理主体和操作主体。因此，在理论新闻学的视野里，新闻传播主体的构成并不是单一的，它包括处在不同位置、从事不同具体活动的主体，为了方便讨论，我们从双重主体的实际情况出发，把新闻资产的所有者、管理者笼统①地称为"高位主体"，而把直接从事新闻传播活动的主体称为"本位主体"。

1. 高位主体及其特征

所谓高位主体主要是指新闻资产的所有者和管理者。尽管在不同的社会制度、不同的新闻体制下，新闻资产的所有制形式有着性质上的不同，新闻管理方式也存在着各种各样的差别，但高位主体的主导作用是大致相同的，最为根本的就是高位主体决定着新闻传播的总体方向，即高位主体的意志决定着新闻传播的总体路线、方针和政策，决定着新闻传播总体的价值指向。马克思和恩格斯在一百多年前就已深刻地指出，谁掌握钱袋，指导报纸的方针就掌握在谁的手里。② 那种认为新闻资产所有者、新闻业管理者不参与或不干涉新闻传播方针、新闻编辑的看法要么是虚伪的，要

---

① 之所以说是"笼统"的，是因为资产所有者和管理者对待新闻传播的态度并不总是一致的。
② 童兵. 马克思主义新闻思想史稿［M］. 北京：中国人民大学出版社，1989：150-151.

么是天真的或幼稚的。赫伯特·阿特休尔在他的《权力的媒介：新闻媒介在人类事务中的作用》中就曾写道："新闻发展的历史证明，报纸以及形形色色更现代化的新闻媒介已日趋满足掌握新闻媒介经济命脉者个人利益的需要，同时又通过服务于新闻消费者的利益来确保新闻媒介的形象。期望新闻媒介会出现天翻地覆的大变化并对其经济命脉操纵者的愿望嗤之以鼻，无异于一种最狂热的乌托邦式的痴心妄想。"① 当然，我们也不否认，在任何一种新闻体制下，当基本的新闻路线、方针、政策确定之后，编辑权利具有一定的独立性，但这是相当有限的，正如有位学者所说："在所有的新闻体系中，新闻媒介都是掌握政治和经济权力者的代言人。因此，报纸杂志和广播电视并不是独立的媒介，它们只是潜在地发挥独立作用。"②

从新闻价值论的角度看，我们可以说高位主体是新闻传播总体价值目标的设计者和确立者。资产所有者创办新闻机构（企业）的目的不同，对待新闻传播的态度就不同，他们追求的利益目标、价值指向的核心自然会有所不同。考察一下中外各种新闻媒体的情况，可以发现：有些媒体追求经济利益至上，"主要在于通过向大众提供信息服务获取商业利润"③，即他们的核心价值目标就是以满足受众信息需求的方式去赚钱，比如"商业化程度堪称全球第一"④ 的美国传媒，其新闻传播就以"市场为取向，什么能赚钱就传播什么，始终把赢得最高利润放在第一位"⑤；有些媒体则

---

① 阿特休尔. 权力的媒介：新闻媒介在人类事务中的作用 [M]. 黄煜，裴志康，译. 北京：华夏出版社，1989：338.

② 同①；唐绪军. 报业经济与报业经营 [M]. 北京：新华出版社，1999：8.

③ 展江. 译者的话 [M] //埃默里 M，埃默里 E. 美国新闻史：大众传播媒介解释史：第8版. 展江，殷文，主译. 北京：新华出版社，2001：864.

④ 项德生，郑保卫. 新闻学概论 [M]. 武汉：武汉大学出版社，2000：158.

⑤ 同③.

"不以追逐利润为目标，而以宣传政府或政党的观点和政策，或主办团体的政治主张和思想观念为主要目的"①，他们的核心价值目标就是使自己的主张得到公众或一定人群的认可和接受，并通过宣传达到其他价值目标或利益追求的实现，比如新闻传播史上纯粹的政党报纸、言论报纸就基本属于此类；有些媒体则以社会效益和经济效益相统一为目标，"以沟通社会交流和传播文化为最高价值取向，虽不以赢利为根本目的，但需要通过市场交换进行必要的资源配置"②。因此，在社会效益与经济效益出现某种不可调和的矛盾时，常常以牺牲后者为解决问题的基本原则。比如，社会主义市场经济下的中国就把新闻业既当作一般的行业对待，同时又特别强调新闻业的意识形态特性，因而在鼓励以市场化方式运作新闻业的同时，又特别重视新闻传播社会效益的至上性。这些追求不同核心价值目标的新闻媒体，其总的价值目标不是由本位主体确立的，而是由高位主体确立的。需要指出的是，在现实社会中，追求单一价值目标的新闻媒体是不多的，而且也是难以生存和发展的。我们看到的大多数新闻媒体的价值目标都是多向的，或者更准确地说，任何类型的媒体，为了确保核心价值目标的实现，首先必须确保非核心价值目标的实现，非核心价值目标的实现往往成为实现核心价值目标的重要手段。比如，以经济利益至上的媒体，就不能冲破社会利益的"底线"，它必须在保证一定社会利益的前提下才能赢得经济利益，不然它就无法在一定的社会里进行正常的运作；以社会效益作为至上目标的媒体，如果没有一定的经济效益作保障，其社会效益的价值追求不过是一句空话。同时，对于一个具体的新闻机构来说，在其生存发展过程中，高位主体往往会根据社会政治、经济、文化等等方面的变化，不断地调整自己的总体传播路线、方针和政策。

---

① 唐绪军. 报业经济与报业经营［M］. 北京：新华出版社，1999：8.
② 同①.

高位主体是新闻传播价值活动规范的主要制定者。新闻资产所有者、管理者为了使自己的核心价值目标能够顺利实现，就会通过不同的方式和手段制定不同方面、不同层次的活动规范，比如通过国家立法机构制定法律规范，通过政党组织或政府机构制定政策规范，通过有关社会团体等来制定职业道德规范，以及新闻机构（企业）的所有者针对各自的具体特征而制定各种规范（比如，人事制度、具体的管理制度、基本的业务规范等等）。在不同的社会形态下，由于具体新闻体制的不同，即新闻资产所有制形式和新闻传播管理体制的不同，这些规范的具体内容会有一定的甚至是较大的差别，但高位主体采用一定的规范系统管理规范新闻传播活动行为是必然的。事实上，高位主体自身利益的实现，主要就是通过各种规范的具体贯彻落实达到的。

高位主体同时也是新闻价值活动的指导者和监督者。作为新闻资产的所有者、新闻传播活动目标的决策者和新闻活动的宏观管理者，高位主体通过确立的新闻路线、方针、政策指导新闻传播活动，通过一定的规范系统管理和监督新闻传播活动行为。指导与监督的目的在于确保总体价值指向始终符合高位主体的利益目标。资产所有者与经营者的分离，管理者与被管理者的地位差别，客观上必然造成传播主体内部的矛盾和一定的利益冲突。作为高位主体，一般情况下，总是要求和指导本位主体按照高位主体的意志进行新闻传播，总是监督本位主体不要偏离高位主体确立的新闻价值指向。需要顺便指出的是，在不同的新闻传播体制下，高位主体指导、监督新闻传播活动的方式虽有普遍的相同之处，但在具体实行指导和监督的方法上有很大的不同。比如，在我国，由于新闻事业是党、政府和人民的喉舌，新闻资产的所有者从本质上说是人民，即新闻事业为人民所有，人民是它的主人，但主人的权力由国家和相关的新闻主管部门代替行使（即新闻媒体由国家主办经营，并由一定的党政部门行使管理新闻媒体的权力），这样指导和监督新闻传播活动的主导力量就是党和政府的新闻管理组织或相关部门，而这一切的核心是确保党对新闻传播的绝对领导，确保国家对新闻传播的宏观控制，以实现以科学理论武装人、以正确舆论引导人、以高尚精神塑造人、以优秀作品鼓舞人的总体价值指向，以实现让党和国家的声音进入千家万户、让中国声音传向世界各地的重要传播目的。当然，广大人民群众作为新闻事业的主人，也是监督新闻传播活动的重要力量。而在资本主义国家，比如美国，新闻资产是私人所有制形式，"主流媒介几乎清一色是私营的（尽管在今天纯粹的单一业主所有制已不多见，而公共公司体制日益盛行）"①，资本家通过出资开办、参股控股、广告发布等途径掌握着新闻媒体的经济命脉。这样，凭借新闻资产的所有权和支配权，可以间接实现对新闻传播的控制，实现对新闻传播价值指向的影响，实现对新闻传播的主导和监督作用。资本主义国家政权作为资本家阶级意志的执行者，"不可能不对新闻事业进行强有力的整体性的控制，以维护全体资本家的共同利益"②，其控制、管理的方式既有行政的也有法律的，目的都在于指导和监督新闻传播按照资本家阶级整体的意志行事。在一些特殊的时期，高位主体指导、监督新闻传播活动的方式也会与正常状态有较大的差别。比如，不管在哪种新闻体制下，当国家处于战争状态或其他非常状态时，新闻传播活动就会受到比较严格的控制，"不听话"的媒体会受到严厉的制裁。

2. 本位主体及其特征

所谓本位主体是指直接从事新闻传播活动的主体，即人们通常所说的

---

① 展江. 译者的话 [M] //埃默里 M, 埃默里 E. 美国新闻史：大众传播媒介解释史：第 8 版. 展江, 殷文, 主译. 北京：新华出版社, 2001：864.

② 项德生, 郑保卫. 新闻学概论 [M]. 武汉：武汉大学出版社, 2000：145.

新闻工作者或传播者，它是新闻价值活动的核心力量。在新闻价值论的讨论中，我们所关注的主要传播主体对象是本位主体，而不是高位主体。因此，在没有特别说明的情况下，我们论及的传播主体一般是指本位主体。

不管是从新闻传播在时间向度上具有的动态性、序列性来看，还是从新闻传播系统共时性的结构上看，本位主体都处于相对接受主体的"前在"位置，并且这种"前在"位置是相对稳定的，"大众传媒与受众的角色关系是固定的"①。这种相对固定的"前在"地位不只是在新闻传播过程中"登台亮相"得早，更为重要的是它意味着本位主体是新闻传播的直接引发者，同时意味着本位主体在整个新闻传播过程中具有不可替代和不可否认的"把关人"的地位和作用（即使在网络新闻的传播中，把关人仍然是存在的，而且越来越引起人们的重视，这是事实，不可否认，尽管网络新闻传播的"把关人"相比传统媒体新闻传播中把关人的工作方式发生了一定的变化，但按照一定标准进行把关的本质没有什么根本的不同）。"传播者处于传播过程的首端，对信息的内容、流量和流向以及受传者的反映起着重要的控制作用"②，而这种把关人的核心作用，从新闻价值论的角度看，就是用一定的价值标准（不只是单纯的新闻标准）取舍新闻传播的内容和传播的方式。本位主体在新闻传播过程中位置的"前在"性特征表明，在实际的新闻传播活动中，本位主体处于不可否认的"优势"地位，"在某种程度上来说，大众传媒也是传播特权的拥有者，他们所拥有的传播能力和权利都远远超过了作为个人的社会成员或其他一般社会群体"③。这是"由于传播双方（传播主体和接受主体——引者注）在政治、经济和文化地位、传播资源以及传播能力等方面通常存在着差异，完全对

---

① 郭庆光.传播学教程［M］.北京：中国人民大学出版社，1999：157.
② 同①.
③ 同①.

等或平等（指传受双方在完全对等和平等的关系中进行传播——引者注）的传播关系与其说具有普遍性，不如说是极少见的"①。法国新闻学者贝尔纳·瓦耶纳在其所著的《当代新闻学》中也说："新闻报道者不是简单的传播者，他们的作用远不是纯然被动的，相反倒是有决定意义的。"②这些论述都说明，作为新闻传播过程中的前在主体，本位主体在现实的新闻传播活动中总是基本掌握着新闻传播的主动权。

在新闻传播活动中，本位主体是新闻生产力的主要承担者。对于整体新闻生产能力一定的新闻传播媒体来讲，具体生产什么样质量的新闻，以什么样具体的方式生产新闻，都是由本位主体直接决定的。作为新闻传播生产力中活的力量，"新闻传播者是'信息流通的动力'，受众所获知的各种讯息，都是由新闻传播者给定的"③。本位主体驾驭和操作着新闻传播的整体过程，充当着沟通上下左右的中介或桥梁，在相当大的程度上分配着接受主体有限的新闻注意力，并通过不断的议题设置方式引发和维系社会公众对有关问题的关注，维护着新闻市场的正常运转和发展，塑造着新闻传播媒介在社会公众心目中的形象，很大程度上决定着新闻媒体的社会公信力和社会影响力，满足并创造着社会公众的新闻需求。总而言之，新闻传播具有的各种潜在功能，只有通过本位主体实际的新闻生产活动、价值活动，才能得到感性的、现实化的表现。

在新闻价值活动中，本位主体是新闻价值的主要发现者、创造者和传播者（这里使用"主要"一词，有着真实的内容，因为新闻价值的发现、创造和传播确实还要依赖其他主体的力量，对此，我们会在其他地方论及）。从新闻事实的发现到对其价值大小的评价与判断，从新闻事实的选

---

① 郭庆光. 传播学教程 [M]. 北京：中国人民大学出版社，1999：62.
② 瓦耶纳. 当代新闻学 [M]. 丁雪英，连燕堂，译. 北京：新华出版社，1986：15.
③ 童兵. 理论新闻传播学导论 [M]. 北京：中国人民大学出版社，2000：29.

择到对其具体的符号再现，从新闻文本的创制到新闻产品的完成，从新闻信息的传播到反馈信息的获取，从一个传播周期的结束到另一传播过程的开启，在新闻传播的每一环节中，都包含着本位主体的新闻价值生产和价值创造活动。新闻事业机构的客观存在，社会分工的角色分配，使得本位主体成了专职的新闻发现者、新闻价值的创造者和新闻（新闻价值）的传播者。

新闻活动，在一定意义上说，就是一种发现新闻事实、获取新闻信息的活动。"新闻，说到底都是记者的一种发现，即客观事实的发现……记者的使命在于不断发现新事实。"① 因此，作为新闻的发现者，本位主体必须充分认识到发现新闻事实在整个新闻传播活动中的首要意义，懂得区分事实重要性的基本判断标准和应该关注的主要对象，注意到新闻发现的特有难度，认真把握新闻发现的基本方法。②

新闻活动的核心是新闻价值的创造活动，"新闻传播者从事的永远是创造性的工作"③。而创造新闻价值的核心人力资源就是本位主体，新闻活动并不是简单的认识反映活动，更不是简单的有闻必录的活动，如何在发现新闻事实的基础上运用合规律性与合目的性相统一的尺度确定新闻传播的具体内容，如何运用科学合理的方法选择、开掘出对广大受众有意义、有价值的新闻信息，如何运用受众喜闻乐见的方式创制新闻文本，使

① 吴勤如. 新闻走向科学 [M]. 北京：中国广播电视出版社，1992：29-30.
② 曾任新华社总编辑的南振中先生在他所著的《记者的发现力》一书中，结合中国主流新闻传媒担当的主要任务，指出所谓发现新闻事实，主要就是"发现或者找到世界上迄今还没有通过大众传播媒介广泛传播的、鲜为人知的新鲜事实"；"发现或者澄清社会上众说纷纭、莫衷一是的重大事件的事实真相"；"发现或者提炼出有助于解决当前各种困难和社会矛盾的新鲜经验"；"发现和捕捉能给人以启迪的新思想，深刻地揭示改革开放大潮中人们观念的新变化"；"发现最能体现时代精神、对人们有较大激励和鼓舞作用的典型人物"；"发现能够体现事物发展规律的新的苗头、新的动向"；等等。参见南振中. 记者的发现力 [M]. 北京：新华出版社，1999：1-2. 又可参见杨保军. 新闻事实论 [M]. 北京：新华出版社，2001：58-63。
③ 童兵. 理论新闻传播学导论 [M]. 北京：中国人民大学出版社，2000：31.

新闻价值得到增值性的实现，是新闻传播活动的要旨之所在。在这一系列的活动中，都包含着本位主体创造性的劳动。众所周知，新闻贵新，新闻活动本身就是与层出不穷的新事物、新人物、新现象连续不断地"打交道"的过程，作为传播者的本位主体，要想在长期的新闻传播活动中，特别是在如今这样一个信息大潮涌动、知识增长高速的时代，这样一个矛盾纷争不断、合作交流增多的时代，这样一个充满机遇挑战、竞争异常激烈的时代，始终站在潮头浪尖的位置，为人们创造出富有新闻价值的产品，确实是件不容易的事情，它对本位主体提出了很高的要求。仅仅具备一般的政治、思想、业务等方面的素养是远远不够的，还必须具备求新、创新的能力，敢于想人之未想、说人之未说、写人之未写，善于运用各种方法观察和洞悉社会的变迁、世界的起伏，能够以创新性的思维方式思考问题、研究问题、报道问题。[①]

本位主体不仅是新闻价值的发现者和创造者，而且还是新闻价值的传播者。发现、创造新闻价值的直接目的就是将有价值的新闻传播出去，以使新闻价值得到广泛的传播和更大的实现。一般来说，新闻的价值效应首先发生在一定的本位主体范围，但如果这种效应仅仅停留在本位主体的界限之内，那就很难谈得上新闻价值的真正实现，很难谈得上有意义的新闻传播。新闻只有在传播中为广大的接受主体所接受，即对接受主体产生实际的作用和影响，新闻价值才能得到真正实现。由于新闻价值是在新闻传播中实现的，因此如何有效地传播新闻一直是新闻界关注的重要问题，也是本位主体的重要职责之所在。那种"不顾时间、地点、条件，不顾读者的思想情绪，我只管发出去，你看也好，你不看也好"[②] 的传播观念和

---

① 关于新闻价值的创造，我们将在第六章进行专门的论述。

② 刘少奇. 对新华社工作的第一次指示 [M] //中国社会科学院新闻研究所. 中国共产党新闻工作文件汇编：下卷. 北京：新华出版社，1980：359.

方式，只能是浪费各种新闻资源的无效传播。有人把这种"只有传播，没有接受"的传播称之为"半传播"。新闻传播，"是传者与受传者的互动行为，缺少一方的呼应，就不能称为传播"①。新闻传播的真正含义，是指新闻信息从传播者到达接受主体，从而形成信息分享的过程，"新闻信息发出但没有寻找到收受对象"，只能叫"半传播"②，因为它没有把新闻真正传播到接受主体那里，所以也就根本谈不上新闻价值的实现问题。

本位主体是具有自身利益追求（包括物质利益和精神利益的追求）的主体。恩格斯曾说："在社会历史领域内进行活动的，是具有意识的、经过思虑或凭激情行动的、追求某种目的的人；任何事情的发生都不是没有自觉的意图，没有预期的目的的。"③ 新闻传播领域的本位主体，也都是为了实现一定的目的的群体，而任何目的的核心体现就是一定的利益追求，马克思曾经非常精辟地指出："人们为之奋斗的一切，都同他们的利益有关"④。本位主体在新闻传播过程中首先要反映和维护自己的利益以及与自己利益相关的共同体的利益。任何新闻媒介，任何本位主体，不管其如何宣称和自我标榜，在实际的操作上都会按照自己的要求进行新闻传播，即按自己的利益标准和价值尺度筛选事实、确定事实和报道事实。世界上不存在背离自己利益的新闻传播媒体，如果背离了自己的利益，要么是不得已而为之，要么是从更大的利益或更长远的利益出发，对较小利益或眼前利益主动或暂时放弃，要么就是本位主体的失误所致，绝对不会是有意的追求。除了追求自身利益之外，本位主体总要反映和代表社会主体的共同利益（这是媒体生存发展的必然要求，也是新闻传播社会性的必然体现，更是本位主体实现自身利益的重要手段），至少任何本位主体都会

① 刘建明．现代新闻理论［M］．北京：民族出版社，1999：191.
② 同①.
③ 马克思恩格斯选集：第4卷［M］．3版．北京：人民出版社，2012：253.
④ 马克思恩格斯全集：第1卷［M］．2版．北京：人民出版社，1995：187.

自称代表着社会主体的共同利益，但事实上他们不会以同等的态度和力量对待所有人群的利益；本位主体不会在新闻传播中反对所有人的利益追求，但一定会特别维护一些群体的利益，而反对一些群体的利益，这一点在仍有阶级对立和阶层分别的现实社会中是不可避免的。

本位主体是具有传播倾向性的主体。倾向性通常是指人们对事物表现出的某种爱憎情感和立场观点，新闻传播的倾向性一般是指传播媒体及其从业人员在新闻传播活动中所表现出来的立场和观点、情感和态度。由于"人在与客观现实交互作用过程中，对现实事物总有一定的看法、态度和倾向"[①]，因此倾向是普遍存在的。"新闻媒介组织总是要从属于社会或某一个集团、党派、阶级，而其本身，又是由一群按照一定方针、宗旨、任务聚集在一起的活生生的人（即我们所说的本位主体——引者注）组成，因之，它必定有自己的传播意图和目的，并把这一切贯彻到新闻传播过程之中。"[②] 马克思和恩格斯就曾指出，新闻报道总是有倾向性的。"倾向性是一种必要的、一般新闻都会有的新闻的属性。"[③] "具有极其鲜明的阶级倾向性，是新闻传播者职业特征的重要方面之一。"[④] 因此，本位主体不仅以事实原则（真实、全面、客观报道的原则）和新闻传播特有的方法原则（及时、公开的传播原则）传播新闻信息[⑤]，而且会以自己认为的公正原则及特有的利益原则和立场原则（这几条原则突出显示了本位主体新闻传播中的价值取向）去选择报道内容和方式，去表达自己的传播倾向，即媒体报道新闻事实目的不只在于传播新闻事实之信息，还在于通过对新闻

---

① 黄希庭. 普通心理学［M］. 兰州：甘肃人民出版社，1982：133.

② 黄旦. 新闻传播学［M］. 杭州：杭州大学出版社，1997：234.

③ 童兵. 马克思主义新闻思想史稿［M］. 北京：中国人民大学出版社，1989：205.

④ 童兵. 理论新闻传播学导论［M］. 北京：中国人民大学出版社，2000：31.

⑤ 关于事实原则与方法原则的具体内容，可参见杨保军. 新闻事实论［M］. 北京：新华出版社，2001：82-92.

事实信息的各种处理而"说话"。正如一些学者指出的那样，"大众传媒的新闻或信息的生产与传播并不具有纯粹的'客观中立性'，而是依据传媒一定立场、方针和价值标准所进行的一种有目的的取舍和加工活动"①。

本位主体新闻传播倾向性的内容是相当丰富的，不只是具有政治因素制约和影响而形成的政治倾向，还具有本位主体对社会生活的态度、意见和看法；也不只是一些理性的观念和意见，还包含大量非理性的情感、意志等因素。但政治倾向性是最主要的倾向性，理性倾向性是最自觉的、目的性最强的倾向性。

传播倾向本身也有合理与不合理的区分、正当与不正当的差异，不同的本位主体自然具有各自的传播倾向性，在不同性质、不同类型媒体从事新闻传播的本位主体具有不同的传播倾向。一般说来，本位主体总是愿意选择符合本媒体传播方针和本媒体利益的新闻信息进行传播，"与媒介的方针和利益一致或相符的内容更容易优先入选、优先得到传播"②。在典型的资本主义社会美国，新闻事业为资本家所有并由其经营，那就自然会宣传资本主义，不需要下命令叫它们这么做。这道出了新闻传播倾向性的重要根源之所在。同样，在中国，由国家所有并经营的新闻媒体，自然会以宣传社会主义作为自己的重要天职。

本位主体在新闻传播过程中表达倾向是普遍的和必然的，但并不是单纯为了本位主体自身的利益或本位主体自己的爱憎。我们认为，以合理的方式表达合理的倾向不仅是媒体的职责和义务，也是社会的要求和广大受众的需要。③ 只有以合理的方式表达合理的倾向，媒体才能赢得人们的信赖，而人们的普遍信赖是任何媒介得以生存和发展的基础。因此，在传播

---

① 郭庆光．传播学教程 ［M］．北京：中国人民大学出版社，1999：165．

② 同①．

③ 关于如何合理表达新闻传播的倾向性，可参见杨保军．新闻事实论 ［M］．北京：新华出版社，2001：142－163．

新闻事实信息时，适度而合理地表达倾向应当成为媒介及其传播者的自觉行为。新闻传播媒介有诸多功能，但最基本的社会功能是传播新闻信息和引导社会舆论。"那种'把一切奉献给读者，让他们自己去判断'的传播理念，对信息时代的大众来说，是一种不负责任的表现。"[①] 站立在社会发展潮头的本位主体具有特殊的"信息优势"地位，作为社会的"守望者""监测者"，在以事实为根据的前提下，通过表达合理的倾向性来引导人们的观念和行为是理所应当的。可见，问题的关键不在于是否对事实进行选择，不在于是否应该表达倾向，而在于如何合理、有效、公正地表达倾向。

（二）高位主体与本位主体的关系

传播主体内部主体双重化的客观存在，意味着二者之间的关系是一个实际的问题。高位主体与本位主体间的区别是非常明显的，但他们之间的联系也是十分紧密的。

首先，在新闻传播的组织结构中，高位主体作为新闻资产的所有者、管理者和决策者，"左右着新闻活动的政治方向和经营规模，在新闻传播系统中显然处于支配者的主体地位，对新闻传媒的大政方针和经营力度，是一定要当家作主和说了算的"[②]。而本位主体是在高位主体的主导下，在高位主体的意志下，进行具体的新闻传播活动的主体。可见，高位主体和本位主体在新闻传播的组织结构中所处的地位具有明显的差别，处于不同的层次。高位主体与本位主体在新闻传播主体组织结构中的具体地位、层次关系，在不同的新闻体制中具体情况是并不完全相同的。在中国，由

---

① 杨保军. 新闻事实论 [M]. 北京：新华出版社，2001：145.
② 项德生，郑保卫. 新闻学概论 [M]. 武汉：武汉大学出版社，2000：131.

于新闻媒体主要直接由国家主办经营，新闻媒体是党、政府和人民的喉舌，并且有关政策明确规定，"无论什么情况下，党管媒体不能变，党管干部不能变"，因此，从本质上说，其资产所有权、经营权包括编辑权是统一的，不存在相对政府而独立存在的经营权和相对党而独立存在的编辑权，因而也就不存在相对政府独立的经营主体和相对党而独立的编辑主体。在资本主义的美国，以报业为例，其组织结构基本上形成了"由老板执鞭的报业'双驾马车'组织架构"①，即业主（老板）作为发行人，"将主要精力投入在整个报社的宏观管理和协调上，而将编辑权授予编辑部负责人，将经营权授予总经理"。这样，"报纸的日常新闻业务是由主编而不是发行人执掌的，编辑权名义上都是独立的"②。因此，至少其高位主体与本位主体间有着相对的独立性。但这种独立性也是令人怀疑的，美国的一位新闻学者就说："没有哪份报纸杂志或哪家广播电台能够逾越其'付钱主子'所认可的自治范围。"③

其次，在新闻传播活动中，高位主体和本位主体的利益追求与价值目标具有一致性。高位主体和本位主体都是具有能动性的主体，都希望通过新闻传播活动满足各自的利益需求和实现各自的价值目标。一般来说，特别是在阶级对立已不十分激烈的社会中，由于本位主体是高位主体按照自己意愿选择的结果，资产所有者和管理者是按自己的标准去选择经营者和编辑者的，因此，从本质上看，高位主体与本位主体首先是利益的共同体。这就决定了在通常情况下，他们的利益追求与价值目标根本上是一致的。事实上，只有在高位主体和本位主体根本利益一致的情况下，新闻传

① 童兵. 中西新闻比较论纲［M］. 北京：新华出版社，1999：85.
② 展江. 译者的话［M］//埃默里 M，埃默里 E. 美国新闻史：大众传播媒介解释史：第8版. 展江，殷文，主译. 北京：新华出版社，2001：864.
③ 阿特休尔. 权力的媒介：新闻媒介在人类事务中的作用［M］. 黄煜，裘志康，译. 北京：华夏出版社，1989：288.

播活动才能够得以顺利地进行。在新闻价值论的视野中，相对高位主体来说，本位主体是新闻传播价值活动的直接操作者，也是新闻价值活动的直接主体，高位主体的价值目标、利益追求必须通过本位主体的具体价值活动来实现，而本位主体自身新闻传播价值目的、利益追求的实现，表面上看只能依靠自己的价值活动，但实际上，它必须以高位主体的"允许"为前提，必须以高位主体制定的各种规范为条件。因此，高位主体与本位主体更多的时候是"合作者"或"一家人"，在绝大多数情况下，他们总是能够自觉地协调他们之间的利益关系。相对接受主体来说，他们实质上构成了共同的传播主体，这也正是我没有把通常称之为"传播控制者"的资产所有者、管理者单独列为新闻价值活动控制主体，而是将其归并到传播主体的行列之中进行讨论的原因。

再次，高位主体与本位主体之间也存在着利益的不一致性或冲突性。所谓利益冲突是指"不同的利益主体在争取利益的过程中所产生的冲突，是人们在获取利益的过程中彼此之间的矛盾趋于激化所表现出来的一种对抗性的互动过程"[①]。如前所述，高位主体与本位主体尽管构成了共同的、实质上的传播主体，但他们必定在新闻传播的组织结构中处于不同的地位、不同的层次，在新闻传播过程中扮演着不同的角色，从事着不同的具体活动，发挥着不同的作用，在存在方式上具有各自相对的独立性，是相对独立的利益主体，这种独立性必然导致利益上的差异性，主要表现为利益的不一致性或冲突性。在新闻传播中，高位主体和本位主体都想通过新闻传播活动达到自己的目的，即他们都想把新闻传播作为自己获取一定利益的手段，以满足自己的利益需求。当他们的利益目标、利益追求一致

---

① 张玉堂. 利益论：关于利益冲突与协调问题的研究 [M]. 武汉：武汉大学出版社，2001：57.

时，他们运用新闻传播手段的方式是基本相同的，确定新闻传播内容的标准也是基本一致的；但当他们的利益目标、利益追求不一致时，他们往往会以不同的方式驾驭和使用新闻传播手段，会以不同的标准选择新闻传播内容，这就有可能导致某种程度的冲突。这种利益冲突在新闻资产私有化的社会中是经常发生的，特别是在阶级对立表现激烈的情况下，"或者是高位主体压制传播者的自由权利，或者是传播者触犯上层决策者和宏观管理者的尊严和戒律"①。但同时需要明白的是，在当代资本主义新闻事业中，高位主体与本位主体之间更多的是利益的一致而非冲突，更多的是一种共生关系而非对立关系。比如在美国，"由于其独立的政治地位和历史传统，美国新闻界与政府之间一般不存在沆瀣和共谋关系，也不能将它们彼此简单地理解为对立关系。它们之间是一种特定社会制度下的共生关系、工作关系和监督关系"②。而在社会主义制度下，由于新闻资产主要实行的是公有制，因此从本质上说高位主体和本位主体没有根本的利益冲突，但利益主体的双重化又使利益冲突不可避免，特别是在社会主义市场经济条件下，本位主体的独立性、自主性得到了很大程度的加强，利益观念与计划经济时代相比也发生了很大的变化，在利益目标上常常会偏离高位主体的要求。比如，尽管我们一再强调要把新闻传播的利益目标设定在社会效益与经济效益统一的基点上，并以社会效益为至上目标，但在现实的新闻传播活动中，人们仍然不时看到，一些媒体把片面追求经济利益作为实质上的根本目标，表现为有偿新闻的屡禁不止、广告与新闻的合一等等现象，都在一定程度上说明本位主体的利益追求背离了高位主体确立的利益目标和价值追求。此外，也存在着高位主体对本位主体的一些不正当

---

① 项德生，郑保卫. 新闻学概论［M］. 武汉：武汉大学出版社，2000：132.

② 展江. 译者的话［M］//埃默里 M，埃默里 E. 美国新闻史：大众传播媒介解释史：第 8 版. 展江，殷文，主译. 北京：新华出版社，2001：862.

干涉，比如一些新闻业的管理者从自己（或自己所代表的小团体）的主观意志出发，从自己的权、名、利出发，限制一些正常的新闻传播活动，干扰一些新闻内容的正常刊播，影响了一些新闻传播机构和本位主体的声誉，实质上就是严重损害了本位主体的正当利益。在高位主体与本位主体出现利益冲突的情况下，正常的新闻传播活动往往受到影响；只有二者的利益关系得到重新协调，本位主体直接操作的新闻传播活动才能得以顺利进行。

三、"后在"主体——接受主体

我在前文已经多次指出，新闻价值活动的主体是双重的，包括"前在"的传播主体和"后在"的接受主体，他们在新闻价值活动中的地位和作用是同等重要、缺一不可的。离开传播主体，无从谈起新闻价值的创造活动、新闻价值的传播活动；离开接受主体，无从谈起新闻价值的再创造活动、新闻价值的实现活动。所以，在讨论了新闻价值活动中的传播主体之后，理所当然地应该讨论接受主体。

（一）接受主体的构成及特征

接受主体就是人们通常所说的"受众主体"，我之所以用"接受主体"这一概念，是因为"接受"一词从感觉上更能反映出"受众"作为新闻价值活动主体的主动性和自主性（但事实上，为了叙述的方便，我在书中的用法也并未保持始终的一致，而是两个概念并用）。接受主体作为新闻传播活动中独立的主体性存在，有其自身的结构和特征。对这种结构和特征的研究不仅有利于我们具体把握接受主体本身的情况，更为重要的是，它可以为新闻传播主体活动的有效性（实质上就是新闻价值活动的有效性）提供直接的根据，因为只有比较彻底地了解接受主体，才能与其建立起真正的主体间的关系，从而使新闻价值在传播活动中得到顺利、有效的传递和实现。

1. 接受主体的构成

由于近现代特别是当代大众传播技术的迅猛发展，大众传播观念的迅速扩张和提升，今天所有生活在社会中的人都有机会（尽管这种机会并不完全平等）接触大众传播媒介，"新闻媒介在总体上对全社会开放，全社会成员均可作为其争取的受众对象"[①]，因此从理论逻辑上讲，所有现实地生活着的人都可以是或可以成为新闻传播的接受主体，这就意味着接受主体的构成是个相当复杂的问题。这里我们主要从新闻接受主体的类型和层次性两个大的方面研究接受主体的构成。

接受主体的类型构成。接受主体从原则上说涵盖所有的社会成员，因此对其类型的研究，从宏观上可以从多种角度出发进行。但对新闻接受主体的类型划分，主要应该从主体的新闻接受特征出发，从主体接触和对待新闻媒介的态度或方式等特征出发。基于这样的考虑，我们可以将接受主体作如下的基本类型划分。

按照接触新闻媒体的频率，或者说按照接触新闻媒体的稳定程度，可以把接受主体划分为稳定型接受主体和偶然型或变动型（不稳定型）接受主体。稳定型接受主体是指"比较习惯地、固定地接触和使用一定媒介的受众"[②]。对这种类型的接受主体来说，"接收新闻已成为他们一种经常性、稳定性的行为，已内化为每天生活中所不可缺少的内容，而且在可能

---

① 李良荣. 新闻学导论［M］. 北京：高等教育出版社，1999：120.
② 同①119-120.

的情况下，会通过不同媒介接收大量新闻"①。偶然型或变动型（不稳定型）接受主体是指没有固定习惯，只是偶尔接触新闻媒体的人。这种类型的接受主体"对新闻无太大兴趣，接收新闻仅仅是一种附带的、随机的或偶然的行为"②。如何使稳定的接受主体进一步成为忠诚的接受主体，如何使偶然的接受主体转化成为稳定的接受主体，始终是传播主体关注的核心问题之一。

按照接触新闻媒体类别的多少，可以将接受主体划分为单一型接受主体与复合型接受主体。所谓单一型接受主体是指只接触一种类型的新闻传播媒体，比如只读报纸或只看电视或只听广播甚至只通过网络浏览新闻的人；而复合型接受主体是指同时接触多种类别新闻媒体的人，即他既可能是报纸的读者，同时又是广播电视或网络新闻的视听者。就我国而言，生活在城市中的人大多具备接触各种新闻媒体的主客观条件，因而大多属于复合型接受主体；但在广大的农村地区，除了相对比较发达的地区外，由于主客观条件的限制以及媒介接触习惯的影响，存在着大量的单一型接受主体，这也为一些类别媒体新闻市场的开发留下了探索的空间（比如，农村报业市场的开发问题）。随着社会的发展，越来越多的人成为复合型接受主体，但在网络传播日益强大起来的今天，已经出现了一种新的情况，这就是很多年轻人只通过网络来获取新闻，成为具有时代特点的新的单一型接受主体。

按照对一定新闻媒体接触的实际程度或存在形态，可以把接受主体划分为现实型接受主体与潜在型接受主体。现实型接受主体是指已经接触和利用新闻媒介的人。潜在型接受主体是指具备正常接触媒介的能力，但还没有开始接触和使用媒介的人。对这种划分方法，应该特别注意现实与潜

---

① 黄旦. 新闻传播学 [M]. 杭州：杭州大学出版社，1997：224.

② 同①.

在的具体含义，注意现实与潜在的相对性。对一种媒介是现实型接受主体，对另一种媒介有可能是潜在型接受主体，反之亦然。而对还没有接触过任何类别新闻媒介的人，可以称之为绝对意义的潜在型接受主体。对任何新闻媒介来说，维系和稳定现实的受众群体，发现和开发潜在的受众群体，都是其持久的任务。新闻媒体的发展就是不断赢得更多接受主体信赖的过程。

按照新闻传播媒体确立或形成的服务对象特征，可以将接受主体划分为目标型接受主体与边缘型接受主体。所谓目标型接受主体是指传播媒体指向的主要受众或核心受众。李良荣先生在其《新闻学导论》中写道："各个单独的媒体和媒体上设置的各类栏目，都有着不同的传播内容和个性风格，这些内容和风格是针对并满足相对比较固定、明确的传播对象，这部分受众就是媒体和媒体特定栏目的核心受众。"[1] 不同类别、不同层次的新闻媒体，在其新闻传播中会有不同的价值追求或价值目标，因而在传播内容、栏目设置、传播方式、报道风格等方面也会表现出不同的特点。每一具有个性特点的媒体都会吸引喜爱这一特点的人来接触自己，而这种接触又会进一步强化媒体对自身个性特点的张扬。正是在这样的互动中，媒体稳定了自己的定位，受众选定了喜爱的媒体，成为一定媒体的目标型接受主体。目标受众的确立，意味着一家媒体独立性的形成，因此，"它是媒体需要稳定和竭力争取的最重要的对象，也是媒体的生命线"[2]。所谓边缘型接受主体是指目标型接受主体之外的接受主体。这些主体只是对一定媒体表现出不稳定的、偶然的接触和兴趣。但对于一定的媒体或栏目来说，必须关注这种偶然的行为，因为它蕴藏着新的、可能的目标受众，边缘型接受主体正是有待开发的受众资源。

---

① 李良荣. 新闻学导论 [M]. 北京：高等教育出版社，1999：120.
② 同①.

除了以上几种对接受主体类型的主要划分方法外，我们还可以按照其他标准进行划分，比如，"按照人口统计学原理，受众群体内部可以按照性别、年龄、职业、地域、教育水平等再划分成不同的次属群体"①。可以按照社会关系意义上的群体，诸如家庭、单位、团体、政治、经济和文化的归属阶层甚至宗教信仰等进行分类；可以按照对一定媒体的忠实程度，把接受主体分为忠实型接受主体和随意型接受主体；可以按照接受主体新闻需求的特征，将其分为一般型接受主体和专门型接受主体；可以按照新闻传播对接受主体实际影响的程度，将其划分为有效接受主体和无效接受主体；等等。

还需指出的是，上述关于新闻接受主体类型的各种划分，都包含有一定的交叉性，只是从不同侧面对接受主体的描述。比如稳定型接受主体大多是复合型接受主体，也必然是现实型接受主体，而现实型接受主体既可能是稳定型接受主体，也可能是偶然型接受主体，既可能是单一型接受主体，也可能是复合型接受主体。这样，我们就可以在多种标准构成的综合参照系下，对接受主体做出更为细致的描述。这已属于受众学的专门问题，在此就不作展开了。另外，每一标准下划分出的不同类型之间在实际当中并非固定不变，它们之间是可以在一定条件下相互转换的。比如，原来的稳定型接受主体，如果在长期的媒介接触中实现不了自己的新闻需求，就有可能逐渐放弃对一定新闻媒介稳定的、习惯的接触，而转化为偶然的接触，从而成为偶然型接受主体。同样，在环境发生变化或主体认识、态度等发生改变的情况下，原来的偶然型接受主体也会改变成为在一定时期稳定的甚至是长期稳定的接受主体。又如，对一定的媒介而言，现实型接受主体可能由于各种各样的原因放弃对它的接触，从而转化成为潜在型接受主体，而潜在型接受主体也可能转化成为现实型接受主体。这其中的道理是容易理解的，就不多言了。

接受主体的层次性构成。研究接受主体的层次性，就是从接受主体构成的横断面出发，并在横断面纵的方向上对接受主体做出分析。接受主体作为主体性的存在，是一种多元化的存在，因此对接受主体层次性构成的描述，首先要从宏观上对多元存在的接受主体做出层次定位，然后针对不同层次的接受主体进行相对微观的内部层次分析。有了这样一个出发点，我们将主要从三个方面对接受主体的层次性加以说明。

首先，按照接受主体的社会存在规模或社会存在方式可以分为这样几个层次：一是社会化层次，即把特定社会作为整体的新闻接受主体来看待，这个社会一般是指整个人类社会和一定民族国家构成的社会，比如可以把整个人类社会看作国际新闻传播的接受主体，可以把中国社会看作中国新闻传播的接受主体；二是群体化层次，即把特定的群体或群体组织作为新闻传播的接受主体，比如把一个政治集团、经济团体、民间团体甚至一个村落、一个社区、一个单位、一个家庭看作新闻传播的接受主体；三是个体化层次，即把每一个具体存在的人作为新闻传播的接受主体。显然，要想真实、全面地把握接受主体的具体构成状况，就必须从各个层次出发来研究接受主体，每个层次的接受主体都有自身的特点，固守于任何一个层次的研究都是片面的，都不能完整反映接受主体的真实面目。

其次，每一层次内部也有自身的层次结构，这种内部的层次结构在较为严格的组织性群体中表现得尤为明显。在一定的群体内部，首要的层次区别是群体作为一个整体与构成群体的个体间的层次差别，对待新闻传播的态度、接受的程度和方式首先依赖于群体的整体利益，而不是构成群体的个体的特殊利益，即对于一定的群体主体来讲，它的利益具有相对个体的优先权。另外，群体内部不同的个体之间也有层次上的差别，这是群体结构的必然性要求。处于群体内部不同层次的个体主体，由于其在群体中地位和作用的不同，对以群体名义的新闻接受行为必然具有不同的作用和影响。比如在一定群体中担当主导或领导角色的个体，就往往发挥着类似"舆论领袖"的作用，对新闻传播的内容有着特别的解释权和评价权。

最后，接受主体的素质差别，使接受主体形成了素质上的层次性。研究接受主体素质上的层次性，除了要从总体上关注上述三个宏观层次，更为重要的是要探求作为个体存在的接受主体的素质上的层次性。无论是社会性接受主体还是群体性接受主体，都是由个体接受主体构成的。新闻接受行为首先是以个体方式进行的，新闻传播效果最终也要体现在个体接受主体身上，因此只有把握了个体的素质层次结构，才有可能真正把握受众的层次性。这也正是受众研究大都以个体接受主体为主要研究对象的原因。接受主体的素质构成本身就是一个相当复杂的问题，包括个体作为各种社会角色的素质，作为一般社会成员的素质，这些素质的整合形成了个体的整体素质，整体素质的差别使接受主体处于不同的素质层次。就新闻传播活动而言，个体各种素质整合形成的个体素质水平最终表现出来的是他的新闻需要的质量和层次，即新闻需要的质量与层次不同（参见前文新闻需要部分），从一个方面表明接受个体素质层次上的差别。需要注意的是，任何个体都有多层次的新闻需要，因此我们不能以某一层次的新闻需要来划定个体素质的层次性，而应该从主体比较稳定的、占主导地位的新闻需要方面来划分其层次性。人们通常将接受主体分为大众层次、精英层次，或分为高雅层次和低俗层次等等，正是从总体素质构成上对接受主体的层次定位，这也正是媒体定位、媒体具体栏目定位的主要根据。还需指出的是，尽管每一个个体化的接受主体从角色上说都是接受主体，但他们在新闻接受活动中的表现是千姿百态的，"社会角色本身并不具体决定它的每个具体体现者的活动和行为，因为一切取决于个人掌握角色和使其内化的程度。而内化的行动则取决于这一角色的每个具体体现者一系列的个性心理特点"，"所以，每个社会角色并没有绝对的某些行为模式，它总是要给它的表演者以某种'许可范围'，不妨将其称为某种'扮演角色'的风格"①。这就是说，个体新闻接受主体的具体接受方式是变幻莫测的，所处的层次性也会在不同的时空条件下发生各种各样的变化和交叉，我们不能以形而上学的方式对待接受主体的层次性，而应该以发展变化的眼光分析接受主体层次性的实际构成情况。

2. 接受主体的特征

作为新闻传播价值活动中的又一主体，接受主体首先具备新闻价值主体（统一主体）的一般特征，如自觉性、主导性、创造性和受约性等。作为新闻传播价值活动中"后在"性的主体，这些一般的主体特征会有一些具体化的体现，并且接受主体作为有别于传播主体的存在还有自己在新闻价值传播活动中表现出的个性特征。

首先，现代意义上的新闻传播本质上是面向全体社会成员的传播，是一种大众化的传播。在组织化、系统化、专门化和体制化的大众传播媒介的新闻传播中，点到面的公开传播方式和模式决定了接受主体在整体存在方式上（即相对所有的大众新闻传播媒体而言）首先是一种大众性的存在，不像传播主体那样是一种具有相对明确界限的、有组织的群体性存在。因此，接受主体在一定程度上具有大众社会理论所描述的大众的特征。"大众传播的受众无疑就是大众本身，受众具备着大众的一切特点。"② 这种特征按照已有的概括可以罗列为：规模的巨大性，即在人数

---

① 安德烈耶娃. 社会心理学 [M]. 李钊，龚亚铎，潘大渭，译. 上海：上海翻译出版公司，1984：72-73.
② 郭庆光. 传播学教程 [M]. 北京：中国人民大学出版社，1999：172.

上超过其他社会群体或集团；分散性和异质性，即接受主体广泛地分布在社会的各个阶层，其成员具有不同的社会属性；匿名性，即接受主体之间从总体上看互不相识，对传播媒体和传播主体来说也是难以全面把握的对象；流动性，即接受主体的界限不是固定的，不同的媒体类型拥有不同的对象，而且同一接受主体可以在不同的主客观条件下成为不同媒体或几种媒体的受众；还有一定程度上的无组织性和同质性等特征。[①]

其次，大众社会理论把受众基本上描述为"本质上是一种被动的存在"[②] 的人，这显然是不全面的。事实上，接受主体是可以主导接受行为的主体，在新闻价值活动中的集中体现就是他们可以主动确立新闻价值关系，并在这种关系中寻求能够满足自己新闻需要的对象。[③] 接受主体"不是一大群被动等待政治启蒙或引导商品消费的愚氓，而是按照自己的需要和追求，来寻找、获取新闻信息的充满积极主动特性的个体或群体"[④]。同传播主体一样，接受主体也是具有自身特殊利益追求的主体，具有接受倾向的主体。可以说，接受主体在一定程度上就是大众传播学中描述的遵循"选择性定律"[⑤] 进行新闻接受活动的主体，即接受主体是具有选择能力的自主的、能动的主体。他们主导着自己的接受行为，他们对媒介的接触是选择性的，对新闻传播具体内容的注意、理解和记忆是选择性的，即他们是按照自己的需要和兴趣，按照自己的价值模式、自己的认知图式去对待新闻传播媒介及其内容的。当然，我们也应该注意到，接受主体的这种选择是在既有的媒介范围和媒介传播的内容框架内进行的。就是说，接受主体尽管可以主导自己的新闻接受行为，但他们并不能完全左右新闻传

① 郭庆光. 传播学教程［M］. 北京：中国人民大学出版社：1999：168.
② 同①.
③ 可参见第二章中"新闻价值关系的构成"一节.
④ 黄旦. 新闻传播学［M］. 杭州：杭州大学出版社，1997：222.
⑤ 李彬. 传播学引论［M］. 北京：新华出版社，1993：89－94.

播的宏观环境。这种主导性和主动性是受到环境约束的，是有一定限度的。

再次，在新的传播环境下，接受主体的个性特征越来越强。接受主体本身就是具有个性化存在的主体，个性化的突出表现就是对传播内容的专门化需要，在传播技术能够满足人们个性化需求的时代背景下，"分众化"现象已经出现了，相对"大众化"传播的"小众化"传播也已成了事实。这使得接受主体的个性色彩有机会得到全面的张扬，但我以为，新闻传播从本质上说是大众性的，小众化的传播方式可以成为其他一些信息的主要传播方式，但并不是新闻传播发展的主流方向。个性化新闻需要的满足，应该建立在大众化传播的平台之上。"只要我们传播的还是新闻信息，总要有公开的社会价值，总要能满足相当多的人的某种共同需要，即便是网络传播中的新闻，也应当照顾到一定范围的普遍兴趣，不能把新闻混同于网上的一般信息。"[①]

最后，接受主体是具有全面社会关系存在的主体，不只是为大众传播媒介而存在的主体，不只是存在于媒介塑造的信息环境中的主体，更为重要的是他生存、发展于现实的感性世界之中。因此，接受主体在新闻传播中表现出来的特征，只是他作为主体整体特征的一种表现，我们不能过于高估大众传播特别是新闻传播对接受主体的影响。"在现代社会，接触大众传播是社会成员的一项重要活动，但并不是全部活动，他们同时还参与着各种能动的社会实践活动，有着丰富的现实社会关系，而这样一些关系和实践也必然会对他们接触大众传播产生能动的影响。"[②] 因此，要真正理解接受主体的特征，必须将其置于完整的社会关系之中，这样，我们看到的接受主体才是完整的、真实的接受主体。

---

① 项德生，郑保卫. 新闻学概论［M］. 武汉：武汉大学出版社，2000：39.
② 郭庆光. 传播学教程［M］. 北京：中国人民大学出版社，1999：173.

（二）接受主体的地位与作用

接受主体在新闻价值活动中的地位和作用可以说是"举足轻重"的，"甚至可以说，是整个新闻传播活动最活跃的决定性因素"①，因为接受主体既是新闻传播活动的出发点，又是新闻传播活动的真正归属之所在。如果离开接受主体的新闻价值活动，我们便失去了讨论新闻价值问题的根据。接受主体是新闻价值活动的真正完成者，那么，接受主体在新闻传播活动和新闻价值活动中的地位与作用到底如何呢？我们择其要者作以论述。

第一，相对传播主体的"前在"地位而言，接受主体在新闻传播过程中是处于"后在"位置的主体。即在一般情况下，接受主体直接的新闻价值活动主要出现在新闻传播的"后半程"——新闻价值的实现阶段。正是由于接受主体的"后在"性价值活动，新闻价值的传播过程才得以完整实现。接受主体在新闻价值活动中的后在性，并不意味着他在价值活动中的地位低于传播主体。我在前面已经说过，双重主体之间的关系是一种主体间的关系，而非主客体之间的关系，他们面对的共同客体是新闻价值客体。他们在新闻价值活动中的地位是同等重要的，差别主要在于他们的作用凸显在不同的新闻传播阶段。传播主体与接受主体在主观观念上把相互关系视为主体间的关系对于新闻传播的顺利进行是十分重要的事情。

第二，从新闻传播活动的根源上看，接受主体是新闻价值活动的根本动力，也是新闻价值活动存在的意义基础。如果没有接受主体的存在和价值活动，传播主体所从事的新闻价值发现活动、创造活动都将失去意义，

---

① 李良荣. 新闻学导论 [M]. 北京：高等教育出版社，1999：115.

从而也使新闻传播活动失去存在的根据。新闻传播的根源在于人们社会生存与发展的客观需要，在于人们信息交往的需要，"受众的新闻需求，是驱动新闻传播行为的终极动力"①，这种需要不仅促成了新闻传播活动的展开，也促成了大众化新闻传播事业的诞生与发展。仅从这一点来看，我们甚至可以说接受主体在新闻传播活动、新闻价值活动中的地位与作用比传播主体更重要。接受主体是新闻价值得以最终实现的主体基础，即离开接受主体的新闻接受活动，新闻价值活动便是半途而废的活动。

第三，从新闻价值的生成和实现过程看，接受主体不只是新闻和新闻价值生产与创造的参与者，而且在一定的环节中是真正的直接的生产与创造主体。"新闻生产的参与者，就是指作为沟通传、收双方的新闻信息，实际上是接收者共同合作参与的结果，接收者同样是新闻的生产者。"②事实上，完整的新闻传播过程就是传播主体与接受主体共同生产新闻信息的过程，也是他们共同创造新闻价值的过程，自然也是他们共同享受新闻信息和新闻价值的过程。一句话，传播主体和接受主体是统一的主体、共同的主体。只有这些共同生产、共同创造、共同享受的活动得到比较完满的实现，传播主体与接受主体之间的相互作用和影响才能进入良性的互动循环，新闻传播的周期才能以螺旋上升的方式持续进行下去。正如有学者所说的那样，"传播、分享、互相影响，然后再传播、分享，再产生相互影响，新闻就是在这样不断地相互作用中被生产、被传播"③。新闻价值活动当然也在新闻的生产、传播与再生产和再传播中不断地进行着。可见，新闻和新闻价值的生产与创造不只是传播主体的事情，它从根本上也离不开接受主体的直接活动。需要特别强调的是，接受主体在新闻传播价

---

① 项德生，郑保卫．新闻学概论［M］．武汉：武汉大学出版社，2000：132.
② 黄旦．新闻传播学［M］．杭州：杭州大学出版社，1997：225.
③ 同②226.

值活动中的创造性主要表现在接受主体是新闻价值的二次创造者，即接受主体的新闻价值创造活动主要是以新闻文本为基础的，"接收者对新闻的接收事实上也是对新闻的加工过程，他或他们要根据自己以往的经验以及迫切的需要，对新闻做出鉴别与理解"①。正是在这种鉴别与理解等活动中，新闻接受主体"成了新闻的主人"，新闻文本所含的潜在的、由传播主体发现和创造的新闻价值会在接受主体的解读过程中得到新的价值评价和新的价值创造，从而使接受主体不仅与传播主体达到对新闻价值的共享，而且还可能创造出新的价值，使新闻价值得到增值，成为新闻价值的二次创造者。②

接受主体是最重要的、最直接的信息反馈主体。首先，反馈信息的"信源"是接受主体，他是反馈信息的生成者和发出者。对反馈信息我们不能做狭义的理解，不能仅限于接受主体明确的意见表达，还要特别关注他们通过行为方式改变所表达出来的反馈信息，后者往往比前者更重要。其次，接受主体正是通过提供反馈信息的方式调节着传播主体的传播行为，制约着传播主体的新闻价值选择活动。从传播主体角度看，及时获取反馈信息是确保新闻传播有效进行的基础，也是及时把握新闻价值传递与实现程度的重要途径。最后，通过反馈方式进行交流和对话，是传播主体与接受主体在新闻传播活动中建立和实现主体间关系的重要渠道之一。反馈的重要意义在于它把传播者的注意力集中到了接受者的身上，在于它使传播主体时刻意识到接受主体与他同处于新闻传播的主体地位，自己的命运不仅掌握在自己的手里，同时也掌握在接受主体的手里。

---

① 黄旦. 新闻传播学［M］. 杭州：杭州大学出版社，1997：226.
② 关于接受主体对新闻价值的二次创造，我们将在"新闻价值的实现"一章中进行讨论。

第四章　新闻价值客体

　　价值本质上是一个关系范畴，反映的是客体属性与主体需要之间的一种效应关系。因此，当我们谈论新闻价值时，是不能离开主客体任何一方的。前一章我们论述了新闻价值主体的有关内容，这一章将讨论新闻价值客体的问题。与主体概念一样，客体概念也是一个用来揭示人与自然、社会以及人自身关系的重要范畴。客体是指作为主体的人的活动对象。自在的存在并不就是客体，但一切存在物都是潜在的客体，它一旦与人发生某种实践、认识和价值关系，便转化为现实的客体。价值客体是相对价值主体而言的，它是价值主体的价值活动对象。只有与主体建立起某种价值关系的对象才能称之为价值客体。在新闻传播活动中，只有与传播主体或接受主体确立了价值关系的新闻事实或新闻文本才能成为现实的新闻价值客体。新闻价值客体是同新闻价值主体相对应的新闻价值关系中不可缺少的一极。

一、新闻价值客体的构成及一般属性

在新闻传播过程中，新闻价值客体的类别并不是单一的，而是随着新闻传播活动过程的展开，针对不同的新闻价值主体，具有表现形式、存在形态并不完全相同的新闻价值客体，因此有必要对新闻价值客体的类别构成情况首先做出说明。

由于新闻价值客体不是单一类别的，这就意味着不同类别的新闻价值客体具有不同的特性，但不同类别的新闻价值客体又都是新闻价值客体，所以它们必然具备一些共同的属性，我们把这些共同的属性看作新闻价值客体的一般属性。同样，在讨论不同类别新闻价值客体的具体特点之前，有必要对其共同的、一般的属性做出阐述。

（一）新闻价值客体的构成

正如新闻价值主体是由双重主体——传播主体和接受主体——构成的一样，新闻价值客体也是由双重客体构成的，其一是新闻事实，其二是新闻文本。如同把新闻价值主体分为"前在"主体（传播主体）和"后在"主体（接受主体）一样，我也根据新闻价值客体在新闻价值活动过程中"出台露面"的先后，将新闻价值客体对应地（与传播主体和接受主体相对应）分为"前在"价值客体和"后在"价值客体。前在的新闻价值客体就是新闻事实，后在的新闻价值客体就是新闻文本，构成它们共同内容的核心当然是新闻信息。新闻事实构成了新闻传播主体主要的新闻价值活动对象。传播主体正是通过发现新闻事实，采集新闻事实信息，加工制作新闻事实信息，传播新闻事实信息的方式来完成新闻价值活动的前期工作的。新闻文本构成了新闻接受主体主要的新闻价值活动对象。接受主体正是通过对新闻文本的接收接受、认知解读、价值评价等环节，使新闻价值真正得以实现的。

如果说传播主体和接受主体构成了统一的新闻传播（价值）主体，那么可以说，新闻事实和新闻文本构成了统一的新闻价值客体。这种统一性首先是指，新闻事实和新闻文本尽管在新闻价值活动的不同阶段，对不同的新闻价值主体具有不同的作用，但它们对统一主体始终具有各种各样的新闻价值效应和建立在新闻价值效应基础之上的其他价值效应。其次是说，新闻事实和新闻文本本质上是相通的、一致的，它们所包含的客观内容是相同的，都是事实具有的新闻信息。新闻事实是新闻文本的本源，新闻文本不过是对新闻事实的客观再现（这种客观再现自然离不开再现者的主观目的性）。这种统一性更深一层的意义是指，新闻价值的实现过程，从价值客体方面看，必须通过新闻事实和新闻文本共同来完成，离开二者中的任何一个，新闻价值的实现都无从谈起。[①]

不管是前在的新闻事实还是后在的新闻文本，它们本身也是由各种具体的、不同类型的新闻事实和新闻文本构成的。这些具体的、不同类型的新闻价值客体具有不同的新闻价值属性和特征，反映和体现出新闻价值客体构成的丰富性、多样性和多层次性，这样就从客观上保证了新闻价值的丰富性、多样性和多层次性，从而使接受主体新闻需求的丰富性、多样性和多层次性都有可能得到满足。新的新闻价值客体类型的发现和创造，比如一个新的报道领域的开发，一种新的报道体裁或文体的创造，都意味着对新闻需要领域的开辟和创造。

任何新闻价值客体都具有单一的、独立的、富有个性化的存在方式，

---

① 关于二者之间的具体关系我们将在后文中进行专门的讨论。

都具有自身的特殊结构要素、层次和形式，正如天下没有完全相同的两片树叶一样，天下也没有完全一样的新闻事实。新闻传播的特点正在于追求个性化的事实，追求具有独立性和单一性的事实。新闻学中之所以把采访写作置于举足轻重的地位，就在于采访写作面对的是千变万化的具体的新闻事实，而对每一新闻事实特征的准确把握，是采访写作最基本的要求，也是其新闻价值得以个性化实现的基础，"某个事实该写成什么样子，适合什么词汇等等，都已由事实本身所决定，传播者不可以超越事实本身的类别和性质来一番'妙笔生花'"①。因为新闻就是新闻，新闻不是文学，新闻不是理论。因此从新闻价值论的角度看，关于新闻事实结构的研究、关于新闻文体（文本的结构方式）的研究都有着十分重要的意义。此外，能够成为新闻价值客体的客体，其构成要素和特性在抽象的层次上具有共同的特点，比如凡是新闻价值客体，就必然是真实存在的客体、包含有对接受主体有用或有趣信息的客体。因此，不管每一具体的新闻价值客体如何具有自己的特殊性，构成要素内涵有如何的不同，层次结构有如何的差别，从抽象的价值属性上看，它们都是相同的，这也是人们将所有新闻价值客体之价值属性概括为统一的几种属性的客观根据。

（二）新闻价值客体的一般属性

正如新闻价值主体的特性是相对新闻价值客体而言的一样，讨论新闻价值客体的一般属性，实质上就是探讨新闻事实和新闻文本相对传播主体和接受主体具有的一般属性。这种一般属性也可以叫作新闻价值客体的客体性。② 新闻价值客体的客体性大致包括这样几点：客观性，即存在方式

---

① 黄旦. 新闻传播学 [M]. 杭州：杭州大学出版社，1997：133.
② 所谓客体性是相对主体性而言的，客体性是客体之所以为客体的本质属性。

的自在性和独立性或先在性和外在性；作为新闻价值主体活动或价值关系之一极的对象性；由作为对象性存在决定的相对性；由客观性决定的对新闻价值主体价值活动的制约性。

存在形式的先在性和外在性是新闻价值客体最基本的属性。肯定新闻价值客体具有相对价值主体的先在性和外在性，就是肯定新闻价值客体作为客体具有不以任何主体意志而存在的自在性和独立性，就是肯定新闻价值客体具有不以任何人意志为转移的新闻价值属性。新闻价值客体具有的本体论意义上的自在性，是新闻价值关系得以建立的客观前提，只有在新闻价值客体已经预先存在的情况下，传播主体或接受主体才有与其确立起一定新闻价值关系的可能性。新闻价值客体本体论意义上的自在性，也是我们理解新闻价值客观性的重要基础，如果我们不能保证新闻价值客体是独立自在的客观存在，就等于失去解释新闻价值客观性的客体根据。因此，只有首先承认新闻价值客体的这种自在性，我们关于新闻价值客体的讨论才能建立在彻底的唯物主义的基础之上。如果不承认新闻价值客体的先在性和外在性，关于新闻价值的一切讨论便避免不了主观主义的色彩。

新闻价值客体有意义的、现实的存在方式，乃是其作为新闻价值主体价值活动对象而存在的对象性，即只有与一定的新闻价值主体确立起某种新闻价值关系，一定的客体才能被现实地称为新闻价值客体，否则，它至多是潜在或可能的新闻价值客体。因此，当某一客体被称为新闻价值客体时，它一定是一种对象性的存在，一定是与新闻传播主体或接受主体建立了某种新闻价值关系的客体，成为一种关系性的存在。新闻事实或新闻文本的新闻价值属性只有在一定的新闻价值关系中才会变得具有现实意义。新闻价值客体的对象性特征提醒人们：新闻事实只有成为传播主体对象性的存在，它的新闻价值属性才能转化成为对传播主体的现实的新闻价值；

同样，新闻文本只有成为接受主体对象性的存在，它的新闻价值属性才能转化成为对接受主体的现实的新闻价值。如果新闻事实或新闻文本不能成为传播主体对象性的存在，就根本谈不上现实的新闻价值的问题。

如前所述，新闻价值客体具有相对价值主体的独立性和自在性，是一种客观存在，因此作为新闻价值客体它具有一定的绝对性，即新闻价值客体的新闻价值属性不会因为价值主体的变化而改变。但是，由于新闻价值客体具有现实意义的存在方式必须是对象性的存在，是在与主体的关系中来确立自己新闻价值客体地位的，这就决定了新闻价值客体又是一种具有相对性的存在，即新闻价值客体总是相对或针对一定的新闻价值主体而言的。这有两方面的基本含义：其一是说，同样的信息客体（新闻价值客体无疑都是信息客体）对有些人是新闻价值客体，对另一些人则不是；其二是说，同样的新闻价值客体对不同的价值主体具有不同的新闻价值，这种不同既可能是量的不同，也可能是质的不同。新闻价值客体的客观属性尽管是不变的，但在不同的新闻价值关系中，其意义并不是完全相同的。可见，新闻价值客体的相对性是新闻价值具有相对性的客观根据。当然，新闻价值的相对性也依赖于新闻价值主体新闻需求的差异性，对此，我们在前文中已经作过论述。新闻价值客体的相对性，本质上是指新闻价值客体新闻价值属性相对不同主体的价值效应差别，对此我们将在后面关于新闻事实和新闻文本的讨论中再作论述。

作为新闻价值关系的一极，新闻价值客体对价值主体的价值活动具有客观的制约性，这既是其独立性或自在性的突出体现，也是其作为主动性存在的一面。新闻价值客体作为外在于价值主体的一种客观存在，并不总是被动性的存在，并不总是等待传播主体或接受主体主动"上门"与其建立新闻价值关系的存在，也不是可以让新闻价值主体任意操作的对象，它对新闻价值主体的价值行为有着种种客观的约束作用。具体讲，新闻价值客体对新闻价值主体具有以下几个主要方面的制约性。

首先，新闻价值客体从客观上规定着新闻价值的质与量。一个新闻价值客体对一定的主体和社会能够起到什么样性质的新闻价值效应，首先是由价值客体具有的价值属性决定的。一个新闻事实是正面事实还是负面事实，虽然并不必然地决定着新闻价值的正和负，但它对新闻价值实现的性质或方向总会有相当大的影响。当代中国的新闻传播为什么要坚持以正面报道为主的方针，其中重要的原因之一就是正面报道关注的主要是正面事实，而对正面事实的报道对社会的发展会从总体上起到正面作用。如果新闻传播以报道负面事实为主，这就从价值客体方面决定了新闻价值总体方向的负向性。西方大众中的大多数人之所以对第三世界国家印象不佳，之所以把第三世界国家想象得不那么符合实际，其中一个原因就是西方媒体对第三世界国家的报道选择的主要是负面事实。一个新闻文本的内容是健康的还是不健康的，同样会导致不同性质的价值效应。人们为什么反对黄色新闻、抵制煽情新闻、憎恨虚假新闻，就是因为这样的"新闻"不利于个人和社会的健康发展，不利于人们真实把握周围的环境变化，它们对个人和社会的价值从总体上说是负面的。一个新闻价值客体对主体能够起到多大的价值作用与影响，即多大的新闻价值量，首先也是由新闻价值客体决定的。一定的新闻客体，它所包含的新闻信息量基本上是确定的，它的新闻价值属性也是确定的，这些东西都不会以人们的意志为转移，这就从客体方面决定了其新闻价值量的大小。人们之所以把一些新闻事实称之为重大新闻事件，而把另一些新闻事实看作一般的新闻事实，首要的根据乃是事实本身的新闻属性和新闻价值属性。说一个新闻事实重要，另一个一般，最基本的意义就是说一个新闻事实对人们和社会的新闻价值量大，另一个对人们和社会的新闻价值量小。

新闻价值客体对新闻价值质与量的客观规定性，制约着人们的新闻价值活动范围和限度，但这并不等于说新闻价值主体是完全被动的、受制的，而是说新闻价值主体的新闻价值活动要尊重新闻价值客体的客观属性。那种把负面新闻事实当作正面事实来对待，把一般性的新闻事实当作重大事实来处理的做法，显然违背了新闻传播真实性原则的要求。如果从新闻价值论的角度看，则这些做法都是对新闻价值客体不尊重的表现、不实事求是的表现，不恰当地超越了新闻价值质与量的客观制约性，可以说是一种"价值失当"行为。

其次，新闻价值客体以自身的"非常态"促成新闻价值活动的形成和展开。新闻价值客体之所以被称为新闻价值客体，其中一个重要的原因就是它具有一般价值客体不具备的特殊属性，即它会以自身特殊的、与一般价值客体不同的内在特征和外在表现形式，以自己特有的信息激发状态，引来人们对它的关注，驱动传播行为和接受行为的形成，从而促使新闻传播活动和新闻价值活动的展开。事实上，从客体方面看，人们之所以能够从大量的事实中及时发现新闻事实，能够特别关注媒介中传播的重要新闻和有趣味的新闻，就是因为真正的新闻事实和新闻文本在客观表现上与其他事实或其他文本不同，有着非同一般的信息内涵和意义内涵，它们更能以自身的客观力量吸引人们的注意力，更能激发人们的视听兴趣，更易产生普遍的社会影响。

最后，新闻价值客体的个性特征制约着新闻价值的实现领域和方式。新闻事实总是发生在一定的时空中和一定的领域内，一般说来，不同的新闻价值客体具有不同的个性特征，包含着不同的信息内容，这就决定了新闻价值的实现领域和方式会有所不同。比如政治性的新闻事实与科技性的新闻事实就有很大的不同，其新闻价值的实现领域和方式必然有所差别，政治新闻对人们的价值主要在于满足人们对一定社会政治变动情况的了解需求，而科技新闻满足的是人们对科技新闻信息的需求。

二、"前在"价值客体——新闻事实

在对新闻价值客体的一般属性做出阐明后，我们再来具体分析构成新闻价值客体的新闻事实和新闻文本。这里首先对"前在"价值客体——新闻事实的构成及特征进行分析和解剖。

在论述"前在"价值客体新闻事实之前，有必要对"事实"概念加以简要的说明。① 在哲学界，一般在三种意义上来理解"事实"概念：一是指客观存在的事物、事件以及事物、事件发展变化的过程，通常称之为"客观事实"；二是指对客观事实反映之后形成的，用一定的符号所描述、表达、再现的东西，一般称之为"经验事实"；三是指真理性的认识或真实性的描述。

在我国哲学界，有些人认为"事实"不是指客观事实自身，而是指关于客观事物的知识，即凡是事实都是"经验事实"。这种观点否认本体论意义上的"客观事实"，显然是站不住脚的。只要我们问一句，经验事实的对象是什么，否认客观事实的人就无言以对。其实否认客观事实的人自己已经在逻辑上承认了客观事实的存在，"事实之所以是事实，首先必须是存在的"②。否认本体论意义的事实的观点在新闻理论界同样存在，比如有人就说："新闻不是事实的反映，不是事实的报道，也不是事实的信息，新闻就是事实"，而"事实乃是对呈现于感官之前的事物或现象的某种实际情况的一种断定或陈述"③。这里，显然也是把新闻事实仅仅看作

---

① 关于"事实"与"新闻事实"的详细论述，请参见杨保军. 新闻事实论 [M]. 北京：新华出版社，2001。

② 彭漪涟. 论事实：关于事实的一般涵义和特性的探讨 [J]. 学术月刊，1991（11）：13 - 17.

③ 姚福申. 学海泛舟二十年 [M]. 香港：香港语丝出版社，2001：275 - 276.

经验事实，而否认了本体论意义上的客观存在的新闻事实。[①]

我们主要在"客观事实"的意义上来使用事实这一概念。因此，这里所说的"新闻事实"首先是指客观存在的一种事实。不过，我们只能在经验范围内对新闻事实的特点做出描述，即只能在事实与主体的一定的关系中对其特征进行描述，因为能被主体称为"新闻事实"的客观事实必然是已经进入主体视野的事实，并且是已经建立起新闻价值关系的事实。从哲学本体论与认识论的关系上讲，本体论的判断和陈述必须以认识论的成果为前提。我们所揭示的新闻事实的价值特点是在主体与客体的关系中进行的，所揭示的各种属性也是相对主体而言的，尽管我们决不否认这些属性本身的客观性。

看得出，讨论作为新闻价值客体的新闻事实，从方法论上讲应该特别注意要在新闻价值关系中考察和思考新闻价值客体的属性及特征。其实，事物的任何属性都离不开关系，事物的属性就是通过它与其他事物的关系而表现的，事物的特征也是在与他物的关系中显现出来的。同样，事物的价值属性不过是事物与主体在价值关系中所表现出来的客观属性。

（一）新闻事实价值属性的构成

在以往的新闻价值理论中，人们讨论最多的问题莫过于新闻价值客体的属性或构成要素问题，有人甚至从哲学价值论的属性论出发，把新闻价值归结为这些属性或要素的总和。这种观点的失当之处，是忽视了价值的关系本质，即任何价值只能在一定的价值关系中实现，离开价值关系谈论价值问题本质上是无意义的。

---

① 关于"新闻事实"的本体论意义与认识论意义，可参见杨保军. 新闻事实论［M］. 北京：新华出版社，2001：2-47。

新闻事实是事实世界中的一种事实，而任何事实，只要具备新闻属性，就可以称之为新闻事实。一个客体对象具备了什么样的属性才可能成为新闻价值客体，这一问题的实质在于回答什么样的客体属性才能满足主体的新闻需要。当然是客体的新闻属性才能满足人们的新闻需要。因此，从理论逻辑上说，凡具有新闻性的对象都可以成为新闻价值客体。可见，事实的新闻性和事实的新闻价值属性本质上是统一的。但"新闻性"的内涵是什么呢？只有揭示出新闻性的内涵，我们才能真正把握新闻事实价值属性的构成。

1. 新闻事实价值属性的传统概括

对于作为新闻价值客体的新闻事实的价值属性，人们对它的关注和研究由来已久，业已在中外新闻界形成了比较成熟和统一的认识和概括。

新闻价值观念产生于长期的新闻实践过程之中，新闻传播本源于十分广阔的社会生活和自然世界，面对的是规模不断扩大的社会大众，将什么样的事实选择出来刊登在有限的版面上报道给读者，可以说从报纸成为大众传播媒介之时就开始探讨了。早在 1690 年，德国人托俾厄斯·波伊瑟在其撰写的关于报纸的论文中就已经提出，选择新闻的主要标准是异常性和重要性两条。这也是世界新闻史上最早提出的新闻价值观念。[①] 后来，德国学者卡斯帕·斯蒂勒在 1695 年还明确提出了新闻价值的新鲜性、接近性、显要性及消极性等观念。这足以看出新闻价值观念的形成在西方是源远流长的。[②]

但新闻价值概念是在资本主义社会大众化报纸大量流行时期提出的。当西方主要资本主义国家的第一次工业革命基本完成之后，资本主义的政治、经济、文化制度也慢慢巩固下来，新闻传播也从政党报刊时代转入大

---

① 徐耀魁. 西方新闻理论评析 [M]. 北京：新华出版社，1998：129 - 130.
② 同①130.

众报刊时代。与政党报刊强调为政治集团的政治利益服务不同，大众报刊的价值取向发生了根本性的变化，它最大的特点就是把获取经济利益放在了第一位。于是，商业逻辑取代政治逻辑成了报刊经营的首要逻辑，商业文化成了报刊文化的主流。为了赚钱，就得招揽广告，为了招揽广告，就得招揽读者，为了招揽读者，就得刊登有刺激性、有吸引力的新闻。那么，什么样的新闻事实才能转化成为这样的新闻呢？于是，报纸和新闻的商业化、商品化终于将新闻价值理论唤上了新闻学的舞台。

最早将新闻价值学说引进新闻理论体系的是几位美国学者。沃尔特·李普曼在他1922年出版的名著《舆论学》中首次提出"新闻价值"这一概念。庞德在其《新闻学概论》中，甘斯在他的《美国新闻学评论》中，对新闻价值问题做出了较为明确的理论概括。[1] 庞德把新闻价值的要素概括为四个：时效、距离、事件的大小、重要性。同时他还特别强调"读者的兴趣是新闻价值的试金石"，并把兴趣要素具体分为利害关系、金钱、性、斗争、奇突、英雄崇拜、关怀、人情味、影响大的事件、竞赛、犯罪。[2] 麦尔文·曼切尔在他的名作《新闻报道与写作》中提出的新闻价值因素是影响、时间性、声望、接近、冲突、异常、传播。他所讲的"声望"是指"著名的人物和机构"，"传播"是指正在被谈论的事件或社会问题。[3] 杰克·海敦在他的著作《怎样当好新闻记者》中则认为，新闻性的主要因素应该是重要性、规模、任务的显赫、事件的远近、时间性、冲突、怪事、人情味。[4] 希伯特在他的《现代大众传播工具论》中，麦克道

① 吴兴华，李松晨，等. 新闻价值及真实性、指导性［M］. 北京：人民日报出版社，1984：128 - 190.

② 同①146 - 147.

③ 曼切尔. 新闻报道与写作［M］. 艾丰，张争，明安香，等编译. 北京：中国广播电视出版社，1981：66 - 70.

④ 海敦. 怎样当好新闻记者［M］. 伍任，译. 北京：新华出版社，1980：11 - 12.

格尔在其《解释性报道》中，都认为新闻价值要素是五个，它们是及时性、接近性、显著性、重要性、人情味。读者兴趣要素是八个，即个人关心的、同情、反常、进步、斗争、悬宕、两性关系与年纪、动物。[①] 至此，新闻价值的五要素说得到西方新闻学术界的普遍认可，"成了约定俗成的通用称谓，至今在西方还被尊为新闻价值理论的正统"[②]。

新闻价值学说在 20 世纪初就被引入我国。"中国新闻学最初的开山祖"徐宝璜先生，作为中国"第一个在大学讲授新闻学课程，第一个参与创办新闻学研究团体，第一个出版新闻学专著"[③] 的人，在他的第一部新闻学著作《新闻学》中用专门一章"新闻之价值"，在中国新闻学术史上第一次较为系统地介绍和论述了新闻价值问题。他认为，新闻价值与新闻的重要程度成正比例，与注意人数及注意程度成正比例，与发生及登载相隔之时间成反比例，与发生及登载之距离成反比例。[④] 实质上，徐宝璜先生认定的新闻价值要素是四个，即事实的重要性、公众的关注性、传播的及时性和地理上的接近性。[⑤] 中国新闻史上另一位著名人物邵飘萍，在其所著的我国新闻学术史上第一部业务新闻学著作《实际应用新闻学》中也提出，新闻价值标准是爱读者之人数，时机之适当与否，距离之远近关系，兴味之集中与变迁。他"首次把兴趣要素列入新闻价值构成系列"[⑥]。我国著名新闻学者任白涛先生在其《应用新闻学》中指出，新闻价值的基本条件是新鲜、及时和真实。事实上，早在 20 世纪 30 年代，新闻价值这一概念在中国新闻界就已经广为人知了。

① 项德生，郑保卫. 新闻学概论 [M]. 武汉：武汉大学出版社，2000：53-54.

② 同①54.

③ 方汉奇. 序 [M] //徐宝璜. 新闻学. 北京：中国人民大学出版社，1994.

④ 徐宝璜. 新闻学 [M]. 北京：中国人民大学出版社，1994：24-28.

⑤ 同④.

⑥ 同①54.

新中国成立之后，特别是反右斗争以后，新闻价值理论被看作纯粹是资产阶级的异端邪说，人们自然不敢研究它了。只是到了20世纪80年代以后，关于新闻价值的研究在中国的新闻界才真正步入正轨。1984年人民日报出版社出版了一本名为《新闻价值及真实性、指导性》的书，其中收录了由中国社会科学院几位研究生写的与新闻价值相关的论文。在这些论文中，他们最早提出了类似西方新闻界的新闻价值五要素：变动性、重要性、显著性、临近性、时间性。① 接着，在1985年至1986年前后，中国新闻教育界两所有名的新闻学院（系）——中国人民大学新闻学院（系）和复旦大学新闻学院（系）的新闻教育者、新闻理论研究者，在他们的著述中将新闻价值的要素概括为时新性或及时性、接近性、显著性、重要性、趣味性。随后，在1990年12月出版的《中国大百科全书·新闻出版》中，新闻价值要素也被概括为时新性、接近性、显著性、重要性、兴趣性，与前述两个新闻学院（系）学者的说法没有任何区别。1993年，由我国新闻学家甘惜分先生主编的"中国第一部新闻学大型辞书"《新闻学大辞典》也正式出版。② 这部辞典认为，新闻价值的大小由这样一些因素决定："1. 是否当前全局性的重大事件；2. 是否与广大人民生活相关；3. 是否为大多数人民所关心或能够引起广大人民关心；4. 是否能引起大多数人民的共同兴趣；5. 这一新闻是否真实；6. 是否为最近发生的大事，即时效性之大小；7. 是否老生常谈，毫无新内容"③。看得出，它也包含了前面所说的五个要素。20世纪中后期以来，随着中国改革开放步伐的不断加快，新闻业的改革也加大了力度，最明显的标志就是新闻业的产业化进程正在得到大力的推进，直接的结果则是新闻传播领域呈现出激烈竞

---

① 吴兴华，李松晨，等. 新闻价值及真实性、指导性 [M]. 北京：人民日报出版社，1984：153-164.

② 甘惜分. 新闻学大辞典 [M]. 郑州：河南人民出版社，1993：1.

③ 同②10.

争的态势，这就使关于新闻价值的探讨有了强大的动力基础。如今，关于新闻价值的研究热度不减，并且逐步进入深化阶段。但实事求是地讲，到目前为止，最明显的、达成共识的成果仍然是新闻价值的五要素说。不管是学术界还是实务界，大家普遍认为，一个事实只有具备这五个要素，或具备这五个要素中的主要要素，才能成为新闻事实，才能成为合乎新闻传播规律的新闻传播对象，才能产生出真正的新闻价值。

2. 新闻事实价值属性的内涵分析

新闻价值要素是新闻事实对主体产生新闻价值效应的客观根据，我们所讲的新闻价值，主要就是指它们对主体的作用和影响。一个事实具备了这五个要素或其中的主要要素，才能成为新闻价值客体。[①] 因此，把握五要素的内涵是理解新闻价值的重要途径。如前所述，对新闻价值五要素的内涵，人们已经做出了不同程度和不同方式的说明，但在我国现有的新闻学著述中，对五种要素内涵的揭示大都比较简要，不够深入和全面。因此，我们很有必要在既有研究成果的基础上，结合新闻传播出现的新景象，对新闻价值五要素的内涵做出系统的分析和说明。人们对新闻事实价值属性的认定并不是持久不变的，传统的新闻价值属性内涵在新的传播时代背景下必然会发生诸多变化。

在深入、系统揭示五种新闻价值属性的内涵时，不应忘记，我们采用的是主客体相关论的思维方式，就是说，这些新闻价值属性是在与统一的新闻主体（传播主体与接受主体）的关系中进行界定和考察的。不过这里对各种新闻价值属性的分析，主要针对的是新闻价值客体中的前在客体——客观存在的新闻事实。关于"新闻文本"的新闻价值属性，将在随

---

① 准确地讲，这五个要素不是新闻价值的构成"要素"，而是事实得以成为新闻事实的五个特性或五种属性。

后的论述中再作单独的分析。

（1）时新性。

作为新闻事实价值属性之一的时新性，包含两方面的基本意思：一是指客观事实发生的时间性，二是指在时间性基础上的事实内容的新鲜性。

时间性是指一个事实能够成为新闻事实的时间根据，这就是说，作为新闻价值属性的时间性，实质上是以统一主体所处的现在时间为参照，事实发生的时间离现在时间越近或与现在时间重合（正在发生的事实），是事实能够成为新闻事实的重要时间前提，是时间上的一种客观要求。一个事实要成为新闻事实，即新闻价值客体，它就应该是新近发生或正在发生的事实，这就是"时新性"中"时"的最基本的含义。一个事实缺乏时间上成为新闻事实的根据，就不应该当作新闻事实，也不会成为新闻价值客体。如果违背这一根据，即使把某一事实包含的信息传播出去，也只能是令人不满的旧闻，更不可能实现新闻价值。需要特别提醒的是，我们这里所讲的时间性专指事实发生的时间性，并不指新闻信息传播的"及时性"（通常称为新闻的及时性）。及时性是指从事实发生到事实信息传播的时间距离，通常情况下，这一时距越短，越利于事实新闻价值的实现。使事实成为新闻事实的时间性与新闻传播的及时性是两个内涵不同的概念，前者从时间上规定着一个事实能否成为新闻事实，后者则从时间上规定着新闻事实信息能否转化为真正的传播中的新闻文本。看得出，新闻事实的时间根据内在地要求新闻传播的及时性，因为不及时传播新闻事实信息，便损害了事实成为新闻事实的时间根据，新闻事实也就不再是新闻事实了。这样，也就从新闻传播的本源上损害了新闻传播的有效进行，当然也就谈不上新闻价值了。可见，及时性是对再现新闻事实的新闻文本的时间要求，对此，我们将在随后的新闻文本价值属性的分析中进行专门的讨论。

新鲜性主要是针对时间上新近或正在发生的事实的内容特征而言的，

是从内容上对新闻事实提出的价值属性要求。时间根据上能够成为新闻事实的事实是无限多的，依据运动的绝对性原理，这个世界上每时每刻发生的一切变动结果从理论上说都是新的。为了从这无限多的事实中把新闻事实之新与一般事物之新区别开来，就需要对新闻事实的新提出特别的要求，这特别的要求正是新鲜性的基本内涵，主要包括两点：其一，如同时间性是以统一主体所处现在时间为参照一样，内容的新鲜性是以统一主体特别是接受主体的未知、欲知和应知为参照，当新近或正在发生的事实信息对人们来说是未知的、欲知的和应知的，能够为人们提供新的信息或新的情况，这时我们才能说事实的内容是新鲜的；其二，是指客观事物本身非常态的变动，事物的常态变化与发展往往产生不出具有新意的信息，只有发生非常态的变动，才能提供新鲜的内容，"新意就来源于对常态的改变。具有首创性、新异性的新闻事件是对常态的挑战"，"所改变的常态的时空跨度越大、稳定性越高，新闻的新意就越强烈"①。"'非常'有两方面的基本含义：一为'凸现'或'突出'，意指某一事物、事实的产生、出现很特殊、不同寻常，是从'正常'或'平常'状态背景中经过一定量变或突变跃迁凸现出来的'精英'或'恶棍'。新闻事实正是这样一些从正常与平常状态中'冒'出来的不同凡响的事实。""'非常'的另一意思是指'反常'，即指突然的变故、异常的表现，就是一反常态、不正常，'极其偏离人们的日常生活经验和理想的事件'。"② 总而言之，非常态的变动是产生新鲜性内容的主要途径。

（2）接近性。

作为新闻价值属性的接近性，核心是指新闻事实与统一主体特别是接受主体的各种"距离"关系。具有时间根据的新闻事实能否成为人们特别

---

① 郑兴东，陈仁凤，蔡雯. 报纸编辑学教程［M］. 北京：中国人民大学出版社，2001：62.
② 杨保军. 新闻事实论［M］. 北京：新华出版社，2001：16.

关注的新闻事实，还要受制于各种"距离根据"，这种距离根据就是各种各样的接近性。接近性的内涵大致包括这样几个方面：

一是指事实产生或发生的空间与新闻传播指向空间的关系。一般来说，事实发生空间与新闻传播指向的空间越近或重合，这样的事实就越容易成为新闻事实。这实质上是说事实发生地离接受主体距离越近或重合，该事实就越易于成为他们心目中的新闻事实。相对遥远地区的事物来说，人们更关心自己周围的事物，因为周围的事物比遥远的事物"与他们的关系通常更为直接，更为迫切。人们应付环境，改造环境总是从近处开始的"[①]。即使地球在信息时代已经变成了"地球村"，人们还是首先想知道"村里"的事情，然后才会花时费力去了解"村外"的变化。就是在"地球村"里，人们首先想知道的是"自己家里"的和"邻居"的事情，然后才会花费一定的精力去了解"同村"其他"居民"的情况。所以，事实是否与新闻传播面对的受众在空间距离上接近，便成为新闻事实重要的价值属性，"如果单就地点的远近这一个条件来说，距离越近，则新闻价值越高"[②]。

二是指事实本身产生的作用和影响与人们利益的关联程度。一个事实的发生，总要或多或少与一些人的利益发生关系。某一事实一旦与人们的某种利益紧密相关，它就极易成为人们关注的对象，极易成为新闻事实。就是说，与人们"利益距离"越小的事实越易于成为新闻事实，所以利益接近性也是新闻事实应有的价值属性。利益距离是客观存在的，尽管其是个抽象的距离，不像空间距离是物理性的、可测量的，但一定事实与人们的利益大小是可以度量的。与人们的利益关系大，我们就说利益距离小；与人们的利益关系小，我们就说利益距离大。与空间距离相比，利益距离

---

① 郑兴东，陈仁凤，蔡雯．报纸编辑学教程［M］．北京：中国人民大学出版社，2001：70.
② 同①.

对于一个事实能否成为新闻事实来说是更为重要的价值属性，因为"利益问题是一个关涉到人的存在和发展的根本性的问题"①。

三是指新闻事实与人们在心理上、情感上的距离关系。某一事实的发生如果容易引起人们心理上、情感上的反应（不管什么性质的反应），就说明它与人们在心理上具有接近性，心理距离小。这种事实自然会受到人们的关注，因而可以成为新闻事实。也就是说，与人们心理上的接近性是新闻事实重要的价值属性。如果人们对某一事实的发生和存在不以为然，不予关心，就说明它与人们的心理距离大，这样的事实就难以成为很好的新闻事实。心理上的接近性可以超越空间距离的遥远性，"有些事情虽然发生在远方，但由于经济上、政治上、文化上、人事上有密切联系，远方发生的事情会引起公众感情上心理上的共鸣"②，"由于心理上的接近，读者对新闻就具有了了解的愿望和兴趣，即使相隔遥远，也不再成为接受新闻的心理障碍"③。心理上的接近性大都与利益上的接近性相统一，人们之所以在心理上、情感上愿意接近某一事实，除了趣味所致，就是由于利益关系的缘故。

形成人们接近心理的因素还有很多，构成事实的人物、地点、事件等或是与人们有较密切的关系，或是人们所熟悉的、向往的，或是事实中的人物与人们具有相同、相似之处，如年龄、性别、职业、民族等。这些因素都可以激发人们关注一定事实的兴趣，从而有利于一定的事实转化成为新闻事实。

从上面的分析过程可以看出，三种接近性是紧密联系在一起的，本质上也常常是一致的，与人们空间距离接近的事实之所以易于成为新闻事

---

① 张庆堂. 利益论：关于利益冲突与协调问题的研究 [M]. 武汉：武汉大学出版社，2001：1.
② 李良荣. 新闻学导论 [M]. 北京：高等教育出版社，1999：170.
③ 郑兴东，陈仁风，蔡雯. 报纸编辑学教程 [M]. 北京：中国人民大学出版社，2001：70.

实，就是因为这样的事实容易引起人们心理上和情感上的关注，这样的事实更可能与人们的各种利益发生关系。毛泽东曾经在《普遍地举办〈时事简报〉》中讲道："红军编的《时事简报》，它的内容国内国际消息要少，只占十分之三，本军、本地、近地消息要多，要占十分之七。只有这样，才能引动士兵和群众看报的兴趣，取得我们所要取得的效果。"① 这段话可以说很好地揭示了三种接近性的统一性关系。但我们也应该充分注意到，心理上的接近性和利益上的接近性可以超越空间距离的遥远性。如前所说，利益关系对人们来说是更为根本的东西，有了利益关系，心理上也就自然接近了，空间距离也就显得不那么重要了，心理上和利益上的接近性正是人们关注远处新闻事件的重要根据。

（3）显著性。

作为新闻价值属性的显著性，是用来描述"新闻事实知名度，或新闻事实的显要度"② 的一个概念。一个事实的知名度或显要性是由构成这个事实的各种要素的知名度和显要性决定的，因此事实构成要素的知名度或显要性就是事实显著性的基本内涵。这样，我们就可以从每一个要素出发来具体分析显著性的内涵，但构成一个事实的基本要素是人物、事情、时间、空间等，所以我们主要从这几个要素入手来揭示显著性的具体内涵。在以往关于"显著性"内涵的论述中，人们比较重视人物的显著性、事情的显著性，而对时空的显著性讲得不多甚至不讲，我以为这是一种欠缺，因此这里将对时空的显著性做出较为深入的分析。

所谓人物的显著性，是指创造或造成一定事实的人（包括各种类型的普通民众，不只是各种公众人物），与普通人相比，或者拥有较高的社会

---

① 毛泽东.普遍地举办《时事简报》[M]//中共中央文献研究室，中央档案馆.建党以来重要文献选编（1921—1949）：第8册.北京：中央文献出版社，2011：295.

② 童兵.理论新闻传播学导论[M].北京：中国人民大学出版社，2000：51.

地位，或者在一定领域内具有较高的知名度，或者具备某种特殊的才能，或者拥有特殊的权威性，或者具有一些非一般的特殊"素质"等，当新近或正在发生的事件或事实中拥有这样的人物，这个事件或事实就容易成为新闻事实。对拥有"社会地位""知名度""特殊才能""权威性"等等的人物，不用多作解释，人们心里也明白他们是些什么样的人。我这里所说的具有特殊"素质"的人是指那些身心有缺陷的人，比如身体或心智不够健全的人。这样的人一旦做出普通人比较容易办到的事，也会引起人们的关注，他们所做的事情也会成为新闻事实。这样的事实之所以成为新闻事实，主要的原因在于做事的人，而不在于事情本身。

所谓事情的显著性，是指某件事情在客观的表现上不同于普通的事情，具有激发和吸引人们注意力的内在力量，而不管造成这件事情的主体是人还是物。各种不同寻常的自然现象之所以能够成为新闻事实，就是因为不同寻常的变动给人们带来了不同寻常的信息。对各种社会性事实来讲，显著性主要是指由人造成的事实（不管是对他人和社会有益的好事还是对他人和社会有害的恶事）不同凡响、引人注目。当这样的事情发生时，它就有可能成为新闻事实。

所谓时间的显著性，首先是指一定事实发生于特殊的时日。前面分析过的"时新性"中的时间，是新闻事实对时间的要求，是以历时性的尺度将时间分为过去、现在和将来，只有发生在"现在"时间段中的事实才有可能成为新闻事实或新闻事实的"由头"。显著性中所讲的时间，是把时间用意义标准一分为二，把有些时间看作显著的、容易引起人们注意的时日，而把另一些时间看作一般的、人们在不知不觉中度过的时日。时间的显著性首先是因为人们赋予不同的时间日期以不同的意义，这是时间显著性能够成为新闻价值属性的内在根据。时间的不同意义并不是纯粹主观的东西，而是在人类历史活动的客观发展过程中逐步形成的，比如各种各样的节日、纪念日、禁忌日等，都是人们在改造自然、改造社会和改造自己的过程中确立的。当不同的时间日期被赋予不同的意义，那么，相似的事情发生在不同的时间日期，便在一定程度上会产生不同的效应。因此，事实发生在什么时间，往往成为衡量事实能否成为新闻事实的重要尺度。一般来说，发生于那些特殊时间日期的事实，就容易被新闻主体关注，因而也就容易成为新闻事实。事实上，人们也乐于利用一些特殊的时间日期，即利用时间的显著性来营造新闻事实。但时间日期的显著性与某一事实能否成为新闻事实没有必然的关系，只有可能的关系，即发生在显著时间日期的事实并不必然成为新闻事实。

时间的显著性还表现在时间的持续性上，有些事实如果持续的时间越长就越具有新闻性，有些事实则恰好相反，持续的时间越短越具有新闻性。比如，一个人休克五分钟后被救活，一般说来不是什么新闻，但如果休克更长时间后被救活，就有可能成为新闻。又如，好多重大的事情如果利用很长时间做成，算不上什么，但如果在很短的时间内做成，就成为奇迹了。

所谓空间的显著性，是指一定事实发生在特殊的空间。与时间的显著性相似，空间的显著性也是由人们赋予不同空间地点以不同的意义造成的，这是空间显著性得以形成的客观根据。由于在漫长的历史活动中，人们在不同的空间经历了不同的风雨，在不同的空间扮演过不同的角色，在不同的空间留下了不同的物质遗迹和精神记忆。因此，一句话，人们活动过的所有空间几乎都可以看作具有一定意义的空间。在现实的活动中，人们在不同的空间建构起了不同的生存与发展的天地，与不同的空间建立起了不同的现实意义关系。有些地方和场所对一定的人群甚至整个社会都有着特别的意义，所以，相似的事件和现象如果发生在不同的空间，对人们造成（形成）的作用和影响就会有不小的差别。"一般说，与新闻事件有特殊关系的地点，与群众关系特别密切的地点，往往能使事件具有更高的新闻价值。"① 在这个几乎已被完全人化了的、意义化了的世界里，不同空间的意义差别是显而易见的。由此，显著性的内涵中应该包括空间的显著性，但发生在显著空间的事实并不必然就是新闻事实，只是更有可能成为新闻事实。

（4）重要性。

新近或正在发生的事件和现象能否成为真正的新闻事实，最关键的一条就是要看该事件或现象的重要程度。我们可以依据重要程度的差别将不同的事实分为重要的、比较重要的和一般的等几个类别，但"重要性是构成新闻价值的最重要因素"②。人们关注具有时新性、接近性和显著性的事实，但他们更关心对自己生存与发展有直接或间接作用与影响的事实，更关心与他们利益相关的事实，这种事实才是具有重要性的事实，具有更大社会意义的事实。具体说，重要性的基本内涵包括这样几个方面：

第一，事实影响人的多少。一个事实影响的人越多越重要，影响的人越多越容易成为新闻事实。"凡同多数人利害相关，为多数人所关注的事实，被认为有社会意义，也就有重要性。"③ 新闻传播的所有功能都是通过传播所造成的社会影响力发挥作用的，而影响力的客观来源主要在于事实本身素质对人们的实际影响。事实本身影响的人多，就说明它的影响力大，这正是新闻传播所渴望的，因而影响人数的多少，是事实重要程度的重要标志之一。

第二，事实对人和社会影响时间的长短。一个事实、一种现象对社会影响的时间越长，说明它越重要，就越容易被当作新闻事实。新闻事实信

---

① 郑兴东，陈仁风，蔡雯. 报纸编辑学教程［M］. 北京：中国人民大学出版社，2001：69.
② 同①65.
③ 童兵. 理论新闻传播学导论［M］. 北京：中国人民大学出版社，2000：51.

息在被当作新闻报道后，新闻事实就不再是新闻事实。但我们也注意到，尽管大多数新闻事实随着新闻报道的结束便从人们的记忆中消失了，但确实有一些新闻事实的信息会长久地留存在人们的脑海之中，其中最重要的原因就是事实本身对人们的影响深刻。因此，当一个事实、一种现象有可能对人们造成长时间的影响时，它就是重要的或比较重要的事实和现象。

第三，事实影响空间范围的大小。一个事实影响的空间范围越广越大，就越是重要，它就越易于成为新闻事实。"影响所涉及的社会领域、社会成员广泛，影响的程度越深刻，则重要性越是显著。"① 有些事实一旦发生，影响的空间范围遍及全球；有些事实的发生会影响到世界一定的区域或诸多国家；有些事实产生了只会影响到个别国家或国内的某一地区。毫无疑义，从事实影响的绝对性上说，影响的空间范围越大，表明事实越重要。

第四，事实影响人们实际利益的程度。这是判断一个事实是否重要的主要尺度。事实的重要性是由事实对社会所产生的影响决定的。重要性主要是针对新闻事实内容的分量和重要程度而言的。一个事实越是影响到人们的利益，就越是重要，就越容易成为新闻事实。马克思曾经明确提出："人们为之奋斗的一切，都同他们的利益有关"②。对人们利益的影响是最根本的影响。一个事实、一种现象的影响力，即影响的时间长度、空间范围、深刻程度等，取决于它与人们的利益关系大小。

总之，一个新闻事实重要的程度总与它关涉人数的多少、关涉人们利益的大小、事实本身历时的长短及影响空间的广度等因素紧密联系在一起。刘建明先生在其《现代新闻理论》一书中列出了产生重要新闻事实的基本范围，也可以看作几条衡量重要性的具体尺度，一个事实是否重要，

---

① 郑兴东，陈仁凤，蔡雯. 报纸编辑学教程 [M]. 北京：中国人民大学出版社，2001：65.
② 马克思恩格斯全集：第 1 卷 [M]. 2 版. 北京：人民出版社，1995：187.

就是看"它是否和政治生活有关，和社会经济生活有关，和国家民族的利益有关，和精神道德净化有关，和国际形势有关。凡涉及这五方面的事实都是重要的事实"①。这一看法对我们在新闻传播实践中具体把握事实的重要性很有参考价值。

还需要特别指出的是，事实的重要性会以不同的形态表现出来，并不都是直观的、显而易见的，有些事实的重要性是以隐蔽的方式存在的；同样，重要事实对社会和人们的作用与影响也并不都是立竿见影的，有些是以逐步显山露水的方式发挥作用的，是在人们不知不觉的状态下产生影响的，"有些事件、现象在它发生时已表现出对社会的巨大影响，而有些事件、现象的影响要过一段时间甚至很长时间才能显示出来"②。因此，在新闻传播实践中，对事实重要性的估量并不是一件容易的事情。要准确估量事实的重要性，必须对事件做出全面的考察，必须发现它与社会诸多领域的各种可能关系，必须找到它与人们各种可能的利益关系。这就是说，要准确估量事件的重要程度，不能只是孤立地考察某一事件本身，必须把它放到与社会的关系中、与人们的关系中进行系统的考察，这样才能抓住事件重要性的根源。"要准确估量一个事件、现象的影响，还必须对事实本身的构成有准确的把握。任何一个事件、现象都可以分解为人物、地点、时间、事件、原因等要素。不同的要素及其不同的结构，可能产生的影响是不相同的，因而它的重要性也是不相同的。"③

（5）兴趣性。

新闻事实的兴趣性，实质上是指新闻事实应该成为人们兴趣的客体或趣味的对象，即它能够激发人们关注它的好奇心和兴趣，能够引起人们的

---

① 刘建明．现代新闻理论［M］．北京：民族出版社，1999：93．

② 郑兴东，陈仁风，蔡雯．报纸编辑学教程［M］．北京：中国人民大学出版社，2001：65．

③ 同②68．

关注或注意，"在较宽的用法上，'兴趣'一词是注意的同义词"①，"兴趣是一连串由对结果的期望所决定的事件"②，我们不能简单地将兴趣性理解为通常所说的奇事趣闻和人情味。"有兴趣的"或"有趣味的"事物指的就是能够吸引人们注意或激发人们好奇心的任何对象。只有事实本身包含的内容是与人们相关的并且是有趣味的，人们才会对它感兴趣，它转化成新闻后才有可能赢得人们的视听兴趣。因此，事实的兴趣性是事实能够成为新闻事实特别重要的价值属性，因为它是开启新闻发现、选择活动和接收、接受活动的重要"阀门"。从这一意义上说，新闻价值就是"为了解决究竟选择什么样的事实才会引起公众兴趣这个难题的。新闻价值就是事实本身所包含的引起社会各种人共同兴趣的素质"③。西方不少学者把趣味性看作事实能否成为新闻的试金石，是有其深刻道理的。美国著名的兴趣价值论学者 R. B. 培里说："当一件事物（或任何事物）是某种兴趣（任何兴趣）的对象时，这件事物在原初的和一般的意义上便具有价值，或是有价值的。或者说，是兴趣对象的任何东西事实上都是有价值的。"④"没有兴趣，就必然是无价值"⑤，这种把价值归结为兴趣产物的观点尽管我并不赞同，但对大众新闻传播媒介来说，如果不能选择人们感兴趣的事实信息进行传播，就不会赢得人们的信赖，"我们可以说，任何一种大众新闻传播工具，不管宗旨、目的是什么，它想要在社会上存在下去，就必须考虑受众的共同兴趣"⑥。"你可以写下最崇高的哲学思想，但是如果没

---

① 培里，等. 价值和评价：现代英美价值论集粹 [M]. 北京：中国人民大学出版社，1989：49.

② 同①45.

③ 李良荣. 新闻学导论 [M]. 北京：高等教育出版社，1999：170.

④ 同①44.

⑤ 培里. 现代哲学倾向 [M]. 傅统先，译. 北京：商务印书馆，1962：325.

⑥ 同③169.

有人来读它，那有什么用处？"① 美国新闻史上的著名报人普利策，就曾要求他的记者要采集"创新的，有特色的，戏剧性的，浪漫的，引人入胜的，无与伦比的，稀奇古怪的，高雅的，幽默的，俏皮的，既无损高雅又不降低格调的……决不能让读者……对报纸的信赖产生动摇"② 的事实。毫无疑义，这样的事实大都是人们普遍或共同感兴趣的事实。

人们的兴趣来源于人们对对象的感受，是人"积极探究某种事物或从事某种活动的意识倾向"③，这种兴趣倾向需要兴趣客体的激发，那么，什么样的事实才能成为兴趣对象呢？这正是趣味性内涵需要揭示的问题。使一个事实能够成为兴趣客体或趣味对象主要有以下根据。

第一，与人们利益的相关性。人们最感兴趣的首先是与他们利益相关的对象，因为人们的利益（包括物质利益和精神利益）"是人们一切社会活动的最深刻的根源和动力"④。兴趣指向的目标往往就是实现利益的需要，纯粹的兴趣几乎是不存在的，正如无缘无故的爱和恨是不存在的一样。因此，与人们利益密切相关的事件和现象就非常容易成为人们的兴趣对象，成为新闻事实。需要特意说明的是，人们一时不感兴趣的一些重要事实不一定就与他们的利益没有关系，不一定就不是新闻事实，因为对于普通的受众来说，由于受自身条件和环境的一些限制，不一定能够充分认识到所有重要事实与自己的利益关系。这就提醒新闻传播主体，不能把一般受众的兴趣作为唯一的新闻选择标准。当人们认识到有关事实与他们的利益关系时，他们就会对相关的事实报道感兴趣，因此，人们的兴趣是不

① 斯旺伯格. 普利策传［M］. 陆志宝，俞再林，译. 北京：新华出版社，1989：80.

② 同①380.

③ 杨清. 简明心理学辞典［M］. 长春：吉林人民出版社，1985：138.

④ 陶德麟. 序［M］// 张庆堂. 利益论：关于利益冲突与协调问题的研究. 武汉：武汉大学出版社，2001：1.

断变化的，也是可以引导的。由此，传播主体就需要"既满足他们的兴趣，又在新闻传播中不断培养、提高他们的兴趣"①。

第二，事实的非常态。事实的"非常态"是引起普遍兴趣的客观基础。非常态的事实能够为人们的求知、求新、求异、求趣等新闻心理提供新经验，更易激起人们惊异和探索的好奇心理倾向，因而更易于成为人们感兴趣的事实。

第三，事实的人情味。简单讲，人情味就是人的情感态度、情感倾向。富有人情味的事实容易激起人的感情，调动人们的同情心、爱憎感。所以，富有人情味的事实常常更易受到人们的关注。

第四，事实的情趣性。充满情趣的事物本身就充满了吸引力，能给人们带来愉悦和欢快，自然人们愿意了解这样的事实。

3. 价值属性间的基本关系

在对事实诸多新闻价值属性的内涵做出比较细致的分析之后，有必要对五种价值属性间的关系作以简要的说明。

首先，不同价值属性在规定一个事实成为新闻事实的地位作用上是不同的，是有层次差别的。在新闻价值五种属性中，"时新性"是最基本的也是最重要的价值属性，是处于第一层次上的价值属性。事实是不是新近或正在发生的，是否具有新鲜的内容，直接决定着事实能否成为新闻事实，时新性是事实成为新闻事实的必要条件，是事实成为新闻事实的基本根据。事实一旦具备了时新性，就具备了成为新闻事实的前提。因此，我们可以说，时新性在使事实成为新闻事实上具有绝对性的意义。其他几种价值属性指的都是具有时新性的事实的特性，是对事实得以成为新闻事实

---

① 郑兴东，陈仁风，蔡雯. 报纸编辑学教程 [M]. 北京：中国人民大学出版社，2001：68.

的进一步规定，因而相对时新性而言，它们是次一级的价值属性，对事实能否成为新闻事实具有更多的相对性。但如前所述，时新性并不能确保事实必然就是新闻事实，时新性中的"时间性"具有较强的独立意义，但时新性中的"新鲜性"是要依赖其他价值属性作内涵保障的，时新性的"新"首先依赖于其他诸多价值属性的新。因此，时新性只有与其他价值属性一起才能必然地使一个事实成为新闻事实，或者说使一个事实具有新闻价值。李良荣先生在他的《新闻学导论》中写道："任何一个事件，只要具备了时新性再加上其他任何一性，就有成为新闻的可能，就可供新闻单位选用。"① 这一判断是比较准确的。但有学者认为，"在新闻事实价值五要素中，新鲜性是必不可少的，其他四种性质可有可无"②，这种判断则不够准确。对于一个具体的事实来说，并不是必须具备所有的价值属性，才能成为新闻事实。但我们也应该明白，在具备时新性的前提下，一个事实拥有的新闻价值属性越多，质量越高，它就越易于成为新闻事实，越可能成为具有较大新闻价值的新闻事实，越能满足人们的新闻需求。

其次，五种价值属性既有相对的独立性，又有相互的内在联系性。独立性是说，每一种价值属性都有自己特定的内涵，不能相互取代，它们是从不同侧面或不同角度对事实新闻价值特征的不同揭示，这一点在上面的价值属性的内涵分析中已经看得很清楚了。不同价值属性之间的内在联系性是说，这些价值属性之间在本质上是一致的、相通的。比如，时新性中的新鲜性不仅要依赖时间来保证，还要依赖内容本身的重要性、显著性、接近性、兴趣性等来丰富，如果离开这些属性，新鲜性也就只有一副空架子了。又如，与人们在各种"距离"上接近的事物才有可能成为人们心目中重要的事物，反过来说，重要性最根本的内涵就是指事实与人们的相关

---

① 李良荣. 新闻学导论 [M]. 北京：高等教育出版社，1999：171.
② 程世寿，刘洁. 现代新闻传播学 [M]. 武汉：华中理工大学出版社，2000：34.

性，这种相关性当然离不开接近性。再如，具有显著性的事实或事件一般说来总是容易成为人们关注的兴趣对象，也容易成为重要的事实，而显著本身就意味着事情的新鲜性。我们没有必要再一一分析了，不同价值属性之间的内在关联性是不难理解的，因为它们揭示的是同一对象不同的新闻价值属性，同一对象的不同属性之间自然是紧密联系在一起的。事实上，任何客体一定意义上说就是由各种属性构成的统一体，新闻事实也不例外。

再次，从总体上说，五种价值属性具有共同的根本属性，这里首先是指，它们都是揭示和描述新闻价值客体对象价值特征的概念，具有内在的同一性。但更为主要的是指这些新闻价值属性既有绝对性，又有相对性。由于事实的新闻价值属性首先是事实本身具有的属性，不是人们主观赋予的，因而每一种属性都具有客观性和绝对性，但事实的新闻价值属性又是在与新闻价值主体的关系中现实地呈现出来的，新闻价值属性在其现实性上总是相对新闻价值主体而言的。因此，正如在前面已经指出的那样，我们必须在主客体的关系中来具体考察事实的新闻价值属性。主体间新闻需求或其他方面的差别，决定了事实的新闻价值属性在具有绝对性的同时还必然具有相对性，即上面分析的五种价值属性都具有一定的相对性。价值属性相对性的典型表现就是，同样的价值属性在不同的主体身上会显示出不同的强弱程度，从而使同样的事实对不同的人或人群具有不同的新闻价值。有些事件、现象只是对部分社会领域、社会成员有影响，"即使是对全社会有影响，对每一个社会领域、社会成员的影响程度也不完全相同"[1]，这里描述的正是新闻价值属性对不同主体所表现出的相对性。

在此还需要说明的一点是，这五种属性针对的不只是"新闻事实"，也可以指"新闻文本"内容的新闻价值属性。在传统的理解中，五种属性

---

[1]　郑兴东，陈仁凤，蔡雯 . 报纸编辑学教程［M］. 北京：中国人民大学出版社，2001：65.

主要是以新闻事实为对象的。如果把新闻传播过程理解为传播主体和接受主体共同完成的信息分享过程，把新闻价值活动理解为传播主体和接受主体共同创造新闻价值和分享新闻价值的活动，就应当把新闻文本与它所反映的对象——新闻事实的特征联系起来一并考虑。当然，新闻文本作为一种新闻价值客体还有其自身的一些特点，对此，我们将在分析新闻文本的价值属性时做进一步的阐述。

（二）新闻事实的结构及类型

在《新闻事实论》中我曾经用一章的篇幅从事实论的角度对"新闻事实的构成和类型"[①] 作了专门的分析，这里则主要从价值论的角度对新闻事实的价值要素构成、层次结构进行简要的解剖，并对作为新闻价值客体的新闻事实的类型做出简单的划分，以便在新闻事实论的基础上再从新闻价值论的角度出发，更好地把握新闻事实，使其潜在的新闻价值能够得到较为充分的实现。

1. 新闻事实的要素构成

新闻价值属性是新闻事实在与新闻主体的新闻价值关系中显示出的属性，因此，这些属性既依赖事实而存在，依赖构成事实的各个要素而存在，也是在新闻主体与新闻事实的价值关系中具体地、现实地得以确立的。从新闻价值论角度讨论新闻事实的要素构成，实质上就是在探讨这些价值属性所依赖的价值要素的构成。

需要在此预先指出的是，过去一些学者将新闻价值属性等同于新闻价

---

① 杨保军. 新闻事实论 [M]. 北京：新华出版社，2001：26-47.

值要素的做法是不大恰当的。要素是个实体性概念，而属性是个关系性概念，属性是对实体特性的描述，任何实体总是具有一定的属性。如果要用要素概念表达新闻事实的价值属性，那也只能说不同的新闻价值属性是整体新闻价值属性的构成要素，而不能说构成新闻事实的价值属性就是构成新闻事实的价值要素。新闻价值要素和新闻价值属性并不是两个等同的概念，每一种新闻价值属性都具有自己的相对独立性，每一个新闻价值要素都既有可能具备某一种新闻价值属性，也可能同时具备几种新闻价值属性。新闻价值属性与新闻价值要素并没有必然的一一对应关系，每一种新闻价值属性是从总体上对所有新闻价值要素共同的价值特征的概括和抽象。当然，不同的新闻价值要素在新闻价值属性的具体表现上会有所不同。

如前所说，从价值论角度讨论新闻事实的要素构成，实质上就是探讨诸多新闻价值属性所依赖的价值要素是什么。如果我们认定的新闻事实的价值属性是时新性、重要性、显著性、接近性和兴趣性，那么，它们所依赖的要素就是我们要寻找的新闻价值构成要素。根据前面对各种价值属性内涵的分析，我们可以把构成新闻事实的价值要素归结为以下几个。

一是时间要素。时新性中的时间性，只能依赖于时间要素。"新闻事实是和时间紧密相连的，离开时间，任何事实不仅不能存在，更不具有新闻的意义。"[①] 时间要素作为新闻事实的价值要素，其根本内涵是指构成新闻事实的时间必须是新近的时间和现在时态的时间，这样的时间本身就有客观的、潜在的新闻价值，因此，这样的时间就是构成新闻事实的价值要素。一个事实要成为具有新闻价值的事实，首先必须是新近时间内或现在时间中发生的事实，或至少具有现在时态的事实"由头"。"新近"和"现在"这种时间要素是构成新闻事实必不可少的价值要素。

---

① 刘建明. 媒介批评通论［M］. 北京：中国人民大学出版社，2001：229.

二是事项要素。这里所说的事项是指构成新闻事实的各个片段或部分，每一事项都是构成整体新闻事实的相对独立的事实单元，在构成新闻事实的不同事项中，有些具有新闻价值属性，有些则不具有新闻价值属性，缺少具有新闻价值属性事项的事实不会成为新闻事实，这也正是我们将事项作为构成新闻事实价值要素的根据。新闻事实对于一定主体的时新性、重要性、显著性、接近性、兴趣性等，都是由构成新闻事实的事项具有什么样的内在因素决定的。离开构成新闻事实的事项内容，谈论新闻事实的价值属性显然失去了实体基础。一个完整的新闻事实包含新闻价值属性的事项越多，其新闻价值就越大。传播主体对新闻事实信息资源的开发，重点正在于发掘新闻事实中有新闻价值的事项，而非所有的事项。构成新闻文本的前提事实信息正是对具有新闻价值属性的事项的反映，那些不具有新闻价值属性的事项至多在新闻文本中成为背景性的事实信息。

三是形态要素。形态要素是指新闻事实的表现形式或存在方式。新闻事实相对一般事实而言，其存在方式或表现形式本质上都是非常态的，这样就使它的存在形态不同于其他事实。因此，事实存在形态的差别或表现形式的不同，是构成新闻价值的必要要素。形态要素从形式上标志着一个事实的新闻价值特征，但需要指出的是，新闻事实形态的非常性往往以两种极端的方式表现出来，一种是显在的、可见的，以不同寻常的外在形式自然激发起人们的关注和兴趣，另一种则不是显在的、可见的，有些非常态的存在形式正是以隐蔽存在为特征的。这正如构成新闻事实的不同事项一样，有些事项是有形事实，可以直接感知和观察，而有些事项是无形事实，是不能直接观察和感知的，必须主要依赖理性认识的方式才能把握其真实面目。无论哪种情况，新闻事实形式上的非常性从根本上说是由事项内容的非常性决定的，但形式的非常性首先从现象层面反映出事实的新闻价值特征。

在这些构成新闻事实的价值要素中，时间要素是前提，事项要素是核心，形态要素是标志。时间要素的前提作用在于它以时间的单向性，在现在时态的基点上将事实世界一分为二——新事实与旧事实，从而对新闻事实做出了初步的划界；事项要素的核心作用在于，它从事实的内容构成方面把新闻事实的诸多价值属性具体地体现出来或凝聚在一起，从而从客体方面规定着一个新闻事实新闻价值的质量；形态要素则从事实的表现样式上标示了新闻价值存在的可能性，反映了事项内容的特殊性，并且与时间要素一起构成人们判断事项的新闻价值的基本依据。

2. 新闻事实的层次构成

从价值论角度分析新闻事实的层次性，重点是在新闻事实与传受主体的价值关系中剖析新闻事实的总体构成层次和具体新闻事实的内部结构层次。这种层次分析的主要目的有两个：一是从宏观上把握不同层次新闻事实的新闻价值效应范围和大小；二是从微观上理解具体新闻事实的层次构成，以便从新闻价值论的角度对新闻传播实践提出一些有实际意义的建议。

首先，从新闻事实的总体构成上看，可以依据不同的参照系把新闻事实区分为不同的层次。比如，客观世界中发生的新闻事实尽管总是处于特定的时空，但不同的新闻事实具有不同的影响范围。根据这种实际影响范围的不同，我们可以将新闻事实归属于不同的层面。有些新闻事实是整个人类社会都关注的，其新闻价值效应的影响范围是全球性的；有些新闻事实的新闻价值效应波及广大的区域；而有些新闻事实只是一定范围内的人群所注意的，其影响范围是十分有限的。这种客观上的不同使新闻事实有了空间上的层次差别，这样，我们就可以把有些新闻事实称之为国际性新闻事实，把有些新闻事实称之为地区性新闻事实，而有些新闻事实则只能称之为地方性新闻事实。按照这种空间的差别，新闻事实在客观上构成了环状的层次结构，而在每一个大的层次中，还可以划分出若干不同的、小的层次。又如，客观世界中发生的新闻事实，对人们实际的影响和作用程度是有很大差别的。根据这种差别，我们可以在新闻事实范围内区分出重要事实、次要事实和一般事实，这种依据新闻事实重要程度的排序自然构成了一种以重要性为参照的层次划分方式。在日常的新闻传播实践中，可以说传播主体正是按照新闻事实的这种层次构成来安排其新闻播发和版面编排的次序的。

其次，从新闻事实的具体构成看，每一个新闻事实都是由不同的事项构成的。在这些不同的事项中，有些具有新闻价值属性，可以称作价值事项，有些则不具有新闻价值属性，可以称作非价值事项。在价值事项中，有些包含的新闻价值属性多一些、强一些，有些包含的新闻价值属性少一些、弱一些，这就造成了价值事项之间的差别，这种差别使它们在新闻事实的价值构成中具有不同的地位。那些包含新闻价值属性多的、强的事项构成了新闻事实的核心层次，那些包含新闻价值属性少的、弱的事项构成了新闻事实的外围层次，而那些不具有新闻价值属性的事项构成了新闻事实的边缘层次。新闻采访的核心，从新闻价值论的角度看，就在于不断发现和认识构成新闻事实的价值事项，特别是要把握核心层次的价值事项；新闻再现的核心在于以不同的媒介符号系统真实、准确地反映价值事项的内容，以及不同价值事项间的相互关系；新闻评论的核心则在于以独特的眼光对核心层次的价值事项发表意见和看法。因此，认真分析新闻事实的价值层次构成，对于新闻报道传播实践有着直接的意义。

从价值论角度分析具体新闻事实的层次结构，还有一个重要的方面就是解剖新闻事实的信息层次结构。我们在第二章曾经从新闻价值层次性与新闻价值客体层次性的关系出发，对新闻价值客体（包括新闻事实和新闻文本）的信息层次构成作过简要的总体性分析。这里就新闻事实的信息层次构成，再作一些补充性的分析。

作为新闻价值客体的新闻事实，其信息构成的核心当然是事实信息，但在事实信息的构成中，有些信息是直观的、感性的，有些信息则是隐蔽的、不能直接感受的，这就形成了表面信息和背后信息的层次差别。对这种信息层次构成的不同再现和反映，正是形成消息新闻和深度报道的客观根据，从而形成了"新闻"和"新闻背后的新闻"。自然，处于不同层面的新闻报道会产生不同的新闻价值效应。因而，能否将新闻事实客观上具有的多层次的信息开发出来，是形成高质量新闻传播的重要保证。

在同一新闻事实信息的构成中，有些信息属于反映事实是什么的表象信息，有些信息属于反映事实内在联系或本质的深层信息，这就形成了表层信息与深层信息的层次差别。但必须注意的是，表层信息与深层信息之间并没有绝对的界限，表层信息透露着深层信息的内涵，深层信息是表层信息得以表现的根据。通常的新闻报道基本上是停留在表层信息的层面上，处于告知事实信息的水平上，属于叙事性的新闻，为人们提供的是信息性的新闻价值；对于新闻事实深层信息的揭示，不仅构成了叙事性的新闻，同时也构成了意义性的新闻，为人们提供意见和看法，有时还为人们提供观察和认识现实世界的方法，使人们达到对事实全面、深刻的本质性认识。顺便可以说明的是，正是由于新闻事实本身具有表层信息和深层信息的层次构成特点，"现象真实"与"本质真实"才成为一对有意义、有关系的概念。对于一个具体的新闻事实来说，侧重不同信息层面的报道，自然会揭示出不同层次的真实，而事实的本质也是在不同的层次中显现的。

我们还可以从其他方面来解剖具体新闻事实的层次构成，比如：从新闻事实所含信息对人们的可能作用特点出发，将其信息分为实用层次和精神层次；从新闻事实信息的历时形成过程出发，将信息构成分为背景层次和前景层次，或者分为历史层次、现实层次和潜在层次。正如我们已经指出的那样，新闻事实信息层次的构成是抽象的而不是物理的，不同的信息层次在客观上是不可分离的，我们只能在思维中将它们加以区分。在传播实践中，人们感知到的是新闻事实不同层次信息构成的统一体。但思维中的每一种层次构成分析，都可以从不同角度为新闻传播实践提供有意义的思路。

最后，由具体新闻事实构成的总体新闻事实与具体新闻事实构成了新闻事实的又一层次关系。总体新闻事实构成了整个新闻事实世界，新闻事实世界是整个事实世界的一部分，而每一具体新闻事实是构成新闻事实世界的微小元素。新闻传播的总体价值追求正在于在总体新闻事实的层次上达到对世界真实、客观、全面、公正的反映，而这首先要通过对具体新闻事实层次的真实反映来实现。

3. 新闻事实的类别构成

在《新闻事实论》中，我们从新闻事实自身的特征和新闻事实与主体关系两个大的方面出发，对新闻事实进行了多参照系下的分类。① 这里，从价值论角度对新闻事实的类型研究，主要是以新闻事实与新闻主体的价值关系为参照，对其类型做出划分，也可以说是在事实论中对以价值关系分类新闻事实的扩展和深化。

以新闻事实对新闻主体产生的价值性质为标准，可以将新闻事实划分为正面事实（积极事实）、中性事实和负面事实（消极事实）。产生并存在于客观世界中的新闻事实，对人们的影响和作用是多种多样的。有些事实对主体和社会的影响和作用是积极的、正面的，"诸如人在生产实践、日常生活、学习娱乐中表现出的种种革新、创造、勇敢、勤奋、欢乐、喜

---

① 杨保军. 新闻事实论 [M]. 北京：新华出版社，2001：35 - 45.

庆、崇高、正义、亲善、成功等等，这些积极的、健康的、光亮的实践，不仅维系着社会的生存，更是推动着社会不断向前发展"①。这样的新闻事实可以界定为正面新闻事实。有些事实对主体和社会的影响和作用是消极的、负面的，"比如各种地质灾害、气象灾害、意外事故以及现实中的虚假、贪婪、霸道、荒淫、萎靡、畸形、落后、愚昧、卑劣、罪恶等等不合乎社会实践规律性、目的性的行为活动。这些消极的、病态的、灰色的现象，威胁着社会的生存，阻碍着社会的发展"②。这样的新闻事实可以界定为负面新闻事实。还有一些新闻事实，对主体和社会的正常生存与发展没有明显的利害作用，可以称之为中性新闻事实。

依据价值性质对新闻事实的分类，只是对客观存在的新闻事实的分类，并不是对根据新闻事实所做出的新闻报道的分类，这是绝对不能混淆的两种分类。不管是对什么样性质新闻事实的报道，从原则上说既可能产生正面价值，也可能产生负面价值，与新闻事实本身的性质没有一一对应关系。但是，我们也应该注意到，对某一性质类别新闻事实的"过度"报道，总会在一定程度上"遮蔽"人们对其他性质新闻事实的了解，因为媒介的新闻信息容量总是有限的，它的"黄金时段"或"强势版面空间"总是有限的。传播主体对不同性质新闻事实有意识的"过度"与"遮蔽"性选择，必然会在传播主体与接受主体间造成信息不对称的状况，这样一来的最终可能结果是人们失去对媒介新闻传播的信任。如果在这样一种情形下进行传播，不是效果不大，便是适得其反。

以新闻事实对新闻主体产生的主要价值类别为标准，可以将新闻事实分为多种具体的类型。如果以实用性、精神性和趣味性价值为标准，就可以将新闻事实大致划分为信息型新闻事实、意义型新闻事实和趣味型新闻

---

① 邓利平. 负面新闻信息传播的多维视野［M］. 北京：新华出版社，2001：6.
② 同①.

事实。信息型新闻事实对新闻主体的主要新闻价值在于其包含的各种实用性信息，意义型新闻事实对新闻主体的主要新闻价值在于其包含的各种可以解疑释惑的信息，趣味型新闻事实对新闻主体的主要新闻价值在于其包含的各种有趣的信息。如果以具体的价值效应范围或价值指向领域为标准，就可以把新闻事实分为政治性新闻事实、经济性新闻事实、文化性新闻事实等等。当然某一类型的新闻事实并不是只具有相应类别的新闻价值，比如政治性新闻事实，当其被传播者转化为新闻报道后，它的新闻价值当然不会仅仅限于政治领域，还有可能影响和作用于经济、文化等各个领域，因为任何新闻事实特别是社会性新闻事实都产生于整体的社会环境之中，本身都包含着社会存在的各种信息成分，只是不同成分的轻重比例有所不同罢了。事实上，客观世界中的新闻事实更多的是复合型的新闻事实，同时包含着多维度、多层次的价值。

依据新闻价值类别对新闻事实的类型划分，意义不只在于理论的自足，更重要的实际意义在于为新闻传播实践提供可能的指导。现实的新闻传播市场已经开始告别"胡子眉毛一把抓"的混沌时代，新闻传播一方面追求对尽可能多的大众的新闻需求的满足，另一方面也在努力地满足小众性的新闻需求。新闻传播市场的细分，实质上就是对接受主体新闻需求的细分，对新闻需求的细分意味着必须从新闻价值论的角度对新闻事实做出相应的细分，这样有利于传播主体从新闻传播的源头上，或者说从新闻生产的源头上，寻求满足新闻需求的客体对象。

以新闻事实所含潜在新闻价值项的多少，可以把新闻事实分为单一型新闻事实和复合型新闻事实。既丰富多彩又纷繁复杂的各种新闻事实，在潜在新闻价值的项目上和新闻价值的含量上也是不同的。有些新闻事实包含的价值项是单一的，只能满足人们某一方面的新闻需求；而有些新闻事实包含的价值项是多元的，可以满足人们多方面的新闻需求。比如，同样是趣味型新闻事实，有些事实在转化为新闻报道后，带给接受主体的不过是一乐而已，但有些事实在转化为新闻报道后，带给接受主体的不仅是心理上的轻松愉快，同时还能使他们获得一些有趣的或实用的知识。因此，我们可以从价值论的角度，把包含单一价值项目的新闻事实称之为单一型新闻事实，而把包含多项价值的新闻事实称之为复合型新闻事实。

三、"后在"价值客体——新闻文本

传播主体建构新闻文本的目的，从新闻价值论的角度看，就是想在满足受众新闻需求的同时实现自己的价值追求。接受主体要想获得新闻信息，实现自己的新闻需要，主要的途径就是职业传播者所构建的新闻文本。新闻接受主体新闻价值活动的核心对象也是新闻文本。接受主体通过读视听和解读新闻文本，与其建立起新闻价值关系。在这种关系中，潜在于文本的新闻价值才能得到现实化，新闻传播也才有了它真正的落脚之地。由此可见，新闻文本是新闻价值活动中最为重要的价值客体，很有必要进行深入的研究。

谈到新闻文本，人们习惯于用它指称文字语言符号构建的新闻作品，但我们所说的作为新闻价值客体的新闻文本，是指各种各样的新闻作品。凡是刊播于新闻传播媒介上的新闻作品，都在我们的讨论范围之内。需要特别说明的是，这里的"新闻作品"是指严格意义上的再现"新闻事实"的符号文本，不泛指新闻传播媒介中的其他作品。

新闻传播自身的一些特殊性要求，诸如真实、客观、全面、公正、及时、公开等等，决定了它对新闻文本的构建也有不同于其他文本的要求，这就使新闻文本形成了自己的一些特点。对于这些特点我在《新闻事实论》中曾经从多个角度分析过，这里我们将重点从价值论的角度对新闻文本的价值属性及其内涵做出阐释，并从不同的媒介形态出发，对新闻文本的类型及特征做出说明和论述，对新闻文本的层次结构加以简要的分析。[①]

（一）新闻文本的价值属性及其内涵

在新闻传播活动中，传播主体面对的价值客体主要是事实世界中的新闻事实，而接受主体面对的主要是传播主体建构的新闻文本世界。由于文本世界是对事实世界的反映，所以它们具有内在的同一性。在理论的抽象层面，它们具有的新闻价值属性理应是一致的。但新闻文本必定与新闻事实有质的差别，具有不同的功能作用。新闻事实是被认识、反映和报道的客观对象，而新闻文本是认识、反映的结果，是以符号形式存在的新闻事实。新闻事实所具有的潜在的新闻价值经过符号再现与传播主体的主观表达，必然具有了新的内容和形式，其中既包含着传播主体对新闻事实的认知判断，也包含着传播主体对新闻事实的价值评价。新闻文本中所包含的新闻价值不只是新闻事实或新闻信息的新闻价值，它们的延伸价值与传播主体的新闻价值发现、新闻价值创造成果，甚至还有传播主体的价值偏见和价值误导等等，都会包含在新闻文本之中。这正是我们对作为价值客体的新闻文本单独进行讨论的依据，也是新闻价值客体理论不可或缺的部分。

界定和分析新闻文本的价值属性，主要是在新闻文本与接受主体的新闻价值关系中探讨文本的价值特征。从理论上把握新闻文本的价值属性，对于在实践中创制有新闻价值的新闻文本、实现有效新闻传播具有重要的意义。

---

① 相关角度可参见杨保军. 新闻事实论［M］. 北京：新华出版社，2001：117-121。

1. 再现时间的及时性

对新闻事实的报道或新闻信息的传播，首先要求传播主体建构一定的传播文本。新闻文本是客观存在的新闻事实信息的载体，也是新闻事实潜在新闻价值的载体。因此，传播于媒介渠道中的新闻文本有无新闻价值，首要的一条是看它是否及时地再现了新闻事实。及时性，从时间要素上规定了新闻文本的价值属性。

文本价值属性的及时性，是由事实价值属性的时新性决定的。新闻事实的新闻价值就是通过时新性来体现的，通过时新性而引发的，而体现在时新性中的价值要得到实现，必须依赖于新闻文本的及时性。文本及时性是保证事实时新性的根本手段，新闻事实的新闻价值只有在新闻文本的及时性中才能得到有效的延续和传递。

及时性，作为新闻文本的价值属性，其内涵主要有两个方面。

一是快速性。快速的基本意义是指，文本对事实再现得越快，它的新闻价值就有可能越大。快是新闻传播的内在要求，整个人类新闻传播的历史一定意义上说就是求快的历史；快从传播方法上确保了新闻文本对于接受主体的新，人类新闻传播事业的发展过程就是传播方法不断由慢变快、由快变得更快的过程；快从价值追求上就是尽可能满足人们对自己周围环境变化的即时了解，人类新闻传播的目的从总体上说正在于使自己能够随时把握自己的命运。一句话，快就是价值，时间就是价值。当快体现在每一具体的新闻文本上时，就是指利用文本在尽可能短的时间内将新闻事实的内容传播出去。

二是时机性或时宜性。再现新闻事实的"及时性"是个内涵十分丰富的概念。一般来说，新闻事实的发生时间对于新闻主体是不可控制的，即"时新性"是不可控制的，但再现和传播新闻事实的"时间性"是由传播主体决定的，是可以控制的。为了确保新闻事实的时新性，必须实现新闻文本的及时性，这正是新闻传播规律的基本要求。但是，新闻传播活动是社会主体有目的、有利益追求、有价值取向的活动，一旦有了这些必然因素的影响和作用，及时性就不是一个简单的快慢问题了。传播主体会采取各种各样的办法协调时新性与及时性之间的关系，新闻文本的及时性实质上是在合规律性与合目的性的统一中确定的。在确定及时性的过程中，传播主体往往会从目的性出发最终去决定及时性的具体含义。这种从目的性出发的决定，有时是合理的，有时则是不合理的。但不管合理与否，便产生了"时效""时宜""时机"等一系列的概念，即传播之"时"的快慢选择要由传播主体追求的传播"效果目标"或价值目标来确定。于是，在现实的新闻传播活动中，时机、时宜等等成了及时性的真切含义。

2. 再现内容的针对性

新闻文本有无价值以及价值大小，关键要看它能否满足接受主体的新闻需求。新闻文本在其满足接受主体合理新闻需求中所显示的属性就是它的价值属性。这些属性首先体现在文本的内容上，而新闻文本的内容正是对客观存在的新闻事实的再现和表达，因而事实所具有的新闻价值属性也反映在文本之中，即事实的时新性、重要性、显著性、接近性、兴趣性等等也是文本内容具有的新闻价值属性。一个新闻文本具有这些价值属性的多少和强弱决定着它新闻价值的总体质量高低。

新闻文本是以统一的内容面对接受主体的，这种统一性表现为文本对于接受主体的针对性，针对性凝结了文本对于接受主体的所有价值属性，新闻文本对于接受主体的新闻价值正是在这种针对性中实现的。因此，我用"针对性"来概括文本内容统一的价值属性，具体内涵有这样几点：

其一是说，所有的新闻文本都应该是具有针对性的文本，即新闻文本应该是针对接受主体欲知、未知、应知而创制的。缺乏这种针对性，意味着新闻文本对接受主体来说不是一种对象性的存在，也不是一种关系性的存在，这样，新闻文本便失去了成为新闻文本的根据；缺乏这种针对性，意味着新闻文本所包含的内容对接受主体来说成了空泛的、一般的、可有可无的东西，或者说新闻文本成了传播主体"自娱自乐"的对象。因此，凡是真正的新闻文本，其内容必然具有新闻价值的针对性，其可能的存在方式必然是对象性的、具有某种新闻价值关系的存在。

其二是说，内容上具有针对性的新闻文本，才能成为有效的传播文本，才能使新闻事实的潜在价值"寻找"到归宿。新闻事实具有的潜在新闻价值要想转化为现实的新闻价值，必须以有效的新闻文本为桥梁。新闻文本的有效性，在内容方面的要求就是针对性，针对性的内涵就是满足接受主体的需要，使文本成为真正有用、有趣、有意义的新闻文本。

其三是说，内容上具有针对性的新闻文本，必然是具有新闻价值的文本。内容的针对性越广泛，意味着某一文本拥有的接受主体越多，因而新闻文本的价值实现量越大；内容的针对性越强，意味着某一文本拥有能够满足接受主体新闻需求的素质越好，因而新闻文本的价值质量越高；广泛而强烈的针对性，则意味着新闻文本既具有满足接受主体新闻需要的普遍性，又具备实现高质量新闻价值需求的好素质，创制这样的新闻文本正是传播主体梦寐以求的事情。

面对信息时代的新闻传播实际，我们可以说，新闻文本价值属性上的针对性既是"大众"新闻传播模式追求的目标，更是通过大众传播媒介进行"分众"传播的根本所在。"目标受众""有效受众"等概念的广泛使用，反映的正是新闻传播的"针对性"，而这种针对性必然落脚在新闻文本的针对性上。

新闻文本价值属性的针对性，很好地反映了新闻文本作为价值客体绝对性与相对性的关系。绝对性的意义在于只要一个新闻文本具有针对性，就必然包含有新闻价值，总能满足某些接受主体的新闻需求；相对性的意义本身就蕴含在针对性中，说某一事物具有针对性，言下之意就是说它对其他一些对象不具有针对性。当我们说新闻文本具有价值属性上的针对性时，就已经说明，任何新闻文本对于不同的接受主体具有不同的新闻价值。

3. 再现方式的亲和性

新闻传播价值的实现，以新闻传播的有效进行为前提。所谓有效，就是传播主体的传播目的在接受主体身上得到了预期的反应，取得了期望的效果。一种传播只有致效，才能算作真正的传播。追求有效传播是任何传播者最基本、最直接的目标。实现新闻传播的有效性，除了需要建构和及时传播在内容上具有针对性的新闻文本外，对新闻文本再现新闻事实的方式也有特别的要求。这种要求就是新闻文本必须具有与接受主体的"亲和性"。

新闻文本的亲和性大致包含以下几个特点：

再现方式的亲和性，首先是指新闻文本必须按照新闻传播的要求去构建，按照新闻写作的规律去再现，按照新闻的文体和语体要求去再现。[①]任何一种文本的个性特征，既取决于它所再现的对象的特征，也要受一定领域已经形成的文本范式和传统等因素的约束。新闻文本的语词语句表达方式、语言结构方式，包含着一个时代、一个时期，一个民族、一个国家、一个新闻机构的新闻价值取向和再现新闻事实世界的历史特征和个性特点，但有一点应该是基本稳定的——新闻文本再现的是事实。新闻再现方式本质上不是文学表现的方式，也不是理论论述的方式。记者不是作家，也不是理论家，记者就是再现新闻事实的专家。接受主体期望从传播

---

① 李元授，白丁．新闻语言学［M］．北京：新华出版社，2001：32-56.

主体那里得到的首先是事实信息，而不是审美享受，不是理论智慧。因此，与接受主体具有亲和性的新闻文本，必须按照新闻再现的方式去建构。

其次，亲和性是指新闻文本在符号再现与表达方式上容易为接受主体所理解，再现的方式正是接受主体喜闻乐见的方式。尽管不同主体间的素质会有一定的差别，所处的新闻传播环境也会有所不同，从而使他们对"喜闻乐见"有不同的层次要求，但对面向大众的新闻文本来说，与接受主体的亲和性最突出的表现就是：通俗易懂，简明生动。早在 1948 年，新华社就曾专门发文指出："我们一切发表的文字必须以最大多数的读者能够完全明了为原则。"① 美国新闻学者 D. W. 米勒也说："新闻报道必须写得从大学校长到文化程度很低、智力有限的一切读者都容易理解。"② 具备这样特点的新闻文本，才能真正赢得广大接受主体的亲近，形成利于新闻价值充分实现的亲和关系。

再次，亲和性是指新闻文本要与接受主体在心理上能够形成某种契合。在新闻文本的创制过程中，必须认真细致地研究接受主体的阅听心理，包括他们的认知心理、情感心理、审美心理等，只有把握他们的接受心理，理解他们的思维方式、价值态度，新闻传播才会有针对性，才能使新闻文本具有真正的亲和性。比如，如果期望西方的新闻受众愿意接收以至接受我们的新闻报道，就必须按照西方新闻传播的惯常表达方式——客观报道方法——报道发生在中国的新闻事实。新闻文本的建构方式具有民族、国家的特点，具有不同新闻机构的特点，具有不同的个人特点，具有不同历史时代的、历史时期的特点，体现着一定历史时代、历史时期社会整体的新闻价值取向和价值观念。但我们不能墨守成规，沿袭老的一套，而要在保持中国气派和中国风格的前提下，必须以与世界能够对话的方式

---

① 李元授，白丁. 新闻语言学 [M]. 北京：新华出版社，2001：28.
② 同①.

去创造制作我们的新闻文本。这样，我们才有可能在国际新闻传播领域增强竞争力，增加影响力。

再现新闻事实方式的亲和性，是新闻文本重要的价值属性。新闻文本能否与接受主体形成亲和关系，直接影响着新闻价值的实现质量。具有亲和性的文本，才能使新闻传播由"传播"达到"传通"；具有亲和性的文本，才能使新闻传播由"感知层次"达到"理解层次"；具有亲和性的文本，才能使新闻传播达到传播主体与接受主体之间的信息"交流"与"分享"。

再现时间的及时性、再现内容的针对性、再现方式的亲和性，构成新闻文本基本的价值属性。及时性从时间上界定了新闻文本最明显的价值特征；针对性从内容上规定了新闻文本实际的有效性；亲和性则从方式上建立起新闻文本能被接受主体接受的通道，也为新闻文本价值的现实化开辟了途径。具备及时性、针对性和亲和性的新闻文本，必然是能够实现有效传播的"有效文本"，不具备这些价值属性的文本自然不能称作新闻文本，对新闻传播来说只能叫作"无效文本"。

（二）新闻文本的类型与层次

类型与层次研究，是深入理解一个对象的重要方法。研究新闻文本的分类，是为了了解不同类型新闻文本的特点，从而为文本新闻价值的创造和实现提供着眼点与着手处；研究新闻文本的层次，是为了把握文本信息的结构关系，进而为新闻价值的开掘和延伸寻找可行的思路和途径。

1. 新闻文本的类型

我们可以从不同的角度对新闻文本做出类型划分，比如可以根据新闻的体裁将文本分为消息类文本、通讯类文本、特写类文本等，也可以根据新闻文本内容报道的领域，将新闻文本分为政治新闻类文本、经济新闻类文本等。这些划分方法的好处是可以对文本进行较为细致的研究，对新闻写作者形成直接的指导，一些新闻写作方面的研究著作正是这样做的。我在此处主要以不同的媒介形态为参照，以不同媒介形态使用的符号系统间的个性差别为根据，对新闻文本做出宏观的类型划分。① 新闻是用各种各样的符号写出来的、再现出来的，"新闻只有依赖于各种外部可感的符号形式才能得以生存"②。不同媒介形态由于使用的符号系统的差别，在新闻价值的再现与实现方式上也会表现出一定的不同和相对的短长。因此，这种类型研究可以使我们从总体上把握不同媒介形态新闻文本的个性特征。

报纸新闻文本。作为印刷媒介，报纸以文字语言符号作为建构新闻文本的主要手段，依赖于人的视觉系统。文字文本在线性流动中再现事象形态、表达主体倾向，揭示事实意蕴。对报纸新闻文本来说，它能够提供的只是关于新闻事实的间接信息，短处是它不能把新闻事实的原生状态直观地提供给读者，长处是它的再现与表达不受时空的限制，凡是人类感性和思维所及之处，都可用文字符号反映出来。人们可以通过想象还原事实的物象，可以通过思考理解文本言内与言外之意。

由文字符号构建的报纸新闻文本，其独特的价值在于它能更好地满足接受主体对新闻内容进行深层次的思辨需求。"报纸能够通过文字符号细致而深刻地揭示、分析事实的来龙去脉和各种意义，具有得天独厚的广度和深度，它为读者留下了充足的'反刍'余地和机会。"③ 新闻文本随报

---

① 媒介符号的个性是指不同媒介再现新闻事实时，在符号系统方面所显示出的不同于其他媒介的特别之处。

② 刘智. 新闻文化与符号 [M]. 北京：科学出版社，1999：3.

③ 杨保军. 新闻事实论 [M]. 北京：新华出版社，2001：102.

纸在时空中可以长久地存留下去，延伸出其他的价值。当电子媒介的声音一浪高过一浪，把人们搅扰得不知所措时，报纸新闻文本多多少少为人们提供了一个独立"分享"新闻价值的空间。在这个多少有些"浮躁"的时代，新闻文本的浅薄和庸俗越来越严重，把新闻作为刺激物，把新闻作为娱乐品，实在是时代的悲哀、新闻的悲哀。

构建报纸新闻文本的符号，除了文字符号外，还有非语言符号，面对电子新闻媒介的激烈竞争，"图文并茂，两翼齐飞"的办报理念早已通行。今天，报纸正在充分利用自己独特的版面语言，塑造报纸新闻文本的整体形象，通过对版面空间、编排手段、布局结构的整体驾驭，通过对字体、线条、图饰、色彩、版次、版位、结构、层次等等具体方法的巧妙运用，使版面本身成为新闻文本的有机构成部分，这是报纸对非语言符号的独特使用。可以毫不夸张地说，不被版面语言重视的新闻文本，即使它有较为精彩的内容，也会在人们心目中大为逊色，甚至失去新闻文本的存在价值。

广播新闻文本。广播是通过无线电波或导线传送声音的新闻媒介，它提供的新闻文本是由诉诸人们听觉的声音符号构成的。声音符号是由声音语言符号和非语言符号两种形式构成的。声音语言主要是由音和调组成，这些符号有无限的组合方式，可以再现和表达丰富多彩的内容。广播对自身非语言符号音响、音乐和其他声音的实时应用，更能显现新闻的真实性，增强新闻的感染力，可以在一定程度上营造出新闻发生的具体环境，让接受主体有一种在场的感觉，这自然容易引起听众的共鸣，有利于广播新闻价值的及时实现。在即刻新闻价值效应方面，广播新闻文本是得天独厚的。

由广播声音符号构建的新闻文本，可以通过无线电波即时传送到四面八方，听众几乎可以任何姿态、在任何情况下收听，但它稍纵即逝，不易留存，这使听众往往失去了咀嚼品味优秀新闻文本的机会，不利于新闻文本深层价值的实现。另外，声音语言的口头化使广播新闻文本难以很好地再现和表达具有抽象性和思辨性的内容，这在一定程度上也影响了广播新闻的报道领域与报道深度。

电视新闻文本。电视是运用电子技术手段传输图像、声音、文字的大众传播媒介。它的符号系统包括画面系统（图像系统）、声音系统、文字系统。因此，在构建新闻文本时可以三位一体，以一种"全能语言"的方式诉诸人们的"视""听""双通道"。

电视新闻文本再现事实的特色不仅在于可以利用广播的声音语言和报纸的文字符号，还特别在于它运用了非语言符号中的图像语言（包括通过画面展示的体态语言），它将这些语言符号与非语言符号有机融为一体，共同再现事实面貌、表达传播主体倾向。电视语言的全能性特点，使得电视新闻文本可以比较完美地呈现各种信息，比如利用叙述语言陈述主要事实信息，通过图像语言展现事态形象、环境气氛、人物表情等，而适度的文字（字幕）符号对完整的电视新闻文本可以起到画龙点睛的作用。总之，高质量的电视新闻文本既可提供间接信息，又可呈现直接信息，这些信息构成了有机联系的信息阵、信息场，使视听者达到了见之有形、闻之有声的状态。在这种状态下，新闻文本易于在接受主体身上实现由接收到接受的转化。电视新闻的影响（包括负面影响）之所以越来越大，其中一个重要的原因就是电视新闻文本有其特别的符号构成系统。

网络新闻文本。传播新闻是网络的重要功能，因而网络也被人们看作新闻媒体。从广义上讲，凡是通过网络传播的新闻都可以叫作"网络新闻"。以狭义来看，网络新闻一般是指在传统媒体网络版、专业新闻网站和综合门户网站新闻频道上发布的新闻，我们这里所指的网络新闻文本主要是狭义上的新闻文本，并且被称为网络新闻文本的文本必须是对新闻事实的再现。网络新闻与传统新闻相比必定是新事物，所以我们对网络新闻文本也准备多讲几句。

互联网给信息传播包括新闻信息传播带来了革命性的变革，它不仅动摇了传统的新闻传播格局，而且改变着许多传统的新闻传播理念和新闻传播方式。它把互动传播在技术上变成了现实，它在否定之否定的螺旋提升中把人类面对面的、点到点的传播模式提高到了新时代的层次，它为有能力的人提供了"言论自由"的技术前提，它给人类提供了一个新的"交流世界"，从而有可能改变人们的思维方式和社会活动方式。但我们以为，网络本质上是一种促进人类社会发展的新兴工具，是人的本质力量的又一次技术外化，不会成为今日世界的上帝，"技术决定论在现代社会仍然带有'神话'性质和'乌托邦'色彩"①。

作为一种新的新闻文本，网络新闻文本有其独特的个性。网络新闻文本的超链接结构打破了传统文本的线性结构，成为一种立体的、网状的、围绕一定核心向外辐射的文本结构。新闻事实的主要事项构成了文本的核心信息，位于赛博空间（Cyberspace）的中心，那些次要的、背景的、边缘的事项信息则位于赛博空间的外围。这种通过超链接方式结构的文本，"可以对一些重要的人物、事件、背景或概念进行扩展。……这有助于读者更直接接触新闻深层背景，获得丰富的相关信息"②，因而也利于新闻价值的充分实现。网络新闻文本是一个开放的文本，文本的构建过程是一个开放的动态过程，网络新闻文本是真正的共时状态下的历时性文本，这是传统新闻文本无法做到的。网络新闻文本可以在新闻事实的变化中即时构建和延伸（或是延构）文本，同时提供丰富多彩的背景链接，开通大众参与的新闻评论渠道。这是一种"合唱"和"交响"，文本就是在这合唱

① 杨保军 . 新闻事实论 [M]. 北京：新华出版社，2001：104.
② 彭兰 . 网络传播概论 [M]. 北京：中国人民大学出版社，2001：149.

与交响中建构的、发展的、完成的，所有的参与者在一定的意义上都是整体新闻文本的建构者，传统的媒介主体中心化受到了非媒介主体的挑战，也得到了一定意义上的合作。从媒介符号系统看，网络新闻的多媒体化使文字、声音与视频手段能够有机结合，共同构建新闻文本。网络新闻文本的符号系统在外在形式上表现为文字语言、图像语言和声音语言的组合，实质上则是以统一的数字化方式"写作"。网络新闻文本是一种交互式的文本，传播主体与接受主体间的关系正是通过文本间的互动得以现实地形成，网络文本对于某一新闻事实来说是一种全景式的文本，它给网络浏览者提供的是全息性的信息。

总而言之，网络新闻文本是一种动态的、立体的、网状的、互动式文本，它不但承继了传统新闻文本的优势，而且对新闻文本的结构方式、内容再现与表达形式都提供了具有革命性的变革因素。

2. 新闻文本的结构层次

新闻文本本质上是一个信息客体，因此研究新闻文本的结构层次，重点应该放在不同信息的层次关系上。新闻文本是由多个不同信息单元构成的统一体，不同信息在重要程度上的差别、表现形式上的含蓄与外露，导致它具有的信息不会是单一层次的，这为层次分析提供了客观根据。

新闻文本的信息层次是思维中的解剖和抽象，不是简单的剥洋葱式的物理层次概念。这种层次现实地体现在文本与主体的认知关系与新闻需求关系之中。不管什么类型的新闻文本，在信息层次的结构上都是相似的。新闻文本大致包括以下几个信息层次。

事象信息层。这是新闻文本最基本的信息层次，核心是再现新闻事实"是什么"，主要是以显的、外露的方式呈现新闻事实的事态状况。"清晰地展现事实的脉络，使新闻充分事实化"[①]，成为生活中事实影像的符

---

① 刘建明. 媒介批评通论［M］. 北京：中国人民大学出版社，2001：227.

合体，是新闻事象的全部内涵。事象信息层次直接满足接受主体最基本的新闻信息需求。

主旨意义信息层。这是新闻文本的意义定位层次、价值定位层次，起着传播指向的作用。一个新闻文本所反映的事实本身的意义是什么，传播主体的意欲是什么，构成了文本主旨信息层次的基本内容。主旨有大有小，但任何新闻文本都有自己的主旨，主旨是贯穿在新闻文本中一根无形的红线，是统率文本的灵魂。需要特别指出的是，新闻文本的主旨意义信息就在事象信息之中，就在统一的文本符号结构之中。对此，刘建明先生说得比较准确："主旨不是独立于作品以外的东西，而是自始至终贯穿在作品之中的一种思想、意念，这种思想、意念不是记者的独白，而是包含在全部事实之中。"①

延伸意义信息层。这是新闻文本透露言外之意的信息层次，类似于构成文学文本的空白悬置或召唤结构符号。通常情况下，新闻文本的天职是提供完整的、真实的事实信息，不给受众在事实信息上留下"合理想象"或"弥补空白"的余地，但"一篇新闻作品只是正确反映出事件的真实，还谈不上魅力"②，于是在文本的意义领域，传播主体常常会通过各种各样的方法与技巧有意留下一些耐人寻味的信息，留下推理和想象的空间，留下延伸新闻价值的余地。这就是说，新闻文本中的有意"留白"，与文学文本中的留白具有一定的相似性，"本文中的空白与未定性并不是一种绝对的无，而是相应于或借助于已有的表达的一种无表达的表达"③。

在新闻文本中，有不少言外之意读者可以理解到，但不能够直接视听到。对于它们，需要传播主体与接受主体的某种默契才能实现，需要某种

① 刘建明. 媒介批评通论 [M]. 北京：中国人民大学出版社，2001：230.
② 同①238.
③ 金元浦. 文学解释学 [M]. 长春：东北师范大学出版社，1997：119.

共同的话语背景才能息息相通。当然有些延伸的意义信息不是传播主体有意"安置"的，而是接受主体自主发掘的。传播者期望引发的意义未必都能得到预期的延伸，而传播者无心着意的地方倒可能暗含着巨大的生机。因此，新闻文本的延伸意义信息层是很不确定的一个层面，这也为新闻价值的实现程度留下了潜在的空间。

四、两种新闻价值客体的关系

在对构成新闻价值客体的新闻事实和新闻文本做出分别讨论之后，有必要对二者的关系加以说明。新闻事实与新闻文本构成了整个新闻认识活动、实践活动、价值活动的核心对象，厘清它们之间的关系，对于我们准确把握新闻价值的生成与实现过程具有十分重要的理论价值和实践意义。

（一）存在的先后与性质的差别

新闻事实与新闻文本在存在的过程性上有先有后。对此，我们可以作如下的理解。

在本体论意义上，新闻事实总是先在于、外在于新闻文本的。客观存在的新闻事实在本体论意义上具有绝对的独立性和先在性，不管有无新闻文本再现它，它作为事实的存在都是绝对的。承认新闻事实的先在性和外在性，不只是一种唯物主义的本体论承诺，更重要的意义在于，它使新闻传播追求真实、追求客观具有了坚实的基础，从根本上否定了新闻传播中一切主观主义做法的合理性和合法性。新闻事实相对新闻文本的先在性、外在性，还有一层特别重要的含义，这就是无论新闻文本怎样再现事实，它都不能改变既有事实的本来面貌，即事实不会以文本的内容和形式为转移（但这并不等于说新闻报道不能影响有关事实的发展变化），这也正是我们能够区别真假新闻报道的根据。

在认识论意义上，新闻事实是新闻文本的本源，新闻文本则是传播主体对新闻事实的再现和反映。新闻事实与新闻文本是认识对象与认识结果间的关系。对此，陆定一早在 20 世纪 40 年代初就有十分经典的论述，他说："新闻的本源是事实，新闻是事实的报道，事实是第一性的，新闻是第二性的，事实在先，新闻（报道）在后。这是唯物论者的观点。"[①] 在认识论意义上，新闻事实和新闻文本是同在的，新闻事实以观念化的方式存在于文本之中。这样，表征新闻事实的信息为文本成为新闻文本提供了生命要素，而文本则使新闻事实信息获得了传播的生命。

从价值论角度看，新闻文本所蕴含的新闻价值主要来源于新闻事实本身所具有的潜在的新闻价值。新闻文本所蕴含的新闻价值的质与量，是由新闻事实本身所蕴含的新闻价值的质与量决定的。"一个符号单元（词）或一个符号系统所反映的意义的丰富性和深刻性，决定于它所反映的关于客体本身的信息内容的丰富程度和深刻程度。"[②] 至于新闻事实具有的潜在价值能否以各种符号形式丰富地、深刻地再现于文本之中，这是一个十分不确定的问题。新闻文本可能将事实新闻价值准确地再现出来，也可能掩盖甚至扭曲事实具有的新闻价值，这要受多种主客观因素的影响。

从新闻传播过程的周期性上看，如前所说，新闻事实是前在的价值客体，而新闻文本是后在的价值客体。新闻信息的传播过程、新闻价值的实现过程，也就是新闻事实向新闻文本的转化过程。

---

① 陆定一. 我们对于新闻学的基本观点［M］//陆定一文集. 北京：人民出版社，1992：322.
② 陶富源. 实践主导论：哲学的前沿探索［M］. 合肥：安徽人民出版社，2001：374.

新闻事实与新闻文本在存在的性质上具有一定的差别。新闻事实是客观性的存在，既包括物质性事实，也包括精神性事实。[①] 新闻文本是主观性的存在，从客体性质上看不同于客观存在的新闻事实，它是对事实的反映，属于精神性存在。新闻事实在本体论意义上是独立自在的，新闻文本不具有本体论意义上的独立性和自在性。这里有两个问题需要注意：一是新闻文本作为精神客体的性质与精神性新闻事实是有所不同的，作为精神客体的新闻事实是指构成新闻事实客观内容的是新言论、新观点、新观念、新认识等精神性的东西，而不是某种物质性的变化信息。新闻文本作为精神客体是说它是对新闻事实的反映，是精神活动的产物。可见，精神性新闻事实与新闻文本的共同之处在于它们都是精神性的东西，但对精神性新闻事实来说，它先在于文本，新闻文本是对它的再现和反映，二者不能等同。二是新闻文本一旦形成，也就具有了独立存在的意义，成了一种具有世界3[②] 性质的客观存在。新闻传播者所发现的、看到的、理解的新闻事实就存在于他所构建的新闻文本之中。新闻文本在构建完成后，既有相对受众的独立性，也有相对传播者的独立性。传播者对新闻文本的价值内涵没有绝对的解释权。大众传播学的集大成者威尔伯·施拉姆在他与威廉·波特合著的《传播学概论》中写道："话说出来以后就不可能是没有说过。当一个句子印出来之后，就不可能是没印过。当一个人的面部表情传达了某种情绪时，一个人就不能把它收回。但是，假若参加这种传播关系中的另一个人并没有注意到这种表情或者在声波行进之前的一刹那没有听到讲出来的话，或者印在纸上的句子还没有被读到，或者是'死海羊皮

---

① 艾丰. 新闻写作方法论 [M]. 北京：人民日报出版社，1994：87-88.

② "世界3"是20世纪西方著名哲学家卡尔·波普尔提出的概念。他说："如果我们称'事物'即物理客体的世界为第一世界，称主观经验的世界为第二世界，则就可以称自在陈述的世界为第三世界。"波普尔把第三世界又称为"世界3"。参见波普尔. 波普尔思想自述 [M]. 赵月瑟，译. 上海：上海译文出版社，1988：255。

纸卷轴'正在洞穴里等着某人去发现它们。在这个间隔时间里，不管是长还是短，只有光波、声波或纸上的墨迹，它们是完全脱离参加这种关系的任何人的。"① 文本的这种独立性，说明新闻文本可以不依赖任何人而自在地存在，但这并不意味着新闻文本的现实意义可以独立存在，意义和价值总是体现在一定的意义关系和价值关系中。所以，只有接受主体开始解读新闻文本，它所包含的价值属性才有可能得到现实化，文本的存在才能获得一种有意义的存在。

新闻文本具有新闻传播的短暂性，但作为具有世界 3 性质的客观存在，同时又具有存储各种信息的持久性和永恒性的功能，它的记录性特性使新闻文本成为文化传递、文明传承的载体。新闻文本的持久、永恒的价值实现，正是通过文本作为世界 3 的历史存在方式来实现的。

（二）本质的一致与内容的差别

本质的一致是指新闻事实与新闻文本在客观内容上是相同的，核心都是事实信息，不过存在形态不同罢了，就像水与冰在本质上是一样的，但它们的存在形态是不同的。新闻事实所包含的信息可以说是自在的信息、非人工的信息，而新闻文本中包含的关于新闻事实的信息是经过讯息化的信息，是经过符号编码的信息，是经过有序化的信息。

新闻事实与新闻文本的内容自然是有差别的，如上所说，新闻事实所发出的信息以自然的方式表征着新闻事实的事象状态和内部结构，表征着它的现象和本质，表征着它的过程和结果，事实的公开和隐蔽完全是由事实本身决定的。新闻文本包含的关于事实的信息并不是事实自在信息的完

---

① 施拉姆，波特. 传播学概论 [M]. 陈亮，周立方，李启，译. 北京：新华出版社，1984：56. 2010 年，中国人民大学出版社推出了该书第二版的中译本。

全摹本或影像，而是经过一定认识图式、价值模式选择、加工、处理的产物，事实的客观结构与逻辑关系在文本中转化成了符号之间的各种组合。

新闻事实与新闻文本在内容上的更大差别在于新闻文本不仅是对事实的再现，也是对传播主体的表达或表现。事实的一切表现就是事实自身，文本表达的却是构建文本的主体，"现实的内容不会直接进入作品，而是经过记者感受的过滤、催化和再生的过程，因此它渗透着人类心灵的甘泉、涂满记者的个性色彩"①。这种表达既可以基于事实、忠于事实，也有可能超越事实、背离事实。表达的合法界限是以是否符合新闻传播规范为原则的，即是否从事实出发，是否尊重事实的本来面目。进入新闻传播媒介中的新闻文本不可能是纯粹的事实再现，或多或少都包含着传播主体某种自觉或不自觉的、公开或隐蔽的意见、情感等表达。

新闻事实与新闻文本本质内容的一致，正是新闻传播的特点，也是新闻传播最本质、最基本的要求，是新闻专业精神最根本的体现。因此，新闻文本更重要的是对事实的再现，而不是对传播主体自身的表达。当新闻文本把重心偏移到对传播主体的表达上，新闻文本的性质就会异化，变得不再是新闻文本。如果偏移到把新闻事实仅仅作为"说话"的工具，文本就可能转化为宣传文本、广告文本，新闻传播就不再是用事实来说明事实，而变成了用事实说明希望。在这种情况下，新闻价值的传递与实现也就失去了它的客体基础。如果偏移到把新闻事实仅仅作为想象的材料，文本就有可能转化为文学文本，即使把这种想象限制在"合理想象"的范围内，所形成的文本也最多是介于文学与新闻之间的报告文学，而这并不是新闻文本。

新闻文本的异化直接源于传播主体过度地表达愿望和表达目的，实质

---

① 刘建明. 媒介批评通论［M］. 北京：中国人民大学出版社，2001：236.

上背离了新闻文本最基本的价值诉求——满足接受主体的新闻信息需求。新闻文本异化的主要原因是新闻传播在不断失去自己合理的自主性和独立性，新闻传播不是按照自己的逻辑运作，而是过多地受到政治逻辑的控制，受到商业逻辑的支配。尽管谁也不会否认社会子系统的有机联系和相互制约，谁也不会否认新闻传播与政治的紧密关系、与经济的不可分离，但人们同时也都会承认各个子系统的独立性。独立性与自主性才能够展现出一个社会子系统特有的价值，新闻传播当然绝不能例外。

（三）转化的绝对与相对

这里所说的转化是指新闻事实与新闻文本之间的相互转化，新闻传播过程、新闻价值实现过程离不开双重价值客体之间的相互转化，这种转化既有绝对性，又有相对性。

就每一次具体的新闻价值传递与实现过程来看，首先需要的是由新闻事实向新闻文本的转化。有了这一环节的转化，才能搭建起传播主体与接受主体之间新闻价值传递的桥梁，这种转化是新闻传播和新闻价值得以形成的核心，具有绝对的意义。

就新闻传播的宏观系统运作来看，任何具体文本的传播并不意味着新闻传播活动、新闻价值活动的结束，新闻事实向新闻文本的转化只是一定时空中相对的转化。新闻文本传播所形成或造成的事实可以成为新闻事实，成为新的传播对象，成为新的新闻价值客体，这就意味着新闻文本通过一定中介转化成了新闻事实。在这一意义上，我们也可以说事实与文本之间的转化是相对的、相互的。

第五章 新闻价值中介

"主体与客体相互作用的价值活动，一般都需要借助于一定的工具或手段来进行。价值主体与价值客体之间相互作用的工具或手段就是价值中介。"[①] 同样，新闻价值主体新闻需要的满足，有赖于新闻价值客体具备的新闻价值要素或价值属性，但不管是对传播主体还是对接受主体，要想从各自新闻价值的活动对象——新闻价值客体中获得潜在的新闻价值，就必须依赖和运用一定的中介手段。新闻价值中介是新闻价值的重要根据之一，没有一定的价值中介，新闻价值客体与新闻价值主体之间就不可能发生相互作用，新闻价值也就无以产生。所以，新闻价值中介问题是新闻价值论的重要组成部分。

一、新闻价值中介的地位与特性

新闻价值作为一个关系范畴，并不是新闻价值主体与新闻价值客体之

---

① 王玉樑. 价值哲学新探 [M]. 西安：陕西人民教育出版社，1993：60.

间简单的两极性二项式关系。在这对主客体关系结构中，还有一个必不可少的价值中介系统。它以桥梁或纽带的作用方式将新闻价值主客体结构为统一的新闻价值系统。作为中介系统，新闻价值中介有其自身独立的地位和特性。搞清新闻价值中介在新闻价值结构中的地位与特性是深入讨论新闻价值中介的前提。

（一）新闻价值中介的地位

我国著名学者夏甄陶先生在他的《认识的主-客体相关原理》一书中写道："在没有中介的情况下，一切物质的、能量的和信息的变换与转移，一切空间上、时间上的联系与变化，都不可能发生。"[①] 这一论断从总体上说明了"中介"在人类所有活动中的重要地位。新闻价值活动作为一种主要以新闻信息为操作对象的活动，当然也不能没有自己的中介。探讨新闻价值中介的地位，需要回答的核心问题是：是否所有新闻价值关系的建立都必然需要新闻价值中介？新闻价值中介在新闻价值结构中处于什么样的位置？它与其他新闻价值结构要素的基本关系是什么？

1. 新闻价值的根据

从简单的存在性上看，构成新闻价值的每个要素都可以独立地存在，这就意味着新闻价值主体、新闻价值客体与新闻价值中介都可以相互外在地存在着。事实上，我们直接感觉到的就是这些要素在客观上相互外在地存在。这种独立性的存在也使我们能够比较方便地对它们进行相对独立的研究。这里首先提出的问题是，相互独立存在的主体与客体之间能否不通过一定的中介直接产生新闻价值，即客体能否不通过一定的中介直接满足

---

① 夏甄陶. 认识的主-客体相关原理 [M]. 武汉：湖北教育出版社，1996：164.

主体的新闻需求。我们知道，"有些自然客体，如阳光、空气、雨露之于人体和庄稼，是不经过中介而直接作用于人和动植物，从而对人产生价值的"①。这就是说，中介在这种情况下并不必然构成价值关系或价值结构的根据。但我们认为，这种无须中介的直接价值效应在新闻价值现象中是不存在的，因为新闻活动本质上是一种社会认识活动，而任何社会认识活动即使不需要物质性工具，也决不能离开一定的感觉、知觉、思维等精神性工具，建立并贯穿在新闻认识基础上的新闻价值活动自然必须依赖一定的中介。在现代大众传播媒介环境下，无论是传播主体发现新闻事实、创制新闻文本、传播新闻信息的活动，还是接受主体的接收、接受活动，早已变得难以离开各种物质中介了，他们的新闻价值活动也是在运用各种中介手段的情况下进行的。

新闻价值只能产生于新闻价值关系之中，只能在各个价值要素的现实关系中得以形成。独立的、相互外在的要素只具备潜在的价值关系意义，而在现实的新闻价值结构中，各个结构要素是绝对关联的，外在性则只具有相对的意义。

关联的绝对性有两方面的基本含义：一是说，离开任何一个新闻价值要素，新闻价值结构就难以形成。也就是说，每一个新闻价值要素都是新闻价值得以形成的根据，新闻价值中介作为构成新闻价值的必要要素，自然也是新闻价值得以形成的根据。二是说，新闻价值要素只有在相互关联中才能叫作价值要素，才能共同构成有效的新闻价值结构。

关联的相对外在性是说，即使在现实的新闻价值结构中，每一个新闻价值要素仍然是它自身，具有相对的独立性。由于新闻本质上的信息性特征，新闻价值客体在满足主体新闻需求的同时，可以始终保持自己的形

---

① 王玉樑. 价值哲学新探 [M]. 西安：陕西人民教育出版社，1993：62.

态，客观存在的新闻事实并不会因为对主体产生了新闻价值而改变自己的形态，新闻文本不会因为对接受主体产生价值效应而改变自身的存在样式。这是新闻价值在本质上以信息价值发挥作用和影响的重要特点，不像有些价值客体，一旦作为价值对象对主体产生价值，它本身的存在形态也就发生了根本性的变化。① 比如，一个梨子，一旦满足了人的吃的需要，它自身的存在形态也就被彻底地改变了。关联的相对外在性使我们能够非常容易地在新闻价值结构中把各个要素识别出来，但也说明，构成新闻价值的各个要素是不能真正分离的，一旦分离，现实的新闻价值关系也就不存在了，新闻价值要素也不再是它自身了。这就好像一双美丽的眼睛一旦离开活生生的人体，就不再是一双美丽的眼睛了一样。

新闻价值中介作为新闻价值根据，与新闻价值主体、新闻价值客体一样，在新闻价值结构中具有重要的、不可替代的地位。当然，它们在新闻价值结构中的具体位置与功能作用是不同的，新闻价值主体是价值活动的主动发起者和主导者，新闻价值客体是价值活动的对象，而新闻价值中介则是价值主体进行价值活动的工具和方法。

2. 新闻价值结构的中介

上面，我们是从新闻价值结构形成的条件性出发，确立和认定了新闻价值中介是新闻价值产生的根据。此处，我们在承认新闻价值结构必须具备新闻价值中介要素的前提下，具体说明它与其他新闻价值要素的具体结构关系。要想说明这种结构关系，需要从静动两个方面加以阐述。

从静态角度看，新闻价值中介处于中间位置，它的两端是新闻价值主体和新闻价值客体，如图 5 - 1 所示。

---

① 改变了存在形态的新闻事实不再是原来的新闻事实，而是新的事实。对于一定时空条件来说，任何事实的面貌都是唯一的，这是我们能够衡量新闻真实性的客观基础。

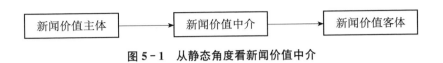

图 5 - 1　从静态角度看新闻价值中介

这非常直观地说明了新闻价值中介的"中介"位置。分析价值中介在静态结构中与其他价值要素的关系，实质上是把已经形成的稳定的价值结构作为对象去解剖，是在所有价值要素共时存在的状态下对价值中介要素位置的描述。这种静态结构不是对物理结构的文字翻译，而是对实际新闻价值结构的简单抽象。

从动态角度分析新闻价值中介在新闻价值结构中的位置，也就是从新闻价值结构的形成过程观照新闻价值中介的位置。在新闻价值结构的形成过程中，作为工具的价值中介始终是价值主体用来发现新闻价值客体、创造新闻价值、实现新闻价值的手段，始终按照价值主体的目的和意志指向价值客体。这样，价值中介在动态中也就始终处于主客体的中间位置。与静态情况下不同的是，动态中的价值客体有时是未定的，价值中介在一定时间内处于潜在的中间位置。因此，在新闻价值活动的动态发展过程中，并不是在每一个时间点上都可以解剖出上述那样抽象的结构。只有价值客体得到确立，才能形成稳定的新闻价值结构。

（二）新闻价值中介的特性

作为连接新闻价值主客体的桥梁，新闻价值中介有着天然的中介性，但要真正全面理解并把握新闻价值中介的特征，停留在相对比较直观的中介性上还是远远不够的，还需要对新闻价值中介丰富的内涵进行揭示。探讨新闻价值中介的特性，不仅需要对价值中介本身进行研究，还需要从它与其他价值要素的关系中分析它所显示出来的特性。

1. 中介性

新闻价值中介的中介性似乎是一个不言自明的特性，无须做过多的阐释。但这只是一种直观的感觉，要真正理解中介性的内涵，还需要做一些深入的分析。

如前所述，在新闻价值结构中价值中介居于中介地位，将新闻价值主体和客体连接在一起，充分显示了价值中介的中介性特征。但需要我们进一步说明的是，价值中介并不是纯粹的物理中介，并不像一条红线将两个物体联系在一起那样简单。价值中介主要是一种抽象的中介，在有形中介中包含着无形的中介，而这无形的东西是更为重要的。比如，对于物质性的工具来说，它在感性上是有形的，可以直接进行操作，操作它的方法也是有形的，但有形工具是无形知识和智慧的物化产物，这就意味着主体只有具备了某种基本的知识，才能有效操作这样的物质工具；对于物质工具的操作方法来说，外在有形的四肢与形体操作动作不过是对某种无形知识逻辑的具象演练。这种有形与无形的辩证法并不是在玩文字游戏，它从理论层面说明对价值中介的把握和运用是十分复杂的事情，并不是简单的劳动，对新闻活动主体在知识与智力上都有很高的素质要求。要想创造较高的新闻价值，首先必须深刻理解创造新闻价值的工具的特征。对于思维工具及其操作方法来说，价值中介的抽象性更高，因为思维工具及其操作方法尽管可以以各种符号的方式存在于书本上、画面中、声音里，但作为有效价值中介的存在，必须"活化"在运用它的主体的大脑中，成为主体的一种精神力量，这更是无形的东西了。因此，价值中介的中介性既需要感性的把握，更需要理性的驾驭。

中介性的另一含义是指中介本身的中介性特点。新闻价值中介本身既有物质性又有精神性，是物质性和精神性的共时性产物，也可以说它兼具物质性和精神性的双重特点。比如，物质性的工具在直接的现实性上就是物理性的工具，但它在本质上不过是人类知识和智慧的物化表现，是源于自然而又高于自然的智力创造物，"它们（指物质工具——引者注）是**人的手创造出来的人脑的器官；是对象化的知识力量**"[①]。可以说，所有的物质工具不过是人体的延伸、人脑的延伸、人的神经系统的延伸，"现代高度科学化、技术化、信息化、智能化的中介工具体系，极大地延长着、放大着属于人自身的运动效应器官、感觉器官和它们的功能，扩大着属于人自身的自然力量。更重要的是还延伸了属于人自身的思维器官，放大了属于人自身的思维智力功能。而这一切还都是没有止境地、迅速地发展着"[②]。对于思维工具来说，它的双重性、中介性就更为明显了，人类最重要的思维工具是语言符号。语言符号同样是新闻传播活动中最重要的符号，在新闻传播活动中，语言符号转化为新闻符号，而"新闻符号的形式作为新闻符号的物质存在方式，是由人创造出来的新闻符号的物质面貌。新闻符号的意义则是新闻符号的精神方面，是人将一定的思想、意识，即信息内容，将自己观念地把握住的新闻事实对象赋予了符号。因此，新闻符号既不是纯粹的物质，也不是纯粹的精神，而是赋予了精神特性的物质，或者说是凝聚了一定精神内容的特殊形态的物质。它作为某种物质形态是客观的，是在人的主观以外存在着的；但它又必须在被人的思想把握时才能有意义地存在，才能作为符号而存在。可见，符号体现着物质和精神的相互交织；它的形式不是精神而又脱离不了精神；它的意义、内容不是物质而又与物质分不开。正是这种复杂的相互交织，使符号成为既区别又联系于物质现象和精神现象的一种'中介现象'，从而充当了主观和客观、主体和客体之间相互作用、相互转化的'中介角色'"[③]，也正是在充当中介角色的过程中显现着自身的中介性。

---

① 马克思恩格斯文集：第8卷［M］. 北京：人民出版社，2009：198.
② 夏甄陶. 认识的主-客体相关原理［M］. 武汉：湖北教育出版社，1996：175－176.
③ 刘智. 新闻文化与符号［M］. 北京：科学出版社，1999：21－22.

2. 依赖性

尽管新闻价值中介具有独立性的品格，但在实际生产过程和发挥作用的时候，它总要依赖一定的条件，依赖主客体之间一定的关系，这就是它的依赖性。

首先，新闻价值中介的依赖性是指它的现实存在依赖于新闻价值关系的存在。离开某种现实的主客体关系，中介只能叫作一般中介。构成认识关系的中介叫作认识中介，处于实践关系中的中介称为实践中介。因此，任何价值中介手段只有在现实的新闻价值关系中，只有运用到新闻价值活动中，才能被称作新闻价值中介。

其次，新闻价值中介的依赖性主要是指，新闻价值中介作为价值主体进行新闻价值活动的工具和操作工具的方法，必然依赖于新闻价值主体的操作运用，才能发挥现实的作用。价值主体操作的物质工具、思维工具以及相应的操作方法，都是主体的发明创造，都是主体智慧的结晶，这就意味着价值中介的有效存在在本质上是离不开主体的。离开主体的工具和操作方法会立刻变成死的、无效的工具和操作方法，任何"中介系统就其职能和规定性来说，是人作为主体处理自己同客体相关联的关系的手段。因此，中介系统必须而且可以通过主体相应的活动方式而活化起来，为主体处理自己同客体相关联的关系提供和开辟广阔的时间-空间界阈"①。事实上，工具和方法，不管是物质性的还是精神性的，只有处于"活化"状态，只有处于主体对它的掌握状态，它才是真正的工具和方法，"物质工具要在主体和客体相关联的实践-认识关系结构中真正起到作为中介手段的作用，必须是在主体指向客体的对象性活动中被运用的活的手段"②。人类迄今为止所发明创造的一切用来进行新闻传播的工具，也即进行新闻

---

① 夏甄陶. 认识的主-客体相关原理 [M]. 武汉：湖北教育出版社，1996：162.
② 同①176.

价值发现、创造、实现的手段，都不可能离开新闻价值活动主体而自动发挥作用，必须依赖主体按照一定规则、程序、方法的操作和运用。

中介的这种依赖性使得主体可以按照各自的需要和目的来使用中介，即主体在使用中介工具时拥有充分的自主性和能动性，这正是不同主体能够形成个性化新闻传播与接受的基础。面对同样的价值客体，不同的价值主体之所以能够发掘出不同的新闻价值，其中原因之一就是他们使用了不同的价值中介或者以不同的方式运用了同样的价值中介。中介工具的这种依赖性也会导致对工具的滥用现象，滥用就是将工具用在不恰当的地方，或不恰当地使用工具，这就有可能造成新闻价值的减损，甚至造成负价值的产生。当然，中介工具对主体的依赖性并不意味着主体可以随心所欲地使用工具，因为任何工具都还有相对主客体的独立性，对主体的使用行为具有必然的制约性。对此，我们在下文中还要做专门的讨论。

再次，新闻价值中介的依赖性是说，任何新闻价值中介手段的发明和创造，始终依赖于主体的认识活动、实践活动和价值活动。大自然至多给人类提供一些原始的、粗糙的"工具"，让人类用一些自然物去对付另外一些自然物，决不会给人类赏赐任何成熟的认识自然、改造自然的工具和方法，它只是把一切可能的工具与方法蕴藏在自己运行的规律之中，等待人类在满足自身各种需要的历史进程中去发明和创造工具。黑格尔早就说过："人类有了种种需要，对于外界的'自然'，结着一种使用的关系；为着要靠自然来满足自己，便使用工具来琢磨自然。自然的事物是强有力的，它们有各种方法抵抗。人类要征服它们，便采用了其他自然的东西；他发明了各种达到这种目的的工具，用'自然'来对付'自然'。这些人类的发明属于'精神'方面，这种工具应当被看作是高出于单纯的自然的事物。"① 新闻价值中介的发明创造，并不限于新闻活动范围，一切能被

①　黑格尔. 历史哲学 [M]. 王造时，译. 北京：生活·读书·新知三联书店，1956：285.

新闻传播活动利用的物质工具、思维工具，不管它来源于人类活动的哪个领域，都可以成为新闻价值中介。人类在不同领域的活动本质上是相通的，一切工具和方法在本质上都具有通用性、公用性和普遍适用性，在不同的领域可以进行相互的迁移。当然，人类活动的每个领域又都有自己的特殊性，因而决定了主体在不同领域进行各种具体活动时，还必须有一些特殊的工具和方法。"在一切专业性的科学实验和科学认识中，在社会的经济活动、政治活动、文化活动和艺术活动中，作为主体的人都是按照自己的需要和目的，运用各种不同的概念性思维工具来接收、获取和掌握有关的科学信息、经济信息、政治信息、文化信息和艺术信息的。"① 对于新闻活动来说，它所特有的中介手段主要是通过新闻活动本身不断发明创造的。比如，几乎所有报道新闻的具体方法——消息、特写、通讯、解释性报道、深度报道、精确报道等等，都是在新闻传播实践活动中、价值活动中逐步创造的，它的根本动力源于人们日益增长的不同的新闻需要，源于新闻传播自身的不断发展和进步。

最后，新闻价值中介的依赖性是指，新闻价值中介的存在与发展，与其他人类活动领域用来发现、创造、实现价值的中介一样，依赖于社会大系统的整体发展进程和发展水平。什么样的物质工具、思维工具能够成为新闻价值中介，并不是由新闻传播自身单独决定的，而是依赖于整个社会系统提供的条件，依赖于整个社会发展的需要。印刷技术、摄影技术、电报技术、广播电视技术、卫星技术、网络技术等等起初并不是为传播新闻而专门创造发明的，而是经过一定的历史演变才或快或慢地运用于新闻传播领域，成为创造新闻价值的重要工具和方法。我们可以说，新闻传播的开放性不仅表现在它的内容来源于整个自然和社会，它的传播指向整个人类，而且表现在它以海纳百川的姿态吸收所有对自己发展有益的东西，特

---

① 夏甄陶. 认识的主-客体相关原理［M］. 武汉：湖北教育出版社，1996：193-194.

别是有利于提高新闻传播价值的一切中介手段。

3. 独立性

工具意义上的新闻价值中介，尽管必须在主体的"活化"运用中才能发挥现实作用，但工具——不管是物质性工具及其操作方法，还是思维性工具及其操作方法，一旦被人类创造发明出来，就具有了独立存在的特性，即不管人们是否运用它，它都是独立存在的，独立于主体，独立于客体。"物质工具是人们按照一定的目的，通过实际地改变自然物的自在形式所创造出来的人工客体，具有客观地独立存在的形态。"① 即使是精神性的工具，比如语言符号和语言符号所承载的思维方式，也会因为语言符号的感性特征而获得一种现实的感性存在形式，从而使精神性的工具也能够获得独立于主客体之外的存在方式。

工具具有独立性是非常重要的。工具能够独立存在是工具具有公用性的前提，独立性意味着一种工具一旦产生，所有的人都可以使用它，它便成了人类的工具，物质工具如此，精神工具也是这样。一种新的思维方式，一种新的符号系统，一旦通过一定的介质载体再现表达出来，它便具有了类的意义。实际上，任何工具只有被普遍合理地使用，才能在人类创造价值的活动中发挥巨大的效用。电报技术、广播技术、电视技术、网络技术等等，只有在得到广泛使用的情况下，只有在大规模应用到新闻传播领域的情况下，才能改变新闻传播观念，改变新闻传播的既有方式，才能使新闻价值得到广泛的传播，才能使新闻在传播中真正实现价值的增值和价值的扩展与延伸，也才能使新闻传播作为一种事业的价值得到空前的提升。这种现象历史地表现在每一种重要传播工具诞生的时代，美国新闻学者丹尼尔·杰·切特罗姆就曾针对电报技术对新闻传播的影响而写道：

---

① 夏甄陶 . 认识的主-客体相关原理 ［M］. 武汉：湖北教育出版社，1996：231.

"电报不仅导致了大规模新闻采集和现代新闻观念的产生，而且为新闻的标准化这个也许是现代新闻最引人注目的特点开辟了道路。"① 广播、电视技术都曾有过并且依然展现着各自辉煌的成就，广播把人们带入即时的世界，电视把"现场"的世界直接呈现在人们的眼前，新闻价值在中介工具的变革中已经同步地影响着人们的生活、工作和学习，人们甚至很难"逃离"新闻传播所营造的新闻价值世界。如今，我们正在体验和感受着网络工具所带来的全方位的洗礼，它以整合传统新闻传播技术的姿态正在开辟着一个新的传播时代。网络新闻的研究者对此已经做出了惊心动魄的描述和预测——"自 20 世纪 80 年代以来，互联网在整个传播领域掀起了'网络革命'浪潮。这一浪潮的实指方面是，由于信息技术的突飞猛进，传统传媒以直接或间接方式全面与互联网对接，从而形成了这个时代最有召唤力的媒介观念；而虚指方面则是，鉴于互联网自身的发展，也鉴于互联网边际效应的深刻与广泛，一个以网络技术发展趋向为传播模型指针的新传播时代已经来临"②，而"网络新闻业成为一种朝气蓬勃的活力源泉，正在向世人展现其非凡的魅力和影响力"③。

工具一旦具有独立性，就拥有排他性的特点，对主体来说，就不能任意地使用它。也就是说，工具会对主体形成客观的制约性。由此，主体在使用工具时，首先必须掌握工具的使用方法，使用方法因而成了工具无形的一部分。对于客体对象来说，工具的独立性表现为它对对象的选择性，即只有符合工具发挥功能的对象才能成为有效的作用对象。由于不同的工具具有不同的特性，从而才形成了以工具为根据的不同形态的新闻传播方式。所谓报纸新闻、广播新闻、电视新闻、网络新闻等等的称谓，正是以

---

① 切特罗姆. 传播媒介与美国人的思想：从莫尔斯到麦克卢汉 [M]. 曹静生，黄艾禾，译. 北京：中国广播电视出版社，1991：17.

② 杜骏飞. 网络新闻学 [M]. 北京：中国广播电视出版社，2001：1.

③ 同②前言 2.

传播新闻的基本中介进行划分的。正是新闻价值中介的独立性，使我们可以通过新闻传播工具发展的历程来描述人类新闻传播史的演变过程，来衡量人类新闻传播水平提升的速度，来把握人类利用新闻价值的程度。人们对新闻传播历史最基本的一种描述、划分方式，就是以工具中介的进化作为参照的：前语言时代、口语时代、书写时代、印刷时代、电子时代（广播时代、电视时代）、网络时代、后网络时代。

4. 系统性

新闻价值中介是一个中介系统，中介不是单一的、个别的工具，而是各种工具构成的工具系统。在这个系统中，不同的工具具有不同的功能，但它们之间有着紧密的联系，共同促成新闻价值的传播与实现。

就整个新闻传播和新闻价值活动的过程来看，新闻价值中介的系统性首先表现为它是由传播主体和接受主体使用的中介工具共同构成的。

新闻价值主体的双重性、新闻价值客体的双重性，使得新闻价值活动在新闻传播的不同阶段由不同的主体承担着不同的任务。传播主体一边面对的是事实世界，另一边面对的是接受主体，其本身在传播中的中介地位，决定了他所运用的中介工具有别于接受主体。面对事实世界时，传播主体所运用的工具直接指向事实，核心任务是发现有新闻价值的事实，再现有新闻价值的事实，并在一定的范围和限度内表达传播主体自身，通过这一系列活动创制出新闻文本；面对接受主体时，传播主体主要是运用各种传播工具、中介载体将新闻文本送到接受主体的面前。看得出，传播主体所运用的中介工具主要是发现事实的工具，获取新闻信息的工具，再现和传播新闻信息的工具。在物质工具方面，工作于不同媒介形态的传播主体都拥有自己完备的"硬件系统"，可以罗列一个长长的清单。比如，采集制作电视新闻，最起码得有摄像录音工具系统、编辑制作工具系统、播放监控工具系统，每一个子工具系统都由一系列的具体工具构成。在精神工具方面，传播主体拥有各种各样的符号系统，诸如文字语言符号系统、声音语言符号系统、图像语言符号系统、数字化语言符号系统；拥有各种层次的概念性思维工具；拥有操作各种符号系统和概念体系的方法等。对于接受主体来说，面对的主要是传播主体通过各种各样的媒介渠道传递出来的新闻文本，要接收和接受这些新闻以满足自己的信息需求，也必须运用一定的中介手段。比如，作为物质中介的各种信息接收设备，像收音机、电视机、个人电脑等。更为重要的是，接受主体必须拥有接收、解读新闻的精神工具，因为尽管新闻文本必须由一定的物质载体承载，但它本质上是精神产品，接受主体只有具备解读、理解它的精神工具，新闻文本才能成为接受主体对象性的存在、有意义的存在。讲得更严格一点，接受主体只有具备与传播主体共同的符号系统，以及理解一定符号系统意义的基本方法系统，新闻传播才能真正得到实现。可见，传播主体与接受主体各自的新闻传播活动、新闻价值活动一起构成了完整的、系统的新闻传播活动、新闻价值活动，他们所运用的价值中介手段则构成了完整的、系统的新闻价值中介。这样，如果从新闻价值中介角度看，新闻价值活动就是在这统一的价值中介作用下完成的。

其次，新闻价值中介的系统性表现为传播主体与接受主体运用的中介工具在性质上具有同一性。

如上所说，传播主体和接受主体在新闻传播过程中处于不同的环节，在新闻价值活动中担当着不同的角色，因而使用的中介手段有所差别，使用的方法也有所不同，但就完整的新闻价值活动来看，中介工具具有同一性。新闻价值只能实现于新闻传播的完整过程，因此，不管是传播主体使用的价值中介，还是接受主体使用的价值中介，只要是在新闻价值活动中使用的，就都是新闻价值中介，在性质上是同一的。

　　价值中介的同一性不仅表现在工具工作指向目标的共同性上，而且表现在中介本身的同一性上。比如，作为物质工具的传输系统与接收系统，本身就是同一系统的两大构成部分，离开传输系统，接收系统是一堆废物，没有接收系统，传输系统就失去了工作目标。因此，作为以信息传受为基本活动方式的新闻传播，它所使用的物质中介系统必然在性质上是同一的。对精神工具来讲，性质的同一性就更好理解了。传播主体与接受主体只有在拥有同一性质的符号系统及其意义系统时，在具有大致相似的概念思维工具系统时，传播活动才能现实地进行。

　　由上面的分析可以看出，价值中介的系统性与同一性是传播主体与接受主体能够产生主体间有效交流的重要条件，也是传播主体与接受主体能够实现新闻价值共享或分享的重要条件。没有系统性的价值中介，传受活动就失去了完整的通道；没有同一性的价值中介，特别是同一性质的精神性中介，传播主体与接受主体之间的沟通是根本不可能的，因为他们处于两个不同的精神世界之中。如果传播主体使用的符号系统与接受主体能够理解的符号系统不一致，传播就只能是半截子传播。如果一个人不懂外语，那么外语报纸对他来说至多只有糊糊破墙壁或包包烂东西的"使用价值"，至于蕴藏在文本符号中的精神意义和价值对他来说是不存在的。因此，讨论价值中介的系统性不能局限于中介本身，必须把它与主体联系起来，与传播主体和接受主体间的关系联系起来。中介是依赖主体而发挥作用的，其在传播主体与接受主体间表现出的同一性的实际程度，直接影响着传播主体传播目标的实现程度，也必然影响着新闻价值在接受主体身上实现的程度。

　　最后，新闻价值中介的系统性是说，新闻价值中介是由直接性中介与间接性中介构成的统一系统。从新闻事实的发现到新闻价值的最终实现，中间要经过诸多环节的工作，每一环节的工作都要使用各种各样的中介工具。从新闻价值论的角度看，这些中介都是价值中介系统的构成要素。

二、新闻价值中介的构成

新闻价值中介作为新闻价值结构的重要因素，有其自身的系统构成。新闻价值活动贯穿于新闻认识活动与实践活动之中，因而新闻价值中介并不是独立于新闻认识中介、新闻实践中介之外的独立中介，它们实质上是一套统一的中介系统。作为中介系统的各种工具、手段和方法，可以运用于人类的不同活动之中。当然，对于人类不同活动领域不同性质和不同类型的活动方式来说，所运用的中介系统会有一定的差别，会有各自中介手段的特殊性。一般而言，中介系统"包括工具系统和操作工具的方法系统。它们又可以分为物质工具和操作物质工具的方法与思维工具和操作思维工具的方法"①。在新闻价值活动中，传播主体与接受主体都会使用一定的、共同的物质工具和思维工具及其相应的操作方法，也会使用一些不同的中介手段，这是由他们所处的不同新闻价值活动阶段决定的。

（一）作为整体价值中介的新闻活动

任何价值的产生都以主体的价值活动为基础，价值的基本构成要素正是在主体的价值活动中结构成统一关系系统的，并在这统一的系统中发挥各自的功能作用，产生最终的价值效应。无疑，价值活动像价值主体和价值客体等要素一样，是价值形成的重要根据之一。

同样，新闻价值的产生也必须以新闻价值主体的新闻价值活动为基础，主体的新闻价值活动使新闻价值主体与客体之间发生现实的相互作

---

① 肖前，李淮春，杨耕. 实践唯物主义研究 ［M］. 北京：中国人民大学出版社，1996：314.

用，在这种现实的相互作用中建立起某种新闻价值关系，进而新闻价值客体对主体产生一定的价值作用和影响。因此，从一般意义上说，新闻价值活动是建立主客体新闻价值关系上的整体性新闻价值中介。

之所以说新闻价值活动是"整体性"新闻价值中介，是因为任何主体的新闻价值活动都以一定的新闻价值客体为对象，在面对新闻价值客体的价值活动中，新闻价值客体潜在的新闻价值不会直接输入主体的大脑，新闻价值主体不可能以"赤手空拳"的形式或"白板"一块的大脑对待价值客体，不可能以赤裸裸的方式获得新闻价值，而要运用一定的中介工具手段比如物质工具、思维工具、符号工具等。我们通常所说的中介指的就是这些具体的工具，那么，相对这些具体的工具中介而言，把新闻价值主体与客体连接在一起的主体价值活动就是整体的价值中介。新闻价值活动作为整体性中介，既有主体躯体的活动，更有主体运用各种工具的活动，它把主体各种活动统一起来，共同面对新闻价值客体。

作为整体新闻价值中介的新闻价值活动，贯穿在完整的新闻活动之中。新闻活动主要由两大部分组成：传播主体的新闻传播活动与接受主体的新闻接收、接受活动。任何有实际意义的新闻传播活动都是由传播主体与接受主体共同进行和完成的。

在新闻价值活动中，传播主体以发现新闻价值和创造新闻价值①为新闻价值活动的主要内容，接受主体以实现新闻价值为新闻价值活动的主要内容。应该指出的是，传播主体的价值发现活动、价值创造活动本身也是新闻价值实现活动的有机组成部分，我们只是为了讨论问题的方便，以新闻价值活动的过程性为参照，将传播主体的新闻价值活动界定在发现与创

---

① 发现新闻价值是指，以发现新闻事实的潜在新闻价值为核心活动目标；创造新闻价值是指，通过对新闻媒介的选择以及对新闻文本的接收、视听解读、理解评价、接受内化等方式，使包含在新闻文本中的新闻价值得以现实化。对此，我们将在"新闻价值的实现"一章中再作分析。

造的范围。对接受主体来说，他们在"分享"传播主体发现、创造的新闻价值的活动过程中也在以自己特有的方式创造着新闻价值，没有接受主体的接收、接受活动，新闻价值的发现与创造不仅毫无意义，而且是对各种资源的严重浪费。进而言之，接受主体在新闻价值的实现活动中，也会在解读理解新闻文本的过程中，创造出传播主体意想不到的新闻价值。每一个新闻文本的解读者原则上都会以自己的方式对待文本的内容和形式，因而每一个解读者都会"读、听、看"出不同的意义，从而满足不同的需要。

将新闻价值活动作为价值中介，必定是一种宏观的把握，它对新闻价值活动在新闻价值结构中做出了总体的定位，而要想深入理解具体的新闻价值中介，就必须对每一种新闻价值中介的特征与作用进行分析，这正是我们下面要做的工作。

（二）作为"硬中介"的物质工具

新闻传播活动、新闻价值活动的真正实施，是传播主体和接受主体针对各自活动对象使用工具中介的过程。这种中介由两大系统构成：一是物质工具，我们可以称之为"硬中介"；二是精神工具，我们可以称之为"软中介"。不管是宏观的、总体的新闻活动，还是具体的、某一次新闻报道或新闻接收、接受行为，都是主体运用这两大中介系统来进行的。这里先来讨论作为"硬中介"的物质工具系统。

物质工具本质上是人类知识力量的物化形式，是人类"有目的地实际利用自然物质的属性和自然物质运动规律的综合结果"[①]，其中"凝结着、

---

① 夏甄陶. 认识的主-客体相关原理 [M]. 武汉：湖北教育出版社，1996：171.

储存着人们自己的需要、本性、本质力量、价值观念和创造才华、工艺技能以及人们作为主体同客体相关联关系结构的具体状况、具体特点等方面的信息"①。新闻传播所使用的物质工具的发明创造，最根本的动力是人们社会交往（包括物质交往与精神交往）的需要，是人们不断探索信息传播规律的产物。每一种信息传播工具的诞生都意味着人类活动领域的扩展、社会视野的扩大、交往水平的提高，每一种新媒介都"为人类打开了通向感知和新型活动领域的大门"②。

在新闻传播的整体结构中，物质传播工具是最活跃的构成部分，一些核心传播工具的出现往往意味着一种新媒介的诞生，比如，"从 17 世纪开始，新闻传播活动也开始借助印刷术而迅速发展，使得千万人的新闻传播观念也同时发生了飞跃性的变化。至 19 世纪 30 年代，快速印刷术和报纸的基本概念相结合，形成了第一种真正的大众传播媒介，现代报纸问世了"③。而一种新媒介的诞生，将会给整个新闻传播和新闻传播以外的世界带来革命性的变化。比如，被马克思当年称为"最伟大的发明"的印刷术"变成新教的工具"，"变成科学复兴的手段，变成对精神发展创造必要前提的最强大的杠杆"④。广播、电视、网络等传播工具给新闻传播和整个社会所带来的影响，人们不仅记忆犹新，更在体验之中，"电子传播技术的发展，使人类进入了一个全新的、前所未有的信息社会"⑤。正因为如此，人们对麦克卢汉谜一般的判断"媒介即是信息"的历史内涵越来越觉得有所领悟。⑥

---

① 夏甄陶. 认识的主-客体相关原理 [M]. 武汉：湖北教育出版社，1996：186.
② 麦克卢汉，秦格龙. 麦克卢汉精粹 [M]. 何道宽，译. 南京：南京大学出版社，2000：422.
③ 童兵. 理论新闻传播学导论 [M]. 北京：中国人民大学出版社，2000：97.
④ 马克思恩格斯全集：第 37 卷 [M]. 2 版. 北京：人民出版社，2019：50.
⑤ 郭庆光. 传播学教程 [M]. 北京：中国人民大学出版社，1999：34.
⑥ 同②227.

从宏观上说，目前人类进行新闻传播活动、新闻价值活动最重要的是四大媒介：报纸、广播、电视、网络。正是通过这些媒介的中介作用，新闻业的种种功能和价值得以实现，其中最主要的功能就是传播新闻、传递和实现新闻价值。毫无疑义，四大媒介本身构成了新闻价值活动最重要的物质性中介系统。离开这样的媒介系统，实践上不会存在大众形态的新闻传播方式，理论上无法命名媒介的类别和形态，这足以说明物质工具在新闻传播活动、新闻价值活动中的地位和作用。事实上，现代新闻传播事业的发展核心就是传播工具的发展，每一种新工具、新媒介的诞生意味着一个新的传播时代的到来，意味着新的竞争的激烈展开，同时也意味着前所未有的合作方式的出现。"根据历史经验来看，传播工具总是经过不断的冲击，然后又一起共同朝前发展"[①]，传播媒介的历史发展进程并不是依次取代的过程，而是依次叠加、不断整合的过程，"人类传播的演变是传播媒介的复合过程，而不是简单地从一种媒介系统过渡到另一种媒介系统"[②]。"各种不同的交流工具在其发展初期多少是互不联系，各搞一套的。每种工具都有自己的目标，就是要满足各自的听众、观众、读者对新闻、娱乐和文化的实际的或设想的需要。然而渐渐地，我们就看到，各种不同的交流形式之间建立了许许多多的联系和关系，同时它们都在争取赢得更加多的听众、观众和读者。"[③]

就每一种大众传播媒介而言，都有不同的、具体的物质工具构成方式，都有自己相对独立的物质工具系统，这是媒介能够区分为不同媒介形态的客观根据。每一种大众传播媒介都有自身的核心技术及其相应的工具，从而形成自己突出的媒介特征和不可替代的地位与作用。不同媒介之

① 黄旦. 新闻传播学［M］. 杭州：杭州大学出版社，1997：201.

② 袁军. 新闻媒介通论［M］. 北京：北京广播学院出版社，2000：6.

③ 麦克布赖德. 多种声音，一个世界［M］. 中国对外翻译出版公司第二编译室，译. 北京：中国对外翻译出版公司，1981：110.

所以在新闻传播中可以表现出不同的价值特征，以不同方式开掘出不同角度、不同层次的新闻价值，一个重要的原因也在于不同媒介所运用的物质工具系统具有很大的差别。物质工具决定了新闻传播的根本方式，决定了媒介能够运用的符号系统，因此，物质工具是媒介最主要的标识。同时，我们也应该注意到，不少工具是所有传播媒介公用的，相同的工具可以为各自不同的目的服务。

根据各种物质工具在新闻传播活动过程中的地位作用，我们可以把每一种媒介的物质工具大致分为两大系统：一部分可称之为核心工具，另一部分可称之为外围的非核心工具。所谓核心工具，是指使某一形态新闻传播媒介得以成形的工具。比如，印刷术对于报纸，电子技术对于广播和电视，网络技术对于互联网。核心工具对某一形态新闻传播媒介来说是不可替代的，只可以更新换代，如果核心工具发生了变化，媒介形态的性质也将发生变化。任何媒介的核心工具都是一个工具系统，而不是某一种工具。比如，电视媒介的核心工具系统最起码得有采访工具系统、编辑制作工具系统、播放工具系统等等。所谓外围的非核心工具，是指那些不直接决定媒介根本特性，辅助核心工具进行正常新闻活动的工具。比如，所有的新闻传播机构要使本媒介的核心工具正常运作起来，必须拥有高效的交通工具、必要的通信工具等等。

物质工具的操作方式、方法也是物质工具构成的一部分，"操作工具的方式、方法是操作工具的活动逻辑"[①]，这种逻辑同物质工具的结构和功能的逻辑是一致的，主体只有理解和把握这种逻辑，才能正常使用工具。如果不懂得操作方式、方法，物质工具便是死的东西，不能成为主体的有机延伸部分。一个不懂摄像技术的人，很难成为优秀的电视记者；一

---

① 夏甄陶. 认识的主-客体相关原理 [M]. 武汉：湖北教育出版社，1996：175.

个不会使用电脑的人，当然无法浏览网络新闻。

伴随科学技术的突飞猛进，新闻传播使用的物质工具也是日新月异。我们看到，当今时代许多最先进的技术手段已经被广泛地应用在新闻传播领域，新闻传播工具的构成越来越高科技化，使用方式、方法越来越简单化，功能作用越来越集中化，如此等等，给新闻价值的迅速传递与充分实现带来了巨大的促进作用。物质工具及操作物质工具的水平，永远是新闻传播质量、新闻价值实现质量的重要决定因素之一，物质工具以"科学技术是第一生产力"的时代理念与实际效用成为新闻价值活动的核心中介。

（三）作为"软中介"的精神工具

相对物质中介系统而言，精神性中介属于"软中介"，它是任何新闻传播主体和新闻接受主体时时刻刻都在使用的中介工具。在某些情况下人们可以离开物质工具而传受新闻、寻求新闻价值，但不管在什么情况下，人们的新闻传播活动、新闻价值活动都离不开精神工具。因此，把握新闻价值的"软中介"显得尤为重要。作为"软中介"的精神工具，主要由以下几部分构成。

一是符号中介系统。德国哲学家卡西尔有一句非常有名的话：人是符号的动物。这句话实质上是说，人类是通过将符号作为最基本、最普遍的中介物来认识世界和改造世界的。"符号是对象的标志，是信息的载体，是外在对象向人的主观映象转化的中介、工具和手段。"① 新闻活动本质上是一种认识活动、精神生产活动，它的材料来源主要是事实信息，它所使用的中介工具就是各种各样的符号系统。不同媒介形态正是通过对不同

---

① 陶富源. 实践主导论：哲学的前沿探索 [M]. 合肥：安徽人民出版社，2001：372.

符号系统的运用来完成传播过程，实现价值传递的。"众多的传播学家早已认为，信息传播所获得的价值大小，与其信息所运用的传播符号有着密切的关系。各类传播媒介只有充分发挥自身的符号优势，方可获得信息传播的最佳值。"① 因此，对新闻价值中介符号进行研究，有着非常重要的理论意义和现实意义。

一般来讲，符号系统包括语言符号和非语言符号两个子系统，每一形态的媒介都有自己的语言符号系统和非语言符号系统，都是以两个符号系统共同作用的方式来进行新闻传播和新闻价值活动的。符号中介与物质工具一样，通过主体才能现实地发挥作用；也同物质工具是主体的本质力量表征一样，主体使用符号特别是语言符号的能力高低从一个方面表明主体本质力量的大小。主体所在的世界是一个多重的世界，除了直接感受到的、生活于其中的狭小的现实世界外，还有各种符号所营造的世界。"世界的独立存在当然毫无疑问，但世界必须通过语言向我们呈现出来，也就是说，世界必须进入语言，才能表现为我们的世界。"② 新闻传播就是通过符号中介把新闻事实世界再现在人们面前、表现在人们面前的。符号成为直接的信息载体，而新闻价值就蕴含在信息之中。正是通过这个符号世界的创造与理解，新闻价值才得到传播和分享。

就大众传播媒介的新闻传播来说，最重要的工具莫过于语言符号。语言符号是由一系列感性符号——声音符号和书写符号——组成的符号系统。广播的声音语言、报纸的文字语言、电视的叙述语言、互联网的文字语言或声音语言，都是新闻价值主体与客体相互作用中最重要的中介。离开语言符号的新闻传播是不可想象的，传播主体能否用语言符号将新闻事实真实、客观、全面地陈述出来，能否将新闻事实所蕴含的新闻价值"渗

---

① 黄匡宇. 电视新闻语言学 [M]. 北京：中国广播电视出版社，2000：110.
② 金元浦. 文学解释学 [M]. 长春：东北师范大学出版社，1997：8.

透"在语言符号之中，既是对传播主体的基本要求，也是衡量传播主体水平的一个重要尺度。对于新闻传播来说，事实就是以观念的形态存在于语言符号之中的，因此，"新闻从业人员如果语言不能过关或是语言只是勉强过关，不能熟练地驾驭在社会发展中瞬息万变的语言，那就很难称得上是一位上乘的新闻工作者"①。同样，对于新闻传播的接受主体来说，如果缺乏认识、辨听语言符号和理解语言符号意义的能力，就失去了直接获取新闻信息的可能，失去了理解世界的可能，何谈新闻需求的满足？

语言符号对对象的再现，已经离开和超越了对象的具象性，在性质上是一种抽象的再现，抽象性正是语言符号的突出特点。抽象的语言符号，"它对事实信息的再现直观上是线性的流动，但实际上它对事实信息的表达不仅可以是线性的，也可以是立体的、非线性的，它不仅可以进行严密的逻辑叙述，也可将时序倒置穿插回还，采用'蒙太奇'的手法再现事实"②。它不仅可以描述事实的具象状态，更能揭示事实的内部联系，因此，语言符号可以再现和表达非常明确、准确的信息。

非语言符号同样是新闻传播和新闻价值活动的重要中介，报纸中静态的图像语言、版面语言，广播中的音响语言，电视新闻中的图像语言、体态语言，网络新闻中的各种非语言符号，构成了新闻传播中非语言符号的庞大系统。没有哪种新闻传播可以离开非语言符号，"读图"时代、电视直播时代、多媒体时代的到来，使图像语言的作用越来越突出，以致出现一种不大正常的"图像崇拜"现象。

一般地讲，非语言符号再现的内容直观生动，它将对象的原生状态以具象的方式呈现在人们的面前，直接诉之于人们的感觉器官，提供的是一

---

① 詹伯慧.语言学百花园里一朵绚丽的新花：读黄匡宇《电视新闻语言学》[M]//黄匡宇.电视新闻语言学.北京：中国广播电视出版社，2000：3.

② 杨保军.新闻事实论[M].北京：新华出版社，2001：101.

种直接的信息。"具象语言系统包括视觉性非语言和听觉性非语言两种。视觉性非语言符号大都集中在电视新闻的画面中，如新闻人物的体态、表情、服饰，新闻画面的色彩、空间结构以及必要时使用的特技等等；听觉性非语言符号主要指由现场音响或音乐语言形成的效果声。"① 非语言符号再现对象的直观性，与语言符号的抽象性相比，对人们接受信息的智力要求相对较低，这正是广播录音新闻报道和一般电视新闻比报纸新闻更具易受性的原因之一。但是，"画面虽然具象，但语意模糊，它们绝大多数情况下都是依靠抽象的'词'；而让画面的具象内涵浮升为语意，才能准确地传播"②。因此，我们看到的电视新闻不会是纯粹的图像新闻，而是声画一体的报道。

对于新闻传播中语言符号与非语言符号谁更重要的问题，人们的看法并不完全一致，突出表现在对电视新闻语言的看法上，因为报纸以文字语言符号为主、广播以声音语言符号为主是显然的，非语言符号的主要作用是对语言符号的辅助。但对电视符号系统来说，作为非语言符号的图像语言是否也处于非主导的地位，却是一个需要认真思考的问题。图像是事物或事物变动的直接表象，只有在一定叙述语言的描述下，其意义才能确定下来。因为图像是非语言符号，非语言符号在无"语境"的情况下有无穷无尽的含义，所以纯粹的图像不能再现意义明确的新闻，必须依赖叙述语言一定程度的说明，或其他背景语言的导引。对电视新闻来说，它的叙述语言总是与一定画面图像相伴的，因而不同于报纸新闻的文字叙述语言，也不同于广播新闻的声音叙述语言，其真实性有赖图像的佐证。因此，在电视语言双重符号的地位关系上，我更倾向于这样的观点，"语言是电视传播的基础，语言不仅是整个电视传播的基础，而且也是电视中画面创造

---

① 黄匡宇. 电视新闻语言学［M］. 北京：中国广播电视出版社，2000：124-125.
② 同①250.

和解读的基础"①。从新闻符号论的角度，可以这样看待电视新闻：从标识意义上，我们可以说电视新闻就是以画面语言为特色的新闻，如果没有了画面图像，电视新闻就不再成其为电视新闻；从信息传播特别是意义的完整表达与理解上来看，我们可以说电视新闻是以语言为基础的新闻，因为一旦缺少语言，电视新闻从本质上说是很难理解的。同样，对于报纸的版面语言、广播的音响语言，一旦离开文字语言和声音语言，它们的意义也是很难确定的。同理，文字语言、声音语言一旦没有了非语言符号，也将难以得到充分的表达。但就大众媒介的新闻传播来说，语言符号的作用明显更大一些。专门研究非语言符号的学者克伯特·梅拉比安就认为，在传播范围内，语言符号比非语言符号的作用大得多②，"语言可以为每一类型的思维提供一个清晰明确的符号，帮助维持感觉世界固有的秩序。词语就像一个个指针，将这些意义的峰尖从绵延在地平线上的山脉轮廓中凸现出来"③。

其实，语言符号与非语言符号作为人类共同的传播中介，二者之间没有不可逾越的鸿沟，它们可以指称同样的对象、表达同样的意义，说明它们之间是可以"互译"的，它们之间的深层结构是相同的；但它们必定是两个不能等同的符号系统，语言符号是更成熟的、独立性更强的符号。就实际的新闻传播来说，传播主体和接受主体都应该充分利用这两种符号，获取新闻信息，再现新闻事实，吸收新闻价值。

二是新闻思维中介系统。"在每一个具体的科学认识领域，不仅有自己独特的概念性思维工具系统，而且往往有自己独特的思维逻辑、思维方式。"④ 新闻活动尽管谈不上是一种科学认识活动，但它作为一种社会认

---

① 黄匡宇. 电视新闻语言学［M］. 北京：中国广播电视出版社，2000：7.
② 同①104.
③ 同①250.
④ 夏甄陶. 认识的主-客体相关原理［M］. 武汉：湖北教育出版社，1996：207.

识方式，必然有自己的思维工具、思维逻辑和思维方法，也必然拥有独具特色的思维概念、范畴和判断对象的方式方法。正是在一定的新闻思维方式指导下，传播主体通过对其他中介（物质工具和符号工具等）的运用来发现新闻事实、再现新闻事实、创造和传递新闻价值，接受主体也是在一定的新闻思维模式下来接收新闻、解读新闻、获取新闻信息、获取新闻价值的。主体对对象信息的获取与选择，"同主体已经掌握的概念性思维工具是密切相关的。概念性思维工具是主体从质的方面有选择地接收、获取和掌握信息的必不可少的中介性因素"①。因此，新闻思维是新闻价值活动中一个极其重要的中介系统。

作为新闻价值中介，围绕新闻和新闻价值而展开的一系列概念和判断应该是新闻思维的核心，贯穿在整个新闻价值活动特别是传播主体的价值活动中。"新闻思维是一种职业思维习惯，具有这种思维习惯的人，在知识概念上，他能够抽象出受众需要、政治需要、媒介特点、社会效果、记者报道能力等诸多共性问题，并知道新闻报道操作流程上各个环节的规律；在新闻实践上，面对任何一次具体的报道活动，他都能在自觉与不自觉当中把这些知识转化为指导实践的'方向盘'，凭借思维习惯就可以运用自如。"② 传播主体在发现、选择报道对象时，首先是在自觉与不自觉的状态下用新闻概念的内涵去衡量对象是否值得报道，用新闻价值概念的内涵（比如时新性、重要性、显著性、接近性、兴趣性等）进一步衡量对象新闻价值的有无和大小，从而确定是否值得报道，然后则会用一系列非新闻本身的价值观念比如政治价值标准、商业价值标准、法律道德标准、政策纪律要求等去判断形成新闻报道的合理性和可行性。在这些活动中，

①　夏甄陶. 认识的主-客体相关原理 [M]. 武汉：湖北教育出版社，1996：193.
②　陈作平. 新闻报道新思路：新闻报道认识论原理及应用 [M]. 北京：中国广播电视出版社，2000：386 - 387.

新闻主体主要是以新闻的概念、新闻的价值观念、新闻的思维作为中介工具进行思维操作的，但千万不要忘记，新闻传播只是社会有机系统的一个子系统，它的生存、运作、发展绝对离不开社会大系统所塑造的整体环境，它与经济、政治、文化等须臾不可分离。因此，新闻思维工具不是单纯的新闻概念、新闻判断和新闻推理，还有大量与新闻紧密相关的经济概念、政治概念、法律概念、道德概念、文化概念、技术概念等等。新闻是现实性最强的社会活动之一，因而它的独立性也是最容易受到各种社会力量冲击的对象。这一点不仅表现在新闻实践中，也明显表现在新闻思维所运用的工具中，同样表现在新闻价值多维度的延伸中。

以什么样的具体方式去再现新闻事实、表现新闻事实，对于自觉的新闻传播主体来说，不是即兴的随意行为，而是在一定的新闻思维方式下进行的。传播主体会根据新闻事实的特点和新闻报道的目的，以一定的思维方式指导自己的新闻采访和写作，以充分开掘新闻事实的信息资源，表现新闻事实的新闻价值。有人对此做过专门的研究，提出了很有见地的看法，认为"新闻思维的主要特点是：形象思维和逻辑思维相结合，以逻辑思维为指导；系统思维和重点思维相结合，以重点思维为体现；顺向思维和逆向思维相结合，以实践为基础；发散思维和聚拢思维相结合，以聚拢思维为主；顺序思维和跳跃思维相结合，以跳跃思维为主"①。新闻传播活动、新闻价值活动在其具体的操作过程中，大致就是用这样的思维中介，在不同角度、不同层次、不同侧面来再现新闻事实、传播新闻价值的。

思维中介活的形式存在于主体的知识系统与智力系统之中，是无形的、不可见的，这种活的存在形式只有在主体具体的、内在的精神活动见之于外在的客观活动才能体现出来，对象化在一定的精神客体或物质客体

---

① 艾丰. 新闻写作方法论 [M]. 北京：人民日报出版社，1994：270.

之中。主体的新闻思维样式与水平，只有通过新闻传播和新闻接受活动才能表现出来。传播主体的新闻思维方式就表现在他的新闻策划、新闻采访、新闻写作、编辑制作、播报传递等一系列新闻实践活动中，发现新闻事实的敏感程度，再现新闻事实的符号运用水平，针对接受主体新闻需求的传播能力等都能够从不同侧面反映出传播主体的新闻思维方式和思维的视野及深度。我们可以毫不夸张地说，传播主体的新闻活动能力很大程度上是由他的新闻思维水平决定的。接受主体的新闻思维方式则表现在他对新闻传播媒介的选择、内容的选择、解读方式的选择等等接收、接受活动之中。选择什么、如何解读，都能反映出接受主体的新闻思维方式，能够反映出他以什么样的思维工具对待新闻价值客体。

"思维工具是人的精神生产的产物，它们同语言符号结合在一起，获得一种现实的感性存在形式，成为一种精神客体"①，人们经过对精神客体的学习和把握，就可以掌握一定的思维工具。如果某种思维方式只是存在于一定的个人主体大脑之中，那么它还是私人性的，只有通过语言符号表达出来，为人们所理解，它才能是共有的和公用的。因此，就实际情况来看，任何一个领域的思维工具都有私人性的和公用性的，都会不断地在私人性与公用性之间发生相互的转化。可见，任何思维工具必然是在精神活动过程中不断形成和不断丰富发展的。新闻思维工具当然主要是在长期的新闻实践活动中产生的，是经过人们不断研究、提炼、抽象和概括形成的。而且，新闻思维的诸多概念、范畴以及方式方法，也会随着新闻实践的发展得到不断的丰富和完善，形成自己独特的思维工具系统。

三是新闻传播特有的方式方法系统。这是新闻传播实现新闻价值特有的中介。作为新闻价值中介的新闻符号系统，新闻思维方式方法最终都要

---

① 肖前，李淮春，杨耕. 实践唯物主义研究 [M]. 北京：中国人民大学出版社，1996：317.

体现在新闻传播特有的方式方法上。

所谓新闻传播特有的方式方法，是指新闻传播再现、表现事实对象的方式和方法，它关注的是再现事实的形式，而非具体事实的内容，这种形式是普遍的，而具体的内容是特殊的。人所共知，新闻就是新闻，不是文学，不是理论，新闻传播有自己的对象，有自己的基本规范，有自己的价值诉求。我国著名记者艾丰在其《新闻写作方法论》的前言中有几句非常生动的话，形象地说明了新闻传播的个性特色。他说："新闻报道者，事实的报道也。记者'吃'进去的是事实的'草'，他'拉'出来的也必须是事实的'草'。如果他拉出来的不是事实的'草'，反倒坏了。当然，他吃进去的'草'和拉出来的'草'不尽相同。拉出来的虽然还是草，但已经经过一定的加工了，比原来的草更'纯净'，更好'消化'。"① 因此，新闻传播有自己特有的方式和方法，它的叙事不同于文学的叙事，它的说理不同于理论的论证。它有自己的话语体式、文本结构方式、符号编码方式，即它有自己独特的文体和风格。它可以借鉴文学的、理论的话语方式，但决不能以它们的方式作为自己的文体。若果真如此，新闻传播就失去了自己的方式方法，新闻价值也就不再是新闻价值了。

尽管每个记者有自己个性化的再现事实的方式方法，每家新闻机构有自己特色的新闻叙述样式，每个时代有每个时代的新闻传播特征，每个国家有每个国家特有的新闻文体方式，但所有这些都是在新闻文体的框架内所显示的个性特色，新闻传播应该有它的基本范式或模式，特别是在各类信息蜂拥而来的今天，新闻必须以新闻的方式来传播，这样才能确保新闻价值的传递和实现。这是因为，"选择了什么样的叙述方式，现实就按什么样的方式向我们呈现"②。无疑，新闻传播只有以新闻的叙述方式、结

---

① 艾丰. 新闻写作方法论 [M]. 北京：人民日报出版社，1994：前言 1.
② 陶东风. 文体演变及其文化意味 [M]. 昆明：云南人民出版社，1994：134.

构方式才能把一个真实的新闻事实世界呈现在人们的面前，才能真正显示出新闻的价值。

大众新闻传播实践的历史经验证明，新闻传播的核心方式方法就是从事实出发，用事实说明事实、用事实解释事实的客观报道法。体现这种总方式、总方法的是一系列的新闻文体，比如具有各种媒介形态特点的消息、特写（通讯）等等。这些文体或体裁是新闻传播所特有的表达手段，而"新闻体裁一经确立，便是规范新闻写作的律则，成为评价一篇新闻作品的重要根据。同其他文体一样，新闻体裁也具有文体文化的意义，使用时不得随意破坏。否则就是反文化的行为，必将受到惩罚"[①]。对于传播主体来说，"新闻体裁的规矩意义决定了，新闻体裁的选用是新闻写作与编辑中重要的一环"[②]。掌握这些文体，就意味着掌握了以新闻方式（笼统地讲就是按照新闻传播规律的要求方式）再现新闻事实的中介，就意味着掌握了传播新闻价值的特有中介。对于接受主体来说，只有把新闻当作新闻来阅读视听，才能获得新闻价值和以新闻价值为基础的延伸价值。因此，有效阅读新闻也要求接受主体必须了解新闻特有的传播方式方法。

三、新闻价值中介的作用

探讨新闻价值中介的核心目的就是在新闻价值活动中有效利用各种工具和手段，因此具体研究新闻价值中介的作用应该是本章最重要的问题。新闻价值中介的作用是由它在新闻价值结构中的地位决定的，它在新闻价值活动中发挥作用的方式与它的特性紧密相关，与不同的中介系统（物质中介与精神中介）特点相关，与新闻价值活动不同阶段的特征也有密切的关系。

---

① 彭菊华 . 时代的艺术：新闻作品研究 ［M］. 长沙：湖南文艺出版社，1998：162.
② 同①164.

（一）发现新闻价值客体的手段

发现新闻价值客体是主体新闻价值活动的前提。对于传播主体来说，首先必须发现新闻事实，才能有后续的新闻活动，可以说传播主体的使命就在于不断发现新事实；对于接受主体来说，首先必须发现一定的新闻文本，才能分享新闻价值，可以说接受主体的需求就在发现中得到满足。那么，人们是用什么手段或工具发现新闻价值客体的？

对于人类来说，发现任何活动对象都离不开自己的感觉器官，"肉体器官也是一种工具，是人自身机体具有的与生俱来的天赋（自然）装备和自然力"①。感觉器官也是发现新闻价值客体的直接工具，实际中，人们总是通过视觉或听觉或视听一体的方式来发现新闻事实或新闻文本的。新闻客体的非常性特点首先引起视听觉的注意，从而开启人们进一步关注新闻客体对象的大门。当然，人的感觉器官不同于一般动物的感觉器官，它能看到的和听到的东西与人的知、情、意所构造的整体图式紧密相关，决然不是简单的镜子式的反映或录音机式的记录。

物质工具是辅助人们发现新闻价值客体的中介手段。采访工具不仅可以记录感觉器官发现的东西，而且在很多时候能够记录感觉器官"在场"时没有发现的东西。比如对于事实或事件的一些细节或各个局部之间的关系等，采访者的感觉器官不可能事无巨细地尽收眼底或全入耳中，而采访工具则可能在采访者无意识中捕捉记录到这些东西，这可以看作凭借物质工具"发现"的事实。对此，新闻摄影记者和电视新闻记者会常常碰到。事实上，先进的物质工具不只是能够保证有价值的新闻信息不被遗漏，更

① 夏甄陶. 认识的主-客体相关原理［M］. 武汉：湖北教育出版社，1996：162.

为重要的是它能使传播主体从一些不必要的繁重劳动中解脱出来，将更多的精力用于观察、分析和思考，进而可以节约时间去发现更多的新闻价值客体，这对于信息时代的新闻传播来说无疑是非常重要的。对于接受主体来说，接收新闻信息也必须有必要的物质工具，如收听、收看广播电视新闻必须有一定的接收音频和视频信号的工具，浏览网络新闻离不开联网的电脑或手机。我们之所以把物质工具看作发现新闻价值客体的辅助手段，一是因为物质工具依赖主体才能发挥作用，二是因为物质工具偶然"发现"的事实，最终还要依靠主体感觉器官或思维工具的再发现才能成为有现实意义的新闻事实。

"软中介"是发现新闻价值客体的核心手段。人的眼睛能够直接看到的物象、耳朵能够直接听到的声音，或者通过一定物质工具能够视听到的东西，不仅是十分有限的，而且常常是表象的。针对相同的对象，不同的眼睛可以看出不同的内容，不同的耳朵可以听出不同的声音，这里的差别主要不在于不同主体生理上的视力或听力有所不同，而在于不同主体依赖的思维中介水平具有一定的差别。真正能够从多个角度、多个层面发现事实新闻价值的是主体的思维和理性，而不是赤裸裸的眼睛和耳朵。敏感、顿悟、直觉等等的闪现，是思维积累的突然爆发，并不是眼睛一亮的结果。真正能够透过变动的画面、流动的声音、线性排列的文字符号等（即通过语言符号和非语言符号）理解、解释和获取新闻信息和新闻价值意义的，主要依赖的是主体的思维和心智，而不是赤裸裸的眼睛和耳朵。一个人只有能够理解一种符号或理解一种语言，才能理解一个世界或一个事实。这种理解不是通过直观的视听可以达到的。能够发现新闻值客体的眼睛和耳朵，必然是有"新闻感"的眼睛和耳朵。美国著名的新闻学家卡斯柏·约斯特在其所著的《新闻学原理》中写道："一个不善于辨别色彩的人，不能成为一个画家。一个不懂得和谐的人，不能成为一个音乐家。

一个没有'新闻感'的人，也不能成为一个新闻记者。"① 这种新闻感表现在人的感觉器官上，但却深藏在人的理智中。

上面的说明使我们清楚地看到，不管是从理论逻辑上还是从实践的客观要求上，新闻价值中介最先的作用是主体用来发现新闻价值客体的手段。新闻主体发现新闻价值客体依赖的主要手段不是物质工具，而是精神工具，物质工具只起辅助作用，精神工具则决定新闻发现的水平。新闻主体能够发现什么样的新闻价值对象，依赖于他的新闻价值认识能力和新闻价值追求。

发现新闻价值客体，理论上说比较简单，对于传播主体而言，就是从一般事实中识别出具有新闻性或新闻价值的事实，或从一个事实中识别出具有新闻性或新闻价值的片段、部分或侧面；对于接受主体而言，就是能够在不同的新闻传播媒介中找到可以满足自己需求的新闻文本，或者从某一文本中找到能够满足自己新闻需求的要素。可见，发现新闻价值客体实质上是发现客体对象的新闻价值属性，发现客体对象能够满足主体新闻需求的要素。传播主体和接受主体用来衡量事实（文本）属性是否具备新闻价值、事实（文本）要素是否具备新闻价值的尺度，正是在长期的新闻实践中形成的新闻价值观念和现实的新闻需要，它以新闻概念、新闻思维中介的形式成为判断事实是不是新闻事实、文本是不是新闻文本的标准。它就像一把尺子，成为新闻主体用来度量事实（文本）新闻性的无形工具。

新闻发现不只是对新闻价值客体对象的发现，也是对新闻需要的发现。传播主体只有发现接受主体的新闻需要，才能知道自己应该把发现事实的眼光主要投向哪里②；接受主体只有自觉到自己主要新闻需要的指向，才能把注意力集中在相关的媒介上。而在发现新闻需要的过程中，新闻主

---

① 蓝鸿文. 新闻采访学［M］. 2版. 北京：中国人民大学出版社，2001：273.
② 接受主体的新闻需要尽管具有一定的稳定性，但又总是处于不断的变化之中，传播主体需要不断发现接受主体新闻需要的变化，因此，发现新闻事实的视野也需要不断变换。

体运用的工具主要是新闻思维方式和方法。但是，新闻发现并不受制于接受主体的新闻需要，发现本身可以创造传播需要，也可以创造新闻需要。新闻发现永远都是新闻传播的推进器，都是新闻需要的催化剂。

需要指出的是，发现新闻价值客体的主要任务是由传播主体承担的，他们的对象是未定的，更有发现的意味；而接受主体对新闻文本的发现是在传播主体提供的既定范围内的发现，因而更多的是一种寻求。传播主体对新闻事实的发现有其特殊的难度，他们的发现必须是快捷迅速的发现，不能慢条斯理地进行；他们的发现面对的是整个世界，面对的是自然领域、社会生活当中所有最新的变动情况，因而要求传播主体应该具备"全才"的素养和"专家"的品质；他们的发现是真正"眼见为实"的发现，想象、假设、估计、推测等等只能是发现的思维手段，不能当作发现的内容；他们对有些社会性新闻事实的发现，特别是一些负面性新闻事实的发现更是几近"特工"的情报工作，一些真正有新闻性、新闻价值的负面事实往往是一些人想方设法隐蔽、隐瞒，极力不欲传播者觉察、发现、获知、透露的事实。正如有人所说："在社会生活中，行为主体的动机所向和他们表现出来的行为指向往往是不一致的。一个政治家可能在某个游行队伍中振臂高呼，但从他的主观动机来看，则可能是完全反对这次游行的。行为指向和目标指向之间的这种差异性常常使社会现象表现得纷繁复杂、变幻莫测，使得社会研究者（自然包括直接观察社会最新变动的新闻传播主体——引者注）通过社会现象的观察所获取的社会信息的'似真率'比起自然信息的'似真率'要低得多。"[①] 新闻发现的特殊性对发现者在运用中介手段时提出了较高的要求，新闻发现本质上是一种认识活动、新闻价值评价活动。因此，发现的难度不仅在于对象的复杂性、新闻

---

① 李勇. 社会认识进化论 [M]. 武汉：武汉大学出版社，2000：51.

发现的特殊性，还会存在于发现者本身，即发现者"发现力"的强弱、发现者驾驭和运用物质工具特别是精神工具的能力与技巧。新闻发现的精神手段既有常规的理性方式，也有非常规的非理性方式。一般说来，非理性方式打开发现之门，理性方式则深入探索新闻事实的丰富宝藏。

新闻发现本身是一个极其重要的题目，不是三言两语可以完成的，如果展开论述这一问题，需要以专门的"新闻发现论"为题进行著述。

（二）创造新闻价值的手段

"劳动，是人类特有的生命活动，是和自然一道供给人类一切价值的源泉。人类靠了劳动才成为了人，而且只有靠劳动才能继续为人。""劳动是永远伴随人类的'价值发生器'，它具有产生一切价值的价值。"① 新闻价值的形成与创造过程同样离不开新闻主体的体力劳动，特别是离不开脑力劳动，因为新闻活动本质上是一种精神生产和精神价值享受的活动。新闻价值客体只是包含有客观的新闻价值属性和实现新闻价值的可能要素，要现实地满足人们的新闻需要，还必须依靠使潜在新闻价值现实化的劳动，而这种劳动所凭借的工具从新闻价值论的角度看就是新闻价值中介系统。

客观存在的新闻事实要进入新闻传播的现实领域，先得经过传播主体的发现和选择，发现与选择既是认识过程又是评价过程，是事实认识与价值评价统一的过程，这一过程当然离不开作为认识中介、价值中介的物质工具和精神工具系统。对此，我们在上文已作过阐述，此处不再多言。②

---

① 李德顺.价值新论［M］.北京：中国青年出版社，1993：120.

② 传播主体并不一定是所有新闻事实的直接发现者，但只有被传播主体认可的新闻发现，才能称得上是有新闻传播意义的发现。

　　将客观存在的新闻事实转化为新闻文本，并不是一个简单的过程。首先需要传播主体在大脑中运用语言符号、思维概念、判断、推理等形式，对已经发现和选择出来的事实信息和准备表达的意见信息、情感信息等（这些非事实性的信息可以统称为倾向性信息）进行加工、组合、调整和处理，以形成观念性的新闻文本。然后，以语言符号或非语言符号为中介再现新闻事实的内容和形象，使观念化的信息通过物化形式的符号得到定型化的表现。这样，新闻事实才能以信息客体形态在媒介通道中得到传播，这是新闻价值形成的核心环节。正是在这一环节中，集中体现了传播主体的创造性劳动；也正是在这一环节中，新闻价值中介起到了关键的作用，成为传播主体创造新闻价值的核心手段。

　　新闻价值作为一种客观精神价值，必须以新闻文本作为载体；新闻文本作为一种精神客体，必须以双重手段——物质手段和精神手段——去创造和制作。新闻文本的创制过程是"硬中介"与"软中介"共同作用的结果，是精神生产与物质生产统一的过程；离开任何一种中介手段，作为新闻价值客体的新闻文本就难以创制出来。传播主体能够为接受主体提供什么样的新闻价值客体，从价值中介角度说，要看传播主体运用什么样的手段、如何运用一定的手段去再现新闻事实，运用中介手段的水平将直接影响新闻文本的价值质量。

　　新闻价值的创造过程主要是传播主体运用新闻价值中介的劳动过程，但我们也应该注意，新闻价值的创造也离不开接受主体的劳动，这是由新闻价值作为一种客观精神价值的特性决定的。物质价值通常是以对物质价值客体的直接消费来实现的，而作为精神价值的新闻价值是通过阅读或视听新闻文本的方式实现的，并不直接消费新闻文本的物质载体形式。在此过程中，由于不同接受主体的政治、经济、文化、社会地位层次的差别，价值观念（特别是新闻价值观念）、新闻素养、理解能力等等的不同，职业、兴趣、爱好等的差异，特别是现实利益与当下新闻需求的不同，不同的接受主体对同样的新闻文本会解读出不同的信息和意义，获得不同的价值效应。有些接受主体可能会在新闻文本本来的信息与价值指向上进一步丰富新闻文本的意蕴或内涵，将新闻文本的价值提升到一个新的层次或者扩展其价值效应面，这样接受主体实际获得的新闻价值就有可能比传播主体预期的还要质高量大；而有些接受主体则可能连新闻文本中直接告知的信息都不能完全获得，甚至会曲解文本本身的信息或价值指向，使新闻文本的潜在价值在现实化的过程中大打折扣（这里我们假定文本的信息与价值指向是真实的和合理的）。那么，在前一种情况下，可以说接受主体创造了新的新闻价值；而在后一种情况下，则可以说接受主体"屏蔽"了部分新闻价值或歪曲了新闻文本的正价值。但不管是创造还是歪曲，他们使用的理解或评价的工具都是一定的符号系统和一定的思维方式与方法。离开对一定符号系统较高水平的掌握、对一定思维方式方法创造性运用的能力，接受主体的新闻价值创造活动是不可想象的。从某种意义上说，正是不同接受主体使用的理解文本的方式方法不同，即使用的中介工具不同，才产生了不同的新闻价值结果。

（三）实现新闻价值的手段

相对新闻价值的创造活动主要由传播主体来承担而言，新闻价值的实现活动主要由接受主体来承担。如上所述，新闻价值中介既是发现新闻价值客体的手段，又是创造新闻价值的手段，在新闻价值客体的发现与新闻价值的创造活动中，新闻价值中介主要依赖传播主体而发挥作用。但在新闻价值的实现活动中，新闻价值中介主要依赖接受主体而发挥作用，成为实现新闻价值的手段。

如果说新闻价值客体的发现活动与价值的创造活动不能没有物质工具的话，那么，我们可以说接受主体的新闻价值实现活动并不直接依赖于物质工具，而主要依赖精神工具，对作为精神客体的新闻文本人们只能以精神工具去获取它的价值。但这并不是说精神价值客体只能实现精神价值，而是说精神价值客体的价值属性首先作用于或影响人们的精神观念或精神状态，实现的直接价值也只能是精神价值，但精神价值可以转化为物质价值。这属于价值实现的层次问题，在此不作讨论，我们将在"新闻价值的实现"一章中再作论述。

新闻价值的实现像其他任何社会价值的实现一样，首先要有需求的主体，这样才能建立起一定的价值关系，但要在某种价值关系中实现客体对主体的满足，最重要的因素之一就是主体有无获取价值的能力，有无必要的获取价值的中介工具。对于作为新闻价值客体的新闻文本来说，接受主体能否获取其蕴含的新闻价值，关键要看他是否具备理解新闻文本的各种能力。这种能力主要表现为接受主体对新闻符号系统的把握和理解能力，表现为接受主体具备的新闻思维水平，表现为接受主体对新闻传播特有方式方法的了解程度。

我们在前文曾经说过，传播主体只有按照新闻传播本质要求所构造的文本才能叫作新闻文本，传播的价值才能叫作新闻价值或新闻价值的延伸价值。同样，接受主体只有在把新闻文本作为新闻文本看待的情况下，他才能有效获得价值性质为新闻价值的价值。有人在谈到文学阅读时说道："'把文学作为文学本文来读'。这是文学阅读中一个至关重要的问题。"①其实，"一切阅读要遇到的第一个问题是面对一部本文时以什么态度来阅读。现实生活中的本文种类繁多：日常应用、公文信函、新闻报道、宣传

---

① 金元浦．文学解释学［M］．长春：东北师范大学出版社，1997：200.

教育、历史文献、文学艺术。各种不同种类的本文，将唤起不同的阅读态度"①。反过来讲就是，我们应该以文本类型所要求的阅读态度去阅读相应的文本，因为"面对一部本文，你将从中读出什么，在确定了怎样去读的时候就已得到了一半答案"②。而怎样阅读的核心就是运用什么样的思维方式方法去阅读，运用什么样的符号意义系统去阅读，也就是运用什么样的精神中介去阅读。看得出，中介工具对于阅读的结果，当然包括阅读的价值效应，有着极其重要的影响。

事实上，新闻传播主体与新闻接受主体的有效互动，能够实现新闻信息和新闻价值共享或分享的基本根据之一，就是因为他们对新闻传播拥有基本相同的理解范式，具有基本相同的新闻价值观念，集中表现为双方拥有共同的新闻语言系统和新闻思维框架。试想一下，如果接受主体把新闻文本看作理论文本或文学文本，或者说以理论文本或文学文本的符号意义去理解新闻文本，那将是一番什么样的景象。毫无疑义，他不可能正常地获得新闻价值，新闻传播因而也就失去了新闻传播的意义。这里的意思是说，接受主体只有运用新闻价值中介，以新闻的阅读态度去对待新闻文本，才能使新闻价值得到有效的实现。但我们并不否认，有些新闻文本可以为接受主体提供理论价值和审美价值或其他什么价值，因为从原则上讲，任何客体都包含着多重的而非单一的价值属性。在有些情况下，新闻文本的价值也许对一些主体会主要表现为审美价值或其他价值，而非狭义的新闻价值，一些主体也许会以非新闻的态度或眼光来看待新闻文本，但不管获取什么样的价值，都需要相应的价值中介手段。

新闻价值的实现主要体现在接受主体身上，但这并不是说新闻价值的实现在传播主体身上没有体现，新闻信息或新闻事实在作为传播对象之

---

① 金元浦. 文学解释学 [M]. 长春：东北师范大学出版社，1997：197.

② 同①200.

前，首先必然要满足传播主体的新闻需求。从理论上说，只有能够满足传播主体新闻需要的事实，才有可能进入传播通道。对传播主体新闻需求的满足可以说是新闻事实作为新闻价值客体的价值的首次实现，但就完整的新闻传播过程来看，这只是其中的一个环节，并不是新闻传播的最终目的，新闻价值真正意义上的实现是指对接受主体新闻需求的满足。正是在对接受主体新闻需求的满足中，传播主体才满足了自己的传播需要，也使自己的新闻满足变得真正具有广泛的社会意义。

第六章　新闻价值的创造

　　"价值不是一种自然生成物，也不是人脑主观想象的产物，而是在人类的实践活动中生成的。因此，从实质而言，价值是一种创造性的结果，是体现着人类本质力量的实践活动所创造出来的目的性结果。"[①] 同样，新闻价值也不是纯粹自然生成的，而是主体新闻价值活动的产物。由于新闻活动在本质上是人类的一种精神交往活动，是人类对客观世界的一种认识方式，所以新闻价值的创造主要是一种精神价值的创造活动。新闻价值活动过程从根本上说是新闻价值逐步实现的过程，而新闻价值的实现必须以新闻价值的创造为基础和前提，所以，研究新闻价值的创造不仅具有理论意义，更具有重要的实践意义。新闻价值的创造不是在某一传播环节完成的，而是贯穿在整个新闻传播过程之中的。新闻传播每一个环节的创造性劳动，都会或多或少地影响新闻价值的质量。创造新闻价值的主体也是多元的，既有传播主体，也有接受主体，某些情况下还包括新闻事实的创

　　[①]　敏泽，党圣元. 文学价值论［M］. 2 版. 北京：社会科学文献出版社，1999：299.

造者①。看得出，新闻价值的创造是一个系统工程，需要做全面的考察。但本章中我们将主要从新闻价值创造的核心主体——传播主体——的价值创造活动出发，探讨新闻价值的创造问题，接受主体对新闻价值的二次创造活动，将在"新闻价值的实现"一章中加以适度的论述。

一、新闻价值创造的本质及特点

在讨论价值及新闻价值的本质含义时我们已经指出，价值既不是客体及其属性、结构、特点本身，也不是主体的需要、利益或能力本身，而是客体与主体双方相互作用的产物，是双方相互结合的形态和产物。从客体角度说，价值是指客体属性对主体的效应，或者说是对主体的作用和影响。但客体不会自动地去满足人的某种价值需求，价值的动力根源在于主体的需要和主体的价值活动，主体必须通过自己的劳动才能获得价值，劳动过程就是按照自己的需要尺度使用不同价值中介改造客体对象的过程，这一过程从原则上说就是价值的创造过程。"人类根据自己的需要，发挥自己改造世界的能力，把可能变为现实、潜在价值变为现实价值的过程，就是价值创造的过程。"② 这是我们理解新闻价值创造及其特点的基本出发点。

（一）新闻价值创造的本质

由于新闻价值本质上是一种客观精神价值，因此新闻价值的创造本质

---

① 创造者有可能就是传播主体和接受主体，他们之间往往是重合的。

② 门忠民．论价值创造的本质［M］//王玉樑，岩崎允胤．中日价值哲学新论．西安：陕西人民教育出版社，1994：319．

上是一种精神价值的创造活动，依赖的当然也主要是传播主体的精神劳动。这可以看作对新闻价值创造基本性质的界定。

创造价值的核心任务是创造具有价值属性的客体对象，这种客体可以是物质性的价值客体，也可以是精神性的价值客体。人类就是通过这样不断的价值创造活动来不断满足自己物质生活和精神文化生活需要的，不断满足自己生存、发展和完善需要的。需要注意的是，任何性质、类型价值客体的创造都包含着双重劳动，在人类的现实价值创造活动中并不存在纯粹的物质价值创造和精神价值创造，人们只是从价值创造的最终目标或结果上作了这种区分。

创造新闻价值，实质上就是创造新闻价值客体，即通过创造新闻价值客体的方式来创造新闻价值。从新闻价值的客体本源上看，我们可以说新闻价值客体是由自然与社会自发创造的，即客观存在的新闻事实都是产生于自然和社会的自然变动发展过程之中的。从实际的新闻传播角度看，特别是从传播主体的角度看，创造新闻价值客体就是创制新闻文本，就是将前在新闻价值客体新闻事实转化为后在新闻价值客体新闻文本的过程。传播主体在这一转化过程中，将自己所有创造性的劳动成果凝结在新闻文本中。新闻文本既是传播主体创造的新闻价值客体，又是新闻价值能够在接受主体身上得以实现的中介。

创制新闻文本的本质，是将自在的事实信息自为化的过程，或者通俗点说就是将自然信息加以人工化的过程。这一过程以客观存在的新闻事实为前提、为基础，以传播主体的创造性劳动为动力，而以满足传播主体的传播需要和接受主体的新闻需要为归宿、为目的。顺便说一下，传播主体的传播需要与接受主体的新闻需要从理论上和实践要求上应该是一致的，因为一致的新闻传播才不会出现错位，才能形成有效的互动，传播因而才能顺利地进行。但就实际情况来看，由于传播主体和接受主体除了共同的利益追求外还有各自特殊的利益目标，这就从根本上决定了传播需要和接受需要不会始终完全一致，更多的情况是具有一定的差别，甚至会出现较大的矛盾。新闻价值创造过程，正是减少和消除这种矛盾的过程。

创制新闻文本的过程是一个艰苦的精神劳动过程，同时必须采用必要的物质工具进行一定的物质劳动。创制新闻文本的过程，实质上是将发现和选择出来的事实信息通过一定的媒介符号进行符号化和有序化的过程。所谓符号化是指把无形的精神创造固化为有形的精神客体，所谓有序化是指按照一定的传播规范和传播目的将自然的信息加以整理。创造制作新闻文本的过程，还包括文本的定型化即物化成一定物质产品的过程。

从传播主体与客观事实之间的关系看，新闻价值的创造过程是将新闻事实潜在新闻价值加以开发、加工、整合的过程，新闻价值的创造始终以新闻事实的客观存在及其新闻价值属性为根据。新闻文本的内在价值来源于事实潜在的新闻价值。这就是说，新闻价值不是传播主体凭空创造的，新闻文本内在的新闻价值不仅来源于传播主体的创造性劳动，也来源于新闻事实本身的属性和功能。如果事实本身不具备新闻价值属性，那么无论传播主体如何进行"创造"或策划，也不可能创制出真正意义上的新闻价值客体——新闻文本。

从传播主体与接受主体之间的关系看，新闻价值的创造也体现了传播主体对接受主体的价值意义。这种价值的直接表现就是，传播主体成了满足接受主体新闻需要的中介，成了接受主体实现新闻需求目的的手段，实现的是一种中介或桥梁的价值，即将新闻事实世界与接受主体连接起来的价值。正是传播主体的中介价值造就了接受主体与新闻事实世界的新闻价值关系，而传播主体的中介价值凝结在他所创造的新闻价值客体——新闻文本之中。正是通过新闻文本这个中介，传播主体与接受主体之间建立起主体间的关系，形成了对新闻价值的分享关系。

（二）新闻价值创造的特点

人类在自己的一切活动领域都在进行着价值创造活动，这既是人类生存与发展的必需，同时也是人类本质力量的体现。由于物质领域不同于精神领域，因此物质价值的创造与精神价值的创造有所不同。进而言之，在物质价值创造和精神价值创造领域内部又有诸多不同的具体领域。尽管各个不同的具体领域之间在价值创造上有一定的相同之处，但更重要的是每一个领域都有自己特殊的活动方式，"每一种价值创造活动都从自己的特殊的实践方式、价值目的出发来理解对象，把握对象"①，具有自身价值创造的特点。作为精神价值创造的新闻价值创造活动，自然有别于同属精神价值创造的科学价值创造、理论价值创造、文学艺术价值创造等等活动的特点，这是由新闻传播本身特有的要求和目的性决定的。

新闻价值创造的及时性。任何价值创造活动都是在时间中进行的，但新闻价值创造活动对时间性有着特殊的要求，这就是及时。及时性的特点主要是指新闻价值的创造是一种快速的、不间断的创造活动，这是新闻价值创造活动最突出的特点，与整个新闻传播的快速原则相一致。传播主体创制新闻文本的过程，不能像通常的文学作品创作那样花上十天半月，甚至经年累月地慢慢进行，而是必须在短暂的发稿周期内完成。否则，新闻文本的新闻价值消失殆尽，传播主体付出的劳动也如逝水东流，变得毫无意义。新闻价值创造的及时性还表现在传播主体的价值创造活动是一种不间断的创造活动，每遇到一个新闻事实都需要迅速地投入新闻文本的创制活动中，传播主体确实像不能停止旋转的陀螺。

---

① 敏泽，党圣元．文学价值论［M］．2 版．北京：社会科学文献出版社，1999：308．

　　新闻价值创造对象的广泛性和常新性。新闻价值创造的对象广泛存在于整个自然和人类活动的一切领域，并且以日日常新的方式伴随着传播主体的新闻价值创造活动。对象的广泛性决定了新闻价值创造活动的广泛性，传播主体只有具备广泛的知识和兴趣、开阔的胸怀和眼界，上知天文，下知地理，中知人事，才能时时留心、处处敏感，捕捉到有新闻价值的事实和信息，创制出有价值的新闻文本。传播主体面对的世界，是一个日日常新的世界，他们所进行的精神创造是不可重复的生产，他们"每一次生产出来的东西都是独一无二的，不像物质生产那样，可以有同一规格型号的产品成批生产"①。对他们来说，确如谚语所说："太阳每天都是新的。"

　　新闻价值创造的系统性。新闻价值创造活动是一个系统工程，这一方面是指新闻价值的创造也像其他一般客观精神价值的创造一样，要经过信息的获取、思维加工和构造过程，内在精神观念的外在化或客观化过程②，以及精神创造的定型、复制和产品化过程；另一方面是指新闻价值的创造过程包含多种因素和多个环节，新闻价值客体的创造是传播主体内部多种工作人员共同劳动的成果，失去创造工作的系统性，不可能有成功的新闻价值客体——新闻文本被创制出来。比如，一件成功的报纸新闻作品的创制，首先离不开记者对新闻事实的敏感与发现，更缺少不了记者的深入采访与发掘、创造性的构思与写作；而编辑立于全局的选择、评价、修改与版面编排等等把关行为，往往能够画龙点睛、锦上添花，通过不同的方式为记者的稿件增加内在的新闻价值；就连印刷、发行和销售工作也是确保创造活动真正有效的必要环节。在现代大众新闻传播的环境下，新闻生产的规模化、标准化、高科技化更强化了新闻价值创造的系统性。在某种意

---

① 李德顺. 价值新论 [M]. 北京：中国青年出版社，1993：111.
② 客观化过程是指以语言符号或非语言符号为中介把大脑构想成形的东西再现和表达出来。

义上，我们甚至可以说，离开新闻传播机构的系统运作，新闻价值的创造活动是不可想象的。

新闻价值创造的个性化。像其他任何一种精神创造活动一样，个性化也是新闻价值创造活动的明显特点。"精神价值的创造主要依靠个人的构思，靠发挥个人的创造才能。就是集体的合作攻关，也必须建立在充分发挥个人创造才能的基础之上。"① 上面关于新闻价值创造活动系统性特点的分析说明，新闻传播活动从总体上说是集体性的工作，系统的整体性是由部分的有机联系构成的，整体大于部分，但整体绝对不能没有部分，团队的合作是以个体的存在为条件的。即使新闻传播发展到今天这样规模化生产的时代，新闻价值的发现与创造活动仍然是以个体劳动为基础的。每一件具体新闻作品的原创性主要还是依靠个体的智慧和创造，不同传播主体富有个性化特点的新闻发现方法、再现方式风格等仍然是新闻价值创造的突出特点，个人的天赋、能力、勤奋与努力具有重要的作用。但我们也要注意到，新闻价值客体的创造过程必定不同于文学作品的创作，也不同于理论探讨或学术研究作品的构建。它是对真实事实的反映，在内容上是不能想象、不能虚构、不能设想和不能推理的。这同时决定了它在形式上的个性化也是有限度的，它的创造性主要表现在对事实信息开发的广度和深度上，表现在对事实信息与接受主体新闻价值关系的分析上，表现在对有效传播形式的探索上。就新闻价值创造的个性化而言，事实本身是不能个性化的，但在观察、分析事实的角度、层次、方式方法上是完全可以个性化的，在再现事实形象和内容的方式方法和风格特色上是完全可以各显神通的。面对同样的新闻事实、同样的新闻传播环境，不同的媒体与不同的记者之间在报道中常常会表现出较大的差别，显示出不同媒体和不同记

---

① 王玉樑.价值哲学新探［M］.西安：陕西人民教育出版社，1993：329.

者的个性特色，恰好说明新闻价值客体的创造制作过程是可以充分发挥个性风格的。

　　新闻价值创造的低难度性。首先需要说明的是，低难度性是一个相对的概念。新闻价值的创造与科学价值、理论价值、文学价值等等创造的难度相比，从总体上说是比较低的，这是由新闻传播自身的特点和要求决定的。所谓难度低，是指新闻价值创造活动在精神劳动的水平和强度上一般低于科学研究和文学艺术等等的创造活动；但新闻价值创造的低难度，并不意味着它所创造出的新闻价值客体的价值也必然低于科学研究和文学艺术等活动创造的价值客体。精神客体的价值往往与创造它时所付出的劳动强度和花费时间的长短不成比例关系，新闻价值客体的创造依赖的不只是传播主体的能力，不只是消耗劳动的多少，而且还特别依赖机遇和偶然性，特别依赖传播环境的状况。当然，新闻价值的创造也有自身特有的难度。比如，我们上面提到的新闻价值创造的及时性、对象的广泛性和常新性等特点，使得新闻价值创造与科学研究、理论研究和文学创作等比起来很难细嚼慢咽，深入全面地认识、评价对象的价值，这必然会给创造高质量的新闻价值客体带来难度。又如，新闻传播与社会政治、经济、军事、文化等等的紧密相关性，一方面使它始终处于时代的风口浪尖上，时时把握和反映着时代的脉搏，扮演着弄潮儿的"显眼"角色，但另一方面，正是因为它紧追时代步伐，处处监测环境，它的活动充满了风险和不测风云，传播主体要想为一定人群或整个民族、国家乃至人类的进步提供有价值的报道，有时会受到种种人为因素的限制、干扰、阻挠甚至是迫害。一般而言，新闻价值创造的环境往往要比科学、学术、文学艺术创造的环境严峻一些，这就使它的创造活动具有了特有的难度。

　　新闻价值创造的有限性。新闻价值的创造是一种有限的价值创造活动，这里不是说新闻传播主体的创造能力是有限的，也不是说新闻价值创造的领域是有限的，而是说新闻价值创造的内容和形式是有一定限度的，不能任意驰骋。从内容方面说，新闻价值的创造活动本质上要求不能超越事实潜在新闻价值的可能范围，传播主体不能过度赋予新闻事实以意义，新闻价值的创造是对事实潜在意义、潜在价值的全面开发或发掘，不是将主观的意义添加在事实之上，这正如新闻报道的是既有的事实信息，而不能添加事实本身没有的东西。新闻文本的内在价值首先是由事实本身的潜在价值决定的，创造的重心在于发现既存的可能新闻价值对象，发现事实的新闻价值属性。发现过程需要创造性的发现力，能够从事实的现实态发现它的历史态和未来态，能够从不同的角度、不同的侧面、不同的层次观照同一对象，能够以不同的眼光分析同样的事实，能够从事实的现象透视它的本质，能够洞察一个事实与其他事实的关系，这一切的目的都在于发现新闻事实与人们的需求关系。发现过程可以在合法合理的范围使用各种各样的手段，可以凭借直觉、顿悟，可以利用想象、猜测，也可以进行假定、推理，但这只能是方法，不能成为内容。新闻文本的内容只能是事实确实具有的，它的一切价值应该生发于既有的事实属性。而不是传播主体"创造"的事实属性。新闻价值创造的自由度是有限的，不能超越事实本身内容的真实性和客观性。传播主体的创造性集中表现在他通过自己的精神劳动将事实的潜在价值以信息符号的方式编码贮存在新闻文本之中，这一过程包含着他的激情与智慧、信念与理性、顿悟与深思。因而新闻文本的价值不只是单一的事实潜在价值的再现，还蕴含着传播主体与事实相互作用后所生成的许许多多的东西。从形式方面说，新闻价值的创造活动也是有限的。以什么样的方式再现新闻事实，是充分发挥传播主体创造性的用武之地。我们看到，报道新闻的具体形式是非常多的，大的类型就有不同媒介形态的新闻样式，诸如报纸新闻、广播新闻、电视新闻、网络新闻等，在每一种媒介形态内部又有丰富多彩的报道形式。但无论具体的形式如何种类繁多，其最基本的方式是客观叙述，这是所有新闻报道形式不变的内核，而且在我看来是不能超越的内核。新闻文本具体的符号结构样式可以千变万化，可以根据不同的文化传统、不同的民族语言特色、不同的时代风格等创新探索，只要是能够准确、简明、生动地再现事实的形式原则上都是可以的，但客观叙述的界限是不能超越的。创造离开了这一条基本的限制，就不再是新闻传播形式的创造了，也就不会创造出新闻意义上的真实价值，因而也就不会满足接受主体现实的新闻需要。人们常说，真实是新闻的生命。其实，对于新闻价值创造来说，尊重客观存在的新闻事实的本来面目，也是最基本的出发点。

二、新闻价值创造的主要原则

新闻传播的基本目的是满足人们的新闻需求，促进社会的健康运行和发展。要达到这样的目的，就要充分发挥新闻传播诸多功能中的核心功能——报道新闻、传播信息。而做好新闻报道的核心，最为重要的是良好的新闻传播内容的生产，"任何传媒企业的基石必须，而且绝对必须是内容。内容就是一切，内容为王"①。从新闻价值创造论的角度看，就是必须有高质量的新闻价值客体——新闻文本的不断创制做保证。怎样才能确保高质量新闻价值客体的不断创造与生产，我们以为，既需要传播主体在价值创造活动中遵循一定的原则，以确保新闻价值创造活动正确、合理的方向，也需要传播主体把握进行新闻价值创造的基本方法，以使新闻价值创造活动真正能够顺利进行、落到实处。这里先来讨论新闻价值创造的主要原则。

---

① 雷石东 . The ABCs of building a global media business［C］. 北京：21 世纪传媒业的发展研讨会，2002.

（一）树立正确的新闻价值观

价值观是指人们关于价值与价值关系的根本观点，价值观念是指人们对于某一类事物价值的比较稳定的观念模式。价值观决定人们的价值观念，价值观念则是价值观的具体表现。新闻价值观，是指人们对什么是新闻价值或什么样的关系才是新闻价值关系的看法，新闻价值观念则是人们对什么样的客体才有新闻价值的一系列比较稳定的观念。在新闻传播实践中，新闻价值观就体现在人们对客体对象进行新闻价值评价的诸多具体的价值观念中。新闻价值观念是新闻观念的核心部分，它决定着新闻传播的主导方向，决定着新闻传播的目标追求和理想境界。新闻观念的核心是指人们对新闻的根本看法，而新闻的本质内涵正是新闻价值观念的基本内容。对新闻本质的不同认定，体现的就是新闻价值观念的不同。

新闻价值观念主要形成于新闻传播实践之中，现实的新闻价值观念既是现实新闻实践的反映，又是对传统新闻价值观念的扬弃，各个国家、民族以及各种群体拥有的新闻价值观念都有各自的历史渊源和现实根据。但新闻价值观念不是孤立的观念系统，它的产生与形成必然会受到其他社会实践和其他各种观念的影响，特别会受到政治观念、经济观念、文化观念、技术观念等等的制约。因为新闻传播发展到今天，不管人们承认与否，不管一些传播媒体如何标榜，不容置疑的历史与现实情况是：它时常处在政治活动的前沿阵地，受到各种政治权力的影响甚至左右；新闻传播自从大众化传播诞生以来，就一直摆脱不了商业逻辑的羁绊与纠缠，并且有愈演愈烈之势，商业逻辑正在成为新闻传播的内在神经系统，商业气息正在渗入新闻传播系统的所有血管；新闻传播更是文化传播特别是大众文

化传播的重要途径，各种文化观念与新闻观念相互作用，开辟着新的报道
领域和报道方式，也生产着许多新的新闻观念；新闻传播观念更是受到传
播技术的巨大作用，每一种新的、重要的传播技术的面世带来的不只是传
播方式的变革，更会引起新闻传播观念、价值观念的根本性变革，印刷时
代与电子时代的新闻观念之间，电子时代与网络时代的新闻观念之间，不
仅具有历史的承继关系，而且具有后者对于前者的超越关系。人类新闻传
播模式从点到点的人际传播发展到点到面的大众传播，又从点到面的大众
传播发展到点到点、点到面的网络传播，经过了一个否定之否定的螺旋上
升过程。概而言之，新闻传播系统只是社会大系统中的一个小系统，它的
运作不能脱离整个社会所提供的政治、经济、文化和技术环境，离不开政
治上层建筑和意识形态领域各种观念的影响。当然，新闻价值观念也会影
响其他观念的发展变化，事实上，它们始终处于相互作用与相互影响之
中，形成了一种持续的互动关系。

新闻价值观念不是单一的或一元的，不管是从历史发展过程看，还是
从现实的新闻传播现象看，它都是多样的和多元的。下面我们对几种主要
的新闻价值观念加以简要的说明和评析。

当大众化报纸最先在西方兴起时，猎奇新闻观（又称反常论新闻观）
便应运而生。形成于 19 世纪 50 年代左右的猎奇新闻观认为，那些离奇、
古怪、异常、失去常态的事件和现象才能构成新闻的对象，新闻就是充满
趣味性、新奇性的各种怪闻，"最反常的事实就是最好的新闻，只有罕见
的、失范的并令人吃惊的事件，才是最有价值的事件"[1]，正所谓"狗咬
人不是新闻，人咬狗才是新闻"[2]。这种新闻观"把追求无聊庸俗的异事

---

① 刘建明. 现代新闻理论 [M]. 北京：民族出版社，1999：235.
② 埃默里 E，埃默里 M. 美国新闻史：报业与政治、经济和社会潮流的关系 [M]. 苏金琥，张
黎，阮宁，等译. 北京：新华出版社，1982：385.

趣闻当作新闻的本质特征和新闻传播活动的终极目的，作为聚财敛富的上好门径"①，它把贪得无厌的好奇感和低级趣味作为评价新闻价值的第一标准，"好奇本能论"是这种新闻观的理论基础，追求商业利益则是其根本的动力机制。猎奇新闻观自从诞生之日起，在西方就未绝于世，即使在今天中国的新闻界，它仍被不少人作为打开市场的敲门砖。

产生于 19 世纪 30 年代的黄色新闻，也是新闻传播遵循商业逻辑的产物，不仅追求猎奇，而且极尽渲染凶杀、灾祸、色情、犯罪等刺激性内容之能事，它把社会描绘成"一个充满性爱、情杀、欺骗、拜金与恐怖的世界"②，以煽情主义为基础，把煽情新闻看作最有价值的新闻。"从最坏处说"，黄色新闻"是一种没有灵魂的新式新闻思潮。黄色新闻记者在标榜关心'人民'的同时，却用骇人听闻、华而不实、刺激人心和满不在乎的那种新闻阻塞普通人所依赖的新闻渠道，把人生的重大问题变成了廉价的闹剧，把新闻变成最适合报童大声叫卖的东西。最糟糕的是，黄色新闻不仅起不到有效的领导作用，反而为罪恶、性和暴力开脱"③。而且，更令人担心的是，"现代新闻事业一直受到这个黄色新闻年代遗风的影响"④。现在的一些媒介，满足的是受众的低俗需要，而非真正的公共利益的需要。还有一些媒体，不加分析、不加选择、不遗余力地报道各种各样有意制造出来的事件，这些事件"借助现代传媒得以快速传播，覆盖全球，实际上扰乱了社会秩序，干扰了正常的社会生活，对社会的组织化无疑起到了极大的破坏作用"⑤。这些说法并不是耸人听闻，当电视

---

① 黄旦. 新闻传播学 [M]. 杭州：杭州大学出版社，1997：173.

② 刘建明. 现代新闻理论 [M]. 北京：民族出版社，1999：242.

③ 埃默里 M，埃默里 E. 美国新闻史：大众传播媒介解释史：第 8 版 [M]. 展江，殷文，主译. 北京：新华出版社，2001：223.

④ 同③.

⑤ 颜纯钧. 21 世纪：传播与社会秩序 [J]. 东南学术，2002 (3)：15-17.

传播出现以后，"报纸上的黄色新闻逊色了，而另一个污染源——电视的黄色节目却势如燎原，其危害程度又远非昔比"①。再看看今天的网络，黄色新闻与其他"黄色"内容一起，已经成为一大社会公害了，黄色新闻观也不再是资产阶级的"专利"品，它的流毒早已"全球化"了。

在人类新闻传播史上，也曾出现过另一类新闻价值观的怪胎，这就是以德国法西斯为代表的法西斯新闻价值观，其本质是根据自己的主观意志、政治需要为出发点，虚构、捏造新闻报道。他们的政治需要就是最高的新闻价值标准，一切以此为取舍，没有的可以加上去，可以制造出来，可以凭空捏造出来，根本不顾事实的真实面目和有无发生。因此，"法西斯的新闻观念只能是一种反新闻价值的观念"②。这种新闻价值观念的罪恶目的，"就是把所有报纸、杂志、广播、电影等完全统制起来，一致造谣，使人民目中所见，耳中所闻，完全是法西斯的谣言，人民看了这种报纸，不但不会聪明起来，而且反会越来越糊涂"。在这种新闻价值观支配下的新闻传播，"对于社会，对于人类，对于国家民族，是一种毒药，是杀人不见血的钢刀"③。

一种历史更为久长的新闻价值观念是宣传价值观，即把新闻传播看作宣传活动，而不仅仅是看作宣传的手段，因而一个事实是否值得报道，关键要看它是否有利于某种观念的宣传。资产阶级党报一诞生，就把报纸作为进行革命的宣传工具。工人报刊、无产阶级报刊、社会主义报刊，都把新闻的宣传观念摆在首位。马克思主义的经典作家们无不看重新闻报道的宣传作用，"《新莱茵报》作为1848年革命中德国民主派左翼的机关报，宣传是它的重要任务"④。列宁在《从何着手?》一文中写道："我们需要

①　刘建明. 现代新闻理论 [M]. 北京：民族出版社，1999：243.
②　黄旦. 新闻传播学 [M]. 杭州：杭州大学出版社，1997：177.
③　陆定一. 人民的报纸 [M] //陆定一文集. 北京：人民出版社，1992：341.
④　陈力丹. 马克思主义新闻学词典 [M]. 北京：中国广播电视出版社，2002：5.

报纸，没有报纸就不可能系统地进行有坚定原则的和全面的宣传鼓动。进行这种宣传鼓动一般说来是社会民主党的经常的和主要的任务……"① 毛泽东认为报纸的作用和力量，就在于它能使党的纲领路线、方针政策、工作任务和工作方法最迅速、最广泛地同群众见面，"办好报纸，把报纸办得引人入胜，在报纸上正确地宣传党的方针政策，通过报纸加强党和群众的联系，这是党的工作中的一项不可小看的、有重大原则意义的问题"②。总而言之，正确、合理而且有效的做法是，在新闻传播规律许可的范围内，利用新闻传播的艺术和技巧进行宣传。

新闻价值观念不仅是多样的、多元的，而且是多层次的，即不同层次的主体会有不同的价值观念，或相同的新闻价值观念会在不同层次主体身上表现出不同的特征。我们知道，不同社会、不同群体、不同个人具有不同的一般价值观念，有些价值观念甚至是针锋相对的、不相容的。这种现象同样存在于新闻传播领域。尽管在最普遍的价值观念层次上人类拥有一些共同的新闻观念和新闻价值观念，比如东西方新闻界的主流观点一致认为新闻是对事实的报道，新闻必须追求真实、客观、全面和公正，有新闻价值的事实应该是相对社会与公众具有重要性、时新性、显著性、接近性、兴趣性的事实；然而，这些一般层次的新闻观念、新闻价值观念落实到一定范围的群体层次上，即具体体现在一定国家、民族或一定团体（比如不同的政党、不同的新闻媒体组织等）的新闻观念和新闻价值观念中时，其内涵就会发生或多或少的变化。不同的群体主体会对一些新闻价值观念的内涵做出不同的解释，甚至是对立性的解释，或者理论或学术解释基本相同，但在实际的新闻传播操作中又有较大的差别。比如，同样是在

① 列宁全集：第5卷［M］. 2版增订版. 北京：人民出版社，2013：6-7.

② 毛泽东. 对晋绥日报编辑人员的谈话［M］//中共中央文献研究室，中央档案馆. 建党以来重要文献选编（1921—1949）：第25册. 北京：中央文献出版社，2011：255.

"重要性"的价值属性下，有些国家的媒体会把名人的一般活动看得比一些有人伤亡的事故具有更为重要的新闻性，而有些国家的媒体却恰好相反。这就是说，尽管重要性这个属性的符号表达是相同的，但"什么"才是重要的并不相同。在这种情况下，我们宁可说他们实质上持有不同的新闻价值观念。人们看到的更为普遍的情况是，一国新闻媒体认为重要的事实，在另一国媒体看来简直不屑一顾，这其中的原因当然不是简单的、孤立的新闻价值观念问题，但它却能反映出新闻价值观念在一般抽象层次上的一致性并不意味着具体层次上的等同性，这正是我们应该特别注意的问题。一般的新闻价值观念特别是一定群体的新闻价值观念，只有被个体主体接受，才能真正发挥作用，因为个体主体拥有的价值观念是更具体的层次，具有直接指导新闻行为的作用。一个新闻传播机构所奉行的新闻价值观念只有被处于新闻传播各个环节上的人员同时奉行，它的价值观念才能在新闻传播中得到较好的体现。当然，一般层次的新闻价值观念特别是群体层次的价值观念，会对个体层次的价值观念形成导引、调节和制约，群体的价值观念也会起到凝聚个体的作用。

新闻价值观念的基本框架建构起来后，便具有相对的稳定性。这种稳定性有利于新闻传播沿着一定的价值轨道平稳地运作，但同时也使新闻传播实践的创新和变革遇到观念障碍，使一些新的报道领域得不到开辟，新的问题得不到讨论，新的报道形式得不到探索，造成某种墨守成规的现象。一种新闻价值观念模式的这两种作用，都应得到我们的关注和研究。但新闻价值观念并不是固定不变的，而是可以改变的，其本质上是一个也应该是一个开放的系统，应该不断吸纳一切新鲜而优秀的价值观念，为新闻改革提供精神动力。技术层面的新闻改革是比较容易的，因为它对新闻价值观念的内核没有根本的影响，但制度层面的改革难度就大了，原因就在于制度层面的改革要求我们必须改变深层的新闻价值观念，这意味着在某种程度上要改变新闻传播的价值取向、价值追求和价值规范，因此它的难度可想而知。反过来讲，新闻传播最深层次的变革是新闻价值观念的变革，也就是说，新闻改革只有在新闻价值观念发生变革的时候才会真正发生实质性的变化，只有新闻价值观念得到合理的更新，新闻改革才能迈出坚实的步伐。

不同的新闻价值观念之间是有优劣之分、对错之别的。持有什么样的新闻价值观念，用什么样的新闻价值观念指导新闻传播活动，是至关重要的大问题。之所以这样说，是由新闻价值观念在新闻实践中具有的功能决定的。第一，新闻价值观念从深层次上决定着新闻传播的目标和追求，具有确定主体行为方向的功能。价值观念的核心是价值追求和价值目标，主体的价值目标决定着他的价值取向。同样，新闻主体的新闻价值观念一旦形成，就意味着新闻传播的价值取向得到了确定，会成为引导主体价值活动的指针，从而对主体的新闻活动产生巨大的影响。如果以纯粹的政治宣传观念作为新闻价值观念的核心①，追求政治集团的狭小利益，则新闻传播只能是宣传工具；如果以纯粹的经济利益追求作为新闻传播的目的，就极有可能奉行反常论的或黄色新闻的价值观；如果以广大人民群众的利益和需要作为新闻价值观的内核，新闻传播就能够成为为人民服务、为一定社会服务的工具，把追求社会效益与追求经济效益相统一作为自觉的指导思想。可以说，有什么样的新闻价值观念，就有什么样的新闻传播。不仅新闻传播媒体的目的和方针、内容和方式要受到新闻价值观念的支配，新闻传播受众的新闻接受行为也要受到新闻价值观念的深刻影响。新闻价值观念不仅体现在指导新闻传播实践的路线、方针、政策当中，体现在法律、伦理道德规范之中，而且体现和贯穿于新闻传播的各个环节之中，成

---

① 以纯粹的政治宣传观念作为新闻价值观念的核心是指，以是否有利于政治观念的宣传为标准来确定新闻传播的内容和方式。

为确定新闻主体新闻活动的指南针。第二，新闻价值观念是新闻主体用来
选择和衡量新闻价值客体的标准。价值观念本质上是主体利益和需要的观
念内化，就是说价值观念实际上反映了主体的利益与需要，因而价值观念
常被主体用来衡量对象的价值有无和价值大小。价值观念最重要的就是作
为评价标准的作用，其"就是指在人们选择取舍过程中，起着评价标准作
用的那些观念"①。新闻价值观念在新闻传播与接受活动中起的正是这种
作用，传播主体用自己的新闻价值观念衡量选择评价传播对象和传播方式
方法，接受主体用自己的价值观念选择评价媒介和新闻文本。第三，新闻
价值观念是主体新闻活动的重要精神动力。如前所说，新闻价值观念包含
着主体的新闻价值追求、新闻价值目标，而价值追求、价值目标反映了主
体的利益和需要，因而一定的价值观念常常成为主体进行价值活动的精神
动力，唤起主体从事某种活动的热情和意志，激励主体为实现某种目标做
出努力。为了实现自己的价值追求和目标，传播主体会自觉自愿地付出艰
苦的体力劳动和精神努力，创造出理想的新闻价值客体——新闻文本。第
四，新闻价值观念具有导引、凝聚和调节主体新闻行为的重要功能。一个
群体拥有的新闻价值观念，会成为引导其所有成员的精神旗帜，会成为凝
聚其所有成员的精神力量，会成为调节其所有成员的精神杠杆。拥有一致
价值观念的群体才会成为一个真正有战斗力的群体。一个新闻传播机构的
竞争力如何，除了基本的物质力量之外，关键还要看他们是否拥有统一的
精神旗帜，即是否拥有统一的、正确的、合理的新闻价值追求、价值目
标、价值规范和价值理想。

　　新闻价值观念的上述功能，提醒我们必须在新闻价值创造活动中树立
正确合理的新闻价值观。那么，什么样的新闻价值观念才是我们目前应该

---

① 李德顺. 价值新论 [M]. 北京：中国青年出版社，1993：264-265.

有的价值观念？

树立什么样的新闻价值观，确立什么样的新闻价值观念，至少应该注意这样几个问题：一是从实际出发，弄清楚广大人民群众需要什么样的新闻传播，也即我们这个民族、国家以及代表人民利益的中国共产党在现阶段需要什么样的新闻传播；二是回望历史，弄清楚过去的新闻传播是怎么走过来的，它的经验教训是什么；三是面向未来，高瞻远瞩新闻传播事业的发展趋势，弄清楚广大人民群众对它的希望与期待；四是尊重人类已有的对新闻传播本质、功能等等的认识成果，弄清楚树立正确的、合理的新闻价值观的理论基点。

基于以上几点考虑，我认为我们应该确立的新闻价值观就是"二为价值观"，即"为社会主义服务，为人民服务"的价值观，所有具体的新闻价值观念都应该体现"二为价值观"的要求，体现它的价值追求、价值目标、价值理想和价值规范。

"二为价值观"的核心是为最广大的人民群众服务，其最直接的表现就是，"凡是人民群众关注的，需要知道的情况，都应原原本本地告诉人民"[①]。从理论层面上说，新闻价值观的核心在于对新闻价值本质及其新闻价值关系的看法。新闻价值的本质是新闻价值客体对主体的实际效应，即对主体的作用和影响。新闻价值关系中的核心主体就是作为接受主体的广大人民群众，相对他们而言的价值客体就是新闻传播主体创造制作的新闻文本。因此，新闻价值在其现实性上指的就是新闻文本对于广大人民群众的作用和影响。只有当这种作用和影响有利于广大人民群众物质利益、精神利益的实现，能够满足他们合理的新闻需求时，我们才能坦然地说，传播主体所创造制作的新闻文本是有新闻价值的。这就是说，我们

---

① 黄旦. 新闻传播学 [M]. 杭州：杭州大学出版社，1997：178.

是把广大人民群众的利益和合理的新闻需要看作我们应该确立的新闻价值观念的核心，是用广大人民群众的利益和需要作为衡量和评价事实有无新闻价值和新闻价值大小的标准的，并以此标准来创制新闻文本。因此，"我们的新闻报道，不可能并且也不必要包括每一个人和每一件事，而只能根据一定的目的、一定的原则去进行报道。人民新闻学的基本原则，是以最大多数人民的最大利益为依归，对此有利的多多报道，对此利少者则少报道，对此无益甚至有害者不报道，反对客观主义和所谓的'有闻必录'"①。

"二为价值观"建立在马克思主义的历史唯物主义基础之上，把广大人民群众看成历史的创造者，把人民群众的利益和需要作为选择和传播新闻的中心点，作为进行新闻价值创造的出发点和归宿处。中国新闻界在20世纪80年代提出，报刊要做党、政府和人民的喉舌，并且认为这三者本质上是统一的，因为中国共产党除了代表人民的利益之外，没有自己的私利，而政府是人民的政府，国家是人民当家做主的国家。因此，新闻传播只有把价值取向定位在人民利益和人民需要的方向上，才能从根本上成为党、政府和人民统一的喉舌，才能成为真正的沟通党、政府和人民群众关系的纽带与桥梁。

（二）遵循新闻传播的基本规律

"规律是事物本身固有的本质的、必然的联系，是事物运动变化的基本秩序和必然趋势。"② 新闻传播活动作为一种社会活动，有其自身的活

---

① 吴冷西同志在新华社第一次全国社务会议上的报告：把新华社的报道工作提高一步 [M] //中国社会科学院新闻研究所. 中国共产党新闻工作文件汇编：中卷. 北京：新华出版社，1980：117.

② 陶富源. 实践主导论：哲学的前沿探索 [M]. 合肥：安徽人民出版社，2001：222.

动规律。马克思在年轻时就已经认识到，"要使报刊完成自己的使命……
必须承认它具有连植物也具有的那种通常为人们所承认的东西，即承认它
具有自己的**内在规律**，这些规律是它所不应该而且也不可能任意摆脱的"①。
要创造新闻价值，如前所述，必须有正确的、合理的新闻价值观念做指
导，但新闻价值观念所确立的价值取向属于"应该"的范畴，要想把它变
成实际的成果，必须遵循新闻传播规律。新闻传播规律是存在于新闻传播
活动中的诸多客观法则，是新闻传播活动各种要素之间、各个环节之间本
质的、必然的联系，属于"是"的范畴，不以任何人的意志为转移，人们
只可认识它、尊重它，却不可违背它。创造新闻价值，要求理解、掌握、
运用新闻传播的诸多具体规律。违背或超越新闻传播规律的价值创造行
为，要么是胡编乱造，要么不会取得"应该"的价值效应和传播效果。

　　现代大众传播媒介的新闻传播活动，是一种组织性、系统性很强的传
播活动，既有自身独立的运行机制，同时又和社会大系统的方方面面有着
千丝万缕的联系。它的正常运作要遵循一系列的活动规律，而它所遵循的
每一活动规律都会对新闻传播主体的新闻价值创造活动构成或大或小的影
响，因为众所周知，新闻价值创造活动（主要表现为新闻文本的创制活
动）是新闻传播的核心工作，处于牵一发而动全身的心脏地位。但我们不
可能在此对所有的新闻活动规律展开论述，只是围绕与传播主体新闻价值
创造活动紧密相关的一些规律进行阐述。

　　首先，传播主体的新闻价值创造活动要遵循新闻价值的形成规律。传
播主体进行新闻价值创造的直接目的是根据已经发现和选择出的新闻事
实，为接受主体创制出新的新闻价值客体——新闻文本。要创制高质量的
新闻文本，基础在于高质量的新闻事实，那么，新闻事实潜在的新闻价值

---

　　①　马克思恩格斯全集：第 1 卷 [M]. 2 版. 北京：人民出版社，1995：397.

是由哪些基本要素决定的，它们之间的关系如何，这正是新闻价值形成规律所要探讨的。传播主体若能把握新闻价值的形成机制，自然有利于新闻价值的创造活动。

新闻价值得以形成的前提是新闻价值关系的存在，因此，当我们探讨客体价值形成的机制时，始终是以主体存在为背景的。所谓新闻价值的形成规律，说的就是新闻价值怎样由客体包含的各种新闻价值属性形成的规律，这一规律的核心在于说明各种新闻价值属性之间的本质联系，正是这种本质联系决定了客体潜在新闻价值的质与量。

对于传播主体来说，首先要把握的是新闻事实的潜在价值是怎样形成的，即构成新闻事实的诸多价值属性——时新性、重要性、显著性、接近性和兴趣性——之间有什么样内在的必然联系，它们是如何整合为一体的，是以什么样的要素来满足主体新闻需求的。有学者指出，"把五要素（准确讲是五种新闻价值属性——引者注）整合成新近事实、信息量、重要程度及其相互联系，新闻价值的形成机制就显露出来了"①。就是说，新闻事实所含的潜在新闻价值是由它所含的信息量和重要程度来决定的。事实的新近性是新闻价值形成的前提条件；事实包含的信息量则是新闻价值的核心，其实，新闻信息量的大小不过是事实潜在新闻价值高低的另一种表达方式；而重要程度则反映了事实信息与主体新闻需求关联程度的高低。因此，一个新近发生的事实，"信息量越大，重要程度越高，新闻价值越大；反之，新闻价值越小；信息量或重要程度任何一项等于零，其新闻价值也就等于零"②。这就是新闻价值的形成规律。

把握新闻价值形成规律的意义主要在于使传播主体的新闻文本创制行为成为一种自觉的行为。把握这一规律，就等于掌握了衡量事实有无潜在

①　项德生，郑保卫.新闻学概论［M］.武汉：武汉大学出版社，2000：62.
②　同①.

新闻价值和潜在新闻价值大小的一种尺度。这当然对传播主体是至关重要的事情，它能够促使传播主体在经常性的新闻采写制作活动中，多创造生产一些新闻价值质量较高的新闻文本；尽管缺乏这种自觉，也会创制出有价值的新闻文本，但那可能多是依赖机遇或偶然的运气。因此，"对一个从业人员来说，不熟悉这一规律就不具备起码的新闻识别能力和选择能力；对于一个传媒来说，不按这一规律办事，就形不成起码的新闻生产力"[①]。

其次，新闻传播主体要遵循新闻传播过程规律去创造制作新闻文本。新闻传播过程，就是新闻信息流动的过程，就是新闻价值随之传递的过程，本质上则是传播主体与接受主体实现新闻信息、新闻价值分享和确立主体间和谐关系的过程。新闻传播过程规律就深藏在这些过程得以形成的机制之中，这些规律可以简要地概括为"最大新闻信息流量追求律""最高新闻价值追求律"和"最佳双重主体接近律"，它们以客观法则的力量影响和制约着新闻传播过程的展开。[②]

作为传播新闻信息的新闻传播过程，它首先追求的必然是尽可能大的新闻信息流量，我们称之为"最大新闻信息流量追求律"。这看似常识的认知，恰好是所有新闻传播过程遵循的最基本的法则。对于创造新闻价值的传播主体来说，认识这一法则，有利于形成及时再现新闻事实的观念；更为重要的是有利于促成及时再现新闻事实的行动，因为尽可能大的新闻信息流量是以传播主体又快又多的新闻文本创制为基础的，一家新闻传播媒体的生命之血就在其新闻信息流量之中。我们在讨论新闻文本的价值属性时，曾把再现新闻事实的及时性作为新闻文本重要的价值属性，正是基于这样的考虑。

---

① 项德生，郑保卫. 新闻学概论［M］. 武汉：武汉大学出版社，2000：63.
② 本小段的写作，在黄旦先生有关论述的启发下，我又做了一些新的概括。请参见黄旦. 新闻传播学［M］. 杭州：杭州大学出版社，1997：235－240。

　　新闻传播过程在追求尽可能大的新闻信息流量下更注重新闻信息的质量，即更注重新闻信息所含新闻价值的高低，追求尽可能高的新闻价值是新闻传播过程的又一法则，可以称之为"最高新闻价值追求律"。"追求尽可能高的新闻价值，就是指在新闻传播过程中，努力选择具有较大价值的新闻事实。"[①] 可见，新闻传播过程的这一规律，为传播主体指出了价值创造活动的方向——选择潜在新闻价值较高的新闻事实，创制高新闻价值的新闻文本。我们在讨论新闻文本的新闻价值属性时，曾把针对性作为新闻文本新闻价值属性的核心，其意思是说针对性越广（即针对的接受主体面越大）越强（即越符合接受主体的新闻需求）的新闻文本其新闻价值越高，因而遵循传播过程的最高新闻价值追求律，实质上就是要求传播主体准确选择那些针对性又广又强的新闻事实来创制新闻文本，即选择那些接受主体欲知、未知、应知的重要事实去创造制作新闻文本。当然，这并不是说要舍弃所有潜在新闻价值一般的新闻事实，而是提醒传播主体，在创造新闻价值客体时，头脑之中始终要有一定的针对性，要有"目标受众"，即要有满足一定接受主体新闻需要的自觉意识。

　　通过新闻信息与新闻价值的分享、共享，达到传播主体与接受主体之间的精神交流与接近，进而产生行为上的某种一致，这是新闻传播的深层目的和理想境界，也是新闻传播过程遵循的一条重要法则，我们可以称之为"最佳双重主体接近律"。只有遵循这条传播过程规律的新闻传播，才能真正取得接受主体的信赖，才能真正长久地立于不败之地。遵循这条新闻传播过程规律，对于创造新闻价值客体的传播主体来说，内容上要选择与接受主体利益接近、需求接近、兴趣接近的新闻事实，形式上则要采取接受主体喜闻乐见的传播方式方法。我们在前面论及新闻文本价值属性的

---

① 黄旦. 新闻传播学 [M]. 杭州：杭州大学出版社，1997：237.

亲和性时，已经表达过类似的意思。只有在内容与形式上皆与接受主体接近、亲和的新闻文本，才能使新闻传播由"传播"达到"传通"，由"感知层次"达到"理解层次"，才能使传播主体与接受主体之间达到新闻信息、新闻价值的"交流"与"分享"。

再次，传播主体要尊重不同媒介特有的运作规律去创造新闻价值客体，表现在以下两个主要方面。

一是按照不同媒介形态的新闻传播特点去创制新闻文本，核心是按照不同形态媒介的符号系统和传播技术手段的特点去创制新闻文本。事实上，正像一种语言往往是一个民族主要的标志一样，符号系统与传播技术一起构成了不同媒介的标识。符号系统是新闻传播的中介手段，传播主体在发现事实、再现事实、传播文本的每一个环节中都离不开对它的运用。熟练驾驭一定媒介的符号系统是对传播主体的基本要求，充分了解和掌握媒介符号的"编码"规律与特点是传播主体能够顺利创制新闻文本的基础，"在澳大利亚新闻界专门为年轻记者所编写的新闻教科书中强调：'语言是记者谋生的工具'"[1]。不同媒介文本是用不同的媒介符号（语言符号和非语言符号）再现和表达的，报纸、广播、电视、互联网新闻传播所使用的语言有它们的共同之处[2]，亦有它们各自的特点；工作于不同媒介形态的传播者既要学习新闻语言的基本规律，也要把握本媒介使用的主要语言的个性特点。这样，才能创制出本媒介目标受众喜闻乐见的新闻文本。新闻语言像其他语言一样，要么诉诸人们的听觉系统（比如广播语言和电视新闻、互联网新闻传播中的有声语言），要么诉诸人们的视觉系统（比如报纸新闻的文字语言，电视新闻、网络新闻的图像语言、字幕语言

---

① 刘智. 新闻文化与符号 [M]. 北京：科学出版社，1999：14.
② 共同之处在于，它们使用的都是新闻语言，遵循共同的新闻语言特点，如具体性、通俗性、简洁性、时代性等。

等），要么同时诉诸人们的视听觉系统。诉诸不同接收系统的语言，在写作或表达方式上是有所不同的。比如，对于广播电视新闻传播的文字稿件，"要求编辑记者的撰稿、改稿符合听觉接受的规律，提倡'口语化'，多用短句，多用双音节词，避免同音误会"[①]，注意听觉语言的"亲在性"和"现场感"的特点[②]，力求"表述的通俗易懂、深入浅出，使之读来上口，听来入耳"[③]。诉诸视觉系统的报纸文字新闻语言符号，尽管没有声音、画面信息具有的那种真实感、现场感、立体感和冲击力，但它表达的自由性、抽象性、跳跃性，接收中可以品味回还的特点等，又使其显出独特的长处，具有自身的表达规律。对于电视新闻语言来说，由于它是一种视听兼备的"语言"，"在对客观世界的陈述方面，既可以形象直观地'描述'外部形态，同时其'解说'与被'描述'人物的'同期声'，又能实现抽象分析、深入概括和内在心理的展示"[④]，因此，电视新闻语言在传播新闻时，相对单一的文字语言或声音语言，具有一种全能的特点，可以说是一种全能的语言。而网络新闻语言的全能性就更不用说了，在不久的将来，网络新闻语言一定会具备所有传统新闻传播语言的特点，这也意味着要想创造制作高新闻价值的新闻文本，传播主体必须掌握每一种媒介语言在新闻传播中所显示出的具体特点。我们不可能在此展开新闻语言的全面论述，但必须再次强调，由于传播主体新闻价值创造活动的核心就是创制新闻文本，而文本就是运用符号手段对对象的再现和表达，因此一定的符号系统永远是创造新闻价值的工具。

---

① 吴郁，侯寄南. 广播电视新闻语言与形体传播教程［M］. 北京：中国人民大学出版社，2001：4.

② 崔文华. 全能语言的文化时代：电视文化研究［M］. 北京：北京师范大学出版社，1998：2.

③ 同①.

④ 同②.

新闻传播有其技术规律，即新闻价值的创造要根据新闻传播技术的实际水平进行。按媒介介质特征和传播技术水平选择事实、创制新闻文本，就是按照新闻传播的"工具尺度"去创造新闻价值。有什么样的传播工具、传播技术，才能进行什么样的传播，媒介的技术依赖性是大众传播的基本特征之一。媒介介质性质差异是客观的，它们各有所长也各有所短，不同媒介虽然遵循共同的新闻传播规律，但又有自身的特殊性，对同一新闻事实的报道，其选择的方法、侧重是有一定差别的。传播媒介决定并限制了人类进行联系与活动的规模和模式。媒介是人体的延伸，印刷品是眼睛的延伸，广播是耳朵的延伸，电视是耳和眼的同时延伸，网络则是人体整体的延伸、神经中枢系统的延伸。不同传播介质由于诉诸感官的不同、使用媒介语言的差别，在选择事实上必须合乎自身的特征。

一定历史时期具有的传播手段和技术水平也是客观的，它对能够传播什么特别是如何传播具有客观的制约性，传播者是不能任意超越的。传播主体在选择事实时，必须考虑所选择的对象是不是媒介能够准确反映的对象，是不是现有传播技术、传播手段可以驾驭的对象。传统媒体无论做出怎样的努力，也难以将数百页的新闻内幕及时地广布天下，而这对互联网来说，简直是易如反掌。传播手段的进步，有力地影响着新闻价值的创造方式，影响着新闻文本的结构方式。

二是按照不同类型的媒介个性去创制新闻文本。媒介类型本身就是个十分复杂的问题，在性质类型的大分野下，可以用诸多不同的标准划分出许许多多具体的媒介类型，但我们这里作的不是媒介类型研究，所以只是从宏观的一般的类型意义上，从传播主体创造新闻价值应该遵循注意事项的角度加以简要的论述。

新闻传播媒介的类型多种多样，不同类型的媒介具有各自的个性特色，表现为"有所为，有所不为"，或在"有为"与"不为"的方式方法上表现不同，因而在新闻传播中担当着不同的任务和使命，追求的新闻价值目标也会有所不同。这就要求不同类型媒体中的新闻传播者要认识本媒体的特点，创造富有媒介个性的新闻价值客体。

从新闻价值论的角度看，所谓类型不同，就是指媒体的新闻价值取向不同，或在同样的价值取向下具体的价值目标不同，而所有这些同与不同都是以满足接受主体的需要为出发点的。这样就将把握本媒体的特点落实在了接受主体身上，即所谓认识本媒体的特点，核心就是把握本媒体目标对象的特点，看他们想在本媒体上得到什么，想以什么样的方式得到，而这正是传播主体创制新闻文本时所应注意的核心问题。

不同类型媒体各有特色的新闻价值创造活动，共同创造着丰富多彩的新闻价值世界，不同类型的媒介满足人们不同方面、不同层次的新闻需求，从而创造新闻传播对于人类的整体意义和价值。

最后，传播主体在新闻价值的创造活动中，应该在宏观上遵循新闻事业的运作规律。新闻事业是以传播新闻信息为主的社会舆论机构及其所有活动。它本质上是通过新闻手段对一定社会经济基础的反映，是思想上层建筑的组成部分。新闻业既有一般行业的属性，同时又具有上层建筑思想意识形态的特殊性，它既是大众传播媒介，又是重要的舆论阵地。新闻业性质上的这种复杂性决定了新闻产品属性的多重性，诸如信息属性、舆论属性、政治属性、文化属性、商品属性等。正是产品属性的多重性，从客观上决定了新闻产品价值的多维性，但所有价值都离不开新闻价值这个基础。新闻业性质上的复杂性，也决定了它运作过程中的难度以及运作规律的复杂性。

新闻业既要按企业化方式运行，同时又要按意识形态领域的工作规律运作。因此，新闻价值的创造是在新闻业运行的两大规律下进行的，也可以说是在社会效益与经济效益的统一与矛盾中进行的。能否在这两大规律支配的领域内创造出新闻应有的价值，并不是已经定性回答了的问题，还需要我们进行艰苦的探索。

新闻价值创造，既要遵循新闻事业运作的普遍规律，更要重视新闻事业运作的特殊规律。新闻传播规律的内涵会不断发展丰富，作为主体新闻传播活动的规律必然反映出不同的历史时代、历史时期的特点。既要遵循新闻传播的诸多内在规律，也要重视支配新闻活动运行于其中的大系统的规律。我们知道，新闻传播是一种重要的大众传播，所以它应当遵守大众传播规律；新闻传播属于舆论传播，所以它应当遵循舆论传播的规律；新闻传播属于意识形态领域的传播活动，所以它还得遵循意识形态工作的一些规律；新闻传播的实际运作过程与一般的企业具有相同之处，所以它还得按经济运行规律办事。新闻传播活动只有在整体上遵循新闻传播各个方面、各个层次的规律，才能实现它的总体价值追求和价值目标。

遵循新闻传播规律进行新闻价值创造并不是一件容易的事情，我们既有沉痛的历史教训，也不乏现实的磕磕碰碰。新闻传播主体是确保新闻价值创造与传播的中坚力量，要维护新闻工作的尊严，坚守新闻传播的精神，真正实现新闻传播对于人类发展、完善的正面价值。

（三）遵守新闻价值创造的合理规范

新闻传播系统不是外在于社会有机体的独立系统，它与其他社会子系统共同构建塑造的社会整体环境是它的生态环境，它与生态环境的发展变化从总体上形成一种互动关系。但就社会环境对新闻传播的影响来说，历史与现实都在表明，新闻传播媒介的发展变化更多地受制于它所处的环境状况，它的整体发展水平一般讲与社会整体发展水平是相一致的，社会整体的政治、经济、文化制度通过一定的法律规范、政策规定、纪律约束等，决定着新闻传播媒介的根本制度和新闻事业的价值取向，也影响着新闻业自身的行业规范、职业理念和运作方式。基于这样一种基本判断，我们认为，作为新闻传播核心的新闻价值创造活动，既要遵循新闻传播自身的基本规律要求，也要遵守业内业外的诸多合理规范，这样才能保证新闻传播在某一生态环境中的正常生存与发展，真正把新闻价值创造追求的目标一步一步地实现出来。

规范是对主体而言的活动准则，"从广义上说，它规定主体'应当'如何，属于价值领域的范畴"①。根据不同规范的性质可将其分为两个大类，"一类是科学技术规范。如科学规范、技术规范、操作规范、语言规范等等。另一类是价值规范。如道德规范、艺术规范、法律规范、行政规范等等"②。这两类规范，常常一起构成某一活动领域共同的规范系统，从不同方面规范主体的活动行为。新闻价值创造活动，除了按照一系列新闻传播的内在规范（如上所论的诸多传播规律）进行之外，还要遵守它作为一种社会活动的价值规范。新闻价值创造首先需要新闻自由，需要宽松的社会舆论环境，自由是进行新闻价值创造的基础，是确保新闻信息流通量和价值传递量的前提，但任何自由都不是绝对的，都是有限制有规范的自由，都要受到各种规范的引导和约束。有些规范属于强制性的，必须遵守，有些规范的强制性相对而言要弱一些，主要依赖主体的自觉自愿来遵守。我们把前一种规范称之为他律性规范，把后一种规范称之为自律性规范。但不管是他律性规范，还是自律性规范，我们在此讨论的都基本属于价值规范，是传播主体进行新闻价值创造时应该遵循的价值准则。这些价值准则是一定主体（即规范的制定者和提倡者）新闻价值观念的具体体现，反映着这些主体的新闻价值取向。

---

① 王玉樑. 价值哲学新探［M］. 西安：陕西人民教育出版社，1993：430.
② 同①.

我们在小标题中之所以在"规范"之前加了"合理"二字，是因为有些用来制导新闻传播行为的规范其本身从整体上或部分内容上就是不合理的，就是不应该遵循的。对于新闻传播主体来说，面对这样的规范，在新闻价值创造活动中不仅不能在精神上受它的约束，"而且在行动上要时刻准备冲破这种约束"①，这其实也是作为站在时代潮头、把握社会跳动脉搏、监测社会环境、引导大众的新闻传播者应尽的社会职责。在实际的新闻传播活动中，对传播主体新闻价值创造活动构成指导和制约作用的主要规范有以下几个。

1. 他律性规范

一般地说，他律是指主体在活动中必须受到客体对象和相关规范的约束和规范。传播主体的新闻价值创造对象主要是作为新闻价值客观来源的新闻事实，因此，他的新闻价值创造活动首先必须受到新闻事实的约束。关于这一点，我们在讨论新闻价值创造的"有限性特点"时已做过较为详细的论述，在此就不重复了。相关规范主要是指那些直接对传播主体新闻价值创造活动形成价值导向和制约的规范。以中国新闻界为参照，这些规范最主要的有三种：与新闻传播有关的法律规范以及新闻政策、新闻纪律（又称新闻宣传纪律）。

法律规范。法在形式上表现为一定的规范或规则，追求的直接目标是实现一定的秩序，深层次上则是一定价值观念的反映。法本质上是统治阶级意志和一定社会普遍意志的体现，因此，法所反映的价值观念是一种特殊的价值观念，是以国家价值观念表现的全社会的价值观念。新闻法规是国家制定的有关新闻工作的法律、法令、条例、决定、规则等法律文件的总称，是新闻活动必须遵守的"硬性"行为准则，它"既要规范公民和各

---

① 杨保军. 新闻事实论［M］. 北京：新华出版社，2001：53.

种社会组织运用新闻媒介的权利和义务，也要规范新闻机构的设立和运作，还要规范新闻单位的从业人员的采访、报道和传播等行为，以及规范新闻传播的内容等等"①。它实质上是国家意志、社会意志在新闻传播领域的体现，反映了国家在新闻传播领域的价值目标和期望追求的现实秩序。显而易见，新闻法规有着明确的价值取向，对传播主体的新闻传播行为具有直接的规范作用，对什么东西允许报道、什么东西不允许报道，什么样的传播方式方法可以使用、什么样的传播方式方法不能使用，都有比较明确的规定。这些规定一旦作为法律规范确定下来，新闻传播主体在其价值客体的创造制作过程中就不能违背。这等于说，新闻法律规范以强制性的方式规定了新闻价值创造的范围和方向，限制了新闻价值创造的原则方法。中国目前还没有制定专门的新闻法，与新闻活动相关的法律主要以这样三种形式存在着："一是散见于宪法、刑法、民法等基本法律中有关新闻传播的条文；二是政府行政主管机关制定的监管新闻传媒的专门法规和其他法规中的相关条文；三是各地新闻主管部门制定的关于新闻工作的规定与章程"②。但它们对新闻活动同样具有强制性的规范作用，传播主体在新闻价值创造活动中必须严格遵守。

新闻政策。新闻政策是政党和政府管理、调控新闻传播领域的重要手段，它集中反映了政党、政府对其所属新闻机构及其从业人员的态度和要求，具体体现在对新闻传播活动一系列行为③的准则与规范中。"新闻政策，是指国家、政党及其地方或分支机关、组织在一定时期为所控制的新闻机构制定的行动准则。"④ 显然，新闻政策标示着国家、政党对新闻传播的价值期望，可以说，新闻政策本质上是由国家、政党制定的一种新闻

---

① 魏永征. 中国新闻传播法纲要 [M]. 上海：上海社会科学院出版社，1999：1.
② 童兵. 理论新闻传播学导论 [M]. 北京：中国人民大学出版社，2000：189.
③ 这些行为包括新闻报道范围与方式、新闻媒体经营与管理等。
④ 刘建明. 宣传舆论学大辞典 [M]. 北京：经济日报出版社，1992：1469.

活动的价值规范。这种规范从宏观上制导着新闻传播的价值取向必须与国家、社会发展的总体方向相一致，必须为国家和社会发展的总体目标服务；这种规范全面规定着新闻媒介及其新闻产品的特殊性，从而实现对它的根本控制、调整与管理。比如，就中国目前的新闻传播而言，有关政策规定，新闻媒介既具有作为经济基础的一般行业的性质，又具有作为上层建筑意识形态的特殊性，因而它的产品整体上必然具有较强的政治性，同时又是作为市场消费的文化产品，这无疑使它必须承担引导舆论的功能、传播文化的功能、促进经济发展的功能。新闻政策的这种规范性，如果从新闻价值创造论的角度看，等于给传播主体指出了进行价值创造的总方向和总原则。就普遍情况而言，传播主体只有沿着新闻政策引领的方向进行新闻价值创造，才被党和政府看作是合理的、正确的，在现实操作上也才能行得通。新闻传播的政治性，新闻传播系统作为社会子系统的从属性，在此表现得淋漓尽致。这一点在中外新闻传播的历史与现实中没有什么根本的差异，只是具体表现样式有所不同罢了。

新闻纪律。严格意义上说，新闻纪律或新闻宣传纪律不是个新闻学概念，但它在我国新闻传播实践中已经约定俗成，从事新闻、宣传研究和新闻、宣传实际工作的人几乎都能对它心领神会，而且它在实践中确实规范着人们的行为，所以很有必要单独列出加以简要的说明。"纪律"一词的普遍意义是指"政党、机关、部队、团体、企业等为了维护集体利益并保证工作的正常进行而制定的要求每个成员遵守的规章、条文"①。显然，纪律是一种明确的价值规范，目的在于维护一定团体的整体利益。新闻事业在中国的性质是党（指执政的中国共产党）、政府和人民的耳目喉舌，所以它必须按照党的纪律行事，特别是党的机关报，必须坚定地宣传、贯

---

① 现代汉语词典［M］. 北京：商务印书馆，1978：528.

彻党的理论、路线、方针、政策，不得利用手中的媒介宣传同中央决定相违背的东西。其实，不管中外，就是那些企业性质或以企业方式进行管理的新闻传播媒体，都有用来维护集体利益的有关规章制度，要求它的成员必须遵守。这些规章制度实质上就是一种纪律，所以，纪律规范的存在是普遍的。纪律作为约束媒介成员的一种规范，主要是禁止性的条文，这就给传播主体指出了明确的报道界限（包括内容和方式两个方面），也就是人们平常所说的"禁区"。对于这些区域，传播主体恐怕很难以新闻价值创造需要突破禁区的理由而盲目行事。

2. 自律性规范

自律是指主体在有关活动中，对自己的行为目的、手段等进行自我制约和自我调节。自律性规范是相对他律性规范而言的，属于道德范畴。"新闻自律，是指新闻工作者加强自身职业道德修养，按照一定的道德标准来要求自己、约束自己。"① 新闻自律的目的在于自觉保障新闻自由的正当实现，防止新闻自由的滥用，履行新闻媒体及其从业人员对一定社会、公众、国家的道德责任。自律性规范表现为各种各样具体的自律信条，"'社会责任论'是以美国为代表的西方新闻界道德自律信条的理论基石"，而"以全心全意为人民服务为核心的马克思主义新闻伦理道德观"则是中国新闻界自律信条的理论基础。② 自律信条以明确的规范形式，以良心自省的方式，以一定组织或机构鼓励或惩罚的方式，以社会舆论褒扬或贬斥的方式，引导并约束新闻从业人员的新闻行为。

新闻活动中的自律性规范就是新闻伦理规范或新闻道德规范，新闻自律"可以看作新闻职业道德规范、新闻伦理的同义词"③。至于伦理与道

---

① 蓝鸿文. 新闻伦理学简明教程［M］. 北京：中国人民大学出版社，2001：20.
② 同①32－33.
③ 甘惜分. 新闻学大辞典［M］. 郑州：河南人民出版社，1993：33.

德两个概念也没有本质性的区别，不过，"道德较多地指人们之间的实际道德关系，伦理则较多地是指有关这种关系的道理"①。新闻自律性规范主要由两方面的内容构成："一部分是社会公德，为忠诚、老实、公正、平等"②，这是新闻从业人员作为社会普通一员应该具备的道德精神，当这些基本的道德精神转化为道德规范时，就必须遵守；"另一部分是新闻职业道德"③，这属于职业道德的范畴，其中包括如何处理好传播主体与事实的关系、传播主体与接受主体的关系以及传播主体之间的关系等，这一部分无疑应该是新闻自律的重点内容。

对于传播主体的新闻价值创造活动来说，我们以为最重要的是如何处理好与新闻事实的关系，这不仅是因为其他两种关系可以体现在对事实的处理中，更为重要的是传播主体的价值创造活动集中表现在他如何从客观存在的新闻事实出发，去创制新的新闻价值客体（新闻文本）。种种新闻道德失范行为或现象，诸如"虚假新闻"、"有偿新闻"、"黄色新闻"、缺乏同情与人道主义精神的煽情性报道、不注重平衡的"媒介歧视"现象等等，最终都体现在传播主体对待事实的态度和处理事实的方式上。传播主体能否自律或自律到何种程度，也是看他以怎样的方式创制了什么样的新闻价值客体（新闻文本），传播主体对待公众、社会或某一团体的责任态度同样包含在文本之中。

新闻传播发展到今天，已经具备了不同于其他社会子系统的专业性，有其自身比较成熟的专业理念和职业精神。这些东西只有以内化的方式，而不仅仅是外在规范的方式，成为指导传播主体进行新闻活动的自觉意识，才能真正很好地发挥作用。道德规范只有内化到传播主体的心灵之中，才

---

① 罗国杰，马博宣，余进．伦理学教程［M］．北京：中国人民大学出版社，1985：4.
② 甘惜分．新闻学大辞典［M］．郑州：河南人民出版社，1993：33.
③ 同②.

能成为其进行新闻价值创造活动时确保自己行为合理性的自觉准则。

在处理传播主体与事实的关系时，新闻职业道德规范的核心作用，是以道德自觉的力量促使传播主体按照新闻传播的基本规则进行新闻价值的创造。这些体现新闻理念、新闻精神的基本规则是：以事实原则统摄的真实原则、客观原则和全面原则；以价值原则统摄的公正原则、立场原则；以方法原则统摄的及时原则、公开原则。① 这些原则所体现的新闻道德境界是：用事实说明事实，用事实说明真相，用事实说明真理，追求的是新闻的科学精神；为事实说话，为正义说话，为人民说话，追求的是新闻的人文精神。人类应有的新闻观和新闻价值观必须在这种科学精神与人文精神的水乳交融中进行建构，而作为创造新闻价值的主力军——新闻传播主体，只有以这种高境界的新闻精神濡染日常的价值创造行为，才能真正达到全心全意为人民服务的境界。

三、创造新闻价值的主要途径

分析新闻价值创造的本质与特点，阐述新闻价值创造应该遵守的诸多原则和规范，为我们理解新闻价值创造的内在机制、把握正确合理的新闻价值创造方向提供了基本的思路，而如何创造新闻价值，新闻价值创造的重心到底在哪里，无疑是更具有现实意义的问题，自然也应该成为新闻价值创造理论的核心问题。需要预先说明的是，作为客观精神价值形态的新闻价值，只有通过接受主体的视听解读方式才能得到实现，而解读过程不是简单的文本信息复制过程，它包含着接受主体对文本新的理解和创造，即接受主体有可能根据新闻文本创造出新的新闻价值。但对于接受主体对

---

① 杨保军. 新闻事实论 [M]. 北京：新华出版社，2001：81-92.

新闻价值的二度创造，我们认为它总体上应该属于新闻价值的实现范畴，是新闻文本内在价值实现过程中的增值现象，所以将在"新闻价值的实现"一章中加以讨论。这里，重点从传播主体出发，对创造新闻价值的逻辑过程和创造新闻价值的几种主要方法加以简要说明，对创造新闻价值的中心途径进行较为深入的探析。

（一）创造新闻价值的逻辑过程

如果将整个新闻价值活动过程一分为二，那么前半段基本上就是以传播主体为主的新闻价值创造过程，后半段则是以接受主体为主的新闻价值实现过程。所谓价值创造的逻辑过程，不过是以创造新闻价值的客观逻辑展开过程为基础，对价值创造过程进行理论逻辑的阶段划分，目的在于比较清楚地描述价值创造活动，抓住价值创造的主要环节。

发现新闻事实，确立"前在"新闻价值客体阶段，这是创造新闻价值的第一环节。新闻信息的传播、新闻价值的创造，对于大众新闻媒介来说，都始于新闻事实的发现。对于价值创造活动来说，发现新闻事实的目的在于创造新的可以通过媒介通道传播的价值客体（新闻文本），客观存在的实体性新闻事实是不能进入传播通道的。因此，从价值创造的过程性上看，新闻事实属于"前在"价值客体，新闻文本属于"后在"价值客体，自然，创造新闻价值首先要发现新闻事实。发现的新闻事实并不一定都能够确立为价值创造的对象，从发现到确立还有一个比较、评价、选择的过程，当事实被确定为价值客体后，第一环节在逻辑上就结束了。[①]

---

① 实质上是以一定的价值标准衡量所发现的新闻事实是否具有传播价值，这里的标准是综合性的，并不是单一的新闻价值标准；这里初步认定的价值是综合性的传播价值，而不是单一的新闻价值，对此，我们将在"新闻价值的评价"一章中再作专门论述。

采集、加工各种信息，"后在"新闻价值客体的精神酝酿阶段，这是创造新闻价值的第二环节，也是核心环节。在价值客体初步确定后，进一步的工作就是采取各种方法系统地、深入地采集相关信息，然后依据一定的原则与目的对所有信息进行去粗取精、去伪存真的思维加工，以凸显事实潜在的新闻价值，并在思维中酝酿"后在"新闻价值客体的形象。采集与加工总是在一定认识图式与价值模式下的采集与加工，其中既有理性的指导，也包含着非理性的作用，因而"前在"价值客体经过传播主体的精神酝酿与改造，已经不再是原原本本的它自身了，而成为传播主体"为我"的存在，成为传播主体创造的新的东西了。

创制新闻文本，"后在"新闻价值客体的符号再现阶段，这是创造新闻价值的第三环节。当"后在"新闻价值客体在思维中基本成形，传播主体就会采用一定的媒介符号将其客观化、外在化，使"后在"新闻价值客体获得感性的存在形式。

文本的定型与传播，新闻价值创造的完成阶段，这是创造新闻价值的第四环节。文本的定型主要是指将已经符号化的文本制作成可以进入传播渠道的产品，文本的传播是指将制作好的文本传送给接受主体。这一环节在整个新闻价值活动中具有承前启后的作用，可以说是新闻价值创造与新闻价值实现的中介环节。从传播主体的角度看，它标志着价值创造活动的结束；而从接受主体的角度看，则是价值实现活动的前提。

创造新闻价值的诸多环节之间，有些是比较清晰的，比如从创制好的新闻文本到文本的最后定型与传播就是显而易见的两个环节；但有些环节之间并没有十分明确的界限，比如从"前在"价值客体的确立到相关信息的采集、加工往往是同时进行的，发现的过程就是事实信息采集的过程，比较、评价、选择、确立价值客体的过程就是思维操作已经采集到的信息的过程，这当然离不开对信息的初步加工。从信息采集、加工及对新的价值客体的精神酝酿到符号再现阶段，更是一个统一的过程，精神酝酿过程就是试图用一定的符号将思维、情感等表达清楚的过程，而在运用一定符号系统表达再现已经酝酿成形的东西时，时时刻刻都在进行着新的信息加工和新的精神酝酿。对于各种媒介的现场直播来说，所有的环节更是交融在了一起。但我们也要看到，发现、确立"前在"价值客体的信息采集必定是初步的，与在确定后系统的、目的性更强的信息采集、加工过程必定有着明显的不同；利用概念思维、形象思维在大脑中加工、酝酿新的价值客体必定不同于符号的再现，表现出的阶段性结果也有明显的差异，前者还以意识形态存在于大脑之中，后者则以物质形式感性地呈现着，这也正是我们将其划分为不同环节的根据与意义所在。因此，我们的划分是在客观逻辑基础上的逻辑划分、理论抽象。

（二）创造新闻价值的中心途径

"媒介系统在社会总系统中的基本作用是：对社会信息资源的开发和利用。新闻媒介的主要功能就是对新闻信息的开发和利用"[①]，其总的宗旨或目标就是最大限度地满足社会对新闻信息的需求。因此，对于新闻价值的创造来说，最根本的就是开发和利用新闻信息资源。信息资源开发是新闻价值创造的基础和核心任务，是创造新闻价值的中心途径，"新闻信息是一种宝贵资源，已成为竞争时代的媒介共识，主动出击，广泛搜集新闻信息资源成为各家媒介的生存之道"，"争夺新闻信息资源成为媒介展开竞争而无法回避的第一道关口"[②]。这种局面是由新闻传播的基本功能决

---

① 李良荣 . 新闻学导论 [M]. 北京：高等教育出版社，1999：212.
② 陈作平 . 新闻报道新思路：新闻报道认识论原理及应用 [M]. 北京：中国广播电视出版社，2000：27.

定的。新闻机构的采编部门实质上就是一个发现、采集、加工和利用新闻信息资源的"工厂",传播主体就是在这座"工厂"工作的人员,新闻价值创造的成果也就在这一系列活动中形成。因而,针对这一系列活动对新闻信息资源的开发展开研究具有极其重要的理论意义与实践价值。

1. 新闻信息资源开发的含义

资源,通常是指"生产资料和生活资料的天然来源"①,是"由人发现的有用途和有价值的物质"②。更全面点讲,"所谓资源指的是一切可被人类开发和利用的物质、能量和信息的总称,它广泛地存在于自然界和人类社会中,是一种自然存在物或能够给人类带来财富的财富"③。

不同的资源可以满足人们不同的需要,信息资源是指能够满足人类信息需求的资源,它是信息与资源概念内涵的有机结合。新闻信息资源是信息资源的一个子系统,它是新闻主体进行新闻实践活动的客观对象,是客观事物新近或正在发生的变动以及与这些变动相关的所有信息,是具有潜在传播价值和新闻价值的信息总和。④

新闻信息资源具有客观性,是否对其开发,并不影响它的客观存在性,但它的意义与价值只能在开发中得到实现,传播主体也只能在对信息资源的开发中创造更大的价值。新闻信息资源具有变动性,变动性是新闻信息资源最突出的特点,这一特点有两方面的含义:一是说任何新闻信息资源都产生于事物的变动之中,二是说任何既有的资源都会继续发生变

---

① 胡兆量,郭振淮,李慕贞,等.经济地理学导论 [M].北京:商务印书馆,1987:67.
② 兰德尔.资源经济学:从经济角度对自然资源和环境政策的探讨 [M].施以正,译.北京:商务印书馆,1989:12.
③ 周鸿铎.信息资源开发利用策略 [M].北京:中国发展出版社,2000:115.
④ 包括传播主体和接受主体的对象,不过在新闻价值创造活动中,我们主要指传播主体面对的活动对象。

动。新闻信息资源的存在具有不平衡性，即新闻信息资源在地域存在上是不平衡的，有些地区属于新闻资源"富矿"区，有些地区属于"贫矿"区，并且"贫富"之间是可以相互转换的。就一般情况而言，政治、经济、文化、社会相对发达的地区，是新闻信息资源的富矿区，政治、经济、文化、社会相对欠发达的地区，则是新闻信息资源的贫矿区。新闻信息资源具有无限性与有限性。无限性是指新闻信息资源在历史与现实的总体存在量度上是无限的，是一种不断产生的资源；有限性是指任何具体的新闻信息资源其新闻信息含量总是有限的。新闻信息资源具有系统性，系统性主要是说，不管是某一确定时空中总体的信息资源，还是某一具体的信息资源，新闻信息资源在结构上都是多要素的、多层次的，而且要素、层次的整合信息必然大于某一要素、层次的信息含量。新闻信息资源衰变具有快速性，信息资源变动性的特点决定了快速衰变的必然性，快速衰变意味着新闻信息资源的质量变化具有突变的特点，即新闻信息资源在很短的时间内，其新闻信息量会迅速降低，甚至变成零信息。

资源开发是指主体发现、开采、加工、利用资源的行为；新闻信息资源开发是指传播主体在一定传播价值取向指导下，运用一定的手段①发现、采集、加工、利用新闻信息资源的过程，核心是传播主体比较、评价、选择、再现和表述新闻信息，充分发掘新闻信息资源潜在新闻价值，创造新的新闻价值客体的行为。这一行为过程大致包括了我们在"创造新闻价值的逻辑过程"中叙述的四个阶段或环节。

新闻信息资源开发的对象不是客观存在的新闻事实本身，而是新闻事实所包含的新闻信息，它本质上是一种精神性的开发，而非物质性的开发，并不对新闻事实本身进行感性的改造，采集、加工、改造的只是可以

①　一定的手段，即物质工具和精神工具，也就是我们在第五章所讨论的新闻价值中介。

脱离事实而存在的信息，它所依赖的主要是主体的认识能力和评价能力。信息科学告诉我们，"关于物质客体的信息，是表征该客体或信源的成分、结构、功能、行为、演变趋势等特性的东西。一切信息都是由一定的信源发送出来的，一切原始信源都是某种物质客体，不存在非物质的信息源"①。因此，对新闻信息资源的开发，实质上就是对新闻事实的认识和评价，二者之间是统一的，没有本质的区别，最终创造的新闻文本既是信息开发的结果，也可以看成对新闻事实的观念化改造。②

2. 在多维视野中开发新闻信息资源

在不同的时空视野中开发新闻信息资源。传播主体面对的新闻信息资源大都以现实态的方式存在着，但要创造新闻价值，就不能停留在现实的时空视野中，仅仅呈现事实的现实状态，而要开阔视野，向历史时空与未来时空扩展。实际中，传播主体对新闻信息资源的开发，最通常的做法是时空向度上的开发，新闻事实的现实态是直接的新闻资源，是人们最想知道的，也是新闻信息价值的直接表现。时空视野中的深度开发，体现在从新闻事实的现实态出发，去追问它的历史态，去展望它的未来态或趋势态。人们之所以能够从事实的现实态出发，向相反的时空向度方向探究事实的来龙去脉，其本体论的根据就在于任何事实的历史变化都会在现实态中留下痕迹，而未来趋势都会在现实态中找到基因或胚胎。人们"能够逆向地超越现实的时间和空间，认识和解释在过去的时间和空间条件下发生的事情、事件"，"这是因为物质过程、能量过程和信息过程所产生的效应，在现存的事物中携带着或保留着由于过去的相互作用和反映过程所遗

---

① 苗东升．系统科学辩证法［M］．济南：山东教育出版社，1998：64．
② 王朝晖．新闻信息资源开发论［D］．北京：中国人民大学，2001：5－12．

留下来的关于过去的事情、事件的信息"①。同时"现实存在的事物或现实发生的事件中，蕴含着、孕育着有关未来事物或事件的某些征兆性信息。这种征兆性信息有助于人们超前地反映和预测现存事物发展的未来趋势和未来将会发生或可能发生的某些事件的状况和特点"②。传播主体在新闻价值活动中的创造性，在时空视野里主要不是表现在对现实信息资源原封不动的呈现上，而是表现在通过对历史信息的揭示说明现实信息的必然，通过对未来信息的先知先觉发现更为重要的新闻线索，从而为人们提供真正具有新闻价值意义的信息。

在不同的主体视野中开发新闻信息资源。面对同一新闻事实，特别是那些相对重要的新闻事实，传播主体要想充分开掘新闻资源潜在的新闻价值，就得以不同主体的视野去看待同样的新闻信息资源，不能仅仅固守自己的视野或所代表的利益集团的视野。从不同主体的视野出发，意味着不同的利益角度、不同的需求层次，从而多一种视野也就意味着多一种新闻价值开发和创造的空间。比如对于同样一个重大的事件，可以从政党角度、政府视角、专家视角、平民视角等去审视，不同的主体眼光才有可能发现不同的有价值的东西，不同的心灵才会感受到不同的世界。

在新闻传播越来越重视接受主体的宏观趋势下，开发信息资源更应注意公众视野，这是媒体生存与发展的根本所在。要做好新闻信息资源的开发，首先要弄清楚的也是最为重要的问题是：为什么样的人开发资源，即从谁的利益和需要出发开发新闻信息资源。实事求是地说，是从"统一主体"的共同利益和需要出发开发新闻信息资源，即既从接受主体也从传播主体的利益和需要出发开发信息资源。但传播主体必须明白的是，只有满

---

① 夏甄陶.认识的主-客体相关原理［M］.武汉：湖北教育出版社，1996：113.
② 同①.

足了接受主体正当的新闻需要，自己的利益和需求才有可能得到现实的满足。因此，新闻信息资源开发的首要出发点理所当然的是接受主体的新闻需要，开发出来的新闻信息资源必须与接受主体的新闻需要相关，"具有符合新闻接受者的需要并符合他们的利益的作品，才具有相关性"[①]，只有与接受主体新闻需要相关的新闻资源才能转化为他们感兴趣的新闻，转化为他们觉得有用的新闻。"新闻接受者的利益，他们对报道的价值和重要性的感受，以及寻求报道来源的渴望，是刺激他们关心报道的一种动力。因此，了解新闻接受者的利益并善于把客观上所必需的符合读者需要的报道变成有趣的、主观上重要的报道，是有效活动极为重要的条件。"[②]

在不同的目标指向中开发新闻信息资源。开发新闻信息资源，既要充分考虑到新闻系统在社会系统中的特殊地位与作用，还要充分考虑到媒介系统自身的可持续性发展。因而，必须从多种目标指向中开发新闻信息资源。我们认为，最为重要的目标指向有：政治利益指向，经济利益指向，社会利益指向，以及体现一家媒体个性特征、综合反映其各种利益指向的特色目标指向。

政治利益指向。与新闻的其他属性相比，思想性、政治性是它更为本质的属性，这是不以任何主体意志为转移的事实。而且，正是由于政治与新闻传播关系的紧密性，政治性新闻信息本身构成了新闻传播的头等性内容，各种（稍）有影响的新闻媒体，无不关注大大小小的政治人物和政治事件。这种情况实际上说明，新闻信息资源开发必然会有一定的政治利益指向。事实上，从历史到现实，人们看到的只是不断变换政治利益指向的新闻媒体，还没有发现无政治利益指向的新闻媒体。政治利益指向的典型

---

① 普罗霍罗夫，等．新闻学概论［M］．赵水福，郑保卫，许恒声，译．北京：新华出版社，1987：19.

② 同①.

表现，首先是在新闻信息资源的开发利用中具有某种政治倾向性①。其次是通过对相关新闻信息资源的开发利用，引导人们参与政治活动，诸如维护一定政治权利的合法性，积极通过新闻传播的方式参与政治决策，利用新闻媒介监测环境的功能实施对各种权力特别是政治权力的监督，运用新闻媒介实施和获取政治民主权利等。

经济利益指向。用经济学的目光看待新闻信息资源开发，就会发现信息资源的开发过程实质上就是新闻信息的生产过程。既然是经济学意义上的生产，就必须进行经济学的考虑。新闻价值的创造必然要以一定的投入为动力，这就需要认真对待投入与产出、成本与收益等一系列的问题。在计划经济体制下，搞新闻报道是不大考虑经济效益的；但对市场经济中的新闻传播媒体来说，没有足够的经济利益，就意味着媒体的死亡，其他一切利益只能指向空中楼阁。媒介经济学在中国近些年来的"显学"走向，正是媒介经济利益指向的理论反映。当经济利益指向成为开发新闻信息资源的重要原则时，"亏本"的生意就不能盲目去做。就我国的实际情况来看，在社会效益与经济效益发生冲突的时候，应该毫不迟疑地以确保社会效益为第一原则。但在确保社会效益的前提下，必须从信息资源开发的各个环节入手，精打细算，使成本降到最低限度，效益回报达到最大限度。

社会利益指向。社会利益指向的核心是为广大的接受主体服务，只有把根本利益指向他们，新闻价值的创造才会变得真正具有价值。"读者、观众、听众的情况，是决定报道什么和应该怎样报道的基本因素之一。"②新闻信息资源包含多种成分的信息，但并不是所有的信息都是新闻信息。只有那些对接受主体有意义、有益处、有关系、有趣味的信息才能吸引他

① 政治倾向性，比如中国新闻界坚持的以正面宣传为主的方针，就是一条开发利用新闻信息资源的政治原则，有着十分明确的政治利益指向性。

② 曼切尔. 新闻报道与写作 [M]. 艾丰，张争，明安香，等编译. 北京：中国广播电视出版社，1981：77.

们的注意力，才是值得开发和传播的有效信息。指向社会利益的资源开发、价值创造不能停留在迎合和适应的水平上，而是要以满足接受主体的合理需求作为开发信息资源的基本目标，同时还要适度创造需要，引导接受主体的新闻需求。只有把适应与引导两方面有机结合起来，才能使资源开发与价值创造本身具有价值。

特色目标指向。特色目标指向的根本点在于，以一定媒体自身的个性化追求去开发新闻信息资源。"个性与特色是报刊的生命力所在"[①]，也是所有媒体的生命力之所在。不同形态的媒介、不同类型的媒介承继着不同的传统、风格和气派，受制于不同的政治影响，拥有不同意识形态下的价值取向，运行于不同的文化环境之中，拥有相对稳定的目标受众，追求着不同的新闻传播目标，这就决定了它们对新闻信息资源开发的方式有着各自的要求。而有生命力的媒体正是通过富有个性化的资源开发创造自己独有的品牌，获取现实的经济利益和长远的无形资产，它在资源开发中创造特色化的新闻价值，同时也创造着自身的价值。

要保持个性，就应从本媒体的个性、定位出发，开发出富有特色的信息，以满足自己目标受众的特殊需要。如果各种媒体的传播者对同一事实信息资源进行大致相同的开发，互相模仿、克隆，则必然千篇一律、索然无味，决然形不成对接受主体的吸引力。保持特色目标指向的关键在于不断创新，就信息资源开发而言，关键在于能够不断创造出特有的新闻价值。一家媒体的"独家"性在于它所提供的新闻价值的独家性。

在不同的方法指向中开发新闻信息资源。传播主体在开发新闻信息资源时，应尽力采取多种多样的方法，以便从不同的角度、层次、关联中发掘新闻信息的新意，创造新闻价值。

---

①　曹鹏. 国内报业市场形势分析与经济前景展望［J］. 当代传播，2000（2）：9-12.

多角度开发。这是开发新闻信息资源最常用的方法，角度问题因而也成为新闻学中经常讨论的问题。从价值创造的层面看，它的核心是指以不同的方法审视事实信息的意义和价值，"角度"不只是直观地变换时空方位，更重要的是以不同的思维方法分析同样的信息内容，以发现它蕴含的多样性价值。每一个角度都是一扇门，每一种方法都是一把刀。多推开一扇门，就能多发现一片新天地；多用一把刀，就能多切出一些新鲜的断面。多角度开发是确保不遗漏有价值信息的基本方法，但角度太多也会分散中心信息，形不成新闻亮点，因此不能变幻莫测、游移不定。对一定的新闻信息资源来说，往往存在客观的最佳或较佳开采信息的采掘口，在多角度的变换中，最终找到它是最重要的，遍地开花的开采不是新闻的风格。

多层次开发。信息资源结构的层次性是进行层次开发的前提，不同层次含有不同信息、不同潜在价值是进行层次开发的意义所在，不同层次信息与潜在价值之间的相互联系是多层次开发的难点，接受主体的层次性存在、层次性需要则是多层次开发的必要根据。传播主体的新闻价值创造实质上是在信息层次与需要层次之间寻求和谐的关系，以求有效的新闻传播。多层次开发在日常的新闻报道中并不像在理论研究中那么普遍，传播主体遇到的新闻事实大多没有必要一层一层地剥离，新闻传播的要旨必定是传播信息，因此多层次开发要适可而止，不要总是故弄玄虚地透过现象看本质，造成对信息资源的过度开发。这一点对习惯于用事实讲道理的中国媒体和记者尤其应当注意。

过程性开发。新闻信息资源的最大特点就是它的变动性，其是在事实演变过程中不断同步生成的，是一种具有明显"过程性"的存在，而不像一些自然资源是"已在"的资源、"死"的资源。新闻信息资源的过程性存在，决定了有价值的新闻必然是及时性的新闻，有价值的创造也必然是及时性的创造。新闻信息资源的过程性存在，从根本上说明了只报道结果的新闻是死的、无生气的新闻，新闻报道的意义与价值是在资源的演变过程中生成的。离开对新闻信息资源的过程性开发，新闻就难以引起人们的及时性注意，而不被及时注意的新闻就不再是新闻了，传播主体的价值创造活动也就变得没有什么意义了。有了"过程"，人才会对结果有一种期待；有了过程，人才会觉得有寻求媒体的必要；有了过程，才有新闻的趣味、有新闻那延绵不断的吸引力。一句话，有了过程，才会有不断创造新闻价值的必要。

关联性开发。系统存在方式的绝对性，系统与环境对应存在的必然性，是对新闻信息资源进行关联性开发的客观根据。任何具体的新闻信息资源，都是系统性的存在，由各种各样的信息要素及其相互联系构成。要创造新闻价值不仅要从信息构成要素出发，而且要正确把握要素之间的关系。同时，任何新闻信息资源的存在，都不会是绝对孤立性的存在，总产生于一定的环境，并与一定的环境信息交织在一起，因此只有在与环境的关联中才能更好地理解某一信息的真正意义。多数重要新闻报道之"重要性"的体现，就在于它开发出了关联信息，整合了各种不同的信息要素，使人们从点看到了面，从个别、特殊了解到了普遍和一般。

3. 把握新闻信息资源开发的"度"

新闻信息资源的开发是一种社会行为、科学行为，必须遵循合理的社会规范和科学规范。新闻信息资源在不断生成和消亡，是一个无限的过程，但对于具体的新闻事实而言，它的新闻信息资源是有限度的。不只如此，传播主体的信息开发能力、接受主体的信息接受能力，都是有限度的。因此，新闻信息资源的开发必须把握好诸多的分寸和尺度，这样，才会取得良好的开发效果。

客体之度。当一个事实发生后，在一定的时段里它具有的新闻信息资源是相对确定的，即所包含信息的质与量是客观的，以真实、客观为宗旨的新闻传播只有在这一量度内的信息开发才是适度的。如果在价值创造的名义下超越这一客观量度，把小信息夸大为大信息、把弱信息说成强信息、把一般性新闻信息奉为重大新闻信息，或者相反，都是超越客体之度的行为，偏离了正常的开发轨道。

主体之度。从接受主体方面看，人们接受信息的量度与接受信息的心理都有一个基本的阈限，超过或不及都不能正常满足人们的新闻需求，过度与低度的信息开发必然造成新闻信息供应的过剩或不足，显然不是人们愿意看到的景象。从传播主体来看，发现、采集、加工、利用新闻信息资源的能力在一定条件下是基本确定的，只有量力而行才能取得良好的开发效果。有能力却不用力，必然造成新闻资源的浪费；能力不及却要强有所为，可能造成信息资源的破坏和自身能力的摧残。因此，主体之度是合理开发新闻信息资源的重要尺度。

时效之度。新闻信息资源的变动性特点，决定了开发的及时性要求。新闻信息资源往往稍纵即逝，有些信息具有一去不复返的特性，一旦坐失良机，必将追悔莫及。要想捕捉到有价值的新闻，必须紧跟客观事实的演变进程，这样才能确保新闻信息传播的及时性和新鲜性。开发新闻信息资源，更要讲究时机，要看具体的对象，要考虑媒体所覆盖的受众范围，以追求有效开发。不讲时机的开发，就有可能付出政治上、经济上、媒体声誉上的代价。"信息资源的时效性不但表现为及时性，更突出表现为开发、利用它的时机性。这就要求信息资源的利用者善于把握时机，只有时机适宜，才能发挥效益。"[①]

规范之度。信息开发要遵守法律、政策和纪律规范，也要受到"道德

---

① 周鸿铎. 信息资源开发利用策略 [M]. 北京：中国发展出版社，2000：134.

考量"，不应违背社会普遍认可的一些基本道德精神和道德规范，更应恪守新闻传播的职业道德规范。关于规范问题，我们在前面已作过较为详细的讨论，此处不再多言。

文化之度。开发新闻信息资源还要考虑新闻传播所面对的文化环境，同样的新闻信息资源，在不同的文化眼光中会阐释出不同的意义。新闻信息资源的开发，本身就带有文化意味，因为新闻传播从文化学的角度看，就是一种重要的文化传播方式。不同的新闻信息资源具有不同的文化意味，有些具有强烈的政治文化色彩，有些则充满了商业气息，有些是高雅的，有些则是低俗的，信息资源本身具有的这些文化特性必须成为传播主体进行资源开发、价值创造时考虑的重要因素，需要把握好开发的度。另外，新闻传播所向的区域、民族、地区甚至国际文化特点，也应该成为新闻信息资源开发的参考尺度。新闻信息资源的选择、开发方式的选择，要以明了新闻信息资源开发实际服务对象的文化生存环境为前提。比如要考虑到接受主体的整体文化背景，更要考虑到一些特殊的文化环境，诸如宗教信仰、民族习惯等等，因为这些东西直接影响到接受主体对一些新闻信息的心理接受限度。作为传播主体，要具体问题具体对待，以实事求是的态度和方法做好新闻信息资源的开发。任何新闻传播媒体都不能图一时之快，取一时之利，忘乎所以，随意而为。

（三）创造新闻价值的主要方法

创造新闻价值并不是件容易的事情，人们觉得新闻传播只是按照事实的真实面目报道事实，新闻价值就在新闻事实之中，谈不上什么价值创造。这种常识性的看法有其正确的一面，它看到了创造新闻价值的客观基础，但新闻事实要成为真正对人们有新闻价值的东西，停留在原生的事实状态是难以办到的，必须在新闻事实潜在新闻价值的基础上，通过一定的劳动（包括物质劳动和精神劳动）创造出新的新闻价值客体（新闻文本）。新的价值客体的创造，改变了原生状态事实的存在形式，使新闻事实获得了新的属性和功能，转化成了新的新闻价值客体，从而增大（如果方法不当，也有可能减小）了事实的价值。在创造新的新闻价值客体过程中，总要采用一定的方法，创造方法的恰当与否直接影响到新的价值客体的新闻价值质量，因此，探讨创造新闻价值的方法具有特殊的意义。

对于创造新闻价值的方法，我们可以在不同的层次上进行探讨：一种是根据各种具体情况，比如针对不同形态媒介的新闻传播特点，针对不同类型媒体的特点，针对不同类型的新闻事实特征等，提出各种各样具体的价值创造方法；另一种是以具体的方法为基础，抽象概括出一些普遍的方法，这种方法更具有方法论的意义，更具有理论的普遍性品格，为具体方法本身的进一步创造提供了更大的空间。所以，我们将侧重从方法论意义上提出几种创造新闻价值的主要方法。

首先，从新闻价值创造主体构成方式上，创造价值的方法可以概括为两种：一是集体合力法；二是个性张扬法。

集体合力法，顾名思义，就是以传播主体集体的力量去共同创造新闻价值客体，其最为典型的表现形式就是媒体内部的报道策划与媒体之间的联动报道，它主要以规模效应的方式追求新闻价值的创造。

个性张扬法，即以传播个体为主进行的价值创造方法，其最为典型的表现形式是名记者、名编辑、名主持人等创造的"名人"效应方式。我们已经多次说过，新闻活动本质上是一种精神活动，新闻价值创造本质上是一种精神价值的创造，而精神价值的创造主要依赖于具有独创性的精神劳动，这种劳动不管是集体性的还是个人性的，最终必须落实在个体的精神能力上。这一点，对于工作方式独立性相对较强的新闻传播来说更为突出。因此，以富有个性的方式观察事实，以富有个性的思维理解事实，以富有个性的表达方式再现事实，是新闻价值创造的重要方法。

其次，从对新闻信息资源的开掘上，可以将创造价值的方法概括为两种：一是单一信息的深度开掘法；二是多重信息的立体开掘法。

单一信息的深度开掘法，主要针对那些新闻信息资源比较单一但却比较重要的新闻事实所采取的价值创造方法。在日常的新闻报道中，传播主体面对的新闻事实信息大都相对单一，即使一个事实包含的信息很多，但具有新闻价值的信息却往往是单一的，在这种情况下，进行新闻价值创造的主要方法就是对单一信息进行深度开掘。

多重信息的立体开掘法，主要针对那些新闻信息资源比较丰富，同时又都比较重要的新闻事实而采取的方法。多重信息立体开掘法的基本含义是：注重深度开掘，把握重要事实的来龙去脉，用运动、变化、发展的眼光透视事实的过去、现在与未来；注重广度开掘，把握事实之间的广泛联系与互动影响；注重深度与广度的结合，把握事实的内外结构、分析事实信息的层次关系。多重信息的立体开掘法，追求的是多重信息与接受主体需要的契合。

不管是单一信息的深度开掘还是多重信息的立体开掘，在具体的基本方法上是大致相同的，这就是我们在前面讨论过的新闻信息资源开发方法——多角度开发、多层次开发、过程性开发、关联性开发等。

再次，从新闻价值创造的操作方式上，可以将创造价值的方法概括为两种：一是单一凸现法；二是全面开花法。

单一凸现法，就是以突出再现某一新闻事实或事件的方法，创造规模化的集中效应，凝聚甚至可以说是"创造"接受主体的"注意力"，这是信息爆炸时代比较通用的新闻价值创造方法。只有被人们注意到的东西，才有可能产生价值效应，单一凸现法的核心就是要让接受主体注意到对某一新闻事实、事件的报道，创造"议题设置"的价值效应。那种紧紧围绕某一核心事实、事件展开长时间、全方位、大篇幅、多体裁的具体报道方法，那种在共时性上集中火力集中轰炸式的报道方法，比如对"媒介事件"[①] 的现场直播，对各种巨大"丑闻"的穷追不舍等，都可以归属于利用单一凸现法创造新闻价值的总名之下。

全面开花法，这是一个形象的比喻，意思是指对所有接受主体比较关注的新闻事实、新闻现象给予足够重视的方法，这在媒介整体新闻传播能力不断增强的大背景下并不是什么难事。报纸"厚报"时代的到来，广播电视全天候新闻传播的实现，网络新闻信息的海量容纳，都为全面开花的新闻价值创造方法提供了广阔的空间。

---

① 关于"媒介事件"的具体含义，可参见戴扬，卡茨. 媒介事件：历史的现场直播［M］. 麻争旗，译. 北京：北京广播学院出版社，2000。

第七章　新闻价值的评价

在新闻价值创造活动中，首先要确立价值创造对象（新闻事实），而确立价值创造对象的过程离不开新闻价值认知与评价；在新闻价值的实现活动中，首先必须认知新闻价值客体（新闻文本）的新闻价值，同样离不开新闻价值认知与评价。显而易见，价值认知与评价是新闻价值创造和实现不可缺少的重要手段，贯穿在整个新闻价值活动中。因此，新闻价值的评价问题是新闻价值论的重要组成部分。依据新闻价值活动的客观逻辑，我们应该在上一章"新闻价值的创造"与下一章"新闻价值的实现"的相关部分，对评价问题分别展开讨论，但为了方便，我们专设此章，对新闻价值的评价问题进行系统、集中的论述。

一、新闻价值评价的内涵

研究新闻价值评价[①]，首先需要回答的问题就是什么是新闻评价，它的基本内涵是什么。为了弄清楚这些问题，就得先从哲学评价论出发，对一般评价的本质做出必要的阐述，然后以新闻评价的构成为基础，具体说明新闻价值评价的一些主要特点，从而形成对新闻价值评价内涵的基本理解。

（一）价值评价与新闻价值评价

正如理解新闻价值需要理解一般价值一样，要准确理解新闻价值评价的含义，也得首先把握一般评价的内涵。新闻评价只是评价的一种形式，在本质上与一般评价是相同的。一般评价论研究的是评价本身的一系列问题，属于元层次的研究；而新闻评价论研究的是具体的新闻评价活动，属于具体学科的研究。新闻评价论与其他具体学科的评价研究（比如科学评价、文学评价、艺术评价等等）处于同样的层次，所不同的是它们的具体研究对象不同。

按照哲学认识论的一般理解，人类的认识活动包括两大部分：一是事实认识，一是价值认识。事实认识是指"对一种事物的本质、规律、特性的认识"，价值认识是指对事物"功用、用途，对人的意义的认识"[②]。事

---

① "新闻价值评价"是一种习惯的说法，其实并不准确，"评价"本身就是"价值评价"的意思，因而再在"评价"之前加以"价值"二字，纯属多余，新闻价值评价更科学、合理的名称应该是"新闻评价"。但正如人们经常把哲学价值论中的评价称为价值评价一样，我们也尊重习惯，沿用新闻价值评价的说法，在行文中，"新闻评价"与"新闻价值评价"意思是完全一样的。

② 王玉樑. 价值哲学新探 [M]. 西安：陕西人民教育出版社，1993：228.

实认识的目的在于把握客体本身，在于求真，获得真理性的认识；价值认识的目的在于把握客体与主体之间的价值关系，在于求善，获得需要的满足。在认识活动中，这两种认识是紧密联系在一起的。一般地讲，事实认识为价值认识提供前提条件，而价值认识为事实认识提供动力和深化的空间，它们共同构成完整的认识系统。

价值认识活动本身又由两种活动构成：其一是价值认知活动，其二是评价活动。价值认知是指认识主体与价值主体不同一时的价值认识，就是说认识主体是把其他主体与客体之间的价值关系作为认识的对象，目的在于说明一定客体对一定主体（不包括认识者自身）有什么样的价值和多大的价值；价值评价是指认识主体与价值主体同一的价值认识，就是说认识主体是把自身与客体之间的价值关系作为认识的对象，目的在于说明一定客体对自己有什么样的价值和有多大的价值。对于价值认知活动，人们将其看作一种认识活动（与评价相区别），因为"这种以价值为客体的认知活动与以非价值为客体的认知活动在结构上是相同的"，"遵循着相同的（认识——引者注）规律，具有相同的特点"①。对于认识主体与价值主体同一的价值认识活动，人们看作在"标准"意义上的评价活动。我国著名的价值哲学研究者李德顺先生就认为："只有当一定价值关系的主体自己来认识这种价值关系的结果时，他的认识才是评价。"② 其他不少学者也持这样的看法，比如"评价活动总是评价者对一定事实与自己之间的价值关系的认识"③，评价"是价值关系的主体对自身与客体之间的价值关系的

---

① 陈新汉. 评价论导论：认识论的一个新领域 [M]. 上海：上海社会科学院出版社，1995：92.

② 李德顺. 价值论：一种主体性的研究 [M]. 北京：中国人民大学出版社，1987：225.

③ 同①93.

能动反映"①。

从上面的阐述中已经看到，评价作为一种认识，它所反映的对象就是价值或者价值关系，因而评价实质上就是价值主体对价值的认识。"所谓评价，就是主体对客体于人的意义的一种观念性掌握，是主体关于客体有无价值及价值大小所作的判断。"②"评价，是人把握客体对人的意义、价值的一种观念性活动。"③ 在评价活动中，价值是第一性的，评价是第二性的，是客观性的价值决定评价，而不是评价决定价值。因此，"评价不能创造价值。评价必须以价值为基础"④，但评价并不是价值主体对自身与客体价值关系的镜子式的反映，而是一种能动的反映，"价值评价不是对特定价值关系的简单认定，而是价值主体对价值关系的能动的、创造性的反映。一定对象是否对主体具有价值，只有依据主体需要与能力，通过主体评价才能加以把握"⑤。因而，评价也是人类发现价值、揭示价值的一种根本方法，也是实现价值和表现价值的一个重要手段。⑥

在新闻认识活动中，新闻价值认识同样是由两部分构成的：新闻价值认知，是指不同主体对新闻价值客体与其他主体之间新闻价值关系的反映，或者说是一定主体对一定新闻价值客体对其他主体新闻价值的反映；新闻价值评价，则是指不同主体对新闻价值客体与自己之间新闻价值关系的反映，或者说是一定主体对一定新闻价值客体对自己的新闻价值的反映。我们将在本章中重点讨论新闻评价问题，但我们也会经常论及新闻价

---

① 孙伟平. 事实与价值：休谟问题及其解决尝试 [M]. 北京：中国社会科学出版社，2000：98.

② 袁贵仁. 价值学引论 [M]. 北京：北京师范大学出版社，1991：207.

③ 冯平. 评价论 [M]. 北京：东方出版社，1995：1.

④ 陈新汉. 评价论导论：认识论的一个新领域 [M]. 上海：上海社会科学院出版社，1995：209.

⑤ 同①.

⑥ 同②207 - 208.

值认知活动，特别是在涉及传播主体的评价活动时，还会重点探讨一下传播主体的新闻价值认知活动。事实上，价值认知活动与评价活动是紧密相关的、互相渗透的，评价不可能离开认知，认知是评价的基础，"任何认知活动与评价活动，都是同时进行的。这二者实际上是不可分割的，只有在思维中才能将二者区分开"①。但它们必定是两种有所差别的价值认识活动，有必要分别进行一些研究。

新闻价值主要是一种精神价值，因而新闻评价本质上是对精神价值的评价。传播主体面对新闻事实的价值评价，意在评价它所包含的信息对于人们精神的价值。接受主体面对的新闻文本本身就是一种精神客体，人们对承载新闻信息的物质载体不会作过多的关注，而是通过物质载体把握新闻文本包含的内在精神，把握它所告知的信息对于人的意义和作用。

（二）新闻价值评价的静态构成

新闻评价活动是新闻主体运用一定评价标准对新闻价值客体与自身价值关系进行评定的过程。在新闻价值活动中，由于活动主体是多重的，他们进行新闻价值活动的对象也有所不同，因而，新闻价值评价活动是由多种具体的评价活动构成的。

其一，传播主体对事实的新闻评价。新闻传播过程展开的第一环节，就是传播主体对新闻事实的发现与选择，发现与选择的过程就是对事实新闻价值认知的过程、评价的过程。传播主体通过对事实的新闻价值认知与评价，最终确定一个事实是否具有传播价值，即是否能够满足传播需要。由于传播主体本身又是由高位主体和本位主体构成的，因此传播主体的新

① 李连科. 价值哲学引论 [M]. 北京：商务印书馆，1999：106.

闻评价又可以分为高位主体的评价和本位主体的评价。

这里应该特别注意的是，任何新闻传播主体进行的新闻传播活动，目标都不是单一的，不只是非常纯粹地传播新闻信息，还要通过传播新闻信息达到其他目的。这就决定了传播主体对事实的评价运用的不只是新闻价值评价标准，还有其他一些与其传播目的相关的价值标准，比如政治的、教育的、宣传的价值标准等。这样一来，传播主体所确定的事实就不是单纯的只具有新闻价值属性的事实，它在价值属性结构上是多种属性的统一体，它所满足的也就不再是单一的新闻传播需求，而是一种综合的新闻传播需求。因此，传播主体的评价是一种综合的评价，是对客体传播价值的评判，不只是对新闻价值的判断。但我们也不要忘记，作为新闻传播，传播主体对事实价值的评价始终必须以新闻评价标准为核心标准，如果偏离这一点，则不仅失去新闻传播的意义，而且其他传播目的也会因名不副实而难以达到。这也正是我们把传播主体的评价叫作新闻评价，而未笼统地称之为传播评价的根据与用意所在。

其二，接受主体对新闻文本的新闻评价。新闻价值的实现最终必须落实到接受主体身上，而接受主体获取新闻文本中新闻价值信息的方法只有一个，这就是以直接或间接的方式去接触新闻文本。只有通过与文本的相互作用（主要是精神层面的相互作用），才能获取新闻价值信息，自觉到新闻文本对于自己的意义。所谓相互作用，实质上就是展开对新闻文本的新闻价值认知和评价活动。

由于新闻文本是传播主体基于新闻事实信息创造的新闻价值客体，其中不仅凝结着具体传播者个体的创造成果，而且也反映着新闻传播机构的整体（群体主体）形象，因而，对新闻文本的新闻价值认知与评价，也是接受主体对新闻传播机构和整个新闻界进行价值评价的主要方式。接受主体的新闻评价对于传播主体也有着特别的意义，新闻传播中的信息反馈，核心就是获取接受主体对新闻文本的评价意见。

上面，我们只是从静态的结构意义上对新闻评价的构成作了简要的说明，实际上，新闻价值活动中的新闻评价是一个动态的过程，有着十分复杂的环节和层次。对此，我们将在后面再作讨论。

（三）新闻价值评价的特点

通过上面的阐述我们发现，新闻价值评价作为评价的一种类型，有其自身特殊的评价对象和评价构成，当然新闻评价还有它不同于其他评价类型的评价标准与评价方式，这些都决定了新闻评价具有自身的特点。这里关于新闻评价特点的分析，以双重主体（传播主体和接受主体）新闻评价的共同特点为主，至于他们各自的特殊性，我们将在对新闻评价的动态过程考察中加以阐述。

第一，新闻评价是一种及时性的评价。从传播主体方面看，及时评价的根据主要有两个方面：一是新闻传播必须及时的内在要求，二是在传播及时性要求的前提下，还必须迅速处理新闻事实的大量存在与传播通道的有限容量之间的矛盾。从接受主体方面看，及时是获得"新闻"满足的唯一时间方式。这两方面的原因决定了新闻评价的及时性特点。及时评价也是新闻评价最典型的特点。

第二，新闻评价是一种变动性极强的评价。新闻传播的内容是事物最新变动的信息，而新信息层出不穷，传播主体每天甚至每时每刻面对的都是新的事实、新的信息，他必须在这不断的变动中做出新闻评价，这样才能首先满足自己的传播需求。对接受主体来说，也是在认知与评价不断更新的新闻文本中实现自己的新闻需要的。

第三，新闻评价具有明显的双重性特点。它的评价主体是双重的，即传播主体与接受主体；它的评价对象是双重的，即新闻事实与新闻文本；它的评价结果是双重的，即传播主体确定传播对象，接受主体获取新闻价值信息。其实，在评价标准与评价方式上也都有一些明显的双重性特点，我们在后面的相关论述中再加以说明。

第四，新闻评价具有显著的个性化特点。这一点是由新闻价值活动的方式决定的。就传播主体来讲，规模化的新闻生产仍然以个体主体的劳动为基础，并且在很大程度上依赖于个体传播主体的创造性劳动。新闻事实的发现，关键要看个体传播主体的新闻敏感性、新闻发现力，而这些东西实质上讲的就是传播主体的新闻评价能力、新闻价值预测能力。除此之外，面对同一事实，什么样的信息最具新闻价值，不同主体的价值评价往往会有很大的差别，这些都是新闻评价个性化特点的表现。就接受主体来讲，大众化的特点更使其新闻评价行为充满个性化的特点或主体性的差异。与接受主体新闻价值评价的自由性相比，传播主体会受到较多的限制，这主要体现在评价标准的选择上。接受主体的评价标准完全是自由选择的结果，但传播主体在选择评价标准时常常会再三掂量，这是由他们所处的不同社会角色地位决定的。

第五，新闻评价是典型的多层次评价。新闻评价具有典型的多层次性，对传播主体来说，这种多层次性主要表现在新闻机构内部。首先是记者对新闻事实的评价，随后是处于各个编辑环节、拥有不同层次权利的编辑针对初稿的评价，它们一并构成了新闻评价的多环节性和多层次性。对于一些特别的或重要的新闻，传播前的评价环节和层次甚至会延伸到新闻媒体之外，这种情况对于机关报类的新闻媒体来说是常有的事情，即使对于那些商业化的媒体，也时有发生。对接受主体来说，新闻评价的多层次性主要表现为个体主体层次的新闻评价、群体主体层次的新闻评价和社会主体层次的新闻评价。其中，个体主体层次的新闻评价是一切新闻评价的基础，但其也会受到一定群体主体层次新闻评价和社会主体层次新闻评价的制约和影响，而社会主体层次的新闻评价才是最为根本的评价。

二、新闻价值评价标准与主要评价方式

评价标准问题是评价论的核心，也是评价论的难点，因为所谓评价说到底就是主体用自己的评价标准去衡量一定对象对自己的有用性，与自己利益的相关性，评价结果如何关键在于用什么样的标准进行评价。主体选择的评价标准不一样，就会有不同的评价样式，运用具体评价标准展开的评价活动，就构成了评价的基本方式。

（一）新闻评价标准

评价论的核心问题就是评价的标准问题，评价标准"成为制约评价结果的直接的因素。评价结论的不同，最主要的原因，是评价标准的不同"①。这一判断对任何一个领域的价值评价都是适用的。一种评价活动一旦解决了标准问题，其他问题也就变得比较容易解决了。那么，到底什么是人们用来衡量新闻价值的尺度？或者说，人们是根据什么来衡量新闻价值的有无与大小的？人们用来衡量新闻价值的标准并不是单一的，而是由许多具体标准构成的一个标准体系。那么，这个体系通常是由哪些具体尺度构成的？这正是本小节要解决的几个主要问题。

1. 新闻评价标准的实质

所谓新闻评价标准的实质，就是要回答人们到底是用什么评价客体新

---

① 冯平．评价论［M］．北京：东方出版社，1995：40.

闻价值的。

　　新闻评价是对客体新闻价值的评判，是一种观念性的活动，因而新闻评价标准在性质上是主观性的标准，不像新闻价值标准衡量的是客体在客观上是否具有新闻价值，是一种客观性的标准。一个客体只有在客观上能够满足主体的新闻需要，我们才能说它是有新闻价值的，因此，能否满足客观的新闻需要是我们用来判断客体是否具有新闻价值的标准，正所谓"没有需要就没有价值"[①]。新闻评价则是从主观出发，对客体有无新闻价值和新闻价值大小的判断，主体实质上是用自己主观意识里的需要标准去评价客体有无新闻价值和新闻价值大小的，"评价的标准是评价主体意识中的需要"[②]。客观新闻需要与主观对它的反映虽然紧密相关，但必定是"两个世界"（客观世界与主观世界）的事情，正因为主观性的评价标准来源于客观的价值标准，所以人们通常将二者混用。笼而统之地说，需要是评价的标准。但必须清楚，新闻价值标准与新闻评价标准必定不是一回事。

　　在哲学价值论中，有人把意识到的主体需要称之为"利益"[③]，因此我们可以说评价标准实质上就是主体的利益标准。凡是能够给主体带来实际利益的就是有价值的，带来实际利益越大，说明客体的价值越大，相反，则可以说客体没有价值或价值很小，如果客体不仅没有给主体带来利益，反而带来危害，就说它对主体具有负价值。而在通常的使用中，人们大多对利益标准与需要标准不加严格的区分，因为它们在本质上是相同的。

　　主体的利益标准是一个非常宽泛的一般标准，它只有体现在主体具体的活动领域，才能转化为具体标准，"具体的评价标准是主体利益与各个评价领域中的评价内容相结合的产物，是主体利益在各个评价领域中作为

---

① 袁贵仁. 价值学引论 [M]. 北京：北京师范大学出版社，1991：250.
② 李连科. 价值哲学引论 [M]. 北京：商务印书馆，1999：124.
③ 陈新汉. 评价论导论：认识论的一个新领域 [M]. 上海：上海社会科学院出版社，1995：128-130.

评价标准的具体表现形式"①。我们在随后的"新闻评价标准的构成"中将具体讨论新闻评价标准的表现形式。

新闻评价标准尽管在形式上是主观的，但并不是天生的、随意的，而是来源于实际，来源于主体在新闻活动和其他活动中对自己新闻需要的某种自觉，因此它总是有客观的内容，反映着主体的客观需要、利益追求。何况，需要能否得到满足，必须依赖于客体的属性，所以评价标准实质上是离不开客体尺度的，只有正确认知客体，才有可能做出正确的评价。因而总体上说，"主体的需要和利益，客体、现实的本性和规律，这两者作为最深的基础决定着人们的评价标准，制约着人们提出和把握什么样的'应该'和'不应该'"②。

由于新闻评价标准从本源上说是新闻实践的产物、社会生活实践的产物，因此不同的新闻传播实践、不同的社会生活实践，必然会产生不同的评价标准。在这个现实的世界里，我们看到，各个层次的主体除了具有一些普遍的、含有某种共同性的新闻评价标准外，还有反映自己特殊利益的新闻评价标准，可谓丰富多彩。

2. 新闻评价标准的构成

根据新闻评价的实际情况，我们可以将新闻评价标准归为以下几个大类。

第一，需要、兴趣、爱好类标准。这是典型的主体性标准，也是人们在新闻评价活动中使用的主要标准。在新闻传播实际中，不管是传播主体还是接受主体，首先是用自己的需要、兴趣、爱好甚至偏爱作为评价客体

---

① 陈新汉. 评价论导论：认识论的一个新领域 [M]. 上海：上海社会科学院出版社，1995：132-133.

② 李德顺. 价值论：一种主体性的研究 [M]. 北京：中国人民大学出版社，1987：280.

有无新闻价值和新闻价值大小的标准。

需要标准体现在新闻评价中，就是以主体的需要来衡量客体新闻价值的有无与大小。传播主体是从传播需要的层面出发，去寻求和选择可以传播的事实信息，能够满足新闻传播需要的事实被认定为有价值的事实；接受主体从生存与发展的信息需求出发，评价新闻文本的价值，对其生存与发展有利的新闻文本就被认定为有价值的文本，相反，则被认为是价值小的或无价值的文本。显而易见，由于不同层次的主体或同一层次内的不同主体之间的需要不会完全一样，因而从抽象的意义上看他们都是用需要标准进行评价的，但实际用来评价新闻价值的具体标准是各不相同的，正所谓"需要人人有，尺度人人用"，"运用的尺度不同，也就是人们的需要不同"①。但我们也应该注意到人们对新闻传播总是有一些共同的期望，有一些共同的、基本的新闻需要，这些共同的需要也就构成了共同的需要标准。

兴趣是主体最为常用的价值评价尺度，这在新闻评价中显得尤为突出，能否引起人们的普遍兴趣常常被看成是衡量新闻客体价值大小的核心尺度之一。人的兴趣与人的需要是分不开的，是由需要决定的。作为主体的一种心理现象，"兴趣以需要为基础，是某种能满足主体需要的客体多次重复地作用于主体而形成的以某物为客体的乐趣，兴趣表现为客体对主体情感、注意力的吸引力"②，但兴趣一旦形成就具有相对的独立性，会对主体以后的需要选择产生影响，成为重要的价值评价尺度。不同传播主体专注于不同的报道领域，这不仅是机构内部分工的结果，更是记者兴趣的表现。面对感兴趣的事实，更容易从中发现有价值的信息。接受主体对新闻媒体的选择、新闻文本的选择，常常受兴趣左右。有些人专注于政治新闻，有些人却迷恋娱乐新闻，大都是兴趣使然。

---

① 袁贵仁. 价值学引论 [M]. 北京：北京师范大学出版社，1991：250.
② 王玉樑. 价值哲学新探 [M]. 西安：陕西人民教育出版社，1993：300.

兴趣虽然是重要的新闻评价标准，但有兴趣的事实或新闻文本并不一定就有正面的新闻价值，人们的兴趣有高雅与低俗之分，客体的兴趣素质也有不同的激发作用，对主体可能产生性质完全相反的价值效应。因此，兴趣作为新闻评价标准，具有很强的主观色彩。

爱好是与兴趣紧密相关的一种评价尺度。主体爱好的东西更容易被认定是有价值的。当爱好发展到极端，便成了偏爱，人们更易于把偏爱的东西看得价值非凡。体育爱好者把体育新闻看得更重要，而足球迷极易把足球比赛看成重要的新闻事实。我们承认爱好、偏爱的尺度作用，并不意味着承认所有的爱好特别是偏爱都是合理的、正当的。有人爱好黄色新闻，有人偏爱花边绯闻，我们自然不能因为他们有这样的爱好和偏爱而刊播它们。

第二，各种规范类标准。规范类标准，其实就是我们在"新闻价值的创造"一章中讨论过的诸多规范。这些规范是人们新闻价值观念的反映，体现着人们新闻传播价值取向的根本要求，当然也是一定主体利益、需要的反映，本质上属于主体性的标准，在新闻评价活动中是常规性的衡量客体新闻价值的标准。

规范类标准总是以一定群体主体和社会主体的共同活动准则的形式发挥评价作用的，一定客体有无新闻价值，特别是有什么样性质的新闻价值，是规范类标准衡量的重点。规范一旦为人们所认可，就会成为自觉的评价标准；如果只是意识到规范标准的存在，但内心对其并不认可，其就会成为具有一定外在强制性的评价标准；如果规范根本不为主体所意识，其就不会成为主体自觉的标准，即使主体偶尔使用了某种规范，那也是非自觉的。因此，要使一定的群体主体（比如党报新闻工作者）在新闻活动中遵循某种规范（比如党的新闻政策和新闻纪律），用一定的规范衡量客体的价值性质，首要的任务是要让他们知道并在内心认可这些规范；同样，要使社会主体能够按照一定的规范评价新闻作品的优劣好坏，形成对传播主体新闻活动的有效监督，首要的任务也是要让社会公众理解并从内心认可这些规范。

仅从新闻评价论的角度看，在现实的新闻活动中，作为硬性规范的法律规范、政策规范、纪律规范等更多地被传播主体作为衡量事实是否应该报道的标准，而作为软性规范的职业道德规范往往是双重主体共同使用的评价标准。

第三，客体属性类标准。这是新闻实践中最常用的客体尺度，但要真正理解人们为什么把客体属性作为评价标准似乎并不那么简单。

新闻评价是以评价主体与客体之间存在新闻价值关系为前提的，如果不存在这种价值关系，就谈不上新闻评价，当然也就谈不上评价标准的问题。那么，怎样才叫有新闻价值关系呢？所谓有新闻价值关系，就是说客体属性对主体的新闻需求产生了一定的作用和影响，对主体产生了一定的新闻效应，即满足了主体一定的新闻需求。因此，有新闻需要，主体才能与能够满足其需要的新闻客体建立新闻价值关系。这就是说我们可以把新闻需要作为衡量主客体之间是否存在新闻价值关系的标准，也就是把新闻需要作为衡量客体有无新闻价值和新闻价值大小的标准。新闻需要是客观的，满足它的客体属性必然也是客观的。当一个客体具备了这样的属性，人们就说它是新闻价值客体，反过来，这些属性就成了人们衡量一个事实是否具有新闻价值的客体尺度。

在长期的新闻传播实践过程中，人们将这些属性概括为五种：时新性、重要性、显著性、接近性和兴趣性。这些属性成为传播主体发现、比较、评价、判断、选择新闻事实最基本的客体尺度。直到现在，尽管新闻传播的规模与水平发生了翻天覆地的革命性变化，但这些属性仍然是传播主体评价事实有无新闻价值和价值大小的主要标准。

对于接受主体来说，他们直接面对的不是事实，而是反映事实的文本，文本具备怎样的属性才能满足他们的新闻需要呢？我们从新闻事实应该具备的价值属性出发，结合传播与接受的关系，将其概括为三种：时间的及时性、内容的针对性和方式的亲和性。接受主体通常就是以这样的客体尺度去评价新闻文本有无新闻价值和新闻价值大小的。

需要再次说明的是，这些尺度在评价主体思维中的存在方式可能是自觉的，也可能是不自觉的，因而，把它们作为评价尺度进行运用也就有可能是自觉的或不自觉的。一般而言，在客体尺度的运用方面，传播主体要比接受主体的自觉程度高得多，传播主体总是在有意识地用这些尺度去评价事实作为报道对象的可行性。

不同类别的标准本质上是统一的，都是主体需要以不同方式的反映和体现。但由于主体新闻需要具有各种各样的特点，也就从根本上决定了新闻评价标准必然具有多方面的特点。

3. 新闻评价标准的特点

根据以上对新闻评价标准的实质分析和构成解剖，可以发现新闻评价标准具有这样一些突出的特点。

第一，新闻评价标准具有先在性与内在性的特点。对于每一次具体的新闻评价来说，新闻评价标准都是先在的，但却是内在的。先在的是说，在具体的新闻评价发生前，评价标准已经存在，并且储藏在评价主体的精神仓库之中，等待主体拿出来去衡量具体新闻客体的价值有无与大小。就是说，评价标准先在于被评价的客体，也先在于当下进行的评价活动，"评价是评价主体以一定的标准衡量客体意义的活动，而这标准，从其基本方面来说，是先于价值客体，先于当下评价活动的"①。评价标准的内

①　冯平. 评价论［M］. 北京：东方出版社，1995：40.

在性是说评价标准是精神性的标准，而不是物理性的标准，只有存在于主体精神世界中的标准才能被主体选择出来，作为新闻评价的尺度。

第二，新闻评价标准具有自觉性和非自觉性的特点。自觉性是指主体能够明确意识到自己在用什么样的评价标准衡量客体的新闻价值。比如，评价、判断事实是否值得报道的新闻从业人员，专门进行新闻作品研究或专门评选好新闻的人，他们在评价活动中就主要是以自觉的、明确的评价标准去衡量事实或新闻文本的价值有无与大小的；非自觉性是指主体在新闻评价活动中并没有意识到自己是用什么样的标准衡量客体新闻价值的，即他所运用的评价标准是非自觉的标准。自觉性与非自觉性的根据在于主体对自身的新闻需要，有些能够自觉到，有些则自觉不到。因此，在实际的新闻评价活动中，两种标准都在发挥作用，处于统一的评价体系中。

第三，新闻评价标准具有理性与非理性的特点。理性特点是指主体运用的评价标准是以理性的思维形式展开的。比如，规范类标准、客体属性类标准就是新闻主体在新闻实践活动中逐步建立起来的理性评价标准体系。非理性特点是指主体用来评价客体新闻价值的标准主要是以非理性的诸多方式表达的。比如，主体的兴趣、情感、偏爱、意志、信念、信仰等等因素常常是重要的内在评价尺度。实际中，主体并不是用单一特性的评价标准进行评价的，理性标准与非理性标准同时发挥着评价标准的作用。不过，在不同的主体状态下，在不同的环境条件下，不同属性的评价标准所起作用的大小往往也会不同。

第四，新闻评价标准既具有稳定性，又具有变动性。新闻评价标准具有稳定性，有两方面的主要根据：一方面，主体生存、发展状态的相对稳定性[1]，决定了其各种需要（包括新闻需要）的相对稳定性，而需要的相

---

[1] 比如工作、学习、生活条件以及自身各种能力在一定时期的不变性等，就属于相对稳定性。

对稳定性从根本上决定了主体评价标准的相对稳定性；另一方面，对于一定的评价领域来说，人们对评价对象基本特点的认定也是稳定的，近百年来关于新闻价值属性的判断从形式上看并无根本的变化，因而作为评价新闻价值的一般标准始终是稳定的。新闻评价标准的变动性，主要源于主体新闻需要的变动性。主体的发展、变化是生存的必然法则，而体现变化发展的根本标志就是各种需要的不断变化。需要变了，也就意味着评价标准的变化。当人类进入信息时代，对新闻的需要和需要的方式都在发生着巨大的变化，因而用来评价新闻价值的标准也必然会发生变化。比如，有人认为在网络新闻传播环境下传统的新闻价值观正在发生系统的变化[①]，这就意味着评价新闻价值的标准也在发生着系统的变化。事实上，新闻评价标准也与其他一切领域的评价标准一样，总是处于稳定性与变动性的统一过程中。

第五，新闻评价标准是多元性的标准、多层次性的标准，同时又是具有一定统一性的标准。主体是以个体、群体、社会形式存在的，每一种形式中又有不同的个人、不同的群体和不同的社会；个体、群体、社会构成了主体存在的不同层次，每一层次内部的个体、群体、社会也会表现出不同的存在与发展层次。这些存在形式的多元性和多层次性，意味着需要的多元性和多层次性，也就意味着评价标准的多元性和多层次性。这种多元性和多层次性表现在新闻领域，就构成了新闻评价标准多元性和多层次性的特点。但是，个体、群体、社会在一定领域的需要，总是具有一定的统一性；处于同一形态或同一层次的主体，其需要会表现出更多的统一性；

---

① 杜骏飞认为，在网络传播环境下，传统的"异常性价值观正在向'异常-寻常性'的统合型价值观方向发展"；"有关影响性的价值观正在向'影响-交响性'统合型价值观方向发展"；"有关及时性的价值观正在向'及时-全时性'的统合型价值观方向发展"；"有关冲突性的价值观正在向'冲突-冲击性'的统合型价值观方向发展"；"有关显要性的价值观正在向'显要-需要性'的统合型价值观方向发展"；"有关接近性的价值观正在向'接近-亲近性'的统合型价值观方向发展"；"有关人情味的价值观正在向'人情-人群性'的统合型价值观方向发展"。参见杜骏飞. 网络新闻学［M］. 北京：中国广播电视出版社，2001：130 - 151。

而对于某一具体的主体形式，其不同维度、不同层次的需要更是具有统一性。这些统一性使主体在一定领域的评价标准也表现出多种形式的统一性。比如：人类社会有其统一的新闻评价标准（新闻价值的五种属性就是基本认同的统一评价标准）；对于一个民族、国家来说，更有其比较统一的新闻评价标准①；对于一定的政党、团体、组织、机构等，由于其本身就是按照某种统一性组织起来的，因而它们在各个领域都会有一个统一的评价标准，而不只是在新闻这个特别公开的领域；对于每个个体来说，尽管可能对不同的新闻有不同的评价尺度，或对同样的新闻会做出不同方面、不同层次的评价，但总有一个相对统一的价值评价标准。

第六，新闻评价标准是有对错的标准。评价标准作为一种主观性很强的标准，是存在对错问题的，就是说有些用作评价客体新闻价值的标准是正确的、合理的、恰当的，有些则可能是错误的、不合理的、不恰当的。比如：如果传播主体仅仅以自己的兴趣、感情、偏爱等来评价一个事实是否具有传播价值，而不管事实本身的基本素质，也不管基本的传播规范标准，那么这种评价就很难是准确的、恰当的；如果一些接受主体本身的需要就是不合理的、不健康的，那么以这样的主体需要作为评价标准当然是不正确的。正因为评价标准有正确与错误之分，所以评价的结果才会有正确与错误之别，而"正确的评价会起到积极的作用，错误的评价会产生消极作用"②，这再次说明评价标准问题是评价论的核心。

（二）新闻评价的主要方式

上面的论述说明，在实际的新闻评价活动中，人们用于评价新闻客体

---

① 如在中国，就表现为"二为"新闻价值观，只有为社会主义服务、为人民服务的新闻，才被看成是有价值的新闻。

② 袁贵仁．价值学引论［M］．北京：北京师范大学出版社，1991：208.

价值的标准是由多种类型的标准构成的，它们在具体的新闻评价活动中更是千姿百态，表现出各种各样的特点。不同主体运用不同的标准展开新闻评价，自然不会是某一种固定的方式。如果将这些不同的评价方式加以分析总结概括，大致可以分为两种最基本的类型。

1. 感觉型评价方式

所谓感觉型评价方式，主要是说主体用来评价新闻价值的标准是感觉性的，不是观念性的、理智性的，不是已经规范化了的新闻价值观念，也不是已经理论化了的评价标准体系。

感觉型评价方式，"是人类评价活动中一种基本的、普遍的评价形式"①，主要凭借评价主体的兴趣、爱好、情感、意志、欲望等非理性的心理感受去判断新闻客体的价值，凭借评价者一时的敏感、直觉等评价客体的价值。它的突出特点正如一句流行语所说，"跟着感觉走"。即感觉不错，就有价值，感觉很好，价值也就很大；相反，则没有价值，或价值很小。

从价值论角度看，感觉其实就是主体对客体对象的一种直接价值感受和价值体验，因此感觉型评价方式具有明显的直接性，既缺乏关于客体价值的深入认知，也没有对主体需要的认真反思。不同主体之间感觉的差异性和私人性特点，决定了感觉型评价方式也具有鲜明的私人性和差异性，"公说公有理，婆说婆有理"往往在感觉型评价中表现得非常突出。人的感觉是情境性的，不同情境下的感觉会完全不同，这就决定了感觉型评价的易变性。同样一件事情，营造的氛围不同，记者的感觉就大不一样了，对它的新闻价值大小的评价也就不同了。人的感觉更易受到情感的影响，因此感觉型评价具有强烈的情感色彩，高兴与否、愉快与否、热爱与否，情感的两极性，常常会直接导致对客体新闻价值评价的两极性，我们甚至

---

① 冯平. 评价论 [M]. 北京：东方出版社，1995：115.

可以把感觉型评价叫作情感型评价（我们在后面还要专门讨论情感对新闻评价的影响）。

感觉型评价方式对于职业新闻从业人员来说，并不是主要的评价方式。在大多数情况下，它只是处于感性层次的一种评价方式；但它的作用不可轻视，因为感觉评价是后继评价的起点，如果在直接的感觉上都激发不起主体的兴趣或注意，就很难有进一步的价值认知与评价了。感觉型评价方式更多地表现在接受主体身上，特别是对一般的新闻文本，接受主体的基本评价方式是以感觉型为主的，只有对那些与自己利益或兴趣特别密切的新闻文本，接受主体才会寻求其他的评价方式。

感觉型评价方式是典型的"非理智非理性主义评价方式"[1]，尽管我们不能说感觉型评价的结果都不可靠，但感觉型评价必定是一种低层次的评价方式，是一种缺乏足够自觉意识与理性意识的评价方式，它不追究为何这样或那样评价的所以然，显得比较盲目或武断，因而出错的可能性会更大一些，产生极端评价结果的可能性会更大一些，评价的准确性与公正性也就差一些。因此，对新闻主体特别是传播主体来说，面对层出不穷的新闻事实，感觉必须灵敏，但绝对不能跟着感觉走。

2. 理智型评价方式

所谓理智型评价方式，是指主体运用理智性的评价标准进行评价活动，通常情况下，这些标准表现为基本的价值观念、系统的规范标准以及理论化的评价标准体系。而在具体的评价活动中，还会将一些总的评价标准条分缕析，制定成可以用来直接衡量客体价值有无与价值大小的诸多条目或指标。

理智型评价方式的运用，是以自觉反映客体属性、功能、本质、规

---

[1] 李德顺. 价值新论 [M]. 北京：中国青年出版社，1993：219.

律、内外联系等为基础的，是以自觉把握主体自身传播需要或接受需要为前提的，主体始终是以十分明确的意识把自己的需要作为标准去衡量客体价值有无和价值大小的，"理知水平的评价，是高级水平的评价，是人们借助知识信息、逻辑方法、思维活动进行的评价"①。

　　理智型评价方式总是力求排除主体非理性因素对评价的干扰，力求在正确的价值认知与准确的需要反映之间做出符合实际的价值判断和价值推理。一般来说，传播主体对新闻事实传播价值的评价，特别是对重要事实、事件、新闻现象等的价值评价，总是以理智型评价方式为主的。传播主体决定是否报道某一事实的过程中，总是要以多方面的标准衡量事实的价值，以比较准确地做出价值预测，这自然离不开理智的判断；对那些重大事实、事件的报道，更是要作全面、系统、深入的分析，对报道活动进行科学、细致的策划，而这一切都要以对事实潜在传播价值的理智性评价为基础；那些解释性报道、深度报道、调查性报道，更是理智价值认知与评价的产物，仅凭感觉和激情是难以做好这些报道的；对于那些敏感性较强的新闻事实，对于那些关系到国家利益、社会稳定、人民祸福的新闻事件，没有哪个负责任的记者、负责任的媒体会仅仅以自己感觉的好坏为标准去决定报道与否和如何报道，理智型评价方式在此起着决定性的作用。作为群体的接受主体，对新闻文本的价值评价通常也是理智型的。比如：在国际新闻传播中，一国政府对他国主流媒体的有关新闻报道的评价，往往会慎之又慎，尽量避免感情用事；一些组织或团体在公开表达对有关报道的看法时，也是出言谨慎，深思熟虑，不会信口开河，随意评论；各种形式的新闻评比活动，比较严肃认真的以新闻文本为对象的媒介批评活动，都是典型的以理智为主的新闻评价方式；即使对于个体接受主体，一

---

① 李连科. 价值哲学引论 [M]. 北京：商务印书馆，1999：124.

且感觉到某一新闻文本对自己有特别的意义，就会超越感觉性的评价，以理智的态度对待客体，以理智的方法分析、评价客体与自己之间的价值关系。

理智型评价方式同样也会得出错误的或正确程度比较低的评价结果，这是它作为评价（认识）方式的必然，但与感觉型评价方式相比，理智型评价方式更易取得准确的评价结果。

在现实的新闻评价活动中，仅仅以单一型评价方式评价客体新闻价值是很少见的。在绝大多数情况下，人们是以综合性的评价方式进行评价的，即将感觉型评价与理智型评价结合在一起，而且两种评价方式不像我们在理论上分得那么清楚，实际上是相互渗透、相互作用，交融在一起共同发挥评价作用的。不过，有人以感觉型评价方式为主，有人以理智型评价方式为主；对有些新闻客体的评价，主体运用感觉型评价方式多一些，而对另一些新闻客体的评价，则运用理智型评价方式多一些；在有些环境条件下感觉型评价方式的作用大一些，在另一些环境条件下理智型评价方式的作用大一些。其实，运用什么样的方式评价客体，主要取决于评价主体对待评价客体的态度，而态度背后的深层原因仍然是主体的需要和利益。

三、新闻价值评价过程

在前面的第一个大问题中，我们曾从静态结构方面对新闻评价的构成做了简要的说明，此处，将主要从新闻评价的动态发生过程出发，阐述新闻评价的构成情况。这大致包括两个方面：一是以整个新闻传播过程为参照，描述新闻价值评价的宏观发展阶段；二是以某一具体的新闻评价过程为参照，探讨新闻评价作为一种完整的价值认识在逻辑上所具有的基本阶段。

（一）宏观评价的两个阶段

依据新闻传播的实际展开过程，我们说过，可以将新闻价值活动一分为二：传播主体的价值创造过程和接受主体的价值实现过程。与此相对应，我们把发生在价值创造阶段的新闻价值评价界定为"传播主体的新闻评价"（亦可按照新闻评价发生的先后称之为"前评价"），而把新闻价值实现阶段的评价界定为"接受主体的新闻评价"（亦可按照新闻评价发生的先后称之为"后评价"）。这两种评价有着紧密的内在联系，我们也将进行必要的论述。

1. 前评价——传播主体的新闻评价

传播主体的新闻评价，是指传播主体根据一定评价标准衡量一定客体有无传播价值和传播价值大小的活动。一般情况下，其中的核心工作是用新闻评价标准衡量一定客体有无新闻价值和新闻价值大小的程度。这里应该注意的关键问题是，虽然传播主体评价的是一定客体对象的综合传播价值，但必须以评价新闻价值的有无与大小为中心，不然，我们所探讨的新闻评价论就失去了意义。

在直接的现实性上，新闻传播是由传播主体发动的，传播什么和怎样传播都是由传播主体直接决定的，贯穿于这些活动中的新闻评价活动自然也是由传播主体首先进行的，它是完整的新闻评价活动的前在阶段或初始阶段。

依据新闻传播的具体展开过程，从事新闻评价的传播主体主要由两部分人组成：一部分是进行采访写作的记者，另一部分是进行编辑制作播发的编辑及其他人员。传播主体新闻评价对象也可以划分成两类，即一是记者直接面对的新闻事实和相关资料，二是编辑面对的新闻稿件，而评价的对象实质上就是事实所包含的各种信息。

传播主体的新闻评价具体包括这样一些主要内容。对处于采写一线的记者来说，新闻评价的主要任务是：评价各种信息线索的新闻价值，因为"新闻线索是提示新闻的信号"[①]，能够及时对信息线索做出准确的新闻价值判断，"是记者应具备的特殊素质，是记者的职业需要"[②]；评价具体事实的整体新闻价值，面对众多事实，哪个或哪几个从整体上值得报道，这是记者工作中最常见的情况，新闻评价能力的全面性在此显得尤为重要；评价事实某一方面的新闻价值，洞悉事实有新闻价值的一面，是避免遗漏有价值新闻的重要评价能力。对处于二线的编辑等人员来说，新闻评价的主要任务是：对众多的新闻稿件进行价值比较评价；从众多的一般性新闻稿件中发现重要的新闻稿件。与记者相比，编辑更能统揽全局，站得高、看得远，因此其评价作用主要体现在对大量稿件新闻价值的比较评价上。如果说记者的新闻评价具有较多的个性化色彩的话，那么，编辑的新闻评价就具有更多的群体性色彩，即编辑的评价更能代表新闻传播机构对事实价值的综合判断。传播通道信息容量的有限性，使得编辑必须淘汰大量的新闻稿件，在此过程中沙里淘金，重新识别发现有价值的新闻线索，也是编辑评价新闻的重要任务。

传播主体新闻评价的准确性与及时性，直接决定着新闻文本的新闻价值质量，从而也从根本上决定着新闻传播的整体质量。在这一意义上，可以说传播主体的新闻评价活动才是新闻传播活动的核心，因此它也应该成为新闻理论研究的重要问题之一。

传播主体面对一定事实（主要是记者）或新闻稿件（主要是编辑），首先要做的判断是，事实或稿件所包含的信息是否引起了自己的兴趣，是

---

① 蓝鸿文. 新闻采访学 [M]. 2 版. 北京：中国人民大学出版社，2001：264.
② 同①270.

否使自己感到具有新意，是否对自己了解周围环境或有关事情有所帮助，是否有利于自己的生存与发展……一句话，是否对自己有用或有趣或趣用皆有。如果传播主体面对的客体不能满足他作为个体的新闻需求，那就很难成为他进一步用其他标准进行评价的对象。

但是，作为职业传播者，传播主体不能只从自己的利益出发去评价客体的新闻价值，更不能只从自己的兴趣、爱好、情感、意志等非理性的评价方式出发去决断客体新闻价值的有无和大小。事实上，在新闻评价活动中，作为本位主体的传播主体，他的价值评价根据更多地依赖于价值认知，即依赖于他对一定客体与接受主体之间价值关系的价值预测或估计，依赖于他对一定客体与高位主体之间价值关系的价值预测或估计[①]，而不只是对一定客体与自身之间价值关系的充分把握。评价活动中的这种价值预测或估计对于后继的新闻价值创造活动具有特别的意义。"评价也包含着对特定价值关系可能后果的预见与推断，包含着对未来理想价值关系的创造性设想、意向与方案，这使得现实的、具体的价值关系的内蕴大大地得以丰富与拓展，并为人们的价值创造实践活动提供了动力与方向。"[②]由于新闻价值的实现从根本上说，首先是建立在预测评价的基础上的[③]，因此，对一定客体与接受主体之间可能具有的价值关系的预测，对接受主体同样具有特别重要的意义，直接关系到他们能够获得的新闻价值的质量。从新闻传播的实际运作过程考察，事实的新闻价值属性主要是相对传播主体而言的，即新闻事实的新闻价值属性是在与传播主体的新闻需要和其他需要中直接确定的。但是，由于传播者是广大受众的耳目喉舌，是接

---

① 一定客体与高位主体之间价值关系的价值预测或估计，在不同的新闻制度下表现的程度不同，方式也不一样。

② 孙伟平. 事实与价值：休谟问题及其解决尝试［M］. 北京：中国社会科学出版社，2000：98.

③ 黄旦. 新闻传播学［M］. 杭州：杭州大学出版社，1997：168.

受主体的"代表"，他们是在把握受众新闻需要的前提下来进行新闻价值判断的，他们传播新闻的直接目的就在于满足受众的新闻需求，因此，也可以说新闻事实的新闻价值属性是在与受众的新闻价值关系中界定的。换一种说法就是，传播主体以直接的方式与新闻事实建立起新闻价值关系，而以间接的、潜在的方式与接受主体建立起新闻价值关系。职业新闻传播者具有的特殊社会角色和实践经验，往往使他们能够更准确地判断和把握什么样的事实是真正的新闻事实，什么样的信息能够真正满足受众的新闻需求。但这只是事情的一面，事情的另一面是传播者很难全面了解广大受众的新闻需求，很难准确把握受众的新闻价值标准。如果再加上传播者自身的特殊利益追求及其他环境因素影响所造成的对受众的"考虑不周"，就使得传播主体与接受主体之间的价值判断错位成为难以避免的现象。传播主体在直接的现实性上，只能用自己的新闻价值观念图式选择新闻事实。因此，当新闻事实转化为新闻文本时，必然会留下传播主体的种种烙印。人们之所以重视新闻受众的及时研究，之所以重视新闻市场的及时调研，其中最重要的原因就在于及时快速地把握接受主体的需求状况，以便在新闻传播中更准确地进行价值预测或估计。

作为前在性的新闻评价，传播主体的新闻评价具有自身的一些特殊性。传播主体的新闻评价是多环节、多层次的评价，这是由传播过程的多环节性、多层次性决定的。每一环节、每一层次由不同的主体承担着不同的任务，从而形成环环相扣、层层把关的运作机制。所谓的把关，实质上就是对新闻客体进行各种各样的评价。网络新闻传播的诞生，使人人在理论上都可以成为传播者，从而在一些新闻的传播中失去了层层评价的可能性；但就新闻传播作为一种事业的整体情况来看，评价的多环节性、多层次性是不可避免的，也是大众化新闻传播的主流方式。传播主体的新闻价值评价是综合性的评价，也可以说是多尺度、多角色的评价。多尺度是指传播主体不只是用新闻评价标准这一尺度评价传播对象，他还要用其他一些传播标准衡量新闻传播对象的价值；多角色则是指传播主体在评价活动中融合了多种角色的特征，在新闻价值认知与评价的互相渗透中判别、推断一定新闻客体的价值，比如传播主体要设身处地地从接受主体利益、需要出发去认知、评价客体的新闻价值。在有些情况下，本位主体必须从媒介资产所有者的特殊利益、需要出发去认知、评价新闻客体的价值。[①] 传播主体的新闻评价是前在性的、预测性的评价。前在性是说传播主体的新闻评价处于整个新闻评价的前半程，它还不是完整的新闻评价；预测性是说传播主体从传播角度做出的价值评价都带有一定程度的间接性和推测性，正确与否、合理与否，还有待后在评价的检验。

2. 后评价——接受主体的新闻评价

接受主体的新闻评价，是指接受主体运用一定评价标准衡量新闻文本有无新闻价值和新闻价值大小的活动。

对于新闻传播的一个周期来说，通常都是从传播主体开始，到接受主体结束，新闻评价活动也是如此。相对传播主体的新闻评价活动处于前在或初始阶段而言，我们可以说接受主体的新闻评价活动处于后在阶段或终了阶段。

接受主体面对的直接价值评价对象是新闻文本，但其评价的实际作用和影响绝不限于某一具体的文本。通过对新闻文本的价值评价，同时形成对新闻传播主体、新闻传播媒介、新闻传播控制者新闻价值活动效果的评价，形成对他们各种形象的评价，诸如权威性、可信度、影响力等等。因为新闻文本不只是对新闻事实的简单再现，它还具有一种整体再现的特性，反映着传播主体整体的新闻价值活动水平与质量。

---

① 因为在绝大多数情况下，本位主体与高位主体的利益、需要是一致的。

接受主体新闻评价的根本意义在于它是"新闻价值实现的根本关键"①，评价正是接受主体自觉发现、揭示、获取新闻文本所含新闻价值信息的主要途径，也是新闻传播能够达到传通水平的必要环节。对此，我们在下一章"新闻价值的实现"中还要作进一步的论述。

接受主体的新闻评价必然是多元化、多层次的评价，这是由接受主体本身的多层次性决定的。多层次性有两方面的意思：一方面是说接受主体的新闻评价是由个体主体、群体主体和社会主体的评价构成；另一方面是说每一次完整的评价本身也是多层次的，有感性层次的评价和理性层次的评价。但一般来说，很多个体主体的评价层次更多的是停留在感性层次，而一定群体和社会主体的新闻评价总要从感性层次上升到理性层次。从新闻评价论的角度看，新兴传播时代的到来，使得各种社会团体、组织、机构等等越来越重视对传播主体的新闻评价进行再评价，而不只是单纯地重视传播主体的新闻评价，因为作为接受主体的这些团体已经认识到，通过再评价不仅可以影响媒体的新闻行为，也可以抓住一切时机来扩大自己的社会影响；一定的民族、国家甚至整个人类社会，也由于新闻传播日益巨大的影响，越来越重视通过各种各样的渠道与方式对传播主体的新闻评价进行再评价，以制约、调整甚至干涉传播主体的传播行为。

作为后在的新闻评价主体，作为新闻价值的实现者，接受主体的新闻评价具有不同于前评价的特点。接受主体的新闻评价是一种大众化的评价，接受主体的特点决定了他们新闻评价的特点，他们不可能像"少数新闻传播者，凭借职业训练养成的敏感，对新闻做出快速反应。而是众多新闻接收者，根据自己的需要，对新闻逐条品味，从而做出有价值、少有价值、无价值等等的评价"②。由于接受主体需要构成的复杂性，新闻评价

---

① 黄旦. 新闻传播学 [M]. 杭州：杭州大学出版社，1997：170.
② 同①169.

结果必然同样会表现出五花八门的样式。但这并不意味着接受主体的新闻评价失去了公正性和合理性，事实上，那些能够满足社会大众共同兴趣的新闻一定会获得普遍的好评，因为"所谓新闻的'共同兴趣'，是指新闻要反映社会大众关心的事实，不是个别人关心的事实"①。接受主体的评价是一种检验性的评价。检验性是相对传播主体的前评价而言的，即前评价的正确性不能靠前评价自身去判断，而必须依赖接受主体的评价来检验。每个接受个体的评价都是终了性的评价，但这并不是说每个个体的评价都是正确的、公正的评价。作为检验性的评价，其检验性是以社会主体的评价为最高标准的，当然这也是以个体评价、群体评价为基础的，"只有不仅承认个体主体、群体主体的价值标准，而且承认社会主体的价值标准，才能对社会现象做出正确的评价"，并且，"社会主体的价值标准，是最根本的价值标准"②。

3. 前评价与后评价的关系

宏观新闻评价的两个阶段之间有着密切的关系。首先，传播主体的前评价对接受主体的后评价具有制约与引导作用。导向功能是评价的基本功能之一，一旦通过评价，"一个中性的事实世界"就"展现为一个具有利害之别的价值世界"③。传播主体对一定的事实做出新闻评价，并在此基础上创造制作新闻文本，必然灌注着自己的价值观念的影响。这样新闻文本所包含的价值信息，特别是价值取向性的信息，就会对接受主体的新闻评价形成制约与引导的作用。

其次，接受主体的后评价对传播主体前评价的正确性具有检验作用，所以也有人将其称为"检验评价"或"终级评价"④。由于传播主体的评

① 李良荣. 新闻学导论 [M]. 北京：高等教育出版社，1999：168.
② 王玉樑. 价值哲学新探 [M]. 西安：陕西人民教育出版社，1993：304.
③ 冯平. 评价论 [M]. 北京：东方出版社，1995：2.
④ 黄旦. 新闻传播学 [M]. 杭州：杭州大学出版社，1997：169.

价是传播真正实施前的评价，这种评价到底正确与否、正确的程度如何都是不确定的，当传播到达接受主体时，就意味着一次周期性传播的结束，因而对于传播主体当初的新闻价值预测来说，接受主体的评价"是对新闻价值有无、多少的最后确认，是新闻传播者所提供的可能能否最终成为现实的根本鉴定"①。

再次，前评价对后评价的制约引导作用，后评价对前评价的检验作用，说明两种评价之间具有强烈的互动作用。这种互动作用主要表现为：接受主体的新闻评价对传播主体的新闻传播活动形成反馈作用，促使传播主体在今后的新闻评价活动中更加认真仔细，不断提高新闻价值评价的准确程度，从而形成良性的传播互动关系。

最后，我们似乎还可以笼而统之地说，前评价的评价标准更具规范性和系统性，后评价的评价标准更具自由性和个体性；前评价的方式更具有理性色彩，后评价的方式则更具有情感色彩；前评价的具体过程常常是完整的，通常都会达到价值决策的阶段，而后评价的具体过程往往是不完整的，通常在价值感知阶段就结束了。

（二）微观评价的几个环节

评价是价值认识的一种主要形式，属于广义的认识范畴。因此，评价本质上也是一种认识，只是它的认识对象不同于事实认识的客体，而是作为评价对象的价值。但评价既然是认识的一种形式，它就必然遵循认识的一般过程和规律。实际上，价值认知与价值评价总是交融在一起的，因而一次完整的微观新闻评价（即具体的评价）过程，与价值认知的基本过程

---

① 黄旦. 新闻传播学［M］. 杭州：杭州大学出版社，1997：170.

是同步的，主要包括以下几个环节。

第一，对客体新闻价值的初步感知与评价。新闻评价是从价值感知开始的，它类似于事实认识活动中的感性认识阶段。当主体与一定的新闻客体接触时，直接感知到的是客体某些属性、某些方面对自己的一些价值效应，而"所谓价值感知，就是指主体对客体价值的直接感受，或者说是主体在与客体的接触中依据眼前的需要或以往的价值经验对客体外显性价值的直观性把握"[①]。传播主体初次或偶然碰到新闻价值客体所生发的新闻敏感与新闻直觉，其中就包含着对客体对象新闻价值的直接感知，客体所透露出来的某种信息，直接满足了他隐隐约约的传播需求，或满足了他正在寻求的某种东西。在一般的采访活动中，记者最先的一些价值判断，也是从对事实一些表面的、零散的价值感知开始的，不可能一下子就判断出事实所蕴含的所有潜在的新闻价值。接受主体的价值评价过程同样开始于价值感知，一个好的新闻标题可能使读者感到某篇报纸新闻不同一般，几幅震撼人心的新闻画面可能使观众感到某个电视新闻价值非凡，一两句引人入胜的导语可能使听众觉得某条广播新闻值得洗耳恭听。

第二，对客体新闻价值的理性认知与评价。价值感知中形成的初步价值判断可能形成两种结果：一是主体觉得客体没有什么新闻价值，从而中断价值认知与评价活动；二是主体觉得客体还有更大的潜在新闻价值，从而进一步关注客体、了解客体的价值属性，将价值认知与评价活动引向深入理解客体与主体之间新闻价值关系的理性阶段。在这一环节中，主体主要从三个方面出发展开系统、全面、深入的新闻价值认知与评价活动：首先对客体本身的属性、功能、本质、规律等进行全面的认识；其次对主体的需要进行反思；再次，也即更为重要的是，对客体与主体之间的新闻价

---

① 袁贵仁. 价值学引论 [M]. 北京：北京师范大学出版社，1991：239.

值关系进行分析，探寻二者之间的价值契合之处，做出理性的判断和评价。这一过程在传播主体对事实的新闻价值认知与评价活动中表现得比较自觉、清晰和完整，在一般接受主体对新闻文本的价值认知与评价中则表现得比较模糊和笼统。

第三，对客体新闻价值的预测。作为新闻评价活动，新闻主体特别是传播主体的评价过程不会停留在对客体与主体之间价值关系的理性认知与评价阶段，而会发展到新闻价值预测和价值决策阶段。在对客体与主体之间新闻价值关系做出理性的评价之后，主体就会根据这种评价指导自己的价值活动方式，对于以传递新闻价值为己任的传播主体来说，就是要进一步预测客体与接受主体之间的新闻价值关系，并根据预测做出价值决策，即是否和如何报道某一事实。用新闻评价论的眼光审视，我们所讲的新闻策划实质上就是典型的新闻价值预测活动、决策活动，策划的核心目的就在于很好地实现新闻价值。

对于接受主体来说，他与新闻文本的整个接触过程实质上就是分享文本价值信息的过程。接受主体在不同的新闻评价层次或阶段可以获取不同的新闻价值，经过感知环节、理性环节的认知与评价，接受主体事实上已经进入了新闻价值的体验环节（如果新闻文本确实满足了他某方面的新闻需求）。接受主体如果认为新闻价值信息不仅可以满足他当下的信息需求，而且可以作为某一实践行为的指导性信息，那就可能进入类似传播主体的价值预测和决策环节。

四、影响新闻价值评价的因素

贯穿于新闻传播活动中的新闻评价活动在实际的操作中是相当复杂的，集中表现在评价活动要受到各种各样因素的制约和影响。要想获取公正、合理的评价结果，需要付出智慧和勇气，这对于传播主体来说显得尤为重要。我们探讨影响评价的诸多因素，目的就在于充分认识评价的内在机制，为尽可能发挥诸多因素的正面效应、减少和消除不良影响，为获得客观、公正、合理的评价结果提供理论的指导。根据新闻传播的实际情况，我们将制约和影响新闻评价的因素概括为以下几个方面。

（一）影响新闻评价的主体因素

评价活动是主体性极强的认识活动，这就意味着主体因素是制约和影响评价活动的重要因素。可以说，有什么样的主体，就有什么样的评价。在新闻评价中，影响传播主体与接受主体评价活动的因素是基本相同的，但相同主体因素对两种主体的影响方式和影响程度是有所差别的，这是由两种主体在新闻价值活动中所处的位置与承担的任务不同决定的。下面我们对各种主体因素的影响加以分别讨论。

1. 理性因素的影响

所谓理性因素，主要是指体现在认识活动中的那些诉诸逻辑、论理的概念、判断、推理等思维形式及主体在认识活动中的思维方法等，集中表现为主体的认识能力，因此我们主要从认识能力方面阐述理性因素对新闻评价的影响。

评价总是以认知为基础的，"评价活动不过是在关于客体属性知识的前提下，判断这一个客体属性同主体需要有无关系，有什么样的关系"[①]。能否对主体的需要和客体的属性做出正确的反映，直接决定着评价的水

———————

① 李连科.价值哲学引论［M］.北京：商务印书馆，1999：106.

平，"评价主体的知识水平，无论是对于价值客体还是价值主体的知识水平，对于评价起着十分重要的作用"①。"没有对客体和主体的最基本的认知，根本不可能有相应的价值评价；没有对客体和主体自身的全面、深入、科学、合理的把握，也不可能获得适当、深入、科学、合理的价值判断。"② 主体的知识构成与知识水平制约着主体认识事物的范围和层次，同时也就制约着主体评价的范围和层次；主体越是想对客体的价值做出理智的评价，就越需要足够的认知能力做保障。记者如果缺乏某一方面的知识，就没有能力评价相关事物的新闻价值；记者在某一方面不具备足够的知识，就不可能对相关事实做出恰如其分的价值评价。人们常说新闻人应是"杂家"，讲的就是知识结构，传播者只有成为"杂家""全才"，才能应对自如，对遇到的新鲜事实做出及时准确的认知和评价。社会呼唤多一些专家型、学者型的记者、编辑，从新闻评价论的角度看，就是呼唤多一些在一定领域知识丰富、见识前沿的记者和编辑，因为这样的人才具备准确、全面、深入评价事实价值的能力。同样，接受主体如果没有相关的知识背景，一些新闻文本对他来说实质上等于无，又何谈评价？如果对某一方面的事实一知半解，对自己需要什么模棱两可，又何谈恰当的评价？要获取新闻价值，接受主体还须有必要的媒介素养。如果一个人缺乏基本的媒介素养③，就不可能准确评价新闻文本的真实价值，"媒介素养的高低，决定了受众能否主动利用、选择媒介内容，并能够对媒介内容做出批判性评价，而不是盲目地受媒介内容影响"④。因此，媒介教育正在引起社会

---

① 李连科 . 价值哲学引论 [M]. 北京：商务印书馆，1999：124.

② 孙伟平 . 事实与价值：休谟问题及其解决尝试 [M]. 北京：中国社会科学出版社，2000：259.

③ 所谓媒介素养是指使用媒介的能力，包括对各种特定媒介的知识，了解媒介内容中的各种问题，了解影响媒介内容的因素，了解媒介真实与社会真实的不同等。参见刘晓红，卜卫 . 大众传播心理研究 [M]. 北京：中国广播电视出版社，2001：6。

④ 刘晓红，卜卫 . 大众传播心理研究 [M]. 北京：中国广播电视出版社，2001：6.

的广泛重视，从新闻评价论的角度看，重视媒介教育，目的就是要提高公众评价新闻的能力。只有这种能力提高了，人们才能真正通过新闻价值认知与评价的渠道获得新闻价值、享受新闻价值。

除了知识构成和知识水平，主体认识、思考问题的方式方法同样制约影响着主体的评价活动，认知客体属性与反思主体需要的方式方法在很大程度上决定着主体评价对象价值的方式方法。一个总是依赖自己经验和感觉的主体，他只能以经验的方式、感觉的方式评价客体的价值。一个富有科学精神的人、实事求是的人，善于以全面的、客观的、辩证的方式方法把握事物的人，对客体的评价一般来说就会比较理智、客观和全面。一个具有创造性认识能力的人，才有可能对客体的价值做出创造性的评价。总之，主体具有什么样的认知图式，也就大致具有什么样的评价图式。新闻传播对象无所不包、日日常新，要求传播主体必须以各种各样的眼光和思维方法去观察、去分析，以迅速准确地判断它们的价值；接受主体要想从大量的新鲜报道中及时获取新闻价值，也必须开阔眼界，从多种角度认知评价新闻文本的价值。

2. 非理性因素的影响

所谓非理性因素，主要是指那些直接体现人的需要与动机的精神力量，如立场、信念、信仰、理想、情感、意志、欲望等，还有体现在认识活动中的直觉、灵感、顿悟等思维形式。这里我们重点论述前一类非理性因素对新闻评价的影响。

"从实践观点去看人，需要、欲求、情感、意志都是现实的人不可缺少的。"① 新闻评价作为主体性十分突出的认识活动，更易于受到主体立场、信仰、信念、情感、意志、欲望等因素的影响。

---

① 高清海. 哲学的创新 [M]. 长春：吉林人民出版社，1997：104.

立场是主体的社会态度与倾向，是从一定利益出发观察问题、处理问题的立足点、出发点和倾向性。信念、信仰都是与立场紧密相关的思想意识和倾向。信念是主体对某种价值目标的坚信，信仰则更多地表现为对某种事物的尊敬和崇拜。理想是主体追求的比较长远的价值目标。毫无疑义，凡是与主体立场、信念、信仰、理想等一致的事物，就容易被主体看成有价值的东西，相反，则容易被看成没有价值的东西。主体自觉不自觉地会把它们作为价值尺度，去衡量事物的价值有无与价值大小。有研究发现，"当某些信仰或价值观对记者来说是天经地义毋庸置疑的情况下，对其他观点或事实的注意，就会超出记者考虑的范围，因为记者没有意识到存在着其他的可能性，因而也就不会用新闻工作规范要求自己公正平衡"[①]。这一点，在不同政治制度与不同意识形态环境下不同性质新闻事业的整体价值评价活动中，表现得更加泾渭分明、一目了然。即使是在同一新闻机构工作的记者和编辑，也会因为各个个体在这些方面的差异，对同样的事实做出不同的评价。不管哪个层次上的接受主体都有各自的立场、信念、信仰、理想，这些因素同样会被他们当作新闻评价尺度，运用在对新闻文本的评价之中。

情感是一种心理现象，"是人对现实世界的一种特殊的反映形式，是人对于客观事物是否符合自己的需要而产生的体验"，它"不反映客观现实本身，而是反映客观现实与人的需要之间的关系"，它主要不是以形象和概念来反映事物，而是主要以体验的方式反映事物与人的需要之间的关系。[②] 因此当客体能够满足主体的需要时，主体就高兴、愉快；不能满足其需要时就会不快、反感。可见，客体对主体的价值与主体的情感之间有着密切的关系，"价值引起主体的情感反映，而情感又推动人们去进行价

---

① 刘晓红，卜卫. 大众传播心理研究［M］. 北京：中国广播电视出版社，2001：37.
② 黄希庭. 普通心理学［M］. 兰州：甘肃人民出版社，1982：388-389.

值活动"①。一般情况下，情感对主体的评价活动具有动力指向作用，即把主体的注意力、精力集中到引起足够情感反应的对象上去。情感还具有信息过滤作用，"在评价活动中，情感对评价活动的信息接收、信息选择发挥着重要的过滤作用"②，即将与主体情感性质不一致的信息过滤掉，而只留下那些主体情感赞同的东西。情感的动力指向作用、信息过滤作用，同时蕴含着情感对评价的放大或缩小作用，即经过情感过滤所留下的信息往往会得到过高的评价，而不被情感指向的、过滤掉的信息往往不被评价或被过低地评价。主体的情感状态，既可能起到评价的动力作用，也可能起到阻力作用。当主体情感状态不佳时，他就无心进行积极的评价活动。总而言之，由于主体情感具有明显的个性倾向性，对主体的评价活动和评价结果有着直接的影响作用。

意志是人类自觉确定目的，并根据目的支配调节行动，从而实现预期目的的心理过程，它具有明显的自觉性、专注性和坚持性的特点。因此，它对评价对象的选择、评价活动的展开、评价活动的指向等都有直接的影响。

新闻传播与新闻接受活动，是具有明确价值选择的活动，特别是在面对社会性新闻事实、新闻事件、新闻现象时，人们不会无动于衷地冷眼看世界，他们的立场、信念、信仰、情感、意志等都会渗透到他们对新闻事实或新闻文本的评价活动中。"记者不仅是理智的观察家，真相的探索者，也是拥有独立意志、特有情感、欲求和心理个性、伦理个性、社会个性的人。"③ 马克思就曾说过，记者必然会"带着**情感**来对待人民生活状况的"④。

① 王玉樑. 价值哲学新探 [M]. 西安：陕西人民教育出版社，1993：311.
② 李连科. 价值哲学引论 [M]. 北京：商务印书馆，1999：128.
③ 杨保军. 新闻事实论 [M]. 北京：新华出版社，2001：148.
④ 马克思恩格斯全集：第1卷 [M]. 2版. 北京：人民出版社，1995：378.

非理性因素对主体评价活动的影响表现在两个方向上：一是正面效应，即各种非理性因素对主体的评价活动起到好的作用和影响。比如，正确的立场、科学的信念、崇高的信仰、适度的情感等，都能在一定程度上促使主体做出合理的评价。一是负面效应，即非理性因素对主体的评价活动起到负面的影响。比如错误的立场、盲目的信仰、随意的感情和意志等都会给正常的新闻评价活动带来障碍。因此，不管是传播主体还是接受主体，都应在评价活动中注意发挥非理性因素的正面效应，尽量减少这些因素的负面效应。

在对理性因素与非理性因素对新闻评价的影响分别做出讨论之后，我们必须指出，这只是研究中的逻辑划分，在实际的新闻评价活动中，影响和制约主体评价活动的两种因素几乎始终都是同时发生作用的，不可能像理论逻辑中分得那么一清二楚。人始终是以人的目的、知识水平以及信念、经验、情感等作为整体的"主体心理背景"来进行评价活动的。①

（二）影响新闻评价的客体因素

新闻评价是主体关于新闻价值客体对主体的新闻价值质量的评定与判断，自然要受到新闻价值客体的制约和影响。新闻价值客体（包括新闻事实和新闻文本）的样式形态、表现特征、发展变化、复杂程度等等因素，都会制约和影响主体对其新闻价值的准确评价。

对传播主体来说，新闻事实的许多因素都会制约和影响评价活动，取其要者而言有这样几点：其一，事实本身的复杂程度，影响着评价的难易程度。不同新闻事实之间复杂程度是有很大不同的：有些事实一目了然，

---

① 冯平. 评价论 [M]. 北京：东方出版社，1995：88.

有无传播价值显而易见；但有些事实，前因后果、来龙去脉很难一下子看得清楚，表面现象与内在本质之间的关系不易把握；更有大量的新闻事实处于不断的发展变化之中，各种关系错综复杂、未来趋势模糊不定。如此等等，主体要想把握它的真相就很困难，对以认知为基础的评价来说，当然是难上加难了。其二，事实的"稀缺"程度，影响着评价的准确程度。从理论上说，新闻报道的都是新鲜的事实，但事实的新鲜程度有时是有很大差别的。对于那些特别新鲜的事实、很难遇到的"稀缺"事实，人们容易在"物以稀为贵"的心理作用下失去冷静和理智，做出失当的甚至是错误的评价。对一些新闻的大肆炒作、过度报道甚至不少虚假新闻，就是在这样的心理作用下出笼的。从客体因素看，可以说是在事实的"稀有"激发下造成的。其三，事实对传播主体的主动干扰，制约影响着评价的正常进行，这一点突出表现在社会性新闻事实方面。在现代社会，媒体的作用越来越大，媒体通过各种传播手段，不仅可以反映现实，而且可以在一定程度上塑造现实，不仅可以吸引公众的注意力，甚至可以创造公众的注意力。新闻媒体这一系列的功能作用不仅被媒体自身用来为社会公共利益服务（当然有例外），也引起各种社会群体、个人主体的关注。不少主体从自己的利益出发，以正当或不正当的手段塑造或制造新闻事实，以吸引传播主体的注意，更有甚者，直接"与记者共同制造有偿新闻"，"达到不顾体面、不守法纪的程度"[①]。在这样的情形下，传播主体的大脑与灵魂已被事实中活的要素控制，何谈做出公正的新闻评价？

对接受主体来说，新闻文本本身的一些素质也会直接影响评价活动。首先，文本自身的倾向性制约和影响着接受主体的价值认知与评价。文本倾向先在于接受主体，对接受主体就是一种价值指向，而在一种价值指向

---

① 项德生，郑保卫. 新闻学概论 [M]. 武汉：武汉大学出版社，2000：71.

的明示或暗示下发生的认知与评价，自然会缺乏几分独立性（注意，这里不讨论价值指向本身的合理性与正确性问题，只是说明文本的价值倾向对接受主体的新闻认知与评价是有影响的）。其次，不同媒介形态的文本，即使反映的新闻事实是相同的，但它们的表现样式、运用的符号系统不一，带给同一接受主体的认识难度也是不一样的。如果发生评价活动，评价的难度当然也是不一样的。再次，新闻文本的语言（或声音、画面等）结构方式、表达方法及技巧运用等因素，都会给接受主体的新闻价值认知与评价带来直接的影响，能被准确认知的内容才有可能得到准确的评价。最后，文本的"包装"方式，也会影响接受主体的新闻评价活动。比如，同样的新闻文本，以不同的版面样式呈现，以不同的版面语言表达，人们对它的评价态度就会有所不同，自然会影响到评价的结果。

新闻文本对接受主体的评价影响，尽管不能完全归结为传播主体对接受主体评价活动的影响，但本质上确实是传播主体造成的。

影响新闻评价的主客体因素并不是独立发生作用的，这两种因素之间也是相互制约、相互影响的，它们具有共生共存的特点。比如，对于认识能力相对较低的主体来说，客体对他的相对复杂性也就高了，而对于高素质的主体来说，客体因素的制约与影响就会小一些，甚至一些因素根本构不成对主体的制约与影响。但我们不能因此而否认两种因素的独立性，主体因素必定不同于客体因素，从评价论的角度看，主体因素是更为根本的东西。

（三）影响新闻评价的环境因素

新闻评价活动不仅受到主体因素、客体因素的影响，还会受到环境因素的影响。这里的环境因素主要是指新闻传播子系统以外的因素，不包括新闻传播系统内环境或某一媒体内部环境因素对传播主体的影响。环境因素对传播主体和接受主体的影响重点、影响程度、影响方式都会有所不同，这是由传播主体和接受主体本身的不同地位、不同角色决定的。但在此处，我们不拟对这种影响的差别做出细致的探讨，而着重指出一些共同的影响因素。

政治因素的影响。新闻传播与政治活动历来有着紧密的关系，政治制度决定着新闻体制的基本形式。从历史到现实，人们看到政治活动以"无处不在、无时不有、具体而微的方式渗透在新闻传播中"[①]。政治系统作为社会权力系统的主要组成部分，对新闻媒介的控制与利用有着天然的便利条件，政党（特别是执政党）、政府作为政治活动的主角，可以通过或明或暗的方式发布各种各样的信息宣传自己的政治主张，影响社会舆论的流向。在这样的政治环境下，不管什么类型的媒体，要想成为主流媒体，政治新闻必然是其始终关注的首要领域，比起其他新闻事实，传播主体更重视各种政治权力机构、政治组织发布的新闻，更关注政治权力人物的言行，不仅把它们当作重要的新闻来源，而且把这些信息看得更有新闻价值。"记者对事件所赋予的意义或所贴的标签，常与社会上强势集团或团体对事件的建构一致"[②]，政治因素对传播主体的价值评价影响是显而易见的。由于媒介经常甚至总是把政治新闻置于最重要的位置（报纸、杂志、网络）和时段（广播、电视），久而久之，接受主体也会形成一种思维习惯，把政治新闻当作最重要的新闻。一定政治制度所塑造的新闻体制，从一开始就把人们的眼光引向政治权力系统所关心的事物，这是客观事实。研究表明，各国政府都在尽力控制媒体，只是控制的程度和方式有

---

① 李良荣.新闻学导论［M］.北京：高等教育出版社，1999：220.
② 刘晓红，卜卫.大众传播心理研究［M］.北京：中国广播电视出版社，2001：37.

所不同而已。①

经济因素的影响。新闻活动必须有一定的经济基础做保证，因而经济利益本身也是新闻媒介的重要运作目标。在西方，经济目标对媒介组织来说已经变为一种原则或要求，这意味着"在进行新闻业务判断例如节目的取舍时"，"需要更多地考虑商业标准"②。中国的新闻改革过程业已表明，获得经济效益是媒体的生存发展之道，尽管依靠新闻传播的社会影响力可以获取经济利益，但这不是唯一的办法，同样需要在新闻业务运作中考虑商业标准的问题。商业标准一旦成为一种重要的业务标准，就必然会影响到传播主体对传播对象的选择与评价，有些事实也许很有新闻价值，但基于一定的商业利益考虑，不会成为报道的对象。更常见的现象则是，一些真正严肃而有意义的新闻事实被忽视，得不到应有的价值评价，而那些一般的社会新闻、奇闻怪事等，由于能够吸引更多的受众，从而带来足够的商业利益，反倒可能被看作更有价值的新闻事实。还有，尽管一个事实具有较高的新闻价值，但由于报道成本太高，它就很有可能不被报道。在这种商业逻辑的制约与影响下，接受主体对新闻的评价也会在一定程度上陷入商业的逻辑圈套。

舆论环境因素的影响。舆论是社会或社会群体对新近发生的、普遍关心的问题表达出来的公开意见。人们普遍关心的问题遍及社会各个领域，"公众评价经济事务，形成经济领域的舆论；评价政治事务，形成政治领域的舆论；评价文化生活事务，形成文化生活领域的舆论"③，而"由不同范围、不同层次、不同类型的具体舆论构成的有机整体"就是舆论环境，它是一种客观存在，"从心理上制约着我们的活动范围和活动方

---

① 刘晓红，卜卫. 大众传播心理研究 [M]. 北京：中国广播电视出版社，2001：54.

② 同①48－49.

③ 喻国明，刘夏阳. 中国民意研究 [M]. 北京：中国人民大学出版社，1993：284.

式"①。新闻媒体作为社会舆论得以呈现的平台，本身就有反映舆论、表达舆论和引导舆论的重要功能，它自然要受到社会舆论环境的强烈影响，往往与舆论环境形成各种互动作用。对于传播主体来说，一定时期内社会舆论关心的问题常常成为新闻报道选择的重点。这就是说，与社会舆论相关的事实、事件、现象、人物等等更易于受到传播主体的高度关注，更容易得到较高的新闻价值评价。相反，那些未被舆论关注的事实，可能被传播主体忽视或轻视。这种现象普遍存在于国际、国内和地方新闻的各类报道之中。接受主体对新闻文本的价值评价仍然逃脱不了当前舆论的影响，舆论关注的新闻往往会得到较高的价值评价，而与此同时，其他一些新闻就失去了被关注的机会。当一个国家处于政治变革之中时，政治新闻无疑会受到普遍的关注；当一个国家以经济发展为中心时，经济新闻无疑会成为人们关心的重点；当一个国家处于全面发展的时代，人们就会关注各个方面的新闻。舆论对接受主体评价活动的另一重要影响是，不少人会在舆论引导之下、舆论的社会感染之下或者舆论压力之下，以从众心理认同舆论的普遍意见，改变自己原有的价值态度和倾向，对新闻报道做出新的价值评价。

　　除了政治、经济、舆论环境等因素之外，影响新闻评价的环境因素还很多，比如意识形态也是一个比较重要的影响因素。在不同的意识形态环境中，人们评价新闻的宏观价值观念就有很大的不同。其实，意识形态本身，说到底，实质上也是一种价值观念，"一种意义、价值和信仰系统，一种世界观，它支配着我们观察世界和我们自身的方法，控制着我们把什么看作是自然的"②。人们的评价、选择行为总是发生于一定的意识形态环境之中，不可能超越它的制约与影响。新闻事业本身就有特殊的意识

　　① 喻国明，刘夏阳. 中国民意研究 [M]. 北京：中国人民大学出版社，1993：284.
　　② 刘晓红，卜卫. 大众传播心理研究 [M]. 北京：中国广播电视出版社，2001：55.

形态属性，是意识形态领域最为活跃的子系统，它的每一根神经都会受到意识形态的牵制，更不用说有着重要意义的评价活动了。

文化因素对新闻价值评价也有不小的影响，不同的文化传统意味着不同的价值观念，意味着不同的评价准则，普遍的文化价值观念会渗透到社会活动的各个领域，"我们的传统给了我们认识事物的一种方法，而我们无法使我们自己脱离这个传统"①。比如中国人喜爱和谐圆满、看重道德伦理、崇尚模范权威，这些基本的价值观念，体现在新闻传播中就是传播主体会把正面事实的新闻价值看得更高一些，不像西方传播者更注重于负面事实，把天灾人祸看得更有新闻价值。当然，文化也在发展变化，不同的文化也在不断地冲突交流融合。同样，人们用来评价新闻价值的文化价值观念也在发展变化，也在冲突交流融合。

---

① 小约翰. 传播理论［M］. 陈德民，叶晓辉，译. 北京：中国社会科学出版社，1999：373.

第八章　新闻价值的实现

价值实现活动是价值活动的归宿。价值创造与价值评价的目的在于"消费"价值产品，满足人们的物质需要和精神需要。"价值实现是价值运动一个周期终点。"① 马克思在谈到产品的价值实现时写道："产品只是在消费中才成为现实的产品，例如，一件衣服由于穿的行为才现实地成为衣服；一间房屋无人居住，事实上就不成其为现实的房屋"②。同样，新闻价值只有在新闻文本成为接受主体"精神消费"的真正对象时，才能现实地实现出来，对主体发挥实际的作用和影响。

一、新闻价值实现的实质与特点

传播主体创造新闻文本的直接目的就是实现新闻价值，那么，怎样才

---

① 袁贵仁. 价值学引论 [M]. 北京：北京师范大学出版社，1991：4.
② 马克思恩格斯文集：第 8 卷 [M]. 北京：人民出版社，2009：15.

算实现了新闻价值，实现的实质是什么？新闻价值作为精神价值的一种，有其自身的特点，体现在新闻价值活动的各个环节中。对于新闻价值评价、新闻价值创造的特点我们已作过论述，那么，新闻价值实现的特点又是什么呢？这是需要我们首先讨论的两个问题。

（一）新闻价值实现的实质

所谓新闻价值实现的实质，就是要回答"实现"二字的含义。一种价值实现了，指的到底是什么意思？对价值实现的理解，依赖于对价值的理解，当把价值理解为客体对主体需要的满足时，实现的意思就是价值客体现实地满足了主体的需要；当把价值理解为客体对主体产生的实际效应时，实现的意思就是客体对主体产生了实际的作用和影响。同样，由于人们对新闻价值的本质有各种各样的理解（参阅第一章相关内容），自然对新闻价值的实现也会有多种多样的理解。

我们在第一章已经阐明了对价值与新闻价值的理解，价值是客体对主体的效应。因此，所谓价值实现，"就是客体作用于主体对主体产生的实际的效应，即对主体生存、发展、完善产生的一定的实际效应，产生积极的或消极的作用和影响"①。新闻价值是指新闻客体对主体的实际效应，即新闻客体对主体的作用和影响，因此，所谓新闻价值的实现，就是指新闻客体作用于主体之后，对主体所产生的实际作用与影响。不过，需要进一步解释的是，这里所说的主体主要指接受主体，新闻客体指传播主体创造制作的新闻文本，因而新闻价值实现指的就是新闻文本对接受主体产生的实际作用和影响。我们把前在新闻价值客体——新闻事实——对传播主

---

① 王玉樑. 价值哲学新探 [M]. 西安：陕西人民教育出版社，1993：352.

体的实际作用和影响看作新闻价值创造的一个必要环节，处于新闻价值创造的从属地位，正如在新闻价值实现阶段，接受主体还会在一定程度上对新闻价值进行再创造，但这种再创造不过是新闻价值实现过程的一个环节，同样处于新闻价值实现的从属地位。对于传播主体来说，他们是通过新闻价值在接受主体身上的实现来实现自己的新闻传播追求的，因而新闻价值的实现对传播主体既是直接的目的，又是实现传播目标的手段。新闻价值在接受主体身上的实现，实质上就意味着传播目标的基本实现。在这一意义上，我们也可以说，新闻价值的实现也是新闻文本对传播主体价值的实现。可见，新闻价值的实现对传播主体与接受主体在本质上是统一的，是新闻价值对新闻统一主体的共同实现。

将新闻价值的实现认定为新闻文本对接受主体的实际作用和影响，只是认定了价值实现的主体与客体，认定了价值实现的基本含义。但价值实现的内在机理到底是什么，即主体与新闻价值客体之间经过什么样的相互作用才能实现新闻价值，这才是新闻价值实现的实质之所在。

从新闻价值活动的完整过程或阶段来看，新闻价值实现是新闻主体与新闻价值客体价值关系运动的终点和最后归宿，标志着一个新闻价值活动周期的完成。这只是对新闻价值实现在整个新闻价值活动过程中宏观地位的说明，属于现象性的描述，要揭示新闻价值实现的实质，明了这一点是必要的前提。

我们知道，新闻价值创造过程作为新闻价值活动的前半段，实质上是传播主体将采集到的事实信息进行加工处理的过程，这一过程的核心环节是传播主体将经过思维加工的信息以媒介符号的方式再现出来，创制出后在新闻价值客体——新闻文本。如果用哲学概念来概括这一过程的实质，就是主体客体化的过程。新闻价值的实现过程，与价值创造是一个相反的过程，即它是接受主体从新闻文本中获取价值信息的过程。在这一过程中，接受主体要通过一系列的中介手段将新闻文本中的信息主观化到自己的精神世界中，以改变自己的精神状态或能力，起到完善与发展自己的目的。用哲学概念讲，这就是后在新闻价值客体主体化的过程。因此，新闻价值实现的实质就是新闻价值客体被接受主体主体化的过程，这是从主体角度对新闻价值实现实质最高层次的揭示。

如果从新闻价值客体——新闻文本的角度看，新闻价值实现的实质就是新闻文本蕴含的潜在新闻价值转变为现实价值的过程。"一部没有接受者的作品，即使它本身确实具有某种价值，那也只是不可传达的价值——潜在价值，而不是现实的价值"①，只有在对接受主体的新闻价值效应中，新闻文本才变成了名副其实的新闻文本，完成了它传递新闻价值的使命。

（二）新闻价值实现的特点

新闻价值实现的本质意义就是说新闻文本所包含的各种信息对接受主体发生了实际的作用和影响，产生了实际的利害效应。新闻价值在价值类型上是一种精神价值，因此它的实现遵循一般精神价值实现的规律，具有一般精神价值实现的特点。但是，新闻价值客体与其他的精神价值客体又有所不同，接受主体认知、理解、评价新闻文本的方式也与他对待其他精神价值客体的态度、方式有所不同，因而新闻价值的实现有其自身的特点。

第一，新闻价值实现的稳定性。这里所说的稳定性主要指新闻价值实

---

① 袁贵仁.价值学引论［M］.北京：北京师范大学出版社，1991：310.

现性质上的稳定性，包括两个大的方面：一是新闻价值实现在正负性质上比较稳定，即新闻文本对接受主体的价值效应是正面效应还是负面效应是比较稳定的。价值性质上的稳定性的基本含义是指，同一新闻文本对不同接受主体在新闻价值的性质上是基本相同的。新闻传播的使命决定了新闻文本的核心内容是一些确定的事实信息，它潜在的核心价值是信息价值、真的价值，具有一定的中立性。对接受主体的基本价值效应是消除认识上或心理上的不确定性，消除了就是正价值效应，没有消除或没有完全消除并不意味着负价值，只是意味着新闻价值效应为零或正面效应程度不高，并不会给接受主体带来直接的危害。如果一个新闻文本所包含的信息是虚假的，那么它对所有接受主体的价值都是虚假的价值、负价值，在新闻价值的性质上是同一的。二是在价值内容上比较稳定。价值内容上的稳定性的含义，第一是说有什么样的新闻就有什么样的价值，一个新闻文本能够实现什么样的新闻价值，在内容上是基本确定的。如果一个新闻文本本身包含的信息是比较单一的，那么它所实现的新闻价值也是比较单一的；如果一个新闻文本的信息是复合的，那么它所实现的新闻价值也可能是复合的。第二是说同样的新闻文本，对于不同的接受主体，其价值实现的内容范围是基本稳定的。这是因为，以真实、全面、客观、公正为基本原则的新闻报道，其文本有较强的封闭性，对接受主体的自由理解具有较高程度的约束和限制（对此，后面还要论述）。一个政治新闻文本，对于不同主体所表现出来的价值基本上都是在政治新闻的价值范围之内；而一条社会新闻或娱乐新闻的价值大致也只能是在社会新闻或娱乐新闻的价值范围之内。

第二，新闻价值实现的相对性。价值实现的相对性是所有精神价值实现过程的突出特点，新闻价值实现也不例外。新闻价值实现的相对性，表现在两个方面：其一是价值性质上的变易性。尽管新闻传播的事实性要求从根本上决定了新闻价值实现性质上的稳定性，但这并不排除性质上的变易性。同一新闻文本对不同的接受主体可能产生正负性质不一的价值效应，即对有些主体是有利的，而对另一些主体是不利的，这是由接受主体的需要与新闻文本的属性共同决定的。这种性质上的变易性，实质上就是新闻价值实现相对性在价值性质上的表现。其二是价值实现量度上的相对性。由于不同主体的新闻需要、认识能力、心理状态、所处环境等等的不同，同样的新闻文本在不同的主体身上表现出不同的价值实现量度。这种相对性是新闻价值实现过程中最为常见的现象。新闻价值实现的相对性从根本上说，是由主体的整体素质决定的（尽管我们并不否认文本本身的作用，也不否认环境因素对新闻价值实现的影响）。接受主体的素质构成从主体方面决定了新闻文本对他的可能意义和价值，新闻文本新闻价值实现的范围和程度也是由他的素质构成限定的。马克思说过："对象**如何**对他来说成为他的对象，这取决于**对象的性质**以及与之相适应的**本质力量**的性质；因为正是这种关系的**规定性**形成一种特殊的、**现实的**肯定方式。**眼睛**对对象的感觉不同于**耳朵**，眼睛的对象**是**不同于**耳朵**的对象的。每一种本质力量的独特性，恰好就是这种本质力量的**独特的本质**，因而也是它的对象化的独特方式，是它的**对象性的、现实的、活生生的存在**的独特方式。""从主体方面来看：只有音乐才激起人的音乐感；对于没有音乐感的耳朵来说，最美的音乐也**毫无意义，不是**对象，因为我的对象只能是我的一种本质力量的确证，就是说，它只能像我的本质力量作为一种主体能力自为地存在着那样才对我而存在，因为任何一个对象对我的意义（它只是对那个与它相适应的感觉来说才有意义）恰好都以**我的**感觉所及的程度为限。"①

---

① 马克思恩格斯文集：第 1 卷 [M]. 北京：人民出版社，2009：191.

　　第三，新闻价值实现的即时性。新闻传播是一种及时性的传播，潜在的新闻价值伴随着新闻文本同样及时地传递到了接受主体的面前。价值实现的即时性是指，接受主体在视听及时而来的新闻文本之时，文本的价值效应便发生了，即文本接触与新闻价值效应具有共时性的特点。

　　新闻价值实现的即时性主要根源于新闻文本告知事实信息的"直白"性，简明扼要、真实准确、通俗易懂的文本特征，使接受主体能够即时做出价值认知和评价，从而揭示价值、获得价值，并在接受主体的精神状态中表现出来。而大多数文学艺术文本，特别是科学、理论、学术研究类的文本，作为阅读的对象，一般情况下需要较长时间的回味与思考才能对接受者产生价值效应，不会像绝大多数新闻文本那样立竿见影，迅速在主客体间产生价值效应。

　　新闻价值实现的即时性与新闻价值效应的保持性不是等同的概念。有些新闻文本对接受主体的价值效应是即时的，对接受主体的作用和影响也是短暂的。时过境迁，过眼云烟式的新闻文本实在是太平常的事了。人们没有必要记住它们，它们的价值就在于为人们提供及时的信息。但是，有些新闻文本对接受主体的价值效应方式既是即时的，同时也是长久的，可能对接受主体产生长久的认知和心理影响，积淀为主体的精神力量。

　　即时效应与新闻价值效应的强度也不是等同的概念，一般来说，越是易于发生即时效应的新闻，越容易产生比较强烈的价值效应，而价值效应强烈意味着对主体的作用和影响较大。能够引起"轰动效应"的新闻，自然要比没人理睬的新闻价值大（当然，这种大也可能是负价值大）。

　　第四，新闻价值实现的增值性。新闻价值作为精神范围的价值表现形式，在价值实现过程中有突出的增值性，"精神消费是一种价值增殖运动，精神产品在实现其价值的同时不断增加其价值，随着消费的人数、次数的增多，其价值也成比例地增长"①。"精神产品的享用像原子核裂变一样，一个中子的撞击会引起无数粒子的产生，一个精神产品的享用会在许多个人那里带来许多继产品。"② 信息的可分享性是新闻价值实现能够增值的根本原因。与其他精神产品相比，由于新闻传播特有的及时性、广泛性和公开性，新闻价值实现在价值的增值性上的增长空间与速度得天独厚，其他精神产品一般难以企及。但是，与其他精神产品相比，新闻文本的价值实现通常不会因为次数的增多而增值，主要依靠人数［表现为阅读率、收听（视）率的提高］的增多而增值，而其他精神产品，诸如科学文本、文学文本、理论研究及学术文本等，随着阅读次数的增加，文本价值的实现量通常都会成正比例地增加。还须指出的是，新闻价值实现的增值形态并不都是正增值，也存在着负增值的情况，即越是增加新闻文本接触的人数，新闻传播所造成的负面价值就越大。对有些敏感新闻事件的失当处理，往往会引起新闻价值实现的负增值，这就要求传播主体在对新闻事实的价值评估预测中充分考虑各方面的因素，从社会主体的整体利益出发，对敏感事实的报道做出科学、合理的报道决策。

第五，新闻价值实现的多维性与多层次性。新闻价值实现的多维性、多层次性，不仅与新闻价值主体需要的多维性、多层次性相关，也与新闻文本自身价值属性的多维性和多层次性相关。新闻文本对任何接受主体来说都是一个小小的信息系统，它包含着许多信息构成要素、信息层次和信息意义，到底哪一方面的信息要素能被接受主体比较好地理解把握，哪个层次的信息能够引起接受主体的充分注意，关键要看接受主体素质的具体构成情况。

新闻价值实现的多维性。新闻价值实现的多维性是指同一新闻文本可以实现多种新闻价值和蕴含在新闻价值中的其他价值（也可以说是广义的

---

① 袁贵仁. 价值学引论［M］. 北京：北京师范大学出版社，1991：337.
② 李德顺. 价值新论［M］. 北京：中国青年出版社，1993：111.

新闻价值或狭义新闻价值的延伸价值，参见第一章相关内容）。一个关于一定领域的新闻文本，对接受主体的价值效应可能是多方面的，有可能扩展到其他领域，具有多种内容的新闻价值。比如，一则看似单纯的政治新闻，可能包含着潜在的经济信息，因此接受主体从政治新闻中获得的不只是政治信息的价值，还会享受到其他性质的新闻价值。一个体育新闻文本，表面上看很可能只是一个简单的体育消息，满足了接受主体对有关体育活动的了解需求；但如果这个体育新闻文本报道的不是一般的体育比赛，而是两个敌对国家的运动队间的某一友谊比赛，那么这一文本对人们的新闻价值恐怕主要不是体育方面的交流信息，而是政治外交关系解冻的征兆。一篇写得优美动人的消息或通讯，带给读者的可能不只是某种新鲜的信息或知识，还可能有一种特别的不同于艺术虚构的美感。只要传播主体创造出的新闻文本所蕴含的价值是多维的，它所实现出来的价值在一定程度上就必然是多维的。

新闻价值实现的多层次性。如果说新闻价值实现的多维性重点是从新闻文本价值内容的横向结构出发对新闻价值实现特点的揭示，那么，新闻价值实现的多层次性则是从新闻文本内容的纵向结构出发对价值实现特点的揭示。新闻文本对于一定的接受主体来说，可以实现三个层次的价值：一是表层价值，它的核心在于实现接受主体对最新事态信息的需求；二是内层价值，它的核心在于满足接受主体对蕴含于文本之中的情态信息的体验；三是深层价值，它的核心在于满足接受主体对文本象征信息、意态信息的理知需求（关于这三个层次的价值实现，我们在后面还要作专门的讨论）。必须指出的是，并不是所有的新闻文本都具有这三个层次的潜在价值。同样，即使有些新闻文本具有三个层次的潜在价值，也并不必然意味着它们对每个主体都能够实现出来。

新闻价值实现的多层次性还有一层重要的含义就是，同一新闻文本的价值实现，可以表现在不同层次的主体身上，有对个体主体的价值、对群体主体的价值和对社会主体的价值。新闻传播针对不同层次主体的价值实现，有时是统一的，有时则可能是矛盾的、不统一的。由于新闻传播媒介服务社会整体的公用性，以及相对社会各种权力系统具有的一定程度的独立性（这种独立性在不同的政治制度、经济制度下有不同的表现，独立的程度也有很大的不同），因而对于传播主体来说，在不同层次主体利益发生冲突和矛盾时，通常是以社会主体的共同利益作为传播价值（主要是新闻价值）追求的主要目标，即传播主体是以社会主体的价值标准评价和选择新闻事实、创制新闻文本的。

二、新闻价值实现的步骤

我们把传播主体创制新闻文本的活动主要看作新闻价值的创造活动，而把接受主体与新闻文本之间的相互作用看作新闻价值的实现活动，那么新闻文本所蕴含的潜在新闻价值是如何在接受主体身上得到实现的，经过了什么样的步骤，这是新闻价值实现理论应该讨论的重点问题之一。我们关于新闻价值实现步骤或阶段的划分，更多的是思维中的逻辑划分，目的在于说明新闻价值实现过程的内在机制，但在实际的新闻价值实现活动中，这些步骤是统一融合在一起的，没有明显的分界标志。我们认为，接收新闻文本是新闻价值实现的起点，理解新闻文本是新闻价值实现的关键，接受文本信息是新闻价值实现的标志。

（一）接收新闻文本

新闻价值实现的起点是接收新闻文本。接收新闻文本包括两层意思：一层是指接收作为产品形态的物理文本，这是新闻价值实现的物质性起点，也是必不可少的步骤，任何新闻信息都是离不开一定物质载体的；另一层是指接收新闻文本的信息内容，这是接收的根本含义，人们通过各种手段获取新闻文本的物理形态，根本目的是视听有关的新闻信息，因此信息意义上的接收是我们理解的文本接收。

接收新闻文本，具体而言，就是指对新闻文本中所含有的各种信息的初步获取，在文本价值的认知逻辑上处于感知阶段。因而，从理论上说，接收新闻文本并不是文本价值实现的关键步骤，但就新闻价值实现的实际情况而言，接受主体接收新闻文本的具体方式对于新闻价值的实现有着重要的影响，我们甚至可以根据接受主体接收新闻文本的态度、方式，大致判断出新闻文本对于一定主体的价值实现程度。

人们接收新闻文本的态度与方式是多种多样的，如果大而化之地一分为二，可以说有些人积极主动，有些人则随意而为。专门买来报纸阅读与偶尔站在报栏前面扫视自然不同，有意收看新闻节目与"闪电"调换频道当然大有差别。只有受到接受主体有意注意的文本，它的信息才能被比较充分地接收；没有有意注意的参与，只是被无意注意到的文本，它的信息绝对不会得到充分接收，接收行为很可能是视而不见、听而不闻。而不能引起人们注意的新闻文本，必然是没有价值实现的文本，因此实际上是无意义的文本。

接收新闻文本是新闻价值实现的第一步，具有开启新闻价值之门的重要意义。但接受主体接收新闻文本的态度与方式，不只是取决于接受主体的需要（有意注意的真正原因），还与新闻文本本身能否吸引他们的注意力有密切的关系。媒体时代其实就是注意力稀缺的时代，不仅接受主体的注意力是有限的，媒体本身的注意力更是有限的，因而传播主体必须把有限的注意力投放到值得注意的事实上去，同时还必须想方设法吸引接受主体那有限的注意力，从内容和形式的统一性出发创造具有吸引力的新闻文本，真正做到"既要引人注目，使人一眼望去就有阅读或收听、收看的兴趣，同时也要有较高的质量，使人接触后不至于失望"①。

（二）理解新闻文本

新闻价值实现的核心步骤是接受主体对新闻文本的理解，"对于所有文本来说，只有在理解过程中才能实现由无生气的意义痕迹向有生气的意义转换"②。新闻文本对接受主体可能产生的价值效应的性质、价值维度的多少、价值层次的深浅、价值量的大小等，很大程度上依赖于接受主体对文本的理解。因此，关于新闻文本的理解问题，需要进行深入的思考。

理解新闻文本的过程，就是通过各种精神方式把握新闻文本的过程，就是从新闻文本中获取新闻价值信息的过程。在这一过程中，接受主体的认识能力、理解能力、评价能力和媒体素养起着至关重要的作用。新闻价值的实现水平、程度层次、价值量的大小等首先依赖于主体自身的素质，"媒介内容对人有何种影响，受众本身的特征是重要的决定因素"③。因此，有必要对影响接受主体理解活动的因素首先作以简要的说明。

一般而言，制约和影响接受主体理解活动的因素有这样一些：接受主体的世界观、思维方式、知识结构、认识能力等，将直接决定他能够从新闻文本中解读出什么样的信息，多大量的信息，多深层次的信息；接受主体的价值取向、道德观念、政治信念、人生信仰等，既可能加深他对相关信息的理解，也可能使他轻视或无视文本中另一些信息的存在和意义；接受主体的兴趣、爱好、情感、意志、欲望、理想等心理因素同样会像筛子

---

① 黄旦. 新闻传播学 [M]. 杭州：杭州大学出版社，1997：232.

② 伽达默尔. 真理与方法：哲学诠释学的基本特征 [M]. 洪汉鼎，译. 上海：上海译文出版社，1999：215.

③ 刘晓红，卜卫. 大众传播心理研究 [M]. 北京：中国广播电视出版社，2001：5.

一样，过滤掉文本中的一些信息，却放大另一些信息，并对理解方向、侧重、层次等构成不同的影响；接受主体的现实需要、利益观念、所处环境等更会直接影响到他对文本的理解。这些因素以历史性的方式构成了接受主体的"理解图式"，成为他在每一个时间点上理解新闻文本的整体意识状态或精神状态。因此，接受主体对新闻文本的理解不可能是中性的、无色的，他只能用他的理解图式去理解他所面对的对象，这是任何接受者永远摆脱不了的客观逻辑。

接受主体对新闻文本理解的过程，也就是新闻文本潜在新闻价值对接受主体逐渐显露的过程，是新闻文本所含意义与接受主体精神世界融合的过程。理解"不能从某种精神空白状态开始"①，每个接受主体在理解新闻文本之前都有不同的精神状态，"任何个人主体不可能脱离开他自己的独特经验去理解"②，因而不同的人对相同的对象会理解出不同的东西，这正是新闻价值实现相对性的根本原因。凡是有理解的地方，就会有不同的意义产生，不同的理解就会得到不同的价值，新闻理解也绝不例外。因此我们也可以说，同一新闻文本永远不可能对不同的接受主体产生完全一样的价值效应，实现完全相同的价值。

理解过程包含着接受主体对新闻文本新闻价值的改变和再创造过程，"创造之所以成为理解过程中不可避免要发生的事，在于理解永远是个人的理解"③，个人在理解新闻文本的过程中不可避免地要以自己的既有精神状态（解释学中叫作"前见""先见""偏见"等）去解释文本的内容。这就意味着个人对文本的理解必然要做某种改变的或创造的活动，同时也意味着对新闻文本的理解不可能在内容上达到与文本内容完全重合的状态。这

① 殷鼎. 理解的命运：解释学初论 [M]. 北京：生活·读书·新知三联书店，1988：27.
② 同①127.
③ 同①126.

种不重合既可能对新闻文本做出增值性的理解，也可能做出减值性的理解。

其实，接受主体对新闻文本的理解，既可能是正当的、合理的创造性理解，也可能是失当的、不合理的歪曲性理解。接受主体不能以自己当下的或在场的精神状态对新闻文本做任意的曲解，理解虽然是个人化的，但并不是绝对自由的，不能否认文本本身客观性的限制。理解的正确性是可以检验的，对于以事实信息为根本内容的新闻文本来说，检验是否对其做出正确理解的标准就是不言自明的事实。

新闻文本陈述的、再现的是具体的、可感的、实际存在的事物变化情况，它追求的是与现实世界的逼真或平行，可以使接受者在思维中进行真实事态的还原。新闻文本陈述的、再现的事态信息是真实的、明晰的，具有高度的确定性，本质上是传播主体对新闻事实性质、属性、变化、关联等等情况做出的事实判断，是一种客观的说明、描写和陈述。新闻文本的逻辑要客观真实再现新闻事实的现实逻辑，它的目的在于消除接受主体对环境最新变化认知的不确定性。因而它尽可能为接受者提供明晰的、确定的、充足的事实信息，尽可能消除信息本身的不确定性和空白之处，它是一种"低语境"的文本。新闻文本在创制上的总体要求是真实、客观、全面，因而原则上不给接受主体在事实信息上留下"合理想象"或"弥补空白"的余地。在"事实信息"方面，传播主体力求构建一个"封闭"的系统，使文本事实信息具有唯一性的正确状态，不允许接受主体作自由的理解和想象。因此，一切不利于新闻事实信息明晰、准确陈述的其他信息，都是新闻文本本质上要求剔除的"噪声"，只是在不影响事实信息准确表达的前提下，新闻文本才允许基于事实信息或内在于事实信息逻辑的其他信息的合法存在。但对于文学文本来说，尽管也是对现实世界的反映，但它的客观对象不是现实世界中某一具体的存在物，而是基于现实世界的塑造物和想象物。文学文本的参照系是虚构的情境，追求的是对现实的超越；在内容上有意为读者留下"空白"和"不确定性"，构建"开放"性的"召唤结构"。与新闻文本的"低语境"相比，它是"高语境"的文本，"一个文学文本的'意义'可以说是由该文本所处的语境决定的，读者将文本置于不同的阐释语境，文本的'意义'也就随之变化。然而，这种意义的变化只是在文学的虚构性这一前提下发生的"①。构成新闻文本的语言本质上是传真性的、写真性的，而文学语言的基本属性是虚构，因而，文学文本为读者留下了多样性理解的合法时空，为文学文本意义的相对性理解留下了多种通道。因而，一部《哈姆雷特》，有多少人读就能读出多少个哈姆雷特；一部《红楼梦》，也是"因读者的眼光而有种种：经学家看见《易》，道学家看见淫，才子看见缠绵，革命家看见排满，流言家看见宫闱秘事……"② 这种例子在文学理解中俯拾即是。文学文本的价值大小，也常常体现在解释时间的绵延上、解释空间的广阔上，正所谓"一部真正伟大作品的意义永远是一个过程，永远处在不断的实现之中"③。但这种在文学理解中非常普遍的现象，在新闻文本的理解中是并不多见的，至少理解的多样性不会像文学那样广阔无比。

因此，对于新闻文本来说，通过理解的价值再创造是相当有限度的，我们不能把一般的哲学解释理论特别是文学解释理论不加任何转换地完全套用在对新闻文本的理解上。新闻文本必定有它自身的特殊性，既不能完全等同于具有"封闭"系统结构的科学文本，也不能完全等同于具有"开放"系统结构的文学文本。对新闻文本解读的自由性介于科学文本与文学文本之间。有些新闻文本的特征更接近于科学文本，人们的理解具有唯一性或比较强的共同性，比如对自然性新闻事实的报道文本，对与各种主体

---

① 盛宁．人文困惑与反思：西方后现代主义思潮批判［M］．北京：生活·读书·新知三联书店，1997：100-101．

② 鲁迅．《绛洞花主》小引［M］//鲁迅全集：第8卷．北京：人民文学出版社，2005：179．

③ 金元浦．文学解释学［M］．长春：东北师范大学出版社，1997：359．

利益相关性较小的社会性新闻事实的报道文本；有些新闻文本的特点更接近文学文本，人们的理解具有更大的多样性甚至对立性，比如，对于政治色彩较为浓厚的社会性新闻事实的报道文本，对于利益冲突比较明显的社会性新闻事实的报道文本，但这种多样性与对文学文本理解的多样性比起来，简直是九牛一毛，小巫见大巫。在我看来，新闻文本在总体特性上应该更接近于科学文本，因为新闻的个性在于它是对事实的报道，这也是它之所以能够独立存在的最大根据之所在。人们对新闻文本的理解是可以通过事实进行正误评判的，但对文学文本很难进行绝对性的正误评判。

但是，就新闻传播的实际情况来看，真正带来较大影响力的新闻文本正是那些社会性较为强烈的文本，这些新闻文本尽管也是对事实的反映，但往往包含着较多的倾向性信息，蕴含着不少言外之意和象征表达，遣词造句也多了几分文学的意味，对于人们的理解具有更大的开放性，这也为接受主体的理解创造活动留下了一定的空间。因此，尽管由于文本之间的不同，新闻文本的理解不同于文学文本的理解，但它们之间还是有某些相似的特点，最为根本的就是，不管是什么样的文本，它们潜在的价值和意义必须经过主体的理解才能发掘出来，变成现实的意义和价值。有位著名学者在谈到文学艺术的再创造时有过一段著名的比喻性论述，他说："一个剧本等待着上演，它就是为此而写作。它的存在只有当演出结束时才告完成。以同样方式，读者在朗读诗歌时上演诗歌，用眼睛阅读小说时上演小说。因为书本身还只是一种无活力的、黑暗的存在：一张白纸上写的字和符号，它们的意义在意识还没有使之现实化以前，仍然停留在潜在状态。"① 我想，这同样适用于新闻文本，它只有在接受主体的心目中展开时才能转化成现实的价值，对接受主体产生实际的价值效应。

---

① 杜夫海纳. 美学与哲学［M］. 孙非，译. 北京：中国社会科学出版社，1985：158.

（三）接受文本信息

接受与理解本质上是同步的、共时的，不过，从逻辑上说，理解是接受的前提，接受是理解的结果。尽管在现实中，人们也会接受一些不被理解或没有完全理解的东西，但只有理解了的东西，人们才能自觉地接受。对于视听自主性很强的新闻传播来说，接收、接受行为更是建立在自主选择、自主理解的基础之上。

如果把接受行为单独划分出来，接受指的就是对理解结果的最终判断、取舍、认可和接纳。接受主体一般不会完全接受接收到的东西，即使是完全理解了的东西，通常也不会完全接受。理解是对新闻文本信息的分析、辨识和评价，接受是主体经过理解之后自觉将新闻文本中有关信息纳入自己意识中的内化行为。

接受主体对新闻文本信息的接受是新闻价值实现的标志。新闻文本作为一种精神产品，它的价值的实现必须经过接受主体内心的认可和接纳，"只有经过主体的接受、享用、消化和吸收，转化为主体心理结构的一部分，作为主体的本质力量而起作用，才显示出它应有的价值"[①]。接受的过程实质上是将新闻文本信息内化的过程、主观化的过程，就是把理解了的信息与精神转移到接受主体精神仓库的过程。在这一过程中，新闻文本中所蕴含的信息、意义、价值经过与接受主体当前精神状态的相互作用，转化为一种具有"第三特点"（不同于新闻文本的内容，也不同于接受主体理解文本的理解图式内容）的东西，成为主体精神力量的一部分。

对新闻文本的接受可以分为三种类型：一种是肯定性的接受，包括完

---

① 袁贵仁. 价值学引论 ［M］. 北京：北京师范大学出版社，1991：313.

全接受和部分接受对新闻文本理解的结果；一种是零接受，即没有接受对新闻文本的理解结果；还有一种是否定性的接受，包括完全曲解性接受（即对新闻文本做了完全的曲解，但接受主体却认可自己的理解结果）和部分曲解性接受（即接受主体部分曲解了新闻文本的内容，并认可自己的理解结果）。

不同的接受方式标志着新闻文本对接受主体产生了不同的价值效应。假设新闻文本对新闻事实的反映是正确的、合理的（正确是指新闻文本真实、客观、全面地反映了事实，合理是指这种反映不仅是公正的，而且是在遵守新闻传播的一系列合理规范下完成的），那么，肯定性的接受意味着新闻文本对接受主体产生正面的新闻价值效应，零接受意味着零价值，否定性的接受则意味着负价值效应。如果接受主体对新闻文本具有创造性的理解，他就可能获得创造性的价值享受。

新闻文本对接受主体到底能够产生什么性质的价值效应，哪个层次的价值效应，多大价值量的价值效应，尽管主要取决于接受主体的需要和能力，取决于他与新闻文本构建的价值关系，但新闻文本价值的实现并不只是新闻文本与接受主体之间简单的二元关系，还会受制于整体的传播环境。新闻文本的整体意义是由一个时代的环境塑造的，离开时代的整体特点人们理解不了新闻文本，因而也就接受不了文本的意义；新闻文本的整体意义是在一定的社会语境下塑造的，因而离开对所处社会语言环境的理解，是不大可能读懂新闻文本的，更不要说从中获得价值了。"观看电视的种种效果并不是个人的意识与文本遭遇后的孤立现象，反之，效果的发生是在'社会性遭遇'当中完成的，媒介讯息是由更广的文化语境中介的。"① 因此，对于接受主体来说，是否能够接受新闻文本传播的信息，

---

① 汤林森．文化帝国主义［M］．冯建三，译．上海：上海人民出版社，1999：111．

有时并不在于他对文本的具体理解，而在于他对整个媒介文化、新闻文化的态度，在于他对所处社会文化环境的认同程度。

三、新闻价值实现的方向

新闻文本中蕴含的潜在新闻价值是传播主体新闻价值活动的产物，因而对于文本价值的实现，传播主体充满了期待，总是希望文本的价值能够像自己所期待的那样实现出来，体现在接受主体的身上。

（一）新闻价值实现方向的含义

对接受主体来说，他对传播主体创制的新闻文本的接受与理解"势必产生两种结果：或者与传播者原来的意图一致，或者不甚一致甚至是完全相反"[①]。毋庸置疑，任何新闻传播主体总是希望自己的传播能在接受主体身上产生与自己的意图相一致或至少基本一致的结果。但实际情况并不完全像传播主体期望的那样，总有一些新闻的传播结果恰好与其期望结果不一致或完全相反。这就引来我们对新闻价值实现方向的讨论。

新闻价值实现的方向指的是相对传播主体的价值期望或意图，新闻文本在接受主体身上的价值效应性质，原则上说这种价值效应性质会有以下两种情形。

其一，新闻文本对接受主体的作用和影响正是传播主体所期望的价值效应和结果，或基本上与传播主体的期望结果相一致。

其二，新闻文本对接受主体的作用和影响与传播主体期望的价值效应

---

① 黄旦. 新闻传播学［M］. 杭州：杭州大学出版社，1997：231.

和结果正好相反，或基本上与传播主体的期望结果不一致。

如果我们把前一种情况看作新闻价值的同向实现或正向实现，后一种情况就是新闻价值的反向实现或负向实现。不难理解，新闻价值实现的方向问题是传播主体非常关心的"头等大事"，因为价值实现的方向意味着传播目标能否实现的问题，意味着传播主体自己当初对新闻事实传播价值的预测是否正确的问题。

新闻价值的同向实现意味着新闻传播主体与新闻接受主体之间的默契和互动，意味着新闻价值交流的真正构成，意味着传播主体与接受主体之间一种主体间关系的实际建立；新闻价值的负向实现意味着传播主体与接受主体之间的某种对立，此时的新闻传播本质上是一种单向的传输，或者说主体间的交流和互动是否定性的，需要作进一步的调整。

新闻价值实现的方向问题与新闻价值的正负不是一个问题，新闻价值的正负如我们在前文所说是相对价值主体本身而言的，在价值实现环节就是相对接受主体而言的。如果新闻文本对接受主体的实际效应是好的，即对接受主体的健康成长与发展起到了实际的积极作用和影响，就是正价值；实际效应如果有害于接受主体的生存与发展，就是负价值。而新闻价值实现的方向是相对传播主体的期待而言的，新闻文本在接受主体身上的价值效应是否与接受主体期望的一致，并不是传播主体能够完全决定的。期望的价值实现方向与新闻文本对接受主体价值实际的效应的正负没有必然的正相关或负相关关系。

传播主体期望的价值实现方向本身也有正确与错误、合理与不合理的问题。即使在传播媒体成为社会公共平台的前提下（如果媒体只是被一小部分人用来实现自己私利的工具，那就不值得谈论价值实现方向的问题），它也总是要通过一定的人群去操作运行，仍然或明或暗地隶属于一定的利益团体或个人，或公开或隐蔽地受到各种力量的影响或控制，即使是诚心诚意为全社会服务的媒体，又有谁能保证它的价值取向是永远正确的？又有谁能保证传播主体对新闻事实的价值认知与评价是绝对准确的？又有谁能保证传播主体构建新闻文本的方式、传播新闻文本的方式是绝对合理的？相反，历史经验倒是告诉人们，新闻传播媒体总会犯错误，甚至会犯非常严重的错误。至于个体性的传播主体，犯下有意与无意的各种错误更是屡见不鲜。

因此在新闻价值实现的方向与新闻价值效应的关系上，我们应该确立一种基本的观念：方向是有正误的，效应是有正负的，二者之间是互动的。准备为社会服务、为人民服务的传播主体，应该时刻以新闻价值的效应性质方向（正负）校正自己的价值实现方向。价值实现方向是期望的，价值效应方向是现实的。检验理想的是实践，校正错误的是人民。只有以新闻文本对接受主体的实际价值效应为准则，不断调整传播内容与方式，才能确保新闻价值实现方向的正确性，也才能更好地达到新闻传播的预期目的。

（二）新闻价值导向的实现

追求新闻价值实现的方向性，是新闻价值活动的必然行为。任何新闻价值创造本身就是目的性、指向性十分明确的活动，传播主体期望的新闻价值实现方向其实就是新闻价值的导向。新闻价值实现的方向性，相对接受主体来说，就是蕴含在新闻文本中的一种价值导向性。新闻价值导向是传播主体与接受主体在新闻价值实现活动中相互作用的典型表现。这里，暂且假定传播主体的价值导向在性质上是正确的，在此前提下，我们主要从传播主体的角度出发，对新闻价值导向实现问题作一些简要的论述。

新闻价值导向的实现，主要以新闻文本为手段。新闻文本是传播主体价值导向信息的载体，是价值导向得以实现的中介。在新闻文本中，价值导向信息一般是通过事实逻辑表达的，也会用或明或暗的价值评价方式来表达。具体来说，有这样几种基本的价值引导方法。

无形价值导向法，也可以说是隐蔽的、看不见的价值引导方法。所谓无形、隐蔽是指传播主体的引导目的难以觉察，对接受主体是一种不知不觉的引导。这种方法的核心是用事实的内在逻辑说话，让接受主体从新闻文本的一系列事实判断中，自己不由自主地推出传播主体隐蔽在其中的价值判断。这里既体现了事实胜于雄辩的根本力量，也充分展现着传播主体进行价值引导的艺术性和技巧性，"客观""无色""中立"，看不见的技巧，看不见的引导，一切都在不言中潜移默化，渗入接受主体的精神世界。

有形价值导向法，也可称之为公开的价值引导方法。有形就是看得出，就是在新闻文本中旗帜鲜明地、毫不遮掩地表达传播主体对一定新闻事实的看法和意见、立场和态度、情感和好恶。传播主体自己从事实判断中推出价值判断是有形引导的典型特点。

有形与无形之间的价值导向法。新闻传播中的价值导向大都是在有形与无形之间进行的，大都是对两种方法的结合使用。在绝大多数新闻文本中，既有有形的观点，又有无形的意见，接受主体在新闻文本的明示与暗示中受到传播主体价值导向力量的牵引。

新闻文本所表达的价值导向实质上就是传播主体的价值取向，就是传播者对待新闻事实中的人和事的态度，体现着传播主体的价值观念和价值追求。如前所说，价值导向的存在是必然的，是既成的事实，因此讨论新闻价值引导应该不应该是毫无意义的，但这不等于说所有的新闻价值导向的合法性都是必然无疑的。事实上，凡是价值导向都存在一个正确与否、合理与否的问题。即使在假定价值导向正确的前提下，仍然有一个如何适度引导的问题。正确的东西一旦超越一定的合理限度，也会变得非常滑稽可笑。人们面对新闻传播的现实时，都会或多或少地有所体会。

合理的、适度的引导，就是要求传播主体把握好价值引导的度或分寸，力求使价值引导处于合理的范围。有位哲学研究者对合理性曾作过这样的解释，他说，所谓合理"就是合理智而被认为是正常的，合规范而被认为是正当的，有根据而被认为是应当的，有理由而被认为是可理解的，有价值而被认为是可接受的，有证据而被认为是可相信的，有目标而被认为是自觉的，有效用而被认为是可以采纳的，等等"①。一件事情，要达到这样的合理境界实在是不容易的。但要想把价值引导做得正确合理、适度得体，就得按合理性的要求办事。引导的行为者是传播主体，但是引导是否合理的评价判断者必须是接受主体，只有接受主体认为价值引导是正确的、合理的、适度的，这种引导才能实际发挥作用。传播主体要在自己创制的新闻文本中达到引导的预期目的，就必须预先设身处地地、将心比心地从接受主体的角色出发，用合理性的标准审视自己的文本。

科学运用不同的新闻价值引导方法，是引导达到合理适度的重要保证。合理适度运用价值引导方法，取决于多种条件。其一，事实本身的特征是选择不同方法的客观基础。有些新闻事实所含事理一目了然，只要客观叙述，导向自然天成，传播主体当然无须画蛇添足了；有些新闻事实云遮雾罩，错综复杂，传播主体若能发挥"先知先觉"之优势，在把握事实真相的基础上以画龙点睛之笔析理明道，传达价值意向，往往也是接受主体求之不得的美事；有些新闻事实既有是非明朗的一面，又有美丑难辨的一时，传播主体若能在无形中表达有形，在有形中运用无形，浑然天成，自会有较好的引导效果。其二，把握不同接受主体的需要是选择不同引导

---

① 欧阳康.社会认识方法论［M］.武汉：武汉大学出版社，1998：52.

方法的关键。接受主体具有不同需要、不同素质，这些东西都是客观存在，可以认识、可以把握的。只有对接受主体的需要与素质有了比较正确、充分的反映，价值引导才能有的放矢、真正致效。其三，价值引导是传播主体的主动行为，因而能否用己之长、避己之短，量力而为更是实现正确、合理、适度价值引导的重要保证。到底选择什么样的价值引导方法，要具体情况具体对待，要在事实特征与主体需要的关系中判断选择，这需要从多个学科出发进行实证研究，不是我们这里三言两语的定性论述能够完全说得明白的。

四、新闻价值实现的层次

新闻文本的潜在价值是多层次的，接受主体的需要是多层次的，不同主体认知、评价的能力等也是多层次的，主客体双方的多层次结构决定了新闻价值的实现也必然是多层次的。但接受主体在新闻价值的多层次实现中是主动的、活的因素，新闻文本潜在的多层次的新闻价值以及从新闻价值延伸出来的诸多价值能否实现，关键还是要看接受主体的价值认知能力、理解文本意义的能力、新闻价值的评价能力。正因为接受主体对新闻文本的认知、理解、评价不仅可能是多样的，也可能是多层次的，新闻文本才能对他们实现出来多样的价值、多层次的价值。就价值的层次性而言，认知、理解、评价的层次的差别，是新闻价值分层实现的主要根据。综合各种因素的相互作用、相互关系，可以将新闻文本对接受主体的新闻价值实现层次做出以下划分。

需要预先说明的是，这里讨论的多层次性，针对的主要是同一新闻文本不同层次价值的实现，对应的也是同一主体对新闻文本不同层次新闻价值的享有。关于新闻文本对不同层次接受主体（个体主体、群体主体、社会主体）的价值实现，我们在前面已作过简要论述，此处不再重复。

（一）表层新闻价值——事态信息的感知

对于新闻文本，最基本、最直接的功能就是"告事"，接受主体视听的直接目的是想获得有关自然环境、社会生活变化的最新信息，期望传播主体提供的是关于世界最新变动的真实情况。不能满足接受主体这一基本视听期待的文本，就不能叫作新闻文本。因此，任何新闻文本最基本、最直接的内容就是有关最新事实、事件等的符号陈述或再现。

接受主体解读新闻文本时，意识当中自觉或不自觉的基本问题是：它陈述的、再现的是什么？这是激发接受主体视听新闻文本最基本的动力，即获取事态信息是接受主体视听新闻文本最基本的需求。与"告事"相对应，可以称之为"知事"的需求。满足了这一需求，新闻文本也就实现了它最基本的价值——表层价值。

新闻文本的表层价值通常表现在这样几个方面：接受主体通过视听新闻文本，满足对客观世界中出现的新事物、新现象、新趋势、新人物以及其他各种新鲜有趣的东西的认知需求；通过对新闻文本的视听，认识切身利益，感受面临的重大社会问题；了解新知识，了解国家的政令、法令和社会规范；获悉社会文化规范；了解国家间、社会中的冲突和消除冲突的途径；等等。[①]

新闻文本表层价值在接受主体身上得到实现的基本标志是，接受主体对文本"内容中所记叙的人物、事件、现象有实在的了解，如果需要，可以大体复述其事"[②]，也就是人们常说的可以把新闻报道作为一种"谈

---

① 刘建明．现代新闻理论 [M]．北京：民族出版社，1999：82．
② 郑兴东．受众心理与传媒引导 [M]．北京：新华出版社，1999：156．

资"。当然，接受主体获知事态信息不只是为了谈天说地，这也是他想从新闻文本中获得更大价值的必经途径，透过表层价值才能领略文本的内层价值和深层价值。

表层价值只是我们对新闻文本新闻价值的一个分层概念，并不是对新闻文本价值重要性的判定。这里的意思是说，表层价值在重要性上并不必然低于我们随后将要探讨的内层价值和深层价值。事实上，对于大众化的新闻接受主体来说，新闻文本更普遍的价值就是使他们的信息需求能够得到一定程度满足的表层价值。"因为就大多数读者来说，读报主要是了解，而不是研究；是主动性的选择，而不是被动式的接受；是享受一种知晓的权利，而不是完成指定的任务，因而他们不需要对报纸采取那种费时费力的阅读方式。"① 对于广播电视及网络上的新闻文本，接受主体中大多数人的视听方式也基本如此。所以从新闻传播角度看，大多数新闻文本，在信息结构上也基本是以告知事态信息为目的的，即使有其他更为重要的传播目的，也必须蕴含在事态信息之中。因而新闻文本表层价值的实现，也就意味着文本价值的基本实现。

（二）内层新闻价值——情态信息的体验

接受主体视听新闻文本的过程不只是事态信息的认知、识别和确认过程，不只是为了从文本符号中读出原生态的事实面貌，他还有一种心理上的需求，即希冀从文本中获得情感上的共鸣与满足。这就进入了文本内层价值的实现——体验情态信息带来的种种感受。

与表层价值的"知事"相对应，内层价值的实现是一个"知情"的过

---

① 郑兴东. 受众心理与传媒引导 [M]. 北京：新华出版社，1999：24.

程，是一个获取、感受、体验新闻文本情态信息的过程，"即不仅理解传播内容记叙了什么，而且能够体会、理解内容所表现的感情、情绪、情味等"①。

新闻文本的情态信息往往是双重的：一是事实本身包含的情态信息，新闻事实特别是社会性的新闻事实本身就是人类活动的产物，其中必然包含着各色人等的喜怒哀乐，使事实本身具备了不同的情感色彩；二是传播主体在文本中表达的情态信息，传播主体在面对一定事实、再现一定事实时，不是麻木不仁的木头人、冷若冰霜的机器人，而是具有各种情感、情绪、情味的人，总要在文本中表现出一定的情感态度，"这种情感态度为传播内容染上了特定的情感色彩"②。事实中灌注的情态信息与传播主体表达的情态信息在感情色彩上有可能是一致的，也有可能是不一致的。我们这里主要讨论传播主体表达的情态信息的价值实现。

传播主体在新闻文本中表达的情态信息，是他对新闻事实中人与事的感情倾向，同时构成了新闻文本的价值倾向。情态信息在文本中的存在不像事态信息那么确定、清晰，常常渗透在字里行间，弥漫在文本之中，以一种整体性的气息存在着，给文本营造了一种情态的气氛，也给接受主体塑造了一种理解文本的情绪环境。传播主体对事实情态信息的反映是新闻反映自身的要求，对自己情感倾向的表现则更多是为了感染接受主体，让他们在情感的认同中接受新闻文本，从而实现文本的传播价值。

接受主体在感受理解文本的过程中，既可能赞同文本中表达的情态信息，产生顺向的情感反应，即接受主体的情感与文本表现的情感色彩相一致，也可能不认同文本中表达的情态信息，产生逆向的情感反应，即接受主体的情感与文本表现的情感色彩相对立。在前一种情况下，新闻文本所

① 郑兴东. 受众心理与传媒引导 [M]. 北京：新华出版社，1999：156.
② 同①165.

表达的情态信息对接受主体可以产生直接的作用和影响，使其价值得到顺利的实现；但在后一种情形下，"传播者在传播中所蕴含和表现的情绪或情感，不仅未被受众所接受，而且激起受众的反感"①，形成的结果是传播主体喜欢的，接受主体却厌恶，传播主体褒扬的，接受主体却贬斥。这样，新闻文本中情态信息的预期价值不仅烟消云散，还会影响到接受主体对事态信息、意态信息的理解与接受，因为情感往往会以非理性的方式左右人们的理性。而就接受主体的情感需求本身来说，不仅没有得到肯定性的满足，反而受到了否定性的"伤害"，在这种情形下，新闻文本的内层价值对他来说只能说是一种负价值。另外，传播主体情态信息的表达，会受到新闻再现诸多要求的限制，因而有时新闻文本中的情态信息显得若隐若现，感情气息也多有"雾里看花，水中望月"的味道。如果一个新闻文本中的情态信息量度没有激发起接受主体情感的预期反应，那么它的实现价值便是零价值。

接受主体在接收、理解、接受新闻文本的过程中还会出现一种现象，就是接受主体有时愿意接受文本中再现的事态信息，而不愿接受文本中表达的情态信息，因为事态信息与传播主体表达的情态信息必定是性质不同的两种事物，事态信息是客观的，传播主体一般都能比较真实、客观地再现事实的本来面目，但情态信息是传播主体对事实的一种评价性反映，具有较为强烈的主观性。对于文本中的事态信息，不同接受主体的理解比较确定，相互之间不会有多大的不同；但对于文本中的情态信息，由于与人们的个性心理关系比较密切，因此不同接受主体对它的感受和体验差别会比较大一些。这就是说，在新闻文本内层价值的实现上，会表现出较强的相对性。

---

① 郑兴东. 受众心理与传媒引导［M］. 北京：新华出版社，1999：24.

人是情感动物，情态是人的内在的一种情感状态、心理状态，是每个人特有的情感体验。人们对任何新闻文本的视听，或多或少都会有不同程度的情感反应和体验，情态信息正是激发、唤起这种反应和体验的基础。传播主体适度的情感表达，能够增强新闻文本的感染力，拉近与接受主体的心理距离，从而取得较好的传播效果，也使文本的价值能够得到比较充分的实现。

新闻传播，说到底，是人与人之间的一种精神交往，是通过传播媒介达到人与人之间信息沟通、心灵沟通的手段，目的在于使我们的世界在一种相互理解的和谐气氛中得到发展和完善。尽管新闻传播的内在要求对情态信息的表达有所约束，对传播主体的感情流露有所限制，但这都是为了传播的公正，而不是为了限制情感的表达。只要传播主体的情感表达是正当的、适度的，就一定能在接受主体身上得到良好的反应，达到文本内层价值的实现。

情态信息的表达与传播、感受与体验，使新闻文本不仅成为传播主体与接受主体进行情感交流的桥梁，还成为营造整个社会人文关怀环境的手段和中介，而不只是冷冰冰的事态信息的传输工具；情态信息的表达与传播、感受与体验，"比没有人的灵魂的'纯客观报道'更能体现出对人的关怀"①，新闻的人文精神也会在情态信息的再现、表达、体验中得到升华。

（三）深层新闻价值——意态信息的理知

新闻文本主要是由事态信息构成的，事态信息中渗透着情态信息，同

---

① 童兵．科学和人文的新闻观 ［J］．新闻大学，2001（2）：5-9.

时还蕴含着意态信息。任何一个比较优秀的新闻文本，其信息构成都是这三者的统一体。通过事态信息的把握、情态信息的体验，接受主体有可能从新闻文本中获得更深一层的价值——对意态信息的理知。

意态信息主要不是传播主体在新闻文本中明确表达的意见和看法，这些东西对于新闻文本来说有时是不必要的，甚至是应该避免的。意态信息主要是指蕴藏在新闻事实中的潜在道理，传播主体在认识到其存在的情况下，只要真实地再现了事实信息，巧妙地再现了事实的逻辑，抓准了再现事实的时机，无形的道理就会体现在文本之中，体现在新闻文本与传播环境的契合之中。

意态信息"不是像橡皮膏那样外加的、硬贴的，而是像糖溶于水那样内含的、无形的"①。接受主体可以从文本的事态信息、情态信息中读出暗含的观点和思想，体悟出看不见的意图和道理，即"通过新闻语言感知新闻事实，透过新闻事实体验情感、明白事理，进而认识'道'——世界观、方法论以及客观事物的本质和规律"②。这里的中介是理性的推理和感悟，不是直接的认识和体验，与"知事""知情"相对应，获取新闻文本深层价值的过程实质上就是一个"知理"的过程，即接受主体"不仅理解传播内容记叙了什么，表现了什么，而且能更进一层理解内容所蕴涵的意图和哲理。如果需要，不仅可以叙其事、传其情，而且可以析其理"③。人们所谓的解读新闻，无非是要让看不见的东西看得见，让暗示的东西、象征的东西有所明示、有所指向，如是，才能体味到新闻文本的深层价值。

如此看来，新闻文本的深层价值并不容易获得，不是每个人都能得到

---

① 喻国明. 嬗变的轨迹：社会变革中的中国新闻传播与新闻理论 [M]. 北京：中央编译出版社，1996：28.

② 同①.

③ 郑兴东. 受众心理与传媒引导 [M]. 北京：新华出版社，1999：156.

的，它在很大程度上依赖于接受主体理知的水平——理性认识水平以及建立在理性认识基础上的联想、直觉、感悟能力，依赖于接受主体整体的文化素养和媒介素质，依赖于对社会环境、传播环境的适度把握。"阅读在很大程度上取决于我的文化，取决于我对世界的认识"①，一个人能从文本中读出什么，读出多少东西，分享到多少价值，主要取决于主体自身的认知、理解与评价能力，当然这是以文本本身蕴含一定的意态信息为前提的。如果文本本身就是一大碗凉白开，再口渴的人、再会品味的人喝了之后也只是一凉而已。

新闻文本意态信息的获得、深层价值的享受，对接受主体有较高的要求，但这并不是说新闻文本的深层价值只有在个别"聪明人"身上才能实现，事情没有那么玄妙，普通大众只要把握住一些基本的新闻解读方法，同样可以获得文本的深层价值。首先，文本的意态信息通常不在独立的文本之内，而是存在于文本与环境的联系之中，存在于某一文本与相关事物的联系之中。因此要获得文本的深层价值，"不仅需要理解传播内容本身，而且能将传播内容置于时代、社会、形势的背景中来分析，从现象中看到本质，从个别中看到一般，从偶然中看到必然"②。其次，尽管意态信息音在弦外、意在言外，但它"永远也不能超出事实本身的意义"③，否则就是强词夺理，不恰当地超越了新闻传播的界限。对弦外音、言外意的理解，需要想象，需要联想，因此善于思前想后，由此及彼，由表及里，才能获得文本的深层价值。④ 我国已故著名美学家朱光潜先生曾经指出：

---

① 斯道雷. 文化理论与通俗文化导论：第2版 [M]. 杨竹山，郭发勇，周辉，译. 南京：南京大学出版社，2001：119.

② 郑兴东. 受众心理与传媒引导 [M]. 北京：新华出版社，1999：156.

③ 喻国明. 嬗变的轨迹：社会变革中的中国新闻传播与新闻理论 [M]. 北京：中央编译出版社，1996：35.

④ 同③26-27.

"文字有直指的意义，有联想的意义"，"直指的意义载在字典，有如月轮，明显而确实；联想的意义是文字在历史过程上所积累的种种关系，有如轮外圆晕，晕外霞光，其浓淡大小随人随时随地而各各不同，变化莫测"①。新闻文本的意蕴价值，尽管不会像大多文学艺术作品那样余音绕梁、耐人寻味，但确有不少新闻作品在对事实的朴素叙述中，在对新闻的真实再现里，在对情感倾向的高妙表达中，字里行间蕴含着只能意会、不能明言的哲理，暗含着只能象征、不便直说的声音。只要接受主体能够慢慢品味、细细咀嚼，也会别有一番意味。再次，我们知道，新闻文本总是用一定的媒介符号构造的，接受主体只有能够理解媒介符号的含义才能获取文本的价值，而对深层价值的获得更需对文本中各种符号的仔细斟酌，不仅要注意通常的规范叙述与表达，还须理解一些非规范符号的含义。"符号是人类尝试抓住某个未知物，把它引导到我们这个世界中的产物"②，新闻符号则是人类为了把新闻事实引导到自己面前的产物，但其也像其他任何反映一定对象的符号一样，绝对不是仅仅为了把某个对象带到人们的面前。在这一过程中，将新闻事实带到接受主体面前的传播主体，还要用符号传达他们自己的信息，传播主体其实就"住"在文本这个"家"中。于是，新闻符号不再是简单的陈述、再现事态信息的符号，也是表达传播主体情感信息的符号、理知见识的符号。在新闻文本中，传播主体并不总是用规范的、客观的叙述语言来再现事实，往往还会有意采用一些"变异语言"③，蕴藏某种难以一下子说得清楚、道得明白的事理和意味，表达一些特殊的言外之意和象征意义。而且新闻文本一旦生成，便具有了一定的

---

① 朱光潜. 咬文嚼字 [M] //朱光潜美学文集：第 2 卷. 上海：上海文艺出版社，1982：299.

② 池上嘉彦. 符号学入门 [M]. 张晓云，译. 北京：国际文化出版公司，1985：4.

③ 变异语言是不符合规范的超常语言，人们使语言发生变异的目的是让语言符号装载更丰富的意义。变异语言总携带着双重意义：第一，字面意义与深层意义。第二，外界意义与心理意义。第三，已定意义与延伸意义。参见吴刚. 接受认识论引论 [M]. 北京：北京大学出版社，1996：97.

独立性，会包含一些连创造文本的传播主体也觉察不到的意态信息，而这些信息却可能在接受主体开放性的解读中得到理解和阐释，从而使新闻文本释放出意想不到的深层价值，使接受主体能够从中体味、直觉、洞察、顿悟出些许拍案叫绝的道理来。

上面，我们阐述了新闻文本价值实现的三个层次，在实际中，这三个层次的区分不是绝对的，往往融合在一起，特别是下一个层次价值的实现总是有赖于上一个层次价值的实现。接受主体可以在不同的价值实现层次获得不同的价值享受。我国著名新闻学者郑兴东先生曾针对接受主体对新闻文本的理解层次说过，"知事者得事趣，知情者得情趣，知理者得理趣"①，讲得甚是精到。其实，对文本理解的层次与价值在主体身上实现的层次总是一致的，我们还可以顺着郑兴东先生的话再添一句，那就是"三知"者得"三趣"，三趣一体得全趣，三层一体得全值。此话尽管有点理想，但那也是传受双方追求新闻价值实现的境界。

然而，新闻价值的实现不会停留在精神范围之内，还会外化到主体的行为之中，但由于新闻文本直接作用的乃是接受主体的精神世界，因此，我们主要是在精神价值的范围讨论新闻文本价值的实现问题。

新闻价值作为一种精神价值，必然会从精神层面外化到行为层面，从观念改变见诸实践行为，只有达到了客观外化的程度，新闻价值效应才能转化为新闻传播的客观效果，传播主体与接受主体的传播互动水平才能步步提升，持续不断。

---

① 郑兴东. 受众心理与传媒引导［M］. 北京：新华出版社，1999：156.

主要参考书目

一、中文文献（著作类）

《复旦学报》（社会科学版）编辑部．断裂与继承：青年学者论传统文化与现代化[M]．上海：上海人民出版社，1987．

艾丰．新闻写作方法论[M]．北京：人民日报出版社，1994．

陈力丹．马克思主义新闻学词典[M]．北京：中国广播电视出版社，2002．

陈力丹．舆论学：舆论导向研究[M]．北京：中国广播电视出版社，1999．

陈新汉．评价论导论：认识论的一个新领域[M]．上海：上海社会科学院出版社，1995．

陈作平．新闻报道新思路：新闻报道认识论原理及应用[M]．北京：中国广播电视出版社，2000．

程世寿，刘洁．现代新闻传播学[M]．武汉：华中理工大学出版社，2000．

崔文华．全能语言的文化时代：电视文化研究[M]．北京：北京师范大学出版社，1998．

邓利平．负面新闻信息传播的多维视野[M]．北京：新华出版社，2001．

董桥．新闻是历史的初稿[M]．沈阳：辽宁教育出版社，1999．

杜骏飞. 网络新闻学［M］. 北京：中国广播电视出版社，2001.

范长江. 通讯与论文［M］. 北京：新华出版社，1981.

方汉奇，张之华. 中国新闻事业简史［M］. 北京：中国人民大学出版社，1995.

方汉奇. 中国新闻事业通史：第3卷［M］. 北京：中国人民大学出版社，1999.

方延明. 新闻文化外延论［M］. 南京：南京大学出版社，1997.

冯平. 评价论［M］. 北京：东方出版社，1995.

甘惜分. 新闻学大辞典［M］. 郑州：河南人民出版社，1993.

高清海. 哲学的创新［M］. 长春：吉林人民出版社，1997.

郭庆光. 传播学教程［M］. 北京：中国人民大学出版社，1999.

胡钰. 新闻传播导论［M］. 北京：中国广播电视出版社，1997.

胡兆量，郭振淮，李慕贞，等. 经济地理学导论［M］. 北京：商务印书馆，1987.

黄旦. 新闻传播学［M］. 杭州：杭州大学出版社，1997.

黄匡宇. 电视新闻语言学［M］. 北京：中国广播电视出版社，2000.

黄希庭. 普通心理学［M］. 兰州：甘肃人民出版社，1982.

季水河. 新闻美学［M］. 北京：新华出版社，2001.

金元浦. 文学解释学［M］. 长春：东北师范大学出版社，1997.

蓝鸿文. 新闻采访学［M］. 2版. 北京：中国人民大学出版社，2001.

蓝鸿文. 新闻伦理学简明教程［M］. 北京：中国人民大学出版社，2001.

李彬. 传播学引论［M］. 北京：新华出版社，1993.

李德顺. 价值论：一种主体性的研究［M］. 北京：中国人民大学出版社，1987.

李德顺. 价值新论［M］. 北京：中国青年出版社，1993.

李福海，雷咏雪. 主体论［M］. 西安：陕西人民教育出版社，1990.

李连科. 价值哲学引论［M］. 北京：商务印书馆，1999.

李良荣，高冠钢，裘正义. 宣传学导论［M］. 福州：福建人民出版社，1989.

李良荣. 新闻学导论［M］. 北京：高等教育出版社，1999.

李衍达. 信息世界漫谈［M］. 北京：清华大学出版社，2000.

李勇. 社会认识进化论［M］. 武汉：武汉大学出版社，2000.

李元授，白丁. 新闻语言学［M］. 北京：新华出版社，2001.

刘建明. 宏观新闻学 [M]. 北京：中国人民大学出版社，1991.

刘建明. 媒介批评通论 [M]. 北京：中国人民大学出版社，2001.

刘建明. 现代新闻理论 [M]. 北京：民族出版社，1999.

刘建明. 宣传舆论学大辞典 [M]. 北京：经济日报出版社，1992.

刘晓红，卜卫. 大众传播心理研究 [M]. 北京：中国广播电视出版社，2001.

刘智. 新闻文化与符号 [M]. 北京：科学出版社，1999.

鲁迅全集：第 8 卷 [M]. 北京：人民文学出版社，2005.

陆定一文集 [M]. 北京：人民出版社，1992.

罗国杰，马博宣，余进. 伦理学教程 [M]. 北京：中国人民大学出版社，1985.

苗东升. 系统科学辩证法 [M]. 济南：山东教育出版社，1998.

敏泽，党圣元. 文学价值论 [M]. 2 版. 北京：社会科学文献出版社，1999.

南振中. 记者的发现力 [M]. 北京：新华出版社，1999.

欧阳康. 社会认识方法论 [M]. 武汉：武汉大学出版社，1998.

彭菊华. 时代的艺术：新闻作品研究 [M]. 长沙：湖南文艺出版社，1998.

彭兰. 网络传播概论 [M]. 北京：中国人民大学出版社，2001.

盛宁. 人文困惑与反思：西方后现代主义思潮批判 [M]. 北京：生活·读书·新知三联书店，1997.

石永义，刘玉莩，张璋. 现代政治学原理 [M]. 北京：中国人民大学出版社，2000.

孙伟平. 事实与价值：休谟问题及其解决尝试 [M]. 北京：中国社会科学出版社，2000.

唐绪军. 报业经济与报业经营 [M]. 北京：新华出版社，1999.

陶东风. 文体演变及其文化意味 [M]. 昆明：云南人民出版社，1994.

陶富源. 实践主导论：哲学的前沿探索 [M]. 合肥：安徽人民出版社，2001.

童兵，林涵. 20 世纪中国新闻学与传播学：理论新闻学卷 [M]. 上海：复旦大学出版社，2001.

童兵. 理论新闻传播学导论 [M]. 北京：中国人民大学出版社，2000.

童兵. 马克思主义新闻思想史稿 [M]. 北京：中国人民大学出版社，1989.

童兵. 中西新闻比较论纲 [M]. 北京：新华出版社，1999.

童兵. 主体与喉舌：共和国新闻传播轨迹审视 [M]. 郑州：河南人民出版社，1994.

王玉樑，岩崎允胤. 中日价值哲学新论 [M]. 西安：陕西人民教育出版社，1994.

王玉樑. 价值哲学 [M]. 西安：陕西人民出版社，1989.

王玉樑. 价值哲学新探 [M]. 西安：陕西人民教育出版社，1993.

魏永征. 中国新闻传播法纲要 [M]. 上海：上海社会科学院出版社，1999.

吴刚. 接受认识论引论 [M]. 北京：北京大学出版社，1996.

吴勤如. 新闻走向科学 [M]. 北京：中国广播电视出版社，1992.

吴兴华，李松晨，等. 新闻价值及真实性、指导性 [M]. 北京：人民日报出版社，1984.

吴郁，侯寄南. 广播电视新闻语言与形体传播教程 [M]. 北京：中国人民大学出版社，2001.

夏甄陶. 认识的主-客体相关原理 [M]. 武汉：湖北教育出版社，1996.

项德生，郑保卫. 新闻学概论 [M]. 武汉：武汉大学出版社，2000.

肖前，李淮春，杨耕. 实践唯物主义研究 [M]. 北京：中国人民大学出版社，1996.

徐宝璜. 新闻学 [M]. 北京：中国人民大学出版社，1994.

徐耀魁. 西方新闻理论评析 [M]. 北京：新华出版社，1998.

杨保军. 新闻事实论 [M]. 北京：新华出版社，2001.

杨清. 简明心理学辞典 [M]. 长春：吉林人民出版社，1985.

姚福申. 学海泛舟二十年 [M]. 香港：香港语丝出版社，2001.

殷鼎. 理解的命运：解释学初论 [M]. 北京：生活·读书·新知三联书店，1988.

余家宏，宁树藩，徐培汀，等. 新闻学词典 [M]. 杭州：浙江人民出版社，1988.

喻国明，刘夏阳. 中国民意研究 [M]. 北京：中国人民大学出版社，1993.

喻国明. 嬗变的轨迹：社会变革中的中国新闻传播与新闻理论 [M]. 北京：中央编译出版社，1996.

袁贵仁. 价值学引论 [M]. 北京：北京师范大学出版社，1991.

袁军. 新闻媒介通论 [M]. 北京：北京广播学院出版社，2000.

张锦力. 解密中国电视 [M]. 北京：中国城市出版社，1999.

张庆堂. 利益论：关于利益冲突与协调问题的研究 [M]. 武汉：武汉大学出版

社，2001.

张书琛．西方价值哲学思想简史［M］．北京：当代中国出版社，1998.

郑保卫．新闻学导论［M］．北京：新华出版社，1990.

郑兴东，陈仁风，蔡雯．报纸编辑学教程［M］．北京：中国人民大学出版社，2001.

郑兴东．受众心理与传媒引导［M］．北京：新华出版社，1999.

中共中央文献研究室，中央档案馆．建党以来重要文献选编（1921—1949）：第 25 册［M］．北京：中央文献出版社，2011.

中共中央文献研究室，中央档案馆．建党以来重要文献选编（1921—1949）：第 8 册［M］．北京：中央文献出版社，2011.

中国人民大学新闻学院．新闻传播学术报告会论文集［M］．北京：中国人民大学出版社，1997.

中国社会科学院新闻研究所．中国共产党新闻工作文件汇编［M］．北京：新华出版社，1980.

中国社会科学院语言研究所词典编辑室．现代汉语词典［M］．北京：商务印书馆，1978.

周鸿铎．信息资源开发利用策略［M］．北京：中国发展出版社，2000.

朱光潜．朱光潜美学文集：第 2 卷［M］．上海：上海文艺出版社，1982.

二、中文文献（论文类）

曹鹏．国内报业市场形势分析与经济前景展望［J］．当代传播，2000（2）：9-12.

陈志尚，张维祥．关于人的需要的几个问题［J］．人文杂志，1998（1）：20-26.

丁柏铨．论新闻的双重价值标准［J］．新闻界，2000（4）：28-29.

刘建明．媒介全球化的价值宝库［J］．国际新闻界，2001（6）：53-58.

梅松武．从新闻创新看新闻价值［J］．新闻界，2001（5）：11-13.

彭漪涟．论事实：关于事实的一般涵义和特性的探讨［J］．学术月刊，1991（11）：13-17.

钱燕妮．新闻价值及其量化分析［J］．新闻世界，2000（6）：7-8.

童兵．科学和人文的新闻观［J］．新闻大学，2001（2）：5-9.

王朝晖 . 新闻信息资源开发论 [D]. 北京：中国人民大学，2001.

王华之 . 媒体与今日之现实 [J]. 读书，1999（8）：103 - 106.

王泽华 . 新闻价值规律与市场经济 [J]. 河北学刊，1995（3）：105 - 109.

颜纯钧 . 21 世纪：传播与社会秩序 [J]. 东南学术，2002（3）：15 - 17.

张岱年 . 论价值的层次 [J]. 中国社会科学，1990（3）：3 - 10.

三、翻译文献（包括著作与论文）

阿特休尔 . 权力的媒介：新闻媒介在人类事务中的作用 [M]. 黄煜，裴志康，译 . 北京：华夏出版社，1989.

埃默里 M，埃默里 E. 美国新闻史：大众传播媒介解释史：第 8 版 [M]. 展江，殷文，主译 . 北京：新华出版社，2001.

安德烈耶娃 . 社会心理学 [M]. 李钊，龚亚铎，潘大渭，译 . 上海：上海翻译出版公司，1984.

波普尔 . 波普尔思想自述 [M]. 赵月瑟，译 . 上海：上海译文出版社，1988.

池上嘉彦 . 符号学入门 [M]. 张晓云，译 . 北京：国际文化出版公司，1985.

戴扬，卡茨 . 媒介事件：历史的现场直播 [M]. 麻争旗，译 . 北京：北京广播学院出版社，2000.

德弗勒，丹尼斯 . 大众传播通论 [M]. 颜建军，王怡红，张跃宏，等译 . 北京：华夏出版社，1989.

杜夫海纳 . 美学与哲学 [M]. 孙非，译 . 北京：中国社会科学出版社，1985.

杜威 . 人的问题 [M]. 傅统先，邱椿，译 . 上海：上海人民出版社，1965.

伽达默尔 . 真理与方法：哲学诠释学的基本特征 [M]. 洪汉鼎，译 . 上海：上海译文出版社，1999.

海敦 . 怎样当好新闻记者 [M]. 伍任，译 . 北京：新华出版社，1980.

黑格尔 . 历史哲学 [M]. 王造时，译 . 北京：生活·读书·新知三联书店，1956.

霍布斯鲍姆 . 极端的年代 [M]. 郑明萱，译 . 2 版 . 南京：江苏人民出版社，1999.

兰德尔 . 资源经济学：从经济角度对自然资源和环境政策的探讨 [M]. 施以正，译 . 北京：商务印书馆，1989.

列宁全集：第 5 卷 ［M］. 2 版增订版. 北京：人民出版社，2013.

马克思恩格斯全集：第 1 卷 ［M］. 2.版. 北京：人民出版社，1995.

马克思恩格斯全集：第 35 卷 ［M］. 2 版. 北京：人民出版社，2013.

马克思恩格斯全集：第 37 卷 ［M］. 2 版. 北京：人民出版社，2019.

马克思恩格斯全集：第 38 卷 ［M］. 2 版. 北京：人民出版社，2019.

马克思恩格斯文集：第 1 卷 ［M］. 北京：人民出版社，2009.

马克思恩格斯文集：第 4 卷 ［M］. 北京：人民出版社，2009.

马克思恩格斯文集：第 8 卷 ［M］. 北京：人民出版社，2009.

马克思恩格斯选集：第 1 卷 ［M］. 3 版. 北京：人民出版社，2012.

马克思恩格斯选集：第 3 卷 ［M］. 3 版. 北京：人民出版社，2012.

马克思恩格斯选集：第 4 卷 ［M］. 3 版. 北京：人民出版社，2012.

麦克布赖德. 多种声音，一个世界 ［M］. 中国对外翻译出版公司第二编译室，译. 北京：中国对外翻译出版公司，1981.

麦克卢汉，秦格龙. 麦克卢汉精粹 ［M］. 何道宽，译. 南京：南京大学出版社，2000.

曼切尔. 新闻报道与写作 ［M］. 艾丰，张争，明安香，等编译. 北京：中国广播电视出版社，1981.

牧口常三郎. 价值哲学 ［M］. 马俊峰，江畅，译. 北京：中国人民大学出版社，1989.

尼克松. 领导者 ［M］. 尤勰，施燕华，等译. 北京：世界知识出版社，1983.

培里，等. 价值和评价：现代英美价值论集粹 ［M］. 北京：中国人民大学出版社，1989.

培里. 现代哲学倾向 ［M］. 傅统先，译. 北京：商务印书馆，1962.

普罗霍罗夫，等. 新闻学概论 ［M］. 赵水福，郑保卫，许恒声，译. 北京：新华出版社，1987.

切特罗姆. 传播媒介与美国人的思想：从莫尔斯到麦克卢汉 ［M］. 曹静生，黄艾禾，译. 北京：中国广播电视出版社，1991.

施拉姆，波特. 传播学概论 ［M］. 陈亮，周立方，李启，译. 北京：新华出版社，1984.

施拉姆．大众传播媒介与社会发展［M］．金燕宁，蒋千红，朱剑红，译．北京：华夏出版社，1990.

斯道雷．文化理论与通俗文化导论：第 2 版［M］．杨竹山，郭发勇，周辉，译．南京：南京大学出版社，2001.

斯旺伯格．普利策传［M］．陆志宝，俞再林，译．北京：新华出版社，1989.

汤林森．文化帝国主义［M］．冯建三，译．上海：上海人民出版社，1999.

瓦耶纳．当代新闻学［M］．丁雪英，连燕堂，译．北京：新华出版社，1986.

沃克．报纸的力量：世界十二家大报［M］．苏潼均，诠申，译．北京：新华出版社，1987.

小约翰．传播理论［M］．陈德民，叶晓辉，译．北京：中国社会科学出版社，1999.

后 记

当我在键盘上敲完这本书的最后一个字时，我深深知道这意味着新的"演奏"才刚刚开始，"自由曲"（我计划中的第三本著作是《新闻自由论》）在等待着我双手的搏击，等待着我理性的深思，等待着我灵魂的歌唱……

这本书是我的"新闻三部曲"的第二部，当第一部（《新闻事实论》，新华出版社，2001年）出版时，我的导师童兵先生就在前言里写下了他的殷切希望，期待我的三部曲早日面世，并说"'三部曲'搞成了，是对中国新闻传播学基础研究的一个贡献"。我丝毫不敢有做出贡献的奢望，但却牢记导师的教诲，日日思考着，时时前进着，我坚信，只要眼睛向前看，双脚向前迈，身后就会留下深深浅浅的脚印……

容我时日，容我沉默，在不久的将来，我将起舞，我将高歌，那将是欢乐的时光，那将是新境界的开拓，我在等待着自己，也在等待着读者……

衷心感谢我的导师童兵先生，他的期望和鼓励给予我充分的自信，在他调离中国人民大学（现在复旦大学新闻学院任教）后，还不时通过电话指点我的写作，为我加油鼓劲；衷心感谢中国人民大学新闻学院郭庆光院长、涂光晋教授，他们不仅始终关注我的科研，而且在生活上给了我真诚的帮助，为我创造了难得的几分安心；衷心感谢清华大学刘建明教授的热情鼓励和无私帮助；衷心感谢我的妻子成茹，要是没有她的全力支持和特别关爱，这本书不可能这么快地与读者见面。

在此，还要特别感谢中国人民大学"新闻与社会发展研究中心"主任郑保卫教授、中国人民大学新闻学院副院长喻国明教授、中国人民大学出版社的司马兰女士，正是他们的举荐，才使本书得到"北京市社会科学理论著作出版基金"的资助，从而得以较快出版。对北京市社会科学理论著作出版基金会对本书的认可深表谢意。

最后，还要特别感谢本书的责任编辑陈泽春女士，她的仔细认真、一丝不苟，使本书的诸多错谬得到修正。感谢所有帮助过我、关心过我的朋友们。

杨保军

2002 年 9 月 8 日

于中国人民大学林园 9 楼 22 号

图书在版编目（CIP）数据

新闻价值论：新修版 / 杨保军著 . -- 2 版 . -- 北京：中国人民大学出版社，2024.3

中国新闻传播学自主知识体系建设工程

ISBN 978-7-300-32510-1

Ⅰ.①新… Ⅱ.①杨… Ⅲ.①新闻学-价值论-研究 Ⅳ.①G210

中国国家版本馆 CIP 数据核字（2024）第 029992 号

中国新闻传播学自主知识体系建设工程

当代中国新闻理论研究

新闻价值论（新修版）

杨保军　著

Xinwen Jiazhilun

出版发行	中国人民大学出版社	
社　　址	北京中关村大街 31 号	**邮政编码** 100080
电　　话	010 - 62511242（总编室）	010 - 62511770（质管部）
	010 - 82501766（邮购部）	010 - 62514148（门市部）
	010 - 62515195（发行公司）	010 - 62515275（盗版举报）
网　　址	http://www.crup.com.cn	
经　　销	新华书店	
印　　刷	中煤（北京）印务有限公司	**版　　次** 2003 年 6 月第 1 版
开　　本	720 mm×1000 mm　1/16	2024 年 3 月第 2 版
印　　张	25 插页 3	**印　　次** 2024 年 3 月第 1 次印刷
字　　数	310 000	**定　　价** 108.00 元